（document id: 9784491047157）

　　　　　　　　　は　し　が　き

　平成 30 年 3 月に告示された高等学校学習指導要領が，令和 4 年度から年次進行で本格的に実施
されます。

　今回の学習指導要領では，各教科等の目標及び内容が，育成を目指す資質・能力の三つの柱（「知
識及び技能」，「思考力，判断力，表現力等」，「学びに向かう力，人間性等」）に沿って再整理され，
各教科等でどのような資質・能力の育成を目指すのかが明確化されました。これにより，教師が
「子供たちにどのような力が身に付いたか」という学習の成果を的確に捉え，主体的・対話的で
深い学びの視点からの授業改善を図る，いわゆる「指導と評価の一体化」が実現されやすくなる
ことが期待されます。

　また，子供たちや学校，地域の実態を適切に把握した上で教育課程を編成し，学校全体で教育
活動の質の向上を図る「カリキュラム・マネジメント」についても明文化されました。カリキュ
ラム・マネジメントの一側面として，「教育課程の実施状況を評価してその改善を図っていくこと」
がありますが，このためには，教育課程を編成・実施し，学習評価を行い，学習評価を基に教育
課程の改善・充実を図るというＰＤＣＡサイクルを確立することが重要です。このことも，まさ
に「指導と評価の一体化」のための取組と言えます。

　このように，「指導と評価の一体化」の必要性は，今回の学習指導要領において，より一層明確
なものとなりました。そこで，国立教育政策研究所教育課程研究センターでは，「幼稚園，小学校，
中学校，高等学校及び特別支援学校の学習指導要領等の改善及び必要な方策等について（答申）」
（平成 28 年 12 月 21 日中央教育審議会）をはじめ，「児童生徒の学習評価の在り方について（報
告）」（平成 31 年 1 月 21 日中央教育審議会初等中等教育分科会教育課程部会）や「小学校，中学
校，高等学校及び特別支援学校等における児童生徒の学習評価及び指導要録の改善等について」
（平成 31 年 3 月 29 日付初等中等教育局長通知）を踏まえ，令和 2 年 3 月に公表した小・中学校
版に続き，高等学校版の「『指導と評価の一体化』のための学習評価に関する参考資料」を作成し
ました。

　本資料では，学習評価の基本的な考え方や，各教科等における評価規準の作成及び評価の実施
等について解説しているほか，各教科等別に単元や題材に基づく学習評価について事例を紹介し
ています。各学校においては，本資料や各教育委員会等が示す学習評価に関する資料などを参考
としながら，学習評価を含むカリキュラム・マネジメントを円滑に進めていただくことで，「指導
と評価の一体化」を実現し，子供たちに未来の創り手となるために必要な資質・能力が育まれる
ことを期待します。

　最後に，本資料の作成に御協力くださった方々に心から感謝の意を表します。

　　令和 3 年 8 月

　　　　　　　　　　　　　　　　　　　　　　　　国立教育政策研究所
　　　　　　　　　　　　　　　　　　　　　　　　教育課程研究センター長
　　　　　　　　　　　　　　　　　　　　　　　　　　鈴　木　敏　之

学習評価とは？

学習評価：学校での教育活動に関し、生徒の学習状況を評価するもの

学習評価を通して

- 教師が指導の改善を図る
- 生徒が自らの学習を振り返って次の学習に向かうことができるようにする

⇒評価を教育課程の改善に役立てる

1

学習評価について指摘されている課題

学習評価の現状について、学校や教師の状況によっては、以下のような課題があることが指摘されている。

- 学期末や学年末などの事後での評価に終始してしまうことが多く、評価の結果が児童生徒の具体的な学習改善につながっていない
- 現行の「関心・意欲・態度」の観点について、挙手の回数や毎時間ノートをとっているかなど、性格や行動面の傾向が一時的に表出された場面を捉える評価であるような誤解が払拭しきれていない
- 教師によって評価の方針が異なり、学習改善につなげにくい
- 教師が評価のための「記録」に労力を割かれて、指導に注力できない
- 相当な労力をかけて記述した指導要録が、次の学年や学校段階において十分に活用されていない

(中央教育審議会初等中等教育分科会教育課程部会 児童生徒の学習評価に関するワーキンググループ 7 回における高等学校三年生の意見より)

> 先生によって観点の重みが違うんです。授業態度をとても重視する先生もいるし、テストだけで判断するという先生もいます。そうすると、どう努力していけばよいのか本当に分かりにくいんです。

生徒一見

2

カリキュラム・マネジメントの一環としての指導と評価
「主体的・対話的で深い学び」の視点からの授業改善と評価

Plan 指導計画等の作成
Do 指導計画を踏まえた教育の実施
Check 生徒の学習状況、指導計画等の評価
Action 授業や指導計画等の改善

3

平成30年告示の学習指導要領における目標の構造

各教科等の目標や内容の記述を、「知識及び技能」「思考力、判断力、表現力等」「学びに向かう力、人間性等」の資質・能力の 3 つの柱で再整理。

例えば、国語科では

平成21年告示高等学校学習指導要領

目標

国語
第1款 目標
国語を適切に表現し的確に理解する能力を育成し、伝え合う力を高めるとともに、思考力や想像力を伸ばし、心情を豊かにし、言語感覚を磨き、言語文化に対する関心を深め、国語を尊重してその向上を図る態度を育てる。

→

平成30年告示高等学校学習指導要領

国語
第1款 目標
言葉による見方・考え方を働かせ、言語活動を通して、国語で的確に理解し効果的に表現する資質・能力を次のとおり育成することを目指す。
(1)生涯にわたる社会生活に必要な国語について、その特質を理解し適切に使うことができるようにする。
(2)生涯にわたる社会生活における他者との関わりの中で伝え合う力を高め、思考力や想像力を伸ばす。
(3)言葉のもつ価値への認識を深めるとともに、言語感覚を磨き、我が国の言語文化の担い手としての自覚をもち、生涯にわたり国語を尊重してその能力の向上を図る態度を養う。

[知識及び技能]
[思考力、判断力、表現力等]
[学びに向かう力、人間性等]

4

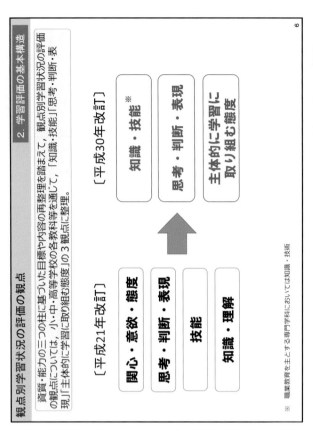

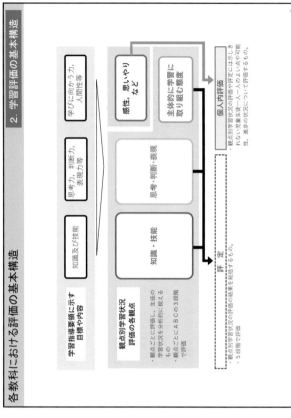

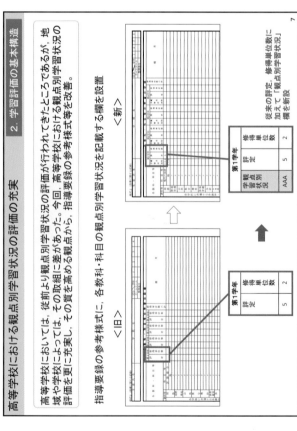

次のような工夫が考えられる

● 授業において

それぞれの教科等の特質に応じ、観察・実験をしたり、式やグラフで表現したりするなど学習した技能を用いる場面を設けて評価

● ペーパーテストにおいて

事実的な知識の習得を問う問題と知識の概念的な理解を問う問題とのバランスに配慮して出題し、解を問う問題を設けて出題し評価

次のような工夫が考えられる

● ペーパーテストにおいて、出題の仕方を工夫して評価

● 論述やレポートを課して評価

● 発表やグループでの話合いなどの場面で評価

● 作品の制作などにおいて多様な表現活動を設け、ポートフォリオを活用して評価

学びに向かう力、人間性等

観点別学習状況の評価にはなじまない部分（感性、思いやり等）①

「主体的に学習に取り組む態度」として観点別学習状況の評価を通じて見取ることができる部分 ㋐

個人内評価（生徒一人一人のよい点や可能性、進歩の状況について評価するもの）等を通じて見取る。
※ 特に感性や思いやりなど生徒一人一人のよい点や可能性、進歩の状況などについては、積極的に評価し、生徒に伝えることが重要。

知識及び技能を獲得したり、思考力、判断力、表現力等を身に付けたりすることに向けた粘り強い取組の中で、自らの学習を調整しようとしているかどうかを含めて評価する。

「学びに向かう力、人間性等」には、㋐主体的に学習に取り組む態度として観点別学習状況の評価を通じて見取ることができる部分と、①主体的に学習に取り組む態度として観点別学習状況の評価や評定にはなじまない部分がある。

「主体的に学習に取り組む態度」の評価のイメージ

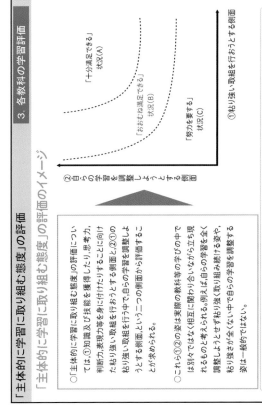

○主体的に学習に取り組む態度の評価については、①知識及び技能、思考力、判断力、表現力等を身に付けたりすることに向けた粘り強い取組を行おうとする側面と、②の粘り強い取組を行う中で自らの学習を調整しようとする側面、という二つの側面から評価することが求められる。

○これら①②の姿は実際の教科等の学びの中では別々ではなく相互に関わり合いながら立ち現れるものと考えられる。例えば、自らの学習を全く調整しようとせず粘り強く取り組み続ける姿や、粘り強さが全くない中で自らの学習を調整する姿は一般的ではない。

②自らの学習を調整しようとする側面

①粘り強い取組を行おうとする側面

「十分満足できる」状況(A)

「おおむね満足できる」状況(B)

「努力を要する」状況(C)

「主体的に学習に取り組む態度」については、①知識及び技能を獲得したり、思考力、判断力、表現力等を身に付けたりすることに向けた粘り強い取組を行う中で、②自らの学習を調整しようとしているかどうかを含めて評価する。

観点別評価の進め方

「内容のまとまり」との評価規準を作成する → 単元（題材）の目標を作成する → 単元（題材）の評価規準を作成する

指導と評価の計画を立てる → 授業（指導と評価）を行う → 評価の総括を行う

総括に用いる評価の記録については、場面を精選する

※ 職業教育を主とする専門学科においては、学習指導要領の規定から、「〔指導項目〕ごとの評価規準」とする。

● 「自らの学習を調整しようとする側面」について

自らの学習状況を振り返って把握し、学習の進め方について試行錯誤する（微調整を繰り返す）などの意思的な側面

指導において次のような工夫も大切

■ 生徒が自らの理解状況を振り返ることができるような発問を工夫したり指示したりする

■ 内容のまとまりの中で、話し合ったり他の生徒との協働を通じて自らの考えを相対化するような場面を設ける

◎ ここでの評価は、生徒の学習の調整が適切に行われているかどうかを必ずしも判断するものではない。学習の調整が適切に行われていない場合には、教師の指導が求められる。

教師の勤務負担軽減を図りながら学習評価の妥当性や信頼性が高められるよう、学校全体としての組織的かつ計画的な取組を行うことが重要。

学校全体としての組織的かつ計画的な取組

※例えば以下の取組が考えられる。

・教師同士での評価規準や評価方法の検討、明確化
・実践事例の蓄積・共有
・評価結果の検討等を通じた教師の力量の向上
・校内組織（学年会や教科等部会等）の活用

評価の方針等の生徒等との共有

学習評価の妥当性や信頼性を高めるとともに、生徒自身に学習の見通しをもたせるため、学習評価の方針を事前に生徒と共有する場面を必要に応じて設ける。

観点別学習状況の評価を行う場面の精選

観点別学習状況の評価に係る記録は、毎回の授業ではなく、単元や題材などの内容や時間のまとまりごとに行うなど、評価場面を精選する。

※日々の授業における生徒の学習状況を適宜把握して指導の改善に生かすことに重点を置くことが重要。

外部試験や検定等の学習評価への利用

外部試験や検定等（高校生のための学びの基礎診断の認定を受けた測定ツールなど）の結果を、指導や評価の改善につなげることも重要。

※外部試験や検定等は、学習指導要領の目標に準拠したものでないことや、教師が行う学習評価の補完材料である（外部試験等の結果そのものをもって教師の評価に代えることは適切ではない）ことに留意が必要であること。

目次

科目「情報産業と社会」　　単元「情報社会の進展と情報産業」（第１学年）

【福祉科】

　・評価規準，評価方法等の工夫改善に関する調査研究について（令和２年４月13日，国立教育政策研
　　究所長裁定）
　・評価規準，評価方法等の工夫改善に関する調査研究協力者
　・学習指導要領等関係資料について
　・学習評価の在り方ハンドブック（高等学校編）
　※本冊子については，改訂後の常用漢字表（平成22年11月30日内閣告示）に基づいて表記しています
　　（学習指導要領及び初等中等教育局長通知等の引用部分を除く）。

〔巻頭資料（スライド）について〕

巻頭資料（スライド）は，学習評価に関する基本事項を簡潔にまとめたものです。巻頭資料の記載
に目を通し概略を把握することで，本編の内容を読み進める上での一助となることや，各自治体や
各学校における研修等で使用する資料の参考となることを想定しています。記載内容は最小限の情
報になっているので，詳細については，本編を御参照ください。

第1編

総説

第1編　総説

本編においては，以下の資料について，それぞれ略称を用いることとする。

答申：「幼稚園，小学校，中学校，高等学校及び特別支援学校の学習指導要領等の改善及び必要な方策等について（答申）」　平成28年12月21日　中央教育審議会

報告：「児童生徒の学習評価の在り方について（報告）」　平成31年1月21日　中央教育審議会　初等中等教育分科会　教育課程部会

改善等通知：「小学校，中学校，高等学校及び特別支援学校等における児童生徒の学習評価及び指導要録の改善等について（通知）」　平成31年3月29日　初等中等教育局長通知

第1章　平成30年の高等学校学習指導要領改訂を踏まえた学習評価の改善

1　はじめに

　学習評価は，学校における教育活動に関し，生徒の学習状況を評価するものである。答申にもあるとおり，生徒の学習状況を的確に捉え，教師が指導の改善を図るとともに，生徒が自らの学びを振り返って次の学びに向かうことができるようにするためには，学習評価の在り方が極めて重要である。

　各教科等の評価については，「観点別学習状況の評価」と「評定」が学習指導要領に定める目標に準拠した評価として実施するものとされている[1]。観点別学習状況の評価とは，学校における生徒の学習状況を，複数の観点から，それぞれの観点ごとに分析的に捉える評価のことである。生徒が各教科等での学習において，どの観点で望ましい学習状況が認められ，どの観点に課題が認められるかを明らかにすることにより，具体的な指導や学習の改善に生かすことを可能とするものである。各学校において目標に準拠した観点別学習状況の評価を行うに当たっては，観点ごとに評価規準を定める必要がある。評価規準とは，観点別学習状況の評価を的確に行うため，学習指導要領に示す目標の実現の状況を判断するよりどころを表現したものである。本参考資料は，観点別学習状況の評価を実施する際に必要となる評価規準等，学習評価を行うに当たって参考となる情報をまとめたものである。

　以下，文部省指導資料から，評価規準について解説した部分を参考として引用する。

---

[1] 各教科の評価については，観点別学習状況の評価と，これらを総括的に捉える「評定」の両方について実施するものとされており，観点別学習状況の評価や評定には示しきれない生徒の一人一人のよい点や可能性，進歩の状況については，「個人内評価」として実施するものとされている（P.6〜11に後述）。

（参考）評価規準の設定（抄）

（文部省「小学校教育課程一般指導資料」（平成5年9月）より）

　新しい指導要録（平成3年改訂）では，観点別学習状況の評価が効果的に行われるようにするために，「各観点ごとに学年ごとの評価規準を設定するなどの工夫を行うこと」と示されています。

　これまでの指導要録においても，観点別学習状況の評価を適切に行うため，「観点の趣旨を学年別に具体化することなどについて工夫を加えることが望ましいこと」とされており，教育委員会や学校では目標の達成の度合いを判断するための基準や尺度などの設定について研究が行われてきました。

　しかし，それらは，ともすれば知識・理解の評価が中心になりがちであり，また「目標を十分達成（＋）」，「目標をおおむね達成（空欄）」及び「達成が不十分（－）」ごとに詳細にわたって設定され，結果としてそれを単に数量的に処理することに陥りがちであったとの指摘がありました。

　今回の改訂においては，学習指導要領が目指す学力観に立った教育の実践に役立つようにすることを改訂方針の一つとして掲げ，各教科の目標に照らしてその実現の状況を評価する観点別学習状況を各教科の学習の評価の基本に据えることとしました。したがって，評価の観点についても，学習指導要領に示す目標との関連を密にして設けられています。

　このように，学習指導要領が目指す学力観に立つ教育と指導要録における評価とは一体のものであるとの考え方に立って，各教科の目標の実現の状況を「関心・意欲・態度」，「思考・判断・表現」，「技能・表現（または技能）」及び「知識・理解」の観点ごとに適切に評価するため，「評価規準を設定する」ことを明確に示しているものです。

　「評価規準」という用語については，先に述べたように，新しい学力観に立って子供たちが自ら獲得し身に付けた資質や能力の質的な面，すなわち，学習指導要領の目標に基づく幅のある資質や能力の育成の実現状況の評価を目指すという意味から用いたものです。

2　平成30年の高等学校学習指導要領改訂を踏まえた学習評価の意義
（1）学習評価の充実

　平成30年に改訂された高等学校学習指導要領総則においては，学習評価の充実について新たに項目が置かれている。具体的には，学習評価の目的等について以下のように示し，単元や題材など内容や時間のまとまりを見通しながら，生徒の主体的・対話的で深い学びの実現に向けた授業改善を行うと同時に，評価の場面や方法を工夫して，学習の過程や成果を評価することを示し，授業の改善と評価の改善を両輪として行っていくことの必要性が明示されている。

・生徒のよい点や進歩の状況などを積極的に評価し，学習したことの意義や価値を実感できるようにすること。また，各教科・科目等の目標の実現に向けた学習状況を把握する観点から，単元や題材など内容や時間のまとまりを見通しながら評価の場面や方法を工夫して，学習の過程や成果を評価し，指導の改善や学習意欲の向上を図り，資質・能力の育成に生かすようにすること。

・創意工夫の中で学習評価の妥当性や信頼性が高められるよう，組織的かつ計画的な取組を推進するとともに，学年や学校段階を越えて生徒の学習の成果が円滑に接続されるように工夫すること。

（高等学校学習指導要領 第1章 総則 第3款 教育課程の実施と学習評価　2 学習評価の充実）

報告では現状の学習評価の課題として，学校や教師の状況によっては，学期末や学年末などの事後での評価に終始してしまうことが多く，評価の結果が生徒の具体的な学習改善につながっていないなどの指摘があるとしている。このため，学習評価の充実に当たっては，いわゆる評価のための評価に終わることのないよう指導と評価の一体化を図り，学習の成果だけでなく，学習の過程を一層重視し，生徒が自分自身の目標や課題をもって学習を進めていけるように評価を行うことが大切である。

また，報告においては，教師によって学習評価の方針が異なり，生徒が学習改善につなげにくいといった現状の課題も指摘されている。平成29年度文部科学省委託調査「学習指導と学習評価に対する意識調査」（以下「平成29年度文科省意識調査」）では，学習評価への取組状況について，「Ａ：校内で評価方法や評価規準を共有したり，授業研究を行ったりして，学習評価の改善に，学校全体で取り組んでいる」「Ｂ：評価規準の改善，評価方法の研究などは，教員個人に任されている」の二つのうちどちらに近いか尋ねたところ，高等学校では「Ｂ」又は「どちらかと言うとＢ」が約55％を占めている。このような現状を踏まえ，特に高等学校においては，学習評価の妥当性や信頼性を高め，授業改善や組織運営の改善に向けた学校教育全体の取組に位置付ける観点から，組織的かつ計画的に取り組むようにすることが必要である。

（2）カリキュラム・マネジメントの一環としての指導と評価

各学校における教育活動の多くは，学習指導要領等に従い生徒や地域の実態を踏まえて編成された教育課程の下，指導計画に基づく授業（学習指導）として展開される。各学校では，生徒の学習状況を評価し，その結果を生徒の学習や教師による指導の改善や学校全体としての教育課程の改善等に生かし，学校全体として組織的かつ計画的に教育活動の質の向上を図っていくことが必要である。このように，「学習指導」と「学習評価」は学校の教育活動の根幹に当たり，教育課程に基づいて組織的かつ計画的に教育活動の質の向上を図る「カリキュラム・マネジメント」の中核的な役割を担っているのである。

（3）主体的・対話的で深い学びの視点からの授業改善と評価

　　指導と評価の一体化を図るためには，生徒一人一人の学習の成立を促すための評価という視点を一層重視し，教師が自らの指導のねらいに応じて授業での生徒の学びを振り返り，学習や指導の改善に生かしていくことが大切である。すなわち，平成 30 年に改訂された高等学校学習指導要領で重視している「主体的・対話的で深い学び」の視点からの授業改善を通して各教科等における資質・能力を確実に育成する上で，学習評価は重要な役割を担っている。

（4）学習評価の改善の基本的な方向性

　　（1）～（3）で述べたとおり，学習指導要領改訂の趣旨を実現するためには，学習評価の在り方が極めて重要であり，すなわち，学習評価を真に意味のあるものとし，指導と評価の一体化を実現することがますます求められている。

　　このため，報告では，以下のように学習評価の改善の基本的な方向性が示された。

① 児童生徒の学習改善につながるものにしていくこと

② 教師の指導改善につながるものにしていくこと

③ これまで慣行として行われてきたことでも，必要性・妥当性が認められないものは見直していくこと

3　平成 30 年の高等学校学習指導要領改訂を受けた評価の観点の整理

　　平成 30 年改訂学習指導要領においては，知・徳・体にわたる「生きる力」を生徒に育むために「何のために学ぶのか」という各教科等を学ぶ意義を共有しながら，授業の創意工夫や教科書等の教材の改善を促すため，全ての教科・科目等の目標及び内容を「知識及び技能」，「思考力，判断力，表現力等」，「学びに向かう力，人間性等」の育成を目指す資質・能力の三つの柱で再整理した（図 1 参照）。知・徳・体のバランスのとれた「生きる力」を育むことを目指すに当たっては，各教科・科目等の指導を通してどのような資質・能力の育成を目指すのかを明確にしながら教育活動の充実を図ること，その際には，生徒の発達の段階や特性を踏まえ，三つの柱に沿った資質・能力の育成がバランスよく実現できるよう留意する必要がある。

図1

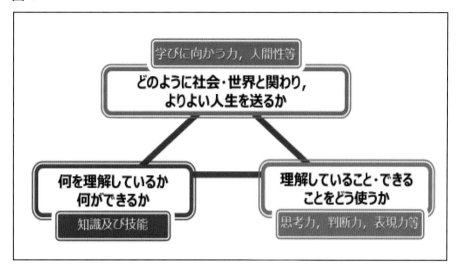

　観点別学習状況の評価については，こうした教育目標や内容の再整理を踏まえて，小・中・高等学校の各教科を通じて，４観点から３観点に整理された（図２参照）。

図2

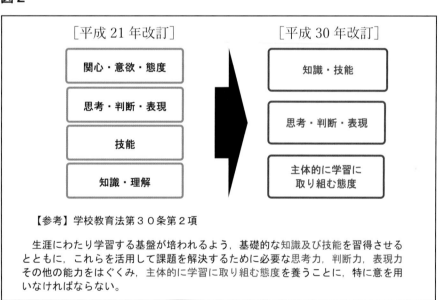

4　平成30年の高等学校学習指導要領改訂における各教科・科目の学習評価

　各教科・科目の学習評価においては，平成30年改訂においても，学習状況を分析的に捉える「観点別学習状況の評価」と，これらを総括的に捉える「評定」の両方について，学習指導要領に定める目標に準拠した評価として実施するものとされた。

　同時に，答申では「観点別学習状況の評価」について，高等学校では，知識量のみを問うペーパーテストの結果や，特定の活動の結果などのみに偏重した評価が行われているのではないかとの懸念も示されており，指導要録の様式の改善などを通じて評価の観点を明確にし，観点別学習状況の評価を更に普及させていく必要があるとされた。報告ではこの点について，以下のとおり示されている。

【高等学校における観点別学習状況の評価の扱いについて】

○ 高等学校においては，従前より観点別学習状況の評価が行われてきたところであるが，地域や学校によっては，その取組に差があり，形骸化している場合があるとの指摘もある。「平成29年度文科省意識調査」では，高等学校が指導要録に観点別学習状況の評価を記録している割合は，13.3%にとどまる。そのため，高等学校における観点別学習状況の評価を更に充実し，その質を高める観点から，今後国が発出する学習評価及び指導要録の改善等に係る通知の「高等学校及び特別支援学校高等部の指導要録に記載する事項等」において，観点別学習状況の評価に係る説明を充実するとともに，指導要録の参考様式に記載欄を設けることとする。

　　これを踏まえ，改善等通知においては，高等学校生徒指導要録に新たに観点別学習状況の評価の記載欄を設けることとした上で，以下のように示されている。

【高等学校生徒指導要録】 （学習指導要領に示す各教科・科目の取扱いは次のとおり）

　［各教科・科目の学習の記録］

　I　観点別学習状況

　　　学習指導要領に示す各教科・科目の目標に基づき，学校が生徒や地域の実態に即して定めた当該教科・科目の目標や内容に照らして，その実現状況を観点ごとに評価し記入する。その際，

　　　　「十分満足できる」状況と判断されるもの：A

　　　　「おおむね満足できる」状況と判断されるもの：B

　　　　「努力を要する」状況と判断されるもの：C

　のように区別して評価を記入する。

　II　評定

　　　各教科・科目の評定は，学習指導要領に示す各教科・科目の目標に基づき，学校が生徒や地域の実態に即して定めた当該教科・科目の目標や内容に照らし，その実現状況を総括的に評価して，

　　　　「十分満足できるもののうち，特に程度が高い」状況と判断されるもの：5

　　　　「十分満足できる」状況と判断されるもの：4

　　　　「おおむね満足できる」状況と判断されるもの：3

　　　　「努力を要する」状況と判断されるもの：2

　　　　「努力を要すると判断されるもののうち，特に程度が低い」状況と判断されるもの：1

　のように区別して評価を記入する。

　　　評定は各教科・科目の学習の状況を総括的に評価するものであり，「観点別学習状況」において掲げられた観点は，分析的な評価を行うものとして，各教科・科目の評定を行う場合において基本的な要素となるものであることに十分留意する。その際，評定の適切な決定方法等については，各学校において定める。

　「平成29年度文科省意識調査」では，「観点別学習状況の評価は実践の蓄積があり，定着してきている」に対する「そう思う」又は「まあそう思う」との回答の割合は，小学校・中学校では80%を超えるのに対し，高等学校では約45%にとどまっている。このような現状を踏まえ，今後高等学校においては，観点別学習状況の評価を更に充実し，その質を高めることが求められている。

　また，観点別学習状況の評価や評定には示しきれない生徒一人一人のよい点や可能性，進歩の状況については，「個人内評価」として実施するものとされている。改善等通知においては，「観点別学習状況の評価になじまず個人内評価の対象となるものについては，児童生徒が学習したことの意義や価値を実感できるよう，日々の教育活動等の中で児童生徒に伝えることが重要であること。特に『学びに向かう力，人間性等』のうち『感性や思いやり』など児童生徒一人一人のよい点や可能性，進歩の状況などを積極的に評価し児童生徒に伝えることが重要であること。」と示されている。

　「3　平成30年の高等学校学習指導要領改訂を受けた評価の観点の整理」も踏まえて各教科における評価の基本構造を図示化すると，以下のようになる（図3参照）。

図3

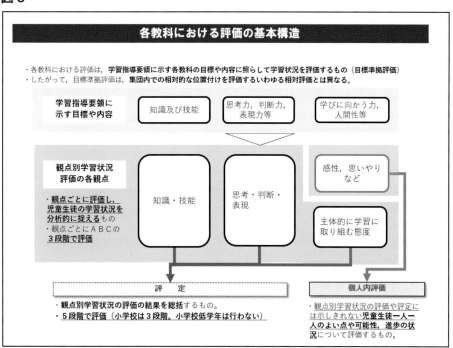

　上記の，「各教科における評価の基本構造」を踏まえた3観点の評価それぞれについての考え方は，以下の（1）～（3）のとおりとなる。なお，この考え方は，総合的な探究の時間，特別活動においても同様に考えることができる。

（1）「知識・技能」の評価について

　「知識・技能」の評価は，各教科等における学習の過程を通した知識及び技能の習得状況について評価を行うとともに，それらを既有の知識及び技能と関連付けたり活用したりする中で，他の学習や生活の場面でも活用できる程度に概念等を理解したり，技能を習得したりしているかについても評価するものである。

　「知識・技能」におけるこのような考え方は，従前の「知識・理解」（各教科等において習得すべき知識や重要な概念等を理解しているかを評価），「技能」（各教科等において習得すべき技能を身に付けているかを評価）においても重視してきたものである。

　具体的な評価の方法としては，ペーパーテストにおいて，事実的な知識の習得を問う問題と，知識の概念的な理解を問う問題とのバランスに配慮するなどの工夫改善を図るとともに，例えば，生徒が文章による説明をしたり，各教科等の内容の特質に応じて，観察・実験したり，式やグラフで表現したりするなど，実際に知識や技能を用いる場面を設けるなど，多様な方法を適切に取り入れていくことが考えられる。

（2）「思考・判断・表現」の評価について

　「思考・判断・表現」の評価は，各教科等の知識及び技能を活用して課題を解決する等のために必要な思考力，判断力，表現力等を身に付けているかを評価するものである。

　「思考・判断・表現」におけるこのような考え方は，従前の「思考・判断・表現」の観点においても重視してきたものである。「思考・判断・表現」を評価するためには，教師は「主体的・対話的で深い学び」の視点からの授業改善をする中で，生徒が思考・判断・表現する場面を効果的に設計するなどした上で，指導・評価することが求められる。

　具体的な評価の方法としては，ペーパーテストのみならず，論述やレポートの作成，発表，グループでの話合い，作品の制作や表現等の多様な活動を取り入れたり，それらを集めたポートフォリオを活用したりするなど評価方法を工夫することが考えられる。

（3）「主体的に学習に取り組む態度」の評価について

　答申において「学びに向かう力，人間性等」には，①「主体的に学習に取り組む態度」として観点別学習状況の評価を通じて見取ることができる部分と，②観点別学習状況の評価や評定にはなじまず，こうした評価では示しきれないことから個人内評価を通じて見取る部分があることに留意する必要があるとされている。すなわち，②については観点別学習状況の評価の対象外とする必要がある。

　「主体的に学習に取り組む態度」の評価に際しては，単に継続的な行動や積極的な発言を行うなど，性格や行動面の傾向を評価するということではなく，各教科等の「主体的に学習に取り組む態度」に係る観点の趣旨に照らして，知識及び技能を習得したり，思考力，判断力，表現力等を身に付けたりするために，自らの学習状況を把握し，学習の進め方について試行錯誤するなど自らの学習を調整しながら，学ぼうとしているか

どうかという意思的な側面を評価することが重要である。

　従前の「関心・意欲・態度」の観点も，各教科等の学習内容に関心をもつことのみならず，よりよく学ぼうとする意欲をもって学習に取り組む態度を評価するという考え方に基づいたものであり，この点を「主体的に学習に取り組む態度」として改めて強調するものである。

　本観点に基づく評価は，「主体的に学習に取り組む態度」に係る各教科等の評価の観点の趣旨に照らして，

①　知識及び技能を獲得したり，思考力，判断力，表現力等を身に付けたりすることに
　　向けた粘り強い取組を行おうとしている側面

②　①の粘り強い取組を行う中で，自らの学習を調整しようとする側面

という二つの側面を評価することが求められる[2]（図4参照）。

　ここでの評価は，生徒の学習の調整が「適切に行われているか」を必ずしも判断するものではなく，学習の調整が知識及び技能の習得などに結び付いていない場合には，教師が学習の進め方を適切に指導することが求められる。

　具体的な評価の方法としては，ノートやレポート等における記述，授業中の発言，教師による行動観察や生徒による自己評価や相互評価等の状況を，教師が評価を行う際に考慮する材料の一つとして用いることなどが考えられる。

図4

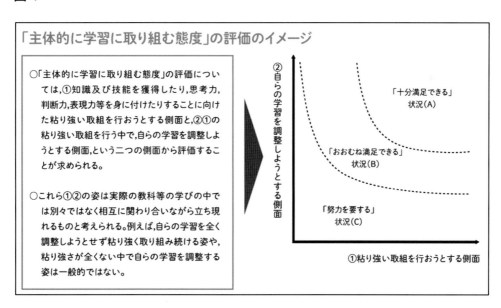

───────────────

[2] これら①②の姿は実際の教科等の学びの中では別々ではなく相互に関わり合いながら立ち現れるものと考えられることから，実際の評価の場面においては，双方の側面を一体的に見取ることも想定される。例えば，自らの学習を全く調整しようとせず粘り強く取り組み続ける姿や，粘り強さが全くない中で自らの学習を調整する姿は一般的ではない。

　なお，学習指導要領の「2　内容」に記載のない「主体的に学習に取り組む態度」の評価については，後述する第2章1（2）を参照のこと[3]。

5　改善等通知における総合的な探究の時間，特別活動の指導要録の記録

　改善等通知においては，各教科の学習の記録とともに，以下の（1），（2）の各教科等の指導要録における学習の記録について以下のように示されている。

（1）総合的な探究の時間について

　改善等通知別紙3には，「総合的な探究の時間の記録については，この時間に行った学習活動及び各学校が自ら定めた評価の観点を記入した上で，それらの観点のうち，生徒の学習状況に顕著な事項がある場合などにその特徴を記入する等，生徒にどのような力が身に付いたかを文章で端的に記述する」とされている。また，「評価の観点については，高等学校学習指導要領等に示す総合的な探究の時間の目標を踏まえ，各学校において具体的に定めた目標，内容に基づいて別紙5を参考に定める」とされている。

（2）特別活動について

　改善等通知別紙3には，「特別活動の記録については，各学校が自ら定めた特別活動全体に係る評価の観点を記入した上で，各活動・学校行事ごとに，評価の観点に照らして十分満足できる活動の状況にあると判断される場合に，○印を記入する」とされている。また，「評価の観点については，高等学校学習指導要領等に示す特別活動の目標を踏まえ，各学校において別紙5を参考に定める。その際，特別活動の特質や学校として重点化した内容を踏まえ，例えば『主体的に生活や人間関係をよりよくしようとする態度』などのように，より具体的に定めることも考えられる。記入に当たっては，特別活動の学習が学校やホームルームにおける集団活動や生活を対象に行われるという特質に留意する」とされている。

　なお，特別活動は学級担任以外の教師が指導する活動もあることから，評価体制を確立し，共通理解を図って，生徒のよさや可能性を多面的・総合的に評価するとともに，確実に資質・能力が育成されるよう指導の改善に生かすことが求められる。

---

[3] 各教科等によって，評価の対象に特性があることに留意する必要がある。例えば，保健体育科の体育に関する科目においては，公正や協力などを，育成する「態度」として学習指導要領に位置付けており，各教科等の目標や内容に対応した学習評価が行われることとされている。

6 障害のある生徒の学習評価について

学習評価に関する基本的な考え方は，障害のある生徒の学習評価についても同様である。

障害のある生徒については，特別支援学校等の助言又は援助を活用しつつ，個々の生徒の障害の状態や特性及び心身の発達の段階に応じた指導内容や指導方法の工夫を行い，その評価を適切に行うことが必要である。また，指導内容や指導方法の工夫については，学習指導要領の各教科・科目の「指導計画の作成と内容の取扱い」の「指導計画作成上の配慮事項」の「障害のある生徒への配慮についての事項」についての学習指導要領解説も参考となる。

7 評価の方針等の生徒や保護者への共有について

学習評価の妥当性や信頼性を高めるとともに，生徒自身に学習の見通しをもたせるために，学習評価の方針を事前に生徒と共有する場面を必要に応じて設けることが求められており，生徒に評価の結果をフィードバックする際にも，どのような方針によって評価したのかを改めて生徒に共有することも重要である。

また，学習指導要領下での学習評価の在り方や基本方針等について，様々な機会を捉えて保護者と共通理解を図ることが非常に重要である。

第2章　学習評価の基本的な流れ
1　各学科に共通する各教科における評価規準の作成及び評価の実施等について
（1）目標と「評価の観点及びその趣旨」との対応関係について

　　評価規準の作成に当たっては，各学校の実態に応じて目標に準拠した評価を行うために，「評価の観点及びその趣旨[4]」が各教科の目標を踏まえて作成されていることを確認することが必要である[5]。また，教科の目標と「評価の観点及びその趣旨」との関係性を踏まえ，科目の目標に対する「評価の観点の趣旨」を作成することが必要である。

　　なお，「主体的に学習に取り組む態度」の観点は，教科・科目の目標の（3）に対応するものであるが，観点別学習状況の評価を通じて見取ることができる部分をその内容として整理し，示していることを確認することが必要である（図5，6参照）。

図5

【学習指導要領「教科の目標」】

学習指導要領　各教科の「第1款　目標」等

（1）	（2）	（3）
（知識及び技能に関する目標）	（思考力，判断力，表現力等に関する目標）	（学びに向かう力，人間性等に関する目標）[6]

【改善等通知　別紙5「評価の観点及びその趣旨」】

観点	知識・技能	思考・判断・表現	主体的に学習に取り組む態度
趣旨	（知識・技能の観点の趣旨）	（思考・判断・表現の観点の趣旨）	（主体的に学習に取り組む態度の観点の趣旨）

---

[4] 各教科等の学習指導要領の目標の規定を踏まえ，観点別学習状況の評価の対象とするものについて整理したものが教科等の観点の趣旨である。

[5] 芸術科においては，「第2款　各科目」における音楽Ⅰ～Ⅲ，美術Ⅰ～Ⅲ，工芸Ⅰ～Ⅲ，書道Ⅰ～Ⅲについて，それぞれ科目の目標を踏まえて「評価の観点及びその趣旨」が作成されている。

[6] 学びに向かう力，人間性等に関する目標には，個人内評価として実施するものも含まれている。

図6

【学習指導要領「科目の目標」】

学習指導要領　各教科の「第2款　各科目」における科目の目標

(1)	(2)	(3)
（知識及び技能に関する目標）	（思考力，判断力，表現力等に関する目標）	（学びに向かう力，人間性等に関する目標）[7]

観点	知識・技能	思考・判断・表現	主体的に学習に取り組む態度
趣旨	（知識・技能の観点の趣旨）	（思考・判断・表現の観点の趣旨）	（主体的に学習に取り組む態度の観点の趣旨）
	科目の目標に対する「評価の観点の趣旨」は各学校等において作成する		

（2）「内容のまとまりごとの評価規準」について

　本参考資料では，評価規準の作成等について示す。具体的には，第2編において学習指導要領の規定から「内容のまとまりごとの評価規準」を作成する際の手順を示している。ここでの「内容のまとまり」とは，学習指導要領に示す各教科等の「第2款　各科目」における各科目の「1　目標」及び「2　内容」の項目等をそのまとまりごとに細分化したり整理したりしたものである[8]。平成30年に改訂された高等学校学習指導要領においては資質・能力の三つの柱に基づく構造化が行われたところであり，各学科に共通する各教科においては，学習指導要領に示す各教科の「第2款 各科目」の「2　内容」

---

[7] 脚注6を参照

[8] 各教科等の学習指導要領の「第3款　各科目にわたる指導計画の作成と内容の取扱い」1(1)に「単元（題材）などの内容や時間のまとまり」という記載があるが，この「内容や時間のまとまり」と，本参考資料における「内容のまとまり」は同義ではないことに注意が必要である。前者は，主体的・対話的で深い学びを実現するため，主体的に学習に取り組めるよう学習の見通しを立てたり学習したことを振り返ったりして自身の学びや変容を自覚できる場面をどこに設定するか，対話によって自分の考えなどを広げたり深めたりする場面をどこに設定するか，学びの深まりをつくりだすために，生徒が考える場面と教師が教える場面をどのように組み立てるか，といった視点による授業改善は，1単位時間の授業ごとに考えるのではなく，単元や題材などの一定程度のまとまりごとに検討されるべきであることが示されたものである。後者（本参考資料における「内容のまとまり」）については，本文に述べるとおりである。

において[9]，「内容のまとまり」ごとに育成を目指す資質・能力が示されている。このため，「2　内容」の記載はそのまま学習指導の目標となりうるものである[10]。学習指導要領の目標に照らして観点別学習状況の評価を行うに当たり，生徒が資質・能力を身に付けた状況を表すために，「2　内容」の記載事項の文末を「～すること」から「～している」と変換したもの等を，本参考資料において「内容のまとまりごとの評価規準」と呼ぶこととする[11]。

ただし，「主体的に学習に取り組む態度」に関しては，特に，生徒の学習への継続的な取組を通して現れる性質を有すること等から[12]，「2　内容」に記載がない[13]。そのため，各科目の「1　目標」を参考にして作成した科目の目標に対する「評価の観点の趣旨」を踏まえつつ，必要に応じて，改善等通知別紙5に示された評価の観点の趣旨のうち「主体的に学習に取り組む態度」に関わる部分を用いて「内容のまとまりごとの評価規準」を作成する必要がある。

なお，各学校においては，「内容のまとまりごとの評価規準」の考え方を踏まえて，各学校の実態を考慮し，単元や題材の評価規準等，学習評価を行う際の評価規準を作成する。

---

[9] 外国語においては「第2款　各科目」の「1　目標」である。

[10] 「2　内容」において示されている指導事項等を整理することで「内容のまとまり」を構成している教科もある。この場合は，整理した資質・能力をもとに，構成された「内容のまとまり」に基づいて学習指導の目標を設定することとなる。また，目標や評価規準の設定は，教育課程を編成する主体である各学校が，学習指導要領に基づきつつ生徒や学校，地域の実情に応じて行うことが必要である。

[11] 各学科に共通する各教科第9節家庭については，学習指導要領の「第1款　目標」(2)及び「第2款　各科目」の「1　目標」(2)に思考力・判断力・表現力等の育成に係る学習過程が記載されているため，これらを踏まえて「内容のまとまりごとの評価規準」を作成する必要がある。

[12] 各教科等の特性によって単元や題材など内容や時間のまとまりはさまざまであることから，評価を行う際は，それぞれの実現状況が把握できる段階について検討が必要である。

[13] 各教科等によって，評価の対象に特性があることに留意する必要がある。例えば，保健体育科の体育に関する科目においては，公正や協力などを，育成する「態度」として学習指導要領に位置付けており，各教科等の目標や内容に対応した学習評価が行われることとされている。

（3）「内容のまとまりごとの評価規準」を作成する際の基本的な手順

各教科における[14]，「内容のまとまりごとの評価規準」を作成する際の基本的な手順は以下のとおりである。

学習指導要領に示された教科及び科目の目標を踏まえて，「評価の観点及びその趣旨」が作成されていることを理解した上で，

① 各教科における「内容のまとまり」と「評価の観点」との関係を確認する。

② 【観点ごとのポイント】を踏まえ，「内容のまとまりごとの評価規準」を作成する。

（4）評価の計画を立てることの重要性

学習指導のねらいが生徒の学習状況として実現されたかについて，評価規準に照らして観察し，毎時間の授業で適宜指導を行うことは，育成を目指す資質・能力を生徒に育むためには不可欠である。その上で，評価規準に照らして，観点別学習状況の評価をするための記録を取ることになる。そのためには，いつ，どのような方法で，生徒について観点別学習状況を評価するための記録を取るのかについて，評価の計画を立てることが引き続き大切である。

しかし，毎時間生徒全員について記録を取り，総括の資料とするために蓄積することは現実的ではないことからも，生徒全員の学習状況を記録に残す場面を精選し，かつ適切に評価するための評価の計画が一層重要になる。

（5）観点別学習状況の評価に係る記録の総括

適切な評価の計画の下に得た，生徒の観点別学習状況の評価に係る記録の総括の時期としては，単元（題材）末，学期末，学年末等の節目が考えられる。

総括を行う際，観点別学習状況の評価に係る記録が，観点ごとに複数ある場合は，例えば，次のような総括の方法が考えられる。

・ **評価結果のＡ，Ｂ，Ｃの数を基に総括する場合**

何回か行った評価結果のＡ，Ｂ，Ｃの数が多いものが，その観点の学習の実施状況を最もよく表現しているとする考え方に立つ総括の方法である。例えば，3回評価を行った結果が「ＡＢＢ」ならばＢと総括することが考えられる。なお，「ＡＡＢＢ」の総括結果をＡとするかＢとするかなど，同数の場合や三つの記号が混在する場合の総括の仕方をあらかじめ各学校において決めておく必要がある。

---

[14] 芸術科においては，「第2款　各科目」における音楽Ⅰ〜Ⅲ，美術Ⅰ〜Ⅲ，工芸Ⅰ〜Ⅲ，書道Ⅰ〜Ⅲについて，必要に応じてそれぞれ「内容のまとまりごとの評価規準」を作成する。

・　**評価結果のＡ，Ｂ，Ｃを数値に置き換えて総括する場合**

　　何回か行った評価結果Ａ，Ｂ，Ｃを，例えばＡ＝３，Ｂ＝２，Ｃ＝１のように数値によって表し，合計したり平均したりする総括の方法である。例えば，総括の結果をＢとする範囲を［1.5≦平均値≦2.5］とすると，「ＡＢＢ」の平均値は，約2.3［（３＋２＋２）÷３］で総括の結果はＢとなる。

　　なお，評価の各節目のうち特定の時点に重きを置いて評価を行うこともできるが，その際平均値による方法等以外についても様々な総括の方法が考えられる。

（6）観点別学習状況の評価の評定への総括

　　評定は，各教科の観点別学習状況の評価を総括した数値を示すものである。評定は，生徒がどの教科の学習に望ましい学習状況が認められ，どの教科の学習に課題が認められるのかを明らかにすることにより，教育課程全体を見渡した学習状況の把握と指導や学習の改善に生かすことを可能とするものである。

　　評定への総括は，学期末や学年末などに行われることが多い。学年末に評定へ総括する場合には，学期末に総括した評定の結果を基にする場合と，学年末に観点ごとに総括した結果を基にする場合が考えられる。

　　観点別学習状況の評価の評定への総括は，各観点の評価結果をＡ，Ｂ，Ｃの組合せ，又は，Ａ，Ｂ，Ｃを数値で表したものに基づいて総括し，その結果を５段階で表す。

　　Ａ，Ｂ，Ｃの組合せから評定に総括する場合，「ＢＢＢ」であれば３を基本としつつ，「ＡＡＡ」であれば５又は４，「ＣＣＣ」であれば２又は１とするのが適当であると考えられる。それ以外の場合は，各観点のＡ，Ｂ，Ｃの数の組合せから適切に評定することができるようあらかじめ各学校において決めておく必要がある。

　　なお，観点別学習状況の評価結果は，「十分満足できる」状況と判断されるものをＡ，「おおむね満足できる」状況と判断されるものをＢ，「努力を要する」状況と判断されるものをＣのように表されるが，そこで表された学習の実現状況には幅があるため，機械的に評定を算出することは適当ではない場合も予想される。

　　また，評定は，高等学校学習指導要領等に示す各教科・科目の目標に照らして，その実現状況を「十分満足できるもののうち，特に程度が高い」状況と判断されるものを５，「十分満足できる」状況と判断されるものを４，「おおむね満足できる」状況と判断されるものを３，「努力を要する」状況と判断されるものを２，「努力を要すると判断されるもののうち，特に程度が低い」状況と判断されるものを１（単位不認定）という数値で表される。しかし，この数値を生徒の学習状況について五つに分類したものとして捉えるのではなく，常にこの結果の背後にある生徒の具体的な学習の実現状況を思い描き，適切に捉えることが大切である。評定への総括に当たっては，このようなことも十分に検討する必要がある[15]。また，各学校では観点別学習状況の評価の観点ごとの総括

---

[15] 改善等通知では，「評定は各教科の学習の状況を総括的に評価するものであり，『観点別

及び評定への総括の考え方や方法について，教師間で共通理解を図り，生徒及び保護者に十分説明し理解を得ることが大切である。

2　主として専門学科（職業教育を主とする専門学科）において開設される各教科における評価規準の作成及び評価の実施等について

（1）目標と「評価の観点及びその趣旨」との対応関係について

　　評価規準の作成に当たっては，各学校の実態に応じて目標に準拠した評価を行うために，「評価の観点及びその趣旨」が各教科の目標を踏まえて作成されていることを確認することが必要である。また，教科の目標と「評価の観点及びその趣旨」との関係性を踏まえ，科目の目標に対する「評価の観点の趣旨」を作成することが必要である。

　　なお，「主体的に学習に取り組む態度」の観点は，教科・科目の目標の（3）に対応するものであるが，観点別学習状況の評価を通じて見取ることができる部分をその内容として整理し，示していることを確認することが必要である（図7，8参照）。

図7
【学習指導要領「教科の目標」】

学習指導要領　各教科の「第1款　目標」

(1)	(2)	(3)
（知識及び技術に関する目標）	（思考力，判断力，表現力等に関する目標）	（学びに向かう力，人間性等に関する目標）[16]

【改善等通知　別紙5「評価の観点及びその趣旨」】

観点	知識・技術	思考・判断・表現	主体的に学習に取り組む態度
趣旨	（知識・技術の観点の趣旨）	（思考・判断・表現の観点の趣旨）	（主体的に学習に取り組む態度の観点の趣旨）

学習状況』において掲げられた観点は，分析的な評価を行うものとして，各教科の評定を行う場合において基本的な要素となるものであることに十分留意する。その際，評定の適切な決定方法等については，各学校において定める。」と示されている（P.8参照）。

[16] 脚注6を参照

図8

【学習指導要領「科目の目標」】

学習指導要領　各教科の「第2款　各科目」における科目の目標

(1)	(2)	(3)
（知識及び技術に関する目標）	（思考力，判断力，表現力等に関する目標）	（学びに向かう力，人間性等に関する目標）[17]

観点	知識・技術	思考・判断・表現	主体的に学習に取り組む態度
趣旨	（知識・技術の観点の趣旨）	（思考・判断・表現の観点の趣旨）	（主体的に学習に取り組む態度の観点の趣旨）
	科目の目標に対する「評価の観点の趣旨」は各学校等において作成する		

（2）職業教育を主とする専門学科において開設される「〔指導項目〕ごとの評価規準」について

　職業教育を主とする専門学科においては，学習指導要領の規定から「〔指導項目〕ごとの評価規準」を作成する際の手順を示している。

　平成30年に改訂された高等学校学習指導要領においては資質・能力の三つの柱に基づく構造化が行われたところであり，職業教育を主とする専門学科においては，学習指導要領解説に示す各科目の「第2　内容とその取扱い」の「2　内容」の各〔指導項目〕において，育成を目指す資質・能力が示されている。このため，「2　内容〔指導項目〕」の記載はそのまま学習指導の目標となりうるものである。学習指導要領及び学習指導要領解説の目標に照らして観点別学習状況の評価を行うに当たり，生徒が資質・能力を身に付けた状況を表すために，「2　内容〔指導項目〕」の記載事項の文末を「～すること」から「～している」と変換したもの等を，本参考資料において「〔指導項目〕ごとの評価規準」と呼ぶこととする。

　なお，職業教育を主とする専門学科については，「2　内容〔指導項目〕」に「学びに向かう力・人間性」に係る項目が存在する。この「学びに向かう力・人間性」に係る項目から，観点別学習状況の評価になじまない部分等を除くことで「主体的に学習に取り組む態度」の「〔指導項目〕ごとの評価規準」を作成することができる。

　これらを踏まえ，職業教育を主とする専門学科においては，各科目における「内容のまとまり」を〔指導項目〕に置き換えて記載することとする。

---

[17] 脚注6を参照

　各学校においては，「〔指導項目〕ごとの評価規準」の考え方を踏まえて，各学校の実態を考慮し，単元の評価規準等，学習評価を行う際の評価規準を作成する。

（3）「〔指導項目〕ごとの評価規準」を作成する際の基本的な手順

　職業教育を主とする専門学科における，「〔指導項目〕ごとの評価規準」を作成する際の基本的な手順は以下のとおりである。

　学習指導要領に示された教科及び科目の目標を踏まえて，「評価の観点及びその趣旨」が作成されていることを理解した上で，

① 各科目における〔指導項目〕と「評価の観点」との関係を確認する。

② 【観点ごとのポイント】を踏まえ，「〔指導項目〕ごとの評価規準」を作成する。

3　総合的な探究の時間における評価規準の作成及び評価の実施等について
（1）総合的な探究の時間の「評価の観点」について

　平成30年に改訂された高等学校学習指導要領では，各教科等の目標や内容を「知識及び技能」，「思考力，判断力，表現力等」，「学びに向かう力，人間性等」の資質・能力の三つの柱で再整理しているが，このことは総合的な探究の時間においても同様である。

　総合的な探究の時間においては，学習指導要領が定める目標を踏まえて各学校が目標や内容を設定するという総合的な探究の時間の特質から，各学校が観点を設定するという枠組みが維持されている。一方で，各学校が目標や内容を定める際には，学習指導要領において示された以下について考慮する必要がある。

【各学校において定める目標】
・　各学校において定める目標については，各学校における教育目標を踏まえ，総合的な探究の時間を通して育成を目指す資質・能力を示すこと。　　　（第2の3(1)）

　総合的な探究の時間を通して育成を目指す資質・能力を示すとは，各学校における教育目標を踏まえて，各学校において定める目標の中に，この時間を通して育成を目指す資質・能力を，三つの柱に即して具体的に示すということである。

【各学校において定める内容】
・　探究課題の解決を通して育成を目指す具体的な資質・能力については，次の事項に配慮すること。
ア　知識及び技能については，他教科等及び総合的な探究の時間で習得する知識及び技能が相互に関連付けられ，社会の中で生きて働くものとして形成されるようにすること。
イ　思考力，判断力，表現力等については，課題の設定，情報の収集，整理・分析，

> まとめ・表現などの探究的な学習の過程において発揮され，未知の状況において活用できるものとして身に付けられるようにすること。
>
> ウ　学びに向かう力，人間性等については，自分自身に関すること及び他者や社会との関わりに関することの両方の視点を踏まえること。　　　　（第2の3(6)）

　各学校において定める内容について，今回の改訂では新たに，「目標を実現するにふさわしい探究課題」，「探究課題の解決を通して育成を目指す具体的な資質・能力」の二つを定めることが示された。「探究課題の解決を通して育成を目指す具体的な資質・能力」とは，各学校において定める目標に記された資質・能力を，各探究課題に即して具体的に示したものであり，教師の適切な指導の下，生徒が各探究課題の解決に取り組む中で，育成することを目指す資質・能力のことである。この具体的な資質・能力も，「知識及び技能」，「思考力，判断力，表現力等」，「学びに向かう力，人間性等」という資質・能力の三つの柱に即して設定していくことになる。

　このように，各学校において定める目標と内容には，三つの柱に沿った資質・能力が明示されることになる。

　したがって，資質・能力の三つの柱で再整理した学習指導要領の下での指導と評価の一体化を推進するためにも，評価の観点についてこれらの資質・能力に関わる「知識・技能」，「思考・判断・表現」，「主体的に学習に取り組む態度」の3観点に整理し示したところである。

（2）総合的な探究の時間の「内容のまとまり」の考え方

　学習指導要領の第2の2では，「各学校においては，第1の目標を踏まえ，各学校の総合的な探究の時間の内容を定める。」とされている。これは，各学校が，学習指導要領が定める目標の趣旨を踏まえて，地域や学校，生徒の実態に応じて，創意工夫を生かした内容を定めることが期待されているからである。

　この内容の設定に際しては，前述したように「目標を実現するにふさわしい探究課題」，「探究課題の解決を通して育成を目指す具体的な資質・能力」の二つを定めることが示され，探究課題としてどのような対象と関わり，その探究課題の解決を通して，どのような資質・能力を育成するのかが内容として記述されることになる（図9参照）。

　本参考資料第1編第2章の1（2）では，「内容のまとまり」について，「学習指導要領に示す各教科等の『第2款　各科目』における各科目の『1　目標』及び『2　内容』の項目等をそのまとまりごとに細分化したり整理したりしたもので，『内容のまとまり』ごとに育成を目指す資質・能力が示されている」と説明されている。

　したがって，総合的な探究の時間における「内容のまとまり」とは，全体計画に示した「目標を実現するにふさわしい探究課題」のうち，一つ一つの探究課題とその探究課題に応じて定めた具体的な資質・能力と考えることができる。

図9

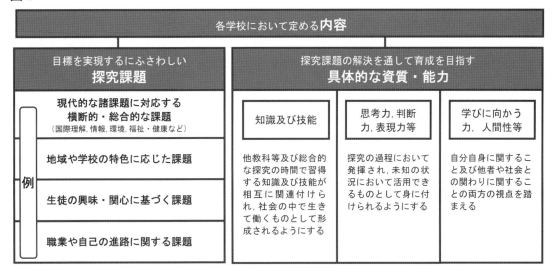

（3）「内容のまとまりごとの評価規準」を作成する際の基本的な手順

　　総合的な探究の時間における，「内容のまとまりごとの評価規準」を作成する際の基本的な手順は以下のとおりである。

> ①　各学校において定めた目標（第2の1）と「評価の観点及びその趣旨」を確認する。
>
> ②　各学校において定めた内容の記述（「内容のまとまり」として探究課題ごとに作成した「探究課題の解決を通して育成を目指す具体的な資質・能力」）が，観点ごとにどのように整理されているかを確認する。
>
> ③【観点ごとのポイント】を踏まえ，「内容のまとまりごとの評価規準」を作成する。

4　特別活動の「評価の観点」とその趣旨，並びに評価規準の作成及び評価の実施等について

（1）特別活動の「評価の観点」とその趣旨について

　　特別活動においては，改善等通知において示されたように，特別活動の特質と学校の創意工夫を生かすということから，設置者ではなく，「各学校で評価の観点を定める」ものとしている。本参考資料では「評価の観点」とその趣旨の設定について示している。

（2）特別活動の「内容のまとまり」

　　学習指導要領「第2　各活動・学校行事の目標及び内容」〔ホームルーム活動〕「2　内容」の「(1)ホームルームや学校における生活づくりへの参画」，「(2)日常の生活や学習への適応と自己の成長及び健康安全」，「(3)一人一人のキャリア形成と自己実現」，〔生徒会活動〕，〔学校行事〕「2　内容」の(1)儀式的行事，(2)文化的行事，(3)健康安全・体育的行事，(4)旅行・集団宿泊的行事，(5)勤労生産・奉仕的行事をそれぞれ「内容のまとまり」とした。

（3）特別活動の「評価の観点」とその趣旨，並びに「内容のまとまりごとの評価規準」を作成する際の基本的な手順

　　各学校においては，学習指導要領に示された特別活動の目標及び内容を踏まえ，自校の実態に即し，改善等通知の例示を参考に観点を作成する。その際，例えば，特別活動の特質や学校として重点化した内容を踏まえて，具体的な観点を設定することが考えられる。

　　また，学習指導要領解説では，各活動・学校行事の内容ごとに育成を目指す資質・能力が例示されている。そこで，学習指導要領で示された「各活動・学校行事の目標」及び学習指導要領解説で例示された「資質・能力」を確認し，各学校の実態に合わせて育成を目指す資質・能力を重点化して設定する。

　　次に，各学校で設定した，各活動・学校行事で育成を目指す資質・能力を踏まえて，「内容のまとまりごとの評価規準」を作成する。基本的な手順は以下のとおりである。

①　学習指導要領の「特別活動の目標」と改善等通知を確認する。
②　学習指導要領の「特別活動の目標」と自校の実態を踏まえ，改善等通知の例示を参考に，特別活動の「評価の観点」とその趣旨を設定する。
③　学習指導要領の「各活動・学校行事の目標」及び学習指導要領解説特別活動編（平成30年7月）で例示した「各活動・学校行事における育成を目指す資質・能力」を参考に，各学校において育成を目指す資質・能力を重点化して設定する。
④　【観点ごとのポイント】を踏まえ，「内容のまとまりごとの評価規準」を作成する。

（参考）平成 24 年「評価規準の作成，評価方法等の工夫改善のための参考資料」からの 変更点について

　今回作成した本参考資料は，平成 24 年の「評価規準の作成，評価方法等の工夫改善の ための参考資料」を踏襲するものであるが，以下のような変更点があることに留意が必要 である[18]。

　まず，平成 24 年の参考資料において使用していた「評価規準に盛り込むべき事項」や 「評価規準の設定例」については，報告において「現行の参考資料のように評価規準を詳 細に示すのではなく，各教科等の特質に応じて，学習指導要領の規定から評価規準を作成 する際の手順を示すことを基本とする」との指摘を受け，第 2 編において示すことを改 め，本参考資料の第 3 編における事例の中で，各教科等の事例に沿った評価規準を例示し たり，その作成手順等を紹介したりする形に改めている。

　次に，本参考資料の第 2 編に示す「内容のまとまりごとの評価規準」は，平成 24 年の 「評価規準の作成，評価方法等の工夫改善のための参考資料」において示した「評価規準 に盛り込むべき事項」と作成の手順を異にする。具体的には，「評価規準に盛り込むべき 事項」は，平成 21 年改訂学習指導要領における各教科等の目標及び内容の記述を基に， 学習評価及び指導要録の改善通知で示している各教科等の評価の観点及びその趣旨を踏 まえて作成したものである。

　また，平成 24 年の参考資料では「評価規準に盛り込むべき事項」をより具体化したも のを「評価規準の設定例」として示している。「評価規準の設定例」は，原則として，学 習指導要領の各教科等の目標及び内容のほかに，当該部分の学習指導要領解説（文部科学 省刊行）の記述を基に作成していた。他方，本参考資料における「内容のまとまりごとの 評価規準」については，平成 30 年改訂の学習指導要領の目標及び内容が育成を目指す資 質・能力に関わる記述で整理されたことから，既に確認のとおり，そこでの「内容のまと まり」ごとの記述を，文末を変換するなどにより評価規準とすることを可能としており， 学習指導要領の記載と表裏一体をなす関係にあると言える。

　さらに，「主体的に学習に取り組む態度」の「各教科等の評価の観点の趣旨」について である。前述のとおり，従前の「関心・意欲・態度」の観点から「主体的に学習に取り組 む態度」の観点に改められており，「主体的に学習に取り組む態度」の観点に関しては各 科目の「1　目標」を参考にしつつ，必要に応じて，改善等通知別紙 5 に示された評価の 観点の趣旨のうち「主体的に学習に取り組む態度」に関わる部分を用いて「内容のまとま りごとの評価規準」を作成する必要がある。報告にあるとおり，「主体的に学習に取り組 む態度」は，現行の「関心・意欲・態度」の観点の本来の趣旨であった，各教科等の学習 内容に関心をもつことのみならず，よりよく学ぼうとする意欲をもって学習に取り組む

---

[18] 特別活動については，平成 30 年改訂学習指導要領を受け，初めて作成するものである。

態度を評価することを改めて強調するものである。また，本観点に基づく評価としては，
「主体的に学習に取り組む態度」に係る各教科等の評価の観点の趣旨に照らし，

① 知識及び技能を獲得したり，思考力，判断力，表現力等を身に付けたりすること
に向けた粘り強い取組を行おうとする側面と，

② ①の粘り強い取組を行う中で，自らの学習を調整しようとする側面，

という二つの側面を評価することが求められるとされた[19]。

以上の点から，今回の改善等通知で示した「主体的に学習に取り組む態度」の「各教科等の評価の観点の趣旨」は，平成22年通知で示した「関心・意欲・態度」の「各教科等の評価の観点の趣旨」から改められている。

---

[19] 脚注11を参照

各教科における

第2編 「〔指導項目〕ごとの評価規準」を作成する際の手順

及び,

第3編 単元ごとの学習評価について（事例）

【農業科】

第２編

「〔指導項目〕ごとの評価規準」
を作成する際の手順

1　高等学校農業科の〔指導項目〕

高等学校農業科における〔指導項目〕は，以下のようになっている。

【第3編（事例）で取り上げた科目の〔指導項目〕を記載している】

第1　農業と環境

(1)　「農業と環境」とプロジェクト学習

　ア　農業学習の特質

　イ　プロジェクト学習の方法と進め方

(2)　暮らしと農業

　ア　食料と農業

　イ　自然環境と農業

　ウ　環境保全と農業

　エ　生活文化と農業

　オ　農業の動向と展望

(3)　農業生産の基礎

　ア　農業生物の種類と特性

　イ　農業生物の育成と環境要素

　ウ　農業生産の計画と工程管理・評価

　エ　農業生物の栽培・飼育

(4)　農業と環境のプロジェクト

(5)　学校農業クラブ活動

※　その他の科目についても，内容の(1)，(2)・・・における各項目を〔指導項目〕とする。

2 高等学校農業科における「〔指導項目〕ごとの評価規準」作成の手順

　　ここでは，科目「農業と環境」の (1)「農業と環境」とプロジェクト学習 を取り上げて，「〔指導項目〕ごとの評価規準」作成の手順を説明する。

　　まず，学習指導要領に示された教科の目標を踏まえて，「評価の観点及びその趣旨」が作成されていることを理解する。次に，教科の目標と「評価の観点及びその趣旨」との関係性を踏まえ，科目の目標に対する「評価の観点の趣旨」を作成する。その上で，①及び②の手順を踏む。

＜例　農業と環境〔指導項目〕(1)「農業と環境」とプロジェクト学習＞

【高等学校学習指導要領　第3章　第1節　農業「第1款 目標」】

　　農業の見方・考え方を働かせ，実践的・体験的な学習活動を行うことなどを通して，農業や農業関連産業を通じ，地域や社会の健全で持続的な発展を担う職業人として必要な資質・能力を次のとおり育成することを目指す。

(1)	(2)	(3)
農業の各分野について体系的・系統的に理解するとともに，関連する技術を身に付けるようにする。	農業に関する課題を発見し，職業人に求められる倫理観を踏まえ合理的かつ創造的に解決する力を養う。	職業人として必要な豊かな人間性を育み，よりよい社会の構築を目指して自ら学び，農業の振興や社会貢献に主体的かつ協働的に取り組む態度を養う。

（高等学校学習指導要領 P. 199）

【改善等通知　別紙5　各教科等の評価の観点及びその趣旨　＜農業＞】

知識・技術	思考・判断・表現	主体的に学習に取り組む態度
農業の各分野について体系的・系統的に<u>理解している</u>とともに，関連する技術を<u>身に付けている</u>。	農業に関する課題を発見し，職業人に求められる倫理観を踏まえ合理的かつ創造的に解決する力を<u>身に付けている</u>。	よりよい社会の構築を目指して自ら学び，農業の振興や社会貢献に主体的かつ協働的に取り組む態度を<u>身に付けている</u>。

（改善等通知　別紙5　P. 6）

【高等学校学習指導要領　第3章　第1節　農業「第2款　第1　農業と環境　1　目標」】

　農業の見方・考え方を働かせ，実践的・体験的な学習活動を行うことなどを通して，農業の各分野で活用する基礎的な資質・能力を次のとおり育成することを目指す。

(1)	(2)	(3)
農業と環境について体系的・系統的に理解するとともに，関連する技術を身に付けるようにする。	農業と環境に関する課題を発見し，農業や農業関連産業に携わる者として合理的かつ創造的に解決する力を養う。	農業と環境について基礎的な知識と技術が農業の各分野で活用できるよう自ら学び，農業の振興や社会貢献に主体的かつ協働的に取り組む態度を養う。

（高等学校学習指導要領 P. 199）

　以下は，教科の目標と「評価の観点及びその趣旨」との関係性を踏まえた，科目の目標に対する「評価の観点の趣旨」の例である。

【「第2款　第1　農業と環境」の評価の観点及びその趣旨（例）】

知識・技術	思考・判断・表現	主体的に学習に取り組む態度
農業と環境について体系的・系統的に<u>理解している</u>とともに，関連する技術を<u>身に付けている</u>。	農業と環境に関する課題を<u>発見し</u>，農業や農業関連産業に携わる者として合理的かつ創造的に解決する力を<u>身に付けている</u>。	農業と環境について基礎的な知識と技術が農業の各分野で活用できるよう自ら学び，農業の振興や社会貢献に主体的かつ協働的に取り組む態度を<u>身に付けている</u>。

①　各科目における〔指導項目〕と「評価の観点」との関係を確認する。

　職業教育を主とする専門教科は，各教科及び各科目の目標に，(1)「知識及び技術」，(2)「思考力，判断力，表現力等」，(3)「学びに向かう力，人間性等」を示すとともに，各科目の指導項目の大項目ごとに「このねらいを実現するため，次の①から③までの事項を身に付けることができるよう，〔指導項目〕を指導する。」としている。

　※①「知識及び技術」，②「思考力，判断力，表現力等」，③「学びに向かう力，人間性等」

第1　農業と環境
(1)　「農業と環境」とプロジェクト学習
　ア　農業学習の特質
　イ　プロジェクト学習の方法と進め方

〈高等学校学習指導要領解説　農業編　P. 22, 23〉
(1)　「農業と環境」とプロジェクト学習
　　ここでは，「農業と環境」とプロジェクト学習について，農業と環境を科学的に捉え，自ら学び，取り組むことができるようにすることをねらいとしている。
　　このねらいを実現するため，次の①から③までの事項を身に付けることができるよう，〔指導項目〕を指導する。
①　農業学習の特質や，農業と環境に関するプロジェクト学習の意義，及び方法と進め方について理解するとともに，関連する技術を身に付けること。
②　農業と環境に関する課題を発見し，プロジェクト学習により，科学的な根拠に基づいて創造的に解決すること。
③　農業と環境について自ら学び，プロジェクト学習に必要な情報収集と分析について，主体的かつ協働的に取り組むこと。

② 【観点ごとのポイント】を踏まえ，「〔指導項目〕ごとの評価規準」を作成する。

（1）「〔指導項目〕ごとの評価規準」を作成する際の【観点ごとのポイント】

○「知識・技術」のポイント

　　「知識・技術」については，学習指導要領の「1　目標」に示す資質・能力を身に付けることができるよう，「2　内容」の各指導項目に対し，学習指導要領解説の〔指導項目〕の大項目ごとに示された「このねらいを実現するため，次の①から③までの事項を身に付けることができるよう，〔指導項目〕を指導する。」の①を参考に，知識については「…理解する」の記述を，技術については「…身に付ける」の記述を当てはめ，それらを生徒が「…理解している」「…身に付けている」かどうかの学習状況として表すこととする。

○「思考・判断・表現」のポイント

　　「思考・判断・表現」については，学習指導要領の「1　目標」に示す資質・能力を身に付けることができるよう，「2　内容」の各指導項目に対し，学習指導要領解説の〔指導項目〕の大項目ごとに示された「このねらいを実現するため，次の①から③までの事項を身に付けることができるよう，〔指導項目〕を指導する。」の②を参考に「…発見し，解決する」の記述を当てはめ，それを生徒が「…発見し，解決している」かどうかの学習状況として表すこととする。

○「主体的に学習に取り組む態度」のポイント

　　「主体的に学習に取り組む態度」については，学習指導要領の「1　目標」に示す資質・能力を身に付けることができるよう，「2　内容」の各指導項目に対し，学習指導要領解説の〔指導項目〕の大項目ごとに示された「このねらいを実現するため，次の①から③までの事項を身に付けることができるよう，〔指導項目〕を指導する。」の③を参考に，「…自ら学び，主体的かつ協働的に取り組む」の記述を当てはめ，それを生徒が「…自ら学び，主体的かつ協働的に取り組んでいる」かどうかの学習状況として表すこととする。

（2）学習指導要領解説の「2　内容」〔指導項目〕及び「〔指導項目〕ごとの評価規準（例）」

学習指導要領　解説	知識及び技術	思考力，判断力，表現力等	学びに向かう力，人間性等
	農業学習の特質や，農業と環境に関するプロジェクト学習の意義，及び方法と進め方について<u>理解する</u>とともに，関連する技術<u>を身に付けること</u>。	農業と環境に関する課題を<u>発見し</u>，プロジェクト学習により，科学的な根拠に基づいて創造的に<u>解決する</u>こと。	農業と環境について自ら学び，プロジェクト学習に必要な情報収集と分析について，主体的かつ協働的に<u>取り組むこと</u>。

▽　　　▽　　　▽

〔指導項目〕ごとの評価規準（例）	知識・技術	思考・判断・表現	主体的に学習に取り組む態度
	農業学習の特質や，農業と環境に関するプロジェクト学習の意義，及び方法と進め方について<u>理解している</u>とともに，関連する技術を<u>身に付けている</u>。	農業と環境に関する課題を<u>発見し</u>，プロジェクト学習により，科学的な根拠に基づいて創造的に<u>解決している</u>。	農業と環境について自ら学び，プロジェクト学習に必要な情報収集と分析について，主体的かつ協働的に<u>取り組もうとしている</u>。

※　各学校においては，「〔指導項目〕ごとの評価規準」の考え方を踏まえて，各学校の実態を考慮し，単元の評価規準を作成する。具体的には第3編において事例を示している。

【農業科】

第３編

単元ごとの学習評価について

（事例）

第1章　「〔指導項目〕ごとの評価規準」の考え方を踏まえた評価規準の作成

1　本編事例における学習評価の進め方について

　各教科及び科目の単元における観点別学習状況の評価を実施するに当たり，まずは年間の指導と評価の計画を確認することが重要である。その上で，学習指導要領の目標や内容，「〔指導項目〕ごとの評価規準」の考え方等を踏まえ，以下のように進めることが考えられる。なお，複数の単元にわたって評価を行う場合など，以下の方法によらない事例もあることに留意する必要がある。

評価の進め方	留意点
1 **単元の目標を作成する**	○　学習指導要領の目標や内容，学習指導要領解説等を踏まえて作成する。 ○　生徒の実態，前単元までの学習状況等を踏まえて作成する。 ※　単元の目標及び評価規準の関係性（イメージ）については下図参照 **単元の目標及び評価規準の関係性について（イメージ図）** 学習指導要領 及び 学習指導要領解説　第1編第2章2（2）を参照 「〔指導項目〕ごとの評価規準」 学習指導要領解説等を参考に，各学校において授業で育成を目指す資質・能力を明確化 「〔指導項目〕ごとの評価規準」の考え方等を踏まえて作成 単元の目標　第3編第1章2を参照 単元の評価規準 ※　外国語科においてはこの限りではない。
2 **単元の評価規準を作成する**	
3 **「指導と評価の計画」を作成する**	○　1，2を踏まえ，評価場面や評価方法等を計画する。 ○　どのような評価資料（生徒の反応やノート，ワークシート，作品等）を基に，「おおむね満足できる」状況（B）と評価するかを考えたり，「努力を要する」状況（C）への手立て等を考えたりする。
授業を行う	○　3に沿って観点別学習状況の評価を行い，生徒の学習改善や教師の指導改善につなげる。
4 **観点ごとに総括する**	○　集めた評価資料やそれに基づく評価結果などから，観点ごとの総括的評価（A，B，C）を行う。

2 単元の評価規準の作成のポイント

（1）農業科における〔指導項目〕と単元の関係

　　学習指導要領（平成30年告示）においては，「知識及び技術」「思考力，判断力，表現力等」「学びに向かう力・人間性等」の三つの柱に整理された資質・能力を身に付けさせることを明確にするため，「1 目標」を三つの柱で整理するとともに，「2 内容」においては学習指導要領解説において，指導項目の大項目ごとに三つの柱で示している。この三つの柱で示された観点は，1回の授業ですべての学びが実現されるものではないため，単元の中で，学習を見通し振り返る場面やグループなどで対話する場面，生徒が考える場面等を設定し，学びの実現を図っていくことが必要である。

　　単元とは，生徒に指導する際の内容や時間のまとまりを各学校の実態に応じて適切に構成したものである。単元を構成する際には，〔指導項目〕を小項目ごと等，幾つかに分割して単元とする場合や，〔指導項目〕をそのまま単元とする場合，幾つかの〔指導項目〕を組み合わせて単元とする場合等，様々な場合が考えられるため，各校において農業の科目を設置した目的を踏まえ，生徒や地域の実態，学科の特色に応じて適切に単元を設定することに留意したい。

（2）農業科における単元の評価規準作成の手順

　　単元の評価規準は，以下の手順で作成する。

① 〔指導項目〕を基に，単元全体を通して，単元の目標を作成する。
② 「〔指導項目〕ごとの評価規準」を基に，具体的な学習活動から目指すべき学習状況としての生徒の姿を想定し，単元の評価規準を作成する。

（例）「農業と環境」 指導項目 （2）暮らしと農業 を基に作成した例

① 〔指導項目〕を基に，単元全体を通して，単元の目標を作成する。

学習指導要領 解説	知識及び技術	思考力，判断力，表現力等	学びに向かう力，人間性等
	暮らしと農業との関係について<u>理解する</u>とともに，関連する技術を<u>身に付けること</u>。	暮らしと農業に関する課題を<u>発見し</u>，科学的な根拠などに基づいて創造的に<u>解決すること</u>。	暮らしと農業について自ら学び，主体的かつ協働的に<u>取り組むこと</u>。

〔単元の目標〕
(1)農業と自然環境，地域環境の関係について<u>理解する</u>とともに，関連する技術を<u>身に付ける</u>。
(2)食料生産と環境保全に関する課題を<u>発見し</u>，科学的根拠に基づいて創造的に<u>解決する</u>。
(3)農業と環境や人間生活との関わりについて自ら学び，主体的かつ協働的に<u>取り組む</u>。

② 「〔指導項目〕ごとの評価規準」を基に，具体的な学習活動から目指すべき学習状況としての生徒の姿を想定し，単元の評価規準を作成する。

指導項目ごとの評価規準	知識・技術	思考・判断・表現	主体的に学習に取り組む態度
	暮らしと農業との関係について<u>理解している</u>とともに，関連する技術を<u>身に付けている</u>。	暮らしと農業に関する課題を<u>発見し</u>，科学的な根拠などに基づいて創造的に<u>解決している</u>。	暮らしと農業について自ら学び，主体的かつ協働的に<u>取り組もうとしている</u>。

単元の評価規準	知識・技術	思考・判断・表現	主体的に学習に取り組む態度
	農業と自然環境，地域環境の関係について<u>理解している</u>とともに，関連する技術を身に付けて<u>いる</u>。	食料生産と環境保全に関する課題を<u>発見し</u>，科学的根拠に基づいて創造的に<u>解決している</u>。	農業と環境や人間生活との関わりについて自ら学び，主体的かつ協働的に<u>取り組もうとしている</u>。

単元の評価規準作成のポイントは，以下のとおりである。

（1）知識・技術

　　学習の過程を通した知識及び技術の習得状況について評価を行うとともに，それらを既有の知識及び技術と関連付けたり活用したりする中で，他の学習や生活の場面でも活用できる程度に概念等を理解したり，技術を習得したりしているかについて評価する。

（2）思考・判断・表現

　　知識及び技術を活用して課題を解決する等のために必要な思考力，判断力，表現力等を身に付けているかを評価する。

（3）主体的に学習に取り組む態度

　　単に継続的な行動や積極的な発言を行う等，性格や行動面の傾向を評価するのではなく，知識・技術を獲得したり，思考力，判断力，表現力等を身に付けたりするために，自らの学習状況を把握し，学習の進め方について試行錯誤するなど自らの学習を調整しながら，学ぼうとしているかどうかという意志的な側面を評価する。

第2章　学習評価に関する事例について

1　事例の特徴

　　第1編第1章2（4）で述べた学習評価の改善の基本的な方向性を踏まえつつ，平成30年に改訂された高等学校学習指導要領の趣旨・内容の徹底に資する評価の事例を示すことができるよう，本参考資料における事例は，原則として以下のような方針を踏まえたものとしている。

○　単元に応じた評価規準の設定から評価の総括までとともに，生徒の学習改善及び教師の指導改善までの一連の流れを示している

　　本参考資料で提示する事例は，単元の評価規準の設定から評価の総括までとともに，評価結果を生徒の学習改善や教師の指導改善に生かすまでの一連の学習評価の流れを念頭においたものである。なお，観点別の学習状況の評価については，「おおむね満足できる」状況，「十分満足できる」状況，「努力を要する」状況と判断した生徒の具体的な状況の例などを示している。「十分満足できる」状況という評価になるのは，生徒が実現している学習の状況が質的な高まりや深まりをもっていると判断されるときである。

○　観点別の学習状況について評価する時期や場面の精選について示している

　　報告や改善等通知では，学習評価については，日々の授業の中で生徒の学習状況を適宜把握して指導の改善に生かすことに重点を置くことが重要であり，観点別の学習状況についての評価は，毎回の授業ではなく原則として単元や題材など内容や時間のまとまりごとに，それぞれの実現状況を把握できる段階で行うなど，その場面を精選することが重要であることが示された。このため，観点別の学習状況について評価する時期や場面の精選について，「指導と評価の計画」の中で，具体的に示している。

○　評価方法の工夫を示している

　　生徒の反応やノート，ワークシート，作品等の評価資料をどのように活用したかなど，評価方法の多様な工夫について示している。

2　各事例概要一覧と事例

事例1　キーワード　指導と評価の計画から評価の総括まで，「知識・技術」の評価

科目「農業と環境」　単元「トウモロコシの栽培」（第1学年）

　学習指導要領に示されている〔指導項目〕を組み合わせて単元を設定し，単元の目標の作成から，単元の評価規準の設定，指導と評価の計画の作成，観点別学習状況評価の総括に至る流れを示した。

　また，「知識・技術」の評価については，それぞれ分けて評価する必要があることから，特に「技術」の面において，ワークシートやパフォーマンステストによる評価の方法を示した。

事例2　キーワード　「思考・判断・表現」の評価，農業生産工程管理（GAP）学習

科目「農業と環境」　単元「トウモロコシの栽培」（第1学年）

　学習指導要領の改訂により，栽培・飼育に関する科目において，安全・安心な食料の生産と供給に対応した農業生産工程管理（GAP）に関する学習内容が充実されたことを踏まえ，生産工程管理の学習を取り入れた「害虫防除」の授業の展開例とワークシートによる「思考・判断・表現」の評価方法を示した。

　また，農業生産工程管理（GAP）について，ペーパーテストによる「思考・判断・表現」の評価の例を示した。

事例3　キーワード　「主体的に学習に取り組む態度」の評価，ICTの活用

科目「農業と環境」　単元「トウモロコシの栽培」（第1学年）

　生育調査記録表やプロジェクト研究のレポートから，「知識及び技術を獲得したり，思考力，判断力，表現力等を身に付けたりすることに向けた粘り強い取組を行おうとする側面」と「粘り強い取組を行う中で，自らの学習を調整しようとする側面」を見取り，「主体的に学習に取り組む態度」の観点を評価する方法を示した。

　また，ICTを活用して調査結果を効率的に整理したり，分かりやすくまとめたりする工夫をグループワークによって行う例を示した。

農業科　　事例1（農業と環境）

キーワード　指導と評価の計画から評価の総括まで，「知識・技術」の評価

単元名	〔指導項目〕
トウモロコシの栽培	(1)「農業と環境」とプロジェクト学習 (3) 農業生産の基礎 (4) 農業と環境のプロジェクト

　　トウモロコシはたねまきから収穫までの期間が比較的短い上に，植物体が大きく生育も旺盛であるため観察や生育調査もしやすい。また，うね立て・マルチング・間引き・追肥・害虫防除等，作物の栽培に必要な管理作業を一通り学習することができる。これらのことから，プロジェクト学習の進め方を理解させるとともに，栽培に必要な知識と技術を身に付けさせるのに適していると考え，単元として設定した。

1　単元の目標

(1)ア　農業と環境に関するプロジェクト学習の意義，及び方法と進め方を<u>理解する</u>。

　　イ　トウモロコシ栽培のプロジェクト学習を通して，作物の特性や育成と環境要素，生産計画と工程管理について<u>理解する</u>とともに，関連する<u>技術を身に付ける</u>。

(2)　作物の特性や育成と環境要素，生産計画と工程管理に関する課題を発見し，科学的根拠に基づいて創造的に<u>解決する</u>。

(3)ア　プロジェクト学習に必要な情報収集と分析について，主体的かつ協働的に<u>取り組む</u>。

　　イ　作物の特性や育成と環境要素，生産計画と工程管理について自ら学び主体的かつ協働的に<u>取り組む</u>。

2　単元の評価規準

知識・技術	思考・判断・表現	主体的に学習に取り組む態度
ア　農業と環境に関するプロジェクト学習の意義，及び方法と進め方を理解している。 イ　作物の特性や育成と環境要素，生産計画と工程管理について基礎的な内容を<u>理解している</u>とともに，関連する技術を<u>身に付けている</u>。	作物の特性や育成と環境要素，生産計画と工程管理に関する課題を発見し，科学的根拠に基づいて創造的に<u>解決している</u>。	ア　プロジェクト学習に必要な情報収集と分析について，主体的かつ協働的に<u>取り組もうとしている</u>。 イ　作物の特性や育成と環境要素，生産計画と工程管理について自ら学び主体的かつ協働的に<u>取り組もうとしている</u>。

3 指導と評価の計画（トウモロコシの栽培：35時間）

時間	指導事項	【ねらい】 ○学習活動	評価の観点 （授業の重点）	□学習事項等 【観点】 ■評価方法
1	学校農業クラブ プロジェクト 学習の進め方	【学校農業クラブ及びプロジェクト学習について理解する】 ○農業クラブの目標や活動内容等をワークシートにまとめる。 ○スライドを見ながらプロジェクト学習の進め方を理解する。	知識	□学校農業クラブの目標，組織，活動，検定 □プロジェクト学習の意義，方法と進め方【知識】 ■ペーパーテスト（考査）
2・3	トウモロコシの一生と主な性質 プロジェクトの計画立案 本事例の5例1を参照	【トウモロコシの一生と性質を理解し，栽培計画を立てる】 ○写真と生育表からトウモロコシの一生と主な性質について学び，ワークシートにまとめる。 ○プロジェクトの主テーマを「生産計画に基づく良質なトウモロコシ栽培の実践」とする。収穫予定日から播種日を設定し，前時のワークシートと生育表から成長過程と必要となる栽培管理を読み取り，栽培計画表に記入する。	知識 技術 ①※	□トウモロコシの一生，形態，種子の構造，栽培品種の特徴【知識】 ■ペーパーテスト（考査） □栽培計画の作成【技術】 ■提出物（栽培計画表）
	農業生産工程管理 （GAP） 事例2参照	【農業生産工程管理（GAP）について理解する】 ○映像やワークシートを活用してGAPの考え方や実践方法を理解する。		□GAPの目的（食品安全，環境保全，労働安全），5S活動【知識】 ■ペーパーテスト（考査）

※記録に残す場面（回数）であることを示す。以降同じ。

時	学習活動	学習内容	観点	評価方法
4・5	栽培管理 ・耕起 ・施肥 ・整地	【たねまき前に必要な畑の準備について理解し，実践する】 ○元肥に用いる肥料と肥料計算について学び，区画ごとに必要な肥料を計算する。写真とスライドで要点を確認後，各自の区画の耕起，施肥，整地を行う。	知識技術 ②	□肥料の三要素，種類とその主成分，施肥量の計算【知識】 ■ペーパーテスト（考査） □耕起，施肥，整地実技【技術】 ■パフォーマンステスト
6・7	栽培管理 ・うね立て ・マルチング ・たねまき	【たねまきの方法について理解し，実践する】 ○うねを立てて，マルチシートを張り，決めた粒数ずつたねをまく。（うね立て，たねまきは各自，マルチは隣と協力）	知識技術 ③	□うね幅・うね高・条間・株間，マルチの種類と効果【知識】 ■ペーパーテスト（考査） □うね立て，たねまき実技【技術】 ■パフォーマンステスト
8・9	土の役割 ・三相分布の測定 ・地温の測定 ・pH の測定 ・EC の測定	【土壌が作物の生育に与える影響を理解する】 ○6人程度に班分けし，三相分布，地温，pH，EC を測定する。班内の結果をまとめ，生育に適した土壌への改良方法を考える。（各自→班→発表）	思考判断表現 ①	□土壌の三相，地温，pH，EC【知識】 ■ペーパーテスト（考査） □生育に適した土壌環境，施肥の方法の判断【思考・判断・表現】 ■提出物（ワークシート）
10・11	栽培管理 ・間引き ・補植 **本事例の5 例2を参照**	【間引きの方法について理解し，実践する】 ○ワークシートと写真を活用して間引きの対象と間引きの方法を理解する。各自の区画を一本立ちに間引きする。欠損する株は補植する。	知識技術 ④	□間引きの目的，方法【知識】 ■ペーパーテスト（考査） □間引く苗の選択，間引き実技【技術】 ■パフォーマンステスト
	中間考査		知識 ①	
12・13	生育調査①	【生育調査の目的を理解し，各項目を調査する】 ○過去の生育調査結果の例示から，生育調査により	主体的に学習に取り組む態度 ①	□草丈・葉齢の調査，葉色・茎数・草姿などの観察と記録【態度】 ■提出物（生育調査記録表）

		栽培管理の時期の検討や収穫時期の予測ができることを理解する。 各自の区画を調査し，生育調査記録表にまとめる。		
14・15	栽培管理 ・マルチの除去 ・追肥 ・中耕 ・土寄せ	【追肥の目的と時期を理解し，的確な施肥を実践する】 ○追肥の基礎知識を学び，肥料計算を行う。マルチを除去し，根域を確認した上で追肥，土寄せを行う。	知識 技術 ⑤	□追肥・土寄せの目的，時期と方法，肥料計算【知識】 ■ペーパーテスト（考査） □施肥，土寄せ実技【技術】 ■パフォーマンステスト
16・17	栽培と環境要素 **本事例の5例3を参照**	【作物栽培に関わる環境の要素について理解する】 ○トウモロコシの生育に影響を及ぼす気象要素，土壌要素，生物要素について図・表から学ぶ。	知識 技術 ⑥	□生育と気候（気温・降水），土性，病害虫【知識】 ■ペーパーテスト（考査） □記録の図表化【技術】 ■ワークシート
18	生育調査② 観察（分げつ） **事例3参照**	【継続した生育調査から現況を把握する】 ○生育調査の結果を栽培計画表と照らし合わせ，生育の進み具合を把握する。ワークシートにより作物のからだのつくりを学び，分げつを観察する。	主体的に学習に取り組む態度 ②	□分げつ枝，冠根，無除けつ栽培【知識】 ■ペーパーテスト（考査） □生育状況の把握と評価【態度】 ■提出物（生育調査記録表）
19・20	栽培管理 ・除草 ・中耕 観察（根系）	【中耕と除草の目的を理解し，実践する】 ○ホウを使用して除草をする。茎葉の状態と土中の根系から根域を把握し，中耕すべき箇所と深さを明確にして実施する。	知識 技術 ⑦	□中耕の目的，茎葉の展開と根域の関係【知識】 ■ペーパーテスト（考査） □中耕実技【技術】 ■パフォーマンステスト
21・22	栽培管理 ・害虫防除	【農薬による害虫防除の方法を理解し，実践するとともに作業安全について考える】		□トウモロコシの主な害虫と防除方法，農薬の希釈，散布量計算【知識】 ■ペーパーテスト（考査）

時数	項目	学習内容	観点	評価方法
	農業生産工程管理（GAP）　事例2参照	○防除対象の害虫，農薬散布の時期，散布量，散布方法について理解し，自分の栽培区画に農薬を散布する。 ○農薬の使用や保管におけるリスクと対策・改善について考え，ワークシートに記入する。	思考 判断　② 表現	□農薬の取扱いと農業生産工程管理（ＧＡＰ）【思考・判断・表現】 ■提出物（ワークシート）
23・24	収穫期の判定 生育調査③	【生殖成長の観察から収穫予定日を予測する】 ○写真の例示から，生殖成長のはじまりから収穫までの過程を理解し，圃場でトウモロコシの生育状況を観察・調査する。 ○演習で絹糸の抽出から収穫時期を計算し，計算結果と栽培計画に差がついた要因を考える。	主体的に学習に取り組む態度　③	□雄穂・雌穂の分化・出穂，開花・開葯，絹糸抽出と収穫までの日数【知識】 ■ペーパーテスト（考査） □生育状況の把握と評価【態度】 ■提出物（生育調査記録表）
25・26	栽培管理 ・除房	【除房の目的を理解し，実践する】 ○除房の実施の有無と収量の関係を図表から読み取り除房の目的や利点を理解する。 ○除房についての基礎的な技術を写真の例示から理解し，各自の区画を除房する。	知識 技術　⑧	□除房の目的，仕方【知識】 ■ペーパーテスト（考査） □除房実技【技術】 ■パフォーマンステスト
	期末考査		知識②	
27・28	栽培管理 ・収穫 ・調製 ・糖度測定 ・食味検査	【収穫と調製方法及び食味について理解する】 ○収穫の方法，出荷調製の基準と調製方法，収穫物の価値について写真と動画を通して理解する。 ○収穫，調製の実施。	知識 技術　⑨	□高温による糖とデンプンの含有量の変化・食味への影響，収穫作業の時間帯と保存方法【知識】 ■ペーパーテスト（考査） □穂柄切除，虫害・鳥獣害

		○調製したトウモロコシから，「生」，「茹でる」，「電子レンジで加熱する」の三つの試料を準備する。それぞれの試料について糖度測定と食味検査を行い，結果をワークシートに記入する。		の有無の判別，品質基準による仕分け【技術】 ■パフォーマンステスト
29	品質と安全 農業生産工程管理 （GAP）	【作物の品質と食品安全について考える】 ○GAPの視点から工程内の品質・食品衛生への危害要因を考え，それぞれの対策についてワークシートにまとめる。	思考 判断 表現 ③	□収穫・調整の工程における品質と食品衛生面での危害要因【思考・判断・表現】 ■提出物（ワークシート）
30 ・ 31	プロジェクト学習の整理・分析・考察	【プロジェクト学習をまとめる】 ○栽培計画表に実際の実習記録と観察記録の内容を記入し，計画との差を確認する。 ○生育調査の記録を表に転記し，グラフ化する。栽培環境の測定結果について情報を読み取る。計画表との差，収穫物の結果と評価について，読み取った栽培環境と実習と観察の記録から考察する。	思考 判断 表現 ④	□データの整理，結果の分析と考察（情報の収集）【思考・判断・表現】 ■提出物（レポート）
32 ・ 33	栽培プロジェクトの反省・評価 **事例3参照**	【課題の反省・評価をし，次の課題を設定する】 ○設定した課題を振り返り，収穫予定日に収穫するための播種日と品質を向上させるための栽培管理についてワークシートに箇条書きで記入する。その結果から，次の栽培計画表を	主体的に学習に取り組む態度	□プロジェクトの反省・評価，課題の発見と栽培計画の改善【態度】

		作成する。その際，農業生産工程管理の視点を踏まえ，食品安全・環境保全・労働安全における留意点も合わせて書き込む。		
34・35	プロジェクト発表 ・感想 ・講評	【発表を通して相互評価する】 ○五人ずつの小グループ内で一人７分の発表を実施する。質疑応答は３分とする。聴講者は他者の視点からの気付きを箇条書きでワークシートにまとめ，発表終了後に１人１分ずつ講評を述べる。	主体的に学習に取り組む態度 ④	□プロジェクトの発表と相互評価【態度】 ■提出物（レポート，ワークシート，栽培計画表［前時と合わせて］）

4　評価の総括

（1）知識・技術

　本事例では科目の性質から，知識と技術を分けて評価することとする。

　評価の計画から，知識に関して記録に残す評価は２回（定期考査）である。それぞれの評価がB，Aであれば，平均は 2.5 （A＝３点，B＝２点，C＝１点，以下（2），（3）も同様）となり，知識の評価はBとする。（A＞2.5≧B≧1.5＞C，以下（2），（3）も同様）

　同様に技術を評価する場面は９回（栽培計画・パフォーマンステスト）である。それぞれの評価がB，B，A，B，A，A，B，B，Bであった場合，平均は2.3となり，技術の評価はBとする。

　知識と技術の比率を同等とした場合，2.5×0.5＋2.3×0.5≒2.4 であるから，知識・技術の評価はBとする。（本事例の５も参照）

（2）思考・判断・表現

　評価計画から，思考・判断・表現に関して記録に残す評価は４回（ワークシート・レポート）である。それぞれの評価がB，B，C，Bであれば，平均は1.8であるから，評価はBとする。（事例２も参照）

（3）主体的に学習に取り組む態度

　評価計画から，主体的に学習に取り組む態度に関して記録に残す評価を４回としている。（生育調査記録表３回，ワークシート１回）ワークシートについては連続する時間32・33と時間34・35の授業で１回とした。生育調査票についても３回分をまとめて評価することも考えられるが，教科の特性から観察や記録が重要であることや最初の単元であることを踏まえ，本事例では，その都度評価することとした。

総括については（2）と同様とするが，それぞれの評価の場面において「粘り強い取組を行おうとしている側面」と「自らの学習を調整しようとする側面」の両面から評価することに留意する必要がある。（事例3も参照）

5　観点別学習状況の評価の進め方【知識・技術】

本単元では栽培プロジェクトの進め方やスイートコーンの種類や特性，栽培，生育環境に関する基礎的な知識を理解しているかを評価する。また，栽培管理，生育環境や生産物の分析，生産物の評価や利用に関する基礎的な技術を身に付けているかを評価する。

留意事項として指導計画において知識と技術について明示し，評価のポイントを明確にした上で評価する必要がある。

【例1】

時間2・3はトウモロコシの一生と主な性質についてワークシート（資料1）を活用して知識を習得させ，時間2において教科書の栽培例を参考に栽培計画表（資料1）を作成させる。ワークシートの内容はペーパーテスト（定期考査）によって**知識**として評価し，栽培計画表は**技術**として評価する。

＜評価のめやす（例）＞

【知識：ペーパーテスト】

おおむね満足できる（B）・・・トウモロコシの一生や主な性質，形態についておおむね理解している。

十分満足できる（A）・・・トウモロコシの一生や主な性質，形態について十分理解している。

※　テストの点数によって評価のめやすを設定することも考えられる。

【技術：栽培計画表】

おおむね満足できる（B）・・・ワークシートと資料を活用して，計画表が作成できる。

十分満足できる（A）・・・作成した計画表の生育状況，管理作業の日程が正確である。

※　努力を要する（C）と判断した生徒に対する手立て

トウモロコシの一生や形態について，身近な他の植物と共通の部分とトウモロコシの特徴的な部分とに分けて理解させ，関心をもたせるとともに，作物の栽培には生育段階に合わせた管理作業が必要であることに気付かせる。

資料1　栽培計画表の作成

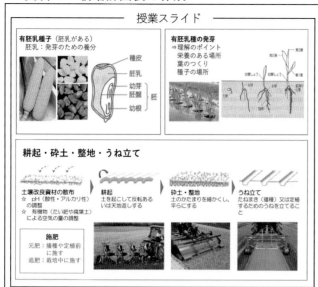

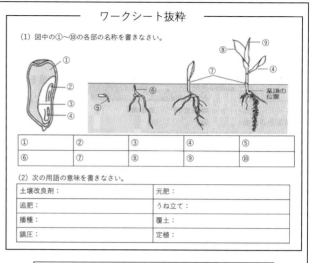

画像提供：タキイ種苗株式会社
　　　　　株式会社クボタ

栽培の基礎知識と必要な技術の理解

資料を読み取り，栽培計画表を作成

図表等引用：『改訂新版　日本農業技術検定（3級テキスト）』
（全国農業高等学校長協会）

【例2】

　時間4・5，6・7，10・11，14・15，19・20，25・26 では，栽培管理についての知識と技術の両方を身に付けさせる必要がある。例として時間10・11の栽培管理（間引き・補植）のワークシートと実習の評価規準について示す。

　実習前の座学でワークシート（資料2）とスライドにより，間引きの目的や間引く苗の選別，手順等の知識を習得させ，圃場で実際の間引きを実践する。知識はワークシートの内容を中心に定期考査によって評価する。技術は実習中の巡視によってBの基準に達しているかどうかを評価し，実習後の圃場の状態からAかBかの評価を行う。留意点として，パフォーマンステストを主とする技術の評価点は，評価の機会が少ないと最終的に知識に偏った評価結果となる。科目の特性を十分考慮し，あらかじめ必要となる箇所に評価の機会を配置し，計画的に実施することが求められる。

＜評価のめやす（例）＞

【技術：パフォーマンステスト】

おおむね満足できる（B）・・・道具を安全に使い，正しい位置で切取りができる。欠株がない。

十分満足できる（A）・・・（おおむね満足できる状況に加えて）間引く苗を適切に選択し，生育を揃えた間引きができる。

※　努力を要する（C）と判断した生徒に対する手立て

　苗を比較させ間引くべき苗と残してもよい苗の違いを具体的に示し，実際に実演してやり方を理解させる。また，残す苗がなくなってしまった場合や発芽していない箇所には補植する必要があることを理解させる。

資料2　ワークシート「間引き」

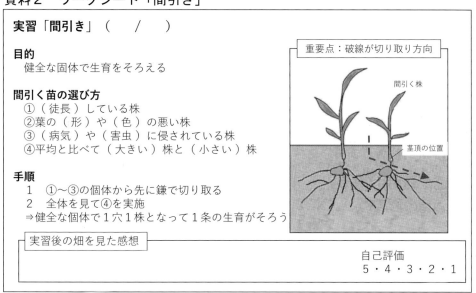

【例3】

　時間 16・17 は作物の生育と環境因子との関係について基礎的な知識を習得させると同時に，栽培環境の分析に必要な数値の読み取り方やグラフ化する技術を習得させる必要がある。これらは，時間 30・31 の栽培プロジェクトの整理・考察を実施する際にも必要である。

　作物の生育と環境因子との関係について基礎的な知識はペーパーテストにより評価し，数値の読み取り方やグラフ化する技術については，ワークシート（資料3）を用いた演習を実施し，評価する。

　＜評価のめやす（例）＞

【技術：ワークシート】

おおむね満足できる（B）・・・図・表が正確に記入できる。読み取った結果を記入している。

十分満足できる（A）・・・図・表が正確に記入でき，読み取った結果が妥当である。

※　努力を要する（C）と判断した生徒に対する手立て

　積算値や平均値が正しく求められているかを確認するとともに，比較する数値のグラフへの表し方を理解させる。

資料３　ワークシート「生育と環境因子」

ワークシート抜粋

7月 降水量(mm)

	2016	2017	2018	2019	2020
1日				2	66.5
2日		1.5			0
3日					15
4日		12.5	1.5	33	76.5
5日		1	12	13	1.5
6日			107.5	12	65.5
7日				0.5	31
8日					16.5
9日	36.5				20.5
10日					14
11日				5	44.5
12日			18	11	
13日	1	8		0.5	3.5
14日			37		7.5
15日				21	5
16日			9.5		
17日				1	63.5
18日		15.5		11	46
19日	1.5				
20日	12.5				
21日	82.5				0.5
22日	26			1.5	1.5
23日				12	0.5
24日					
25日			43.5		10.5
26日	2.5	20.5	5	2	90
27日			0.5	24.5	0
28日			40	2	2.5
29日		4	37.5	4	
30日		3.5			2.5
31日					
0㎜日数	23	23	22	13	6
合計	165.5	66.5	265.5	198.5	591

1年　組　番　氏名

手順1
インターネットを用いて[気象庁 過去の気象データ検索]から小田原市の2020年7月26日から31日の降水量を検索し、表に記入する。
手順2
降水量が[０㎜]マスをマーカーペンで塗りつぶす。
手順3
年度ごと月の塗りつぶした日数を数え、表に記入する。
手順4
年度ごと月の降水量を合計し、表に記入する。

2020気象データ(降水量)の分析
雨の降り方の特徴(雨の頻度)
5月
降雨の回数は例年並みである
6月
降雨の回数は例年並みである
7月
連続して雨が降り続ける

降雨量(㎜)の特徴(1回の降雨量と合計)
5月
1回の降雨量が少ない為、合計の雨量が少ない
6月
1回の雨量に大きな差はないが、合計の雨量は多い傾向にある
7月
まとまった雨量が多く、合計の雨量も多く二個以上ある

II　降水量は㎜という単位で示される。例えば1日の降水量100㎜であったとき、この100㎜とは何をあらわした数字であるか調べ、記入しなさい。　[知識・理解]

雨がどこにも流れ出さず、染み込まなかった時に降った雨がたまり、１００㎜の深さであるということ

1降水量
手順1　[気象データを分析する]で合計した2020の月別降水量を表1に記入する。
手順2　グラフ1に棒グラフで平年値と2020年度を図化する。凡例も記入する。
手順3　平年値と2020年度を比較する。

表1　月別降水量

	平年値	2020年度
5月	185mm	88 mm
6月	244mm	236.5 mm
7月	198mm	591 mm

凡例
平年値　■　2020年度

平年値と2020年度の比較
5月の降水量が例年の半分以下で7月は3倍近くの降雨がある

グラフ1　月別降水量(棒グラフ)

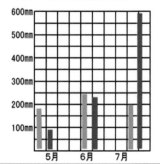

授業を通して得た知識を活用することでワークシート形式の演習を実施する。記録の図表化と読み取る技能を習得させる。習得した技能を活用することで時間３０・３１　「栽培プロジェクトの整理・考察」での活用例で示すように具体的な考察へとつなげていく。

時間 30・31「プロジェクト学習の整理・分析・考察」での活用例

○　アワノメイガの被害と降雨の関係
手順1　降雨があった日の［降雨］欄のマスを塗りつぶす（赤）。
手順2　プリント「アワノメイガの生活史と被害」を読む。
手順3　アワノメイガの幼虫を発見した日の［害虫］の欄に●を記入する。
手順4　手順2で読み取った内容から,発見したアワノメイガ幼虫の日齢を記入する。
　　　　また，孵化日に○，産卵日に◎を記入する。
手順5　手順2で読み取った内容から,アワノメイガの被害が発生する期間の［生育］欄を塗りつぶす。（緑）
手順6　手順2で読み取った内容から,農薬を散布すべき日の［生育］の欄に☆記入する。
　　　　※　栽培期間を通して，散布が必要な日全てに☆を記入する（1回である必要はない）。

5月

日付	1	2	3	4	5	6	7	8	9	10	11	12	13	14	15	16	17	18	19	20	21	22	23	24	25	26	27	28	29	30	31
降雨																															
生育	4/28播種 発芽 - - - - (育苗) - - - - 定植 ... 雄穂分化																														
害虫																															

6月

日付	1	2	3	4	5	6	7	8	9	10	11	12	13	14	15	16	17	18	19	20	21	22	23	24	25	26	27	28	29	30
降雨																							☆							
生育	雄穂分化 追肥 ... 雄穂抽出 絹糸抽出																														
害虫																														

7月

日付	1	2	3	4	5	6	7	8	9	10	11	12	13	14	15	16	17	18	19	20	21	22	23	24	25	26	27	28	29	30	31
降雨		☆									☆																				
生育	乳熟 ... 糊熟 ... 収穫																														
害虫								◎					○		●																

絹糸抽出から収穫までの間が子実肥大期(実が大きくなる時期)　　孵化5日目

農業科　　事例2（農業と環境）
キーワード　「思考・判断・表現」の評価，農業生産工程管理（GAP）学習

単元名	〔指導項目〕
トウモロコシの栽培	(1)「農業と環境」とプロジェクト学習 (3) 農業生産の基礎 (4) 農業と環境のプロジェクト

1　単元の目標

事例1に同じ

2　単元の評価規準

事例1に同じ

3　指導と評価の計画

事例1に同じ

4　観点別評価の進め方【思考・判断・表現】

（1）「プロジェクトの計画立案」での導入【知識・技術】

「プロジェクトの計画立案」の授業（事例1　3 指導と評価の計画　時間2・3）で，ＧＡＰの必要性について理解する。食品安全・環境保全・労働安全や5Ｓ（整理・整頓・清掃・清潔・習慣）など，基本的な内容を中心に，映像やワークシートを活用してＧＡＰの実践について理解する。

（2）「栽培管理（害虫防除）」での展開

（1）で学習した内容を基本として，「栽培管理（有害生物防除）」の授業（事例1　3 指導と評価の計画　時間 21・22）において，実際の作業施設内や保管庫，圃場に存在するリスクやその改善方法について考えさせ，「思考・判断・表現」の評価につなげる。

（3）実習記録・ワークシートの記述について

本単元に限らず，科目「農業と環境」では実施した作業や手順，調査結果の記録を正確に記録することが大切である。

ＧＡＰに取り組むに当たっては，作業時の工程で気になった点や改善すべきと思われる点とその理由等を記入することを習慣付ける必要がある。このようなリスクチェックを身に付けることによって，各栽培過程における安全管理や収穫時・調整時の食品安全に関わる問題を自ら発見し，改善しようとする姿勢を育成することができる。

また，これらの記録を使用し，生徒同士がディスカッションをする場面を設けることで「思考・判断・表現」だけでなく「主体的に学習に取り組む態度」の評価につなげることも考えられる。

（4）展開方法

	主な学習活動	指示・説明及び 指導上の留意点	【観点】 ■評価方法
導入	本時（時間21・22）の学習内容を知る。 ワークシートを確認し，記入の仕方を理解する。	本時の学習内容を説明する。ワークシートの記入法を説明する。	
展開	説明を聞き，ワークシートに記載する。 **資料1参照**	使用する薬剤名や対象害虫，散布量，散布方法について説明する。	【知識・技術】 ■ペーパーテスト（考査） ■パフォーマンステスト **事例1の指導計画には記載していないが，必要に応じて実施することも考えられる**
	自分の栽培区画に農薬（粒剤）を散布する。	生徒にマスク及び手袋，帽子を着用させる。	
	使用器具等を片付ける。	片付け，手洗い等の指示をする。	
	作業中に気になった箇所（危険箇所や改善箇所）についてワークシートに記入をする。 圃場だけでなく，倉庫や保管庫についても同様に記入する。	気になる箇所について，その理由も記入するよう指示する。 ここでの取組を評価する。資料1〜3参照	【思考・判断・表現】 ■ワークシート
	グループワークの進め方を確認する。		
	グループ内のワークシートを確認し，危険箇所について同じものをまとめる。	同じリスクについては一つにまとめること，改善方向について，意見が異なる場合はより良い方法を検討することもあり得ることを説明する。	ここでの学習活動を「主体的に学習に取り組む態度」として評価することも考えられる。 （5），資料2参照
	危険箇所等の改善方法について意見を出し合う。		
	各グループでまとめた内容を発表する。 他の発表を聞き，自分たちと異なる意見についてはメモする。	発表する順番の指示。	
	リスクチェックがGAPの作業工程の一つであることを理解する。	GAPが安全な農産物栽培に重要であることを確認する。	
まとめ	本時の学習内容をまとめる。 自己評価をする。 **資料2参照**	自己評価の注意点等について説明する。	

本時で使用するワークシート（抜粋）とその記載例を次ページに示す（資料1）。

資料1　ワークシート「トウモロコシの防虫・防除」

ワークシート例：「農業と環境」トウモロコシの防虫・防除
　　年　　月　　日（　曜日）　校時　出席番号：　　氏名

（1）使用する農薬のパッケージを参考に、①品名、②どのような害虫駆除を
　　目的とするか、③１０ａ当たりの使用量、④使用時期を答えなさい。
　　①品　名：　　　　　　　　　　　　②害　　虫：アワノメイガ
　　③使用量：４～６kg　　　　　　　　④使用時期：収穫の２１日前

> （1）は、「知識・技術」に加え、本単元の目的と導入に際し、生徒の関心や興味を引くため、設定した。

> （1）（2）（3）は、「知識・技術」に関する設問である。ワークシートに留まらず、定期考査や単元確認テストで定着を確認することが望ましい。

（2）学校農場は、２ａである。この農薬はどの位の使用量が適切か、計算して答えなさい。
　　　　　１０ａに対し４～６kgの使用量から、
　　　　　２ａは１０ａの1／5の面積なので、４kg×1／5＝0．8
　　　　　　　　　　　　　　　　　　　　　　　6kg×1／5＝1．2
　　　　　　　　　　　　　　　　　　　　　答え：0．8～1．2kg

> （2）の計算は、農業鑑定競技会にも出題されている事を伝えると、FFJへの関心にもつながると考えられる。

（3）農薬散布を行う植物体（トウモロコシ）の部位を答えなさい。
　　　雄穂、雌穂の部分

> （3）は、予めトウモロコシ植物体を絵・図で示したものを掲載し、該当部位に印をさせるなど教材の工夫を図ることも望ましい（名称と部位の一致）。

（4）ヤングコーンを収穫する場合、農薬を散布してはいけない理由を答えなさい。
　　トウモロコシは穀物であり火を通して食べるが、ヤングコーンは野菜であり生食をすることが多いから

> （4）は、波線部もしくは直線部のいずれか一つを答えられると評価B、双方を答えられると評価A、として想定した。

> （4）は、「思考・判断・表現」に加え、「知識・技術」に関する設問である。トウモロコシの「火食と生食」の利用を考えると共に、「間引き」に関連させながら理解を深める。

> **農業科　第3編　事例2**

（5）農薬を取り扱うにあたって、実習前、実習中、実習後に①気を付けるべき点を指摘し、②なぜ気を付けなくてはならないかを説明しなさい。

> （5）の評価のめやす（その1）「回答の量」
> 評価A…各項目の2／3以上の欄に①気を付ける点、②気を付けなくてはならない理由が記されているもの。
> 評価B…各項目の1／2程度の欄に①気を付ける点、②気を付けなくてはならない理由が記されているもの。
> 評価Cの生徒への手立て…以下参照*。

> （5）は、「思考・判断・表現」に関する設問である。ワークシートやレポートにて定着を確認することが望ましい。

実習前—農薬準備時に行うべき事柄を答えなさい

① 気を付ける点	② なぜ気を付けなくてはならないのか？
ビニール手袋をする （a)自分自身の安全	直接、農薬に触ると、皮膚がはれることがあるから　ゴーグルやマスクをすることも大事
使用期限を確認する	使用期限を過ぎた農薬は、効き目がないことがあるから　農薬が他の物質に化学変化していることがあるから
必要な量の農薬だけを容器にとる	余分に農薬を取ると、まきすぎてしまうおそれがあるから

> 類似した回答が生じる事が多い

実習中—農薬散布時に行うべき事柄を答えなさい

① 気を付ける点	② なぜ気を付けなくてはならないのか？
葉身、葉鞘に農薬を一つまみ置くように丁寧におこなう	余分に農薬を取ると、まきすぎてしまう恐れがあるから　適切な部位に散布しないと、効き目がないから
風下や周りに人がいないか確認しながらおこなう （b)周囲の人の安全	農薬が人にかかってしまうと、身体に良くないから
おしゃべりしながら農薬をまかない	集中してまかないと、同じ所に何度もまいてしまうから　思いがけない事故につながるから

実習後—農薬片付時に行うべき事柄を答えなさい

① 気を付ける点	② なぜ気を付けなくてはならないのか？
手は石けんでよく洗う （c)環境の保全	手に農薬が残っていると、皮膚がはれることがあるから　触れたものに農薬の成分が付着するから
使ったビニール手袋、容器は指示を聞いて処理する	使用した用具を勝手に捨てたり、放置すると、環境破壊につながるから
封をきちんとし、所定の場所に農薬をしまう	次回、農薬を使う時に、探すことができなくなるから　害のあるものを放置した場合、思いがけない事故がおこる

> （5）の評価のめやす（その2）「回答の質」
> 評価A…多視点から危険性について考察されているもの。安全の確保に向けて発展的な防止策が述べられているもの。「～なことが起こり、～の恐れがあるから」など具体的で丁寧な表現のもの。
> 評価B…「～が危ないから」など抽象的で粗雑な表現のもの。重複している内容の回答が目立つもの。
> その他…できるだけ類似した回答を防ぐため、記入に規則を設けるなど工夫することが望ましい。
> 評価Cの生徒への手立て…以下参照*。

＊　努力を要する（C）と判断した生徒に対する手立て（例）：
・「農薬の使用期限は食品の消費（味）期限」、「薬品管理は部屋の整理整頓」など、日常における身近な事柄と関連付けて支援を行う。
・文章での回答が苦手な生徒へは、回答例の例示、もしくは「～をした場合、～の恐れがあるから」など、文章を補う語句を示しておく。
・ワークシートは実習前／後のいずれにも実施しても良い。実習を行った後、再度解説を加え、安全への方策を考える（検証や振り返りを行う）。
・「農業生産工程管理」は、(a)自分自身をリスクやトラブルから守る、(b)周囲の人（一緒に実習をしている人たち—消費者）をリスクやトラブルから守る、(c)環境を保全する、の3点にポイントを絞って事象を捉え、考えるよう支援することが望ましい。

（5）＜評価のめやす（例）＞

【思考・判断・表現】

おおむね満足できる（B）・・・準備・作業中・片付けを合わせて「気を付ける点」又は「改善すべき点」を五つ以上挙げることができ，その理由を述べることができる。

十分満足できる（A）・・・・・準備・作業中・片付けを合わせて「気を付ける点」又は「改善すべき点」を七つ以上挙げることができ，その理由が妥当である。

【主体的に学習に取り組む態度】

おおむね満足できる（B）・・・自分（グループ）の考えをまとめ，分かりやすく伝えようとしている。

十分満足できる（A）・・・・・自分（グループ）の考えをまとめ，分かりやすく伝えるとともに，他者の考えを聞き，より良い改善方法を考えようとしている。

また，生徒の自己評価について，自己評価表の例を以下に示す（資料2）。生徒の自己評価は補助資料として活用するにとどめるが，教員と生徒が評価のめやすについて共有できるだけでなく，教員の評価と生徒の自己評価に乖離がないか確認することもできる。

資料2　自己評価表

項目	3 （A）	2 （B）	1 （C）	評価 記入欄
【自己評価表】 自分の学習状況について，当てはまる数字を回答欄へ記入しましょう。				
①	準備・作業中・片付けを合わせて「気を付ける点」又は「改善すべき点」を七つ以上挙げることができ，それぞれの理由も説明できた。	準備・作業中・片付けを合わせて「気を付ける点」又は「改善すべき点」を五つ以上挙げることができ，それぞれの理由も説明できた。	準備・作業中・片付けを合わせて「気を付ける点」又は「改善すべき点」を四つ以下しか挙げることができなかった。	
②	自分（グループ）の考えをまとめ，分かりやすく伝えるとともに，他者の考えを聞き，より良い改善方法を考えることができた。	自分（グループ）の考えをまとめ，分かりやすく伝えることができた。	自分の考えをグループ内で伝えることができなかった。	

（6）努力を要する（C）と判断した生徒に対する手立て

資料3は実際に生徒が記入した例である。農薬準備時で三つ，片付け時で一つの記載があり，それぞれの理由も妥当であると判断できる。散布時については一つの記載があるが理由が記載できていない。これを評価用紙の項目①に従って評価すると「C」評価となる。

このような生徒に対しては，（a）自分自身をリスクやトラブルから守る，（b）周囲の人（一緒に作業する人や消費者）をリスクやトラブルから守る，（c）環境を保全する，の三つの視点から考えられるように支援する。

資料3　生徒が記入した例

農薬準備時に行うべき事柄

①気を付ける点	②何故気を付けなくてはならないか
ビニール手袋を着ける	素手で薬剤に角虫れると、皮膚が腫れることがあるから。
農薬の袋から容器に使う量だけを入れる	農薬を基準以上に使用すると、残留農薬の恐れがあるから。
農薬の袋の口をきちんと閉める	袋が倒れたり、棚から落ちた場合、農薬が飛散する事が考えられるから。

> 気を付ける点とその理由が妥当。

農薬散布時に行うべき事柄

①気を付ける点	②何故気を付けなくてはならないか
葉身、葉鞘に農薬を1つまみずつ置くように散布する。	農薬を多量に使用すると、

> 理由が記載されていない。

農薬片付け時に行うべき事柄

①気を付ける点	②何故気を付けなくてはならないか
容器に余った農薬は、先生の指示を聞いて処理する	余った農薬を勝手に捨ててしまうと、環境汚染につながる恐れがあるから。

5　ペーパーテストによる「思考・判断・表現」の評価

　前述の内容をペーパーテスト（定期考査等）により評価する場合の問題の例を資料4に示した。

　倉庫内の様子を写真で示し、「リスク」を見つけ、リスクとなる「理由」、リスクを排除又は低減させるための「改善策」とに分けて解答欄を設けることにより、思考力、判断力、表現力を問う問題としている。倉庫内だけでなく、薬品保管庫の状態や作業室、作業中の様子など提示する写真を変えることによって、科目や単元に合わせた出題も可能である。

問　下の写真は，学校農場の倉庫内のようすである。この写真から危険と思う箇所を四つ
　　見つけ出し，①考えられるリスク，②理由，③対策を解答欄に書きなさい。

農業科
第3編
事例2

解答欄

①考えられるリスク	②理由	③対策
鍬が落ちる危険がある。	鍬が棚に引っ掛けてあるだけだから。	引っ掛けるのであればストッパーを付ける。もしくは刃の部分を下にして置く。
スコップが倒れる危険がある。	スコップが立てかけてあるだけだから。	スコップの持ち手を引っ掛けられるようにする。
通路に置かれたコンテナ，ビニール袋でつまずくおそれがある。	コンテナ，ビニール袋が無造作に置かれているから。	整理整頓をし，通路には物を置かないようにする。
傘が重なっており，取り出す際にケガをするおそれがある。	壊れた傘と使える傘が重なっているから。	傘立てを設置し，壊れているものは破棄する。

＜評価のめやす（例）＞

おおむね満足できる（B）・・・一～二つの危険個所を見つけ出すことができ，各々で考
　　　　　　　　　　　　　　えらるリスク，理由，対策が全て記載されている。
十分満足できる（A）・・・三～四つの危険個所を見つけ出すことができ，各々で考えら
　　　　　　　　　　　　れるリスク，理由，対策が全て的確に記載されている。
　※　それぞれのリスクについて、理由と対策が記載されていること。

農業科　　事例3（農業と環境）
キーワード　「主体的に学習に取り組む態度」の評価，ＩＣＴの活用

単元名

　トウモロコシの栽培

〔指導項目〕
(1)「農業と環境」とプロジェクト学習
(3) 農業生産の基礎
(4) 農業と環境のプロジェクト

1　単元の目標
　事例1に同じ

2　単元の評価規準
　事例1に同じ

3　指導と評価の計画
　事例1に同じ

4　観点別学習状況の評価の進め方【主体的に学習に取り組む態度】

　主体的に学習に取り組む態度については，知識及び技術を獲得したり，思考力，判断力，表現力等を身に付けたりすることに向けた粘り強い取組を行おうとしている側面や，その粘り強い取組を行う中で自らの学習を調整しようとする側面について評価することになることから，題材の指導の中で，場面に応じて，どちらの側面を重視して評価するかを検討することが考えられる。また，プロジェクトのテーマ設定は，トウモロコシのたねまきから収穫までの一連の栽培管理に沿った題材とするほうが，生徒が継続して観察したり，工夫したりすることができ，粘り強い取組を行おうとする側面の評価と自ら学習を調整しようとする側面の評価もしやすいと考える。

（1）粘り強い取組を行おうとしている側面の評価

　本事例では，トウモロコシの生育調査を通して，生徒が主体的・継続的に生育状況を観察し，問題を発見したり，自ら調べたりして管理作業を工夫しようとする態度など，粘り強く栽培技術を学ぼうとしている側面を中心に観察記録の記述から評価することとした。（資料1）

　また，個人の調査結果を基に，グループごとに分げつの調査をまとめ，互いの考察について話し合い，その意見の要点をまとめることでより深い学びにつながり，努力を要する状況と判断した生徒への手立てへの活用にもなる。

＜評価のめやす＞

　おおむね満足できる（B）・・・継続的な観察と記録を行い，生育状況を把握し，生育と環境要因，栽培管理を関連付けて考えようとしている。

　十分満足できる（A）・・・・継続的かつ詳細な観察と記録を行い，生育と環境要因について関連付けるとともに，栽培管理を工夫しようとしている。

資料1　生育調査での評価の例

■おおむね満足できる（B）と判断した例

トウモロコシ　生育調査			
６月２５日	播種後：５０日	天　気：　晴	気　温：２５.７度

分げつの観察（スケッチ）

状況の記録

　５本に分かれており，それぞれ葉もしっかり発生していた。太さは様々だったが，一番太いものは，人差し指程の太さだった。
　葉形は主程と分げつともに同じであり，葉の大きさは分げつのほうが小さく，枚数も少ない。

葉数（枚）		草丈（ｃｍ）	
調査株①	8.6	調査株①	105
調査株②	10.5	調査株②	114
調査株③	9.4	調査株③	110
平均葉数	9.5	平均草丈	109.7

気づいた点
　分げつが４本あった。梅雨に入り，雨の日があったためかん水の心配はなかったが，日照時間が少ないのではと心配だった。しかし，順調に生育している。分げつを発見してから今回の観察まで７日間あったが，７日間で分げつの数が増えていることがわかった。この時期の成長の早さを感じた。

調べたこと
　分げつとは，株元の節から側枝が発生することである。分げつを残す利点は，根量と葉面積が増えて，増収と倒伏防止の効果が得られることである。今後の管理は除草も兼ねた土寄せと定期的なかん水と追肥である。予定通り実施したい。

・分げつについて観察したことが記述できている。

・気候とトウモロコシの生育を関連付けて気が付いた点が記述できている。
・調べたことが記述できている。
・今後の作業内容について記述できている。

■十分満足できる（A）と判断した例

トウモロコシ　生育調査			
６月２５日	播種後：５０日	天　気：　晴	気　温：２５.７度

分げつの観察（スケッチ）

状況の記録

　土がかぶっていて分げつの状況が分からなかったため，少し土を掘ってから観察した。
　株元の節から分げつが４本発生していた。そのうち，太い２本からは根がしっかり土中に張っていた。細い分げつからも細かい根が発生していて，主程を支えるようになっていた。

葉数（枚）		草丈（ｃｍ）	
調査株①	8.6	調査株①	105
調査株②	10.5	調査株②	114
調査株③	9.4	調査株③	110
平均葉数	9.5	平均草丈	109.7

気づいた点
　播種後５０日で４本の分げつがあった。調査株②が最も成長が早く分げつ数も多く，調査株①，③は分げつ数は３本で教科書通り（分げつ数は２～３本ほど発生する）の成長である。気温は例年よりもやや高いという気象条件である。少雨だが，かん水をしっかりと行えたことと，雨天時の雨量が多く，土壌の流失が見られたので，管理時に土寄せを適切に行えたことで，予定通りの生育になっていると思う。

調べたこと
　良質な大穂を作る条件は，雄穂出穂期までに強めの草勢を維持し，茎を太くすることと，出穂期から収穫期まで肥料切れを起こさず，土壌を乾燥させないように適湿を保つことだとわかった。今後の管理の参考にし，作業内容を考えたい。

・地上部だけでなく、地下部の状況も調査できている。（調査方法の工夫）
・分げつの本数、太さ、根の状況等、気が付いたことを細かく記述できている。

・座学から得た知識と、観察結果を比較し，相違点を記述している。
・継続的な観察や記録を基に，生育と環境要因，管理作業を関連付けて記述している。
・生育状況や圃場の状態、調べたことから，管理作業を工夫しようとしている。

農業科
第3編
事例3

※　努力を要する（C）と判断した生徒への手立て

　調査中の態度や記録の状況から粘り強く学習に取り組もうとする様子がうかがえないため，他の生徒のレポート等を読むことやグループ活動を通して，自分の実習に生かせそうなことを見つけさせ，実習への意欲を高める。

（2）自らの学習を調整しようとする側面の評価

　本事例では，トウモロコシ栽培について，自らが課題を設定し，そのテーマに沿って計画を立て，栽培管理や調査，観察，記録などを継続的に行い，その結果を分析，考察，評価してまとめ，発表するといったプロジェクト学習の実践を通して，生徒が主体的に学習に取り組む態度を評価することとした。（資料2）

　具体的には，自らが設定した課題の解決に取り組む際に，予想や計画どおりにならなかった場面で，自らの栽培管理の過程を振り返って原因を追究しようとする態度や，作物の状況を観察し，プロジェクト計画等と比較しながら，管理作業を工夫したり，よりよい方法を考えようとしたりする態度など，自らの学習を調整しようとする側面を中心に評価することとしている。

　したがって，ここでは毎時間の記述を細かく評価するのではなく，単元の最後にまとめたレポートやワークシートによって評価する。レポートやワークシートのまとめに当たっては，それまでの記録に基づいて自身の学びを振り返らせ，プロジェクトを通して知識や技能の習得状況の変化を確認させたり，今後の学習にどのようにつなげていくかを考えさせたりすることも重要である。それらの記述から，主体的に学習に取り組む態度の二つの側面を読み取り，評価する。

［ICTの活用（資料3）］

　プロジェクト学習のまとめなどの際に協働学習支援ツールなどのICTを活用することより，調査結果やデータを効率的に整理したり，グラフを作成したりすることができるだけでなく，まとめた結果の分析や考察をグループで行うことにより，言語活動の充実やアクティブ・ラーニングの視点に立った授業展開とすることも可能である。

　また，グループでの協議の内容から，個々の生徒への指導や評価の一助とすることも考えられる。

＜評価のめやす＞

　おおむね満足できる（B）・・・継続的な観察と記録を行い，生育状況を把握し，生育と環境要因，栽培管理を関連付けて考えようとしている。

　十分満足できる（A）・・・・・継続的かつ詳細な観察と記録を行い，生育と環境要因について関連付けるとともに，栽培管理を工夫しようとしている。

資料2 プロジェクト発表レポートでの評価の例

■おおむね満足できる（B）と判断した例

トウモロコシ　プロジェクト発表　レポート

テーマ「気温とトウモロコシの生育との関係性の調査」

テーマ設定の理由

　気温は農作物にとって必要で，作物の成長を予想することなどにも利用されているため，気温とトウモロコシの生育の関係性について調査しようと考え，テーマに設定した。

> ・トウモロコシの知識・技術を元にテーマを設定し，それに沿った計画や方法を適切に設定できている。
>
> ※無理のない計画で、生育調査の実施など継続的な学習にすることで，[粘り強い取組を行おうとしている側面]の評価の参考にできる。

計画

月	栽培計画	記録計画
4月	耕うん・元肥・うね立て・マルチング	・トウモロコシの管理の記録 ・トウモロコシの観察の記録 ・気温の調査 ・収穫量調査，品質判定 ＊データの整理 　レポートをまとめる
5月	上旬　播種・下旬　間引き	
5月	下旬　間引き	
6月	上旬　マルチ除去・除草・追肥①・土寄せ	
6月	下旬　除草・追肥②・土寄せ・害虫防除	
7月	上旬　除房・防獣ネット，防鳥テープ張り	
7月	下旬　収穫・食味調査	

グラフ

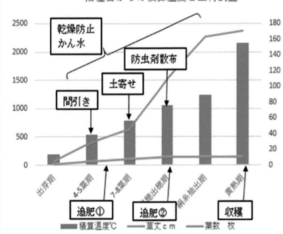

播種日からの積算温度と生育調査

結果および考察

　栽培管理をしっかりすることで，生育が良くなることが分かった。特に，土壌の乾燥に弱いため，かん水が重要だった。生育調査時や栽培管理時に土壌の乾き具合を見ることで，乾燥を防ぐことができ，良質なトウモロコシが育った。また，温度も重要だということが分かった。早く収穫したいからといって，播種の時期を早めても地温が上がらなければ発芽に時間がかかったり，発芽率が悪かったりすることが分かった。温度管理も大切でどの時期に播種するか考えてするべきだと思った。

> ・継続的な調査を基に結果及び考察を記述している。
>
> ※この調査結果から[粘り強い取組を行おうとしている側面]の評価の参考にできる。また、考察から[自らの学習を調整しようとする側面]の評価の参考にできる。

まとめ（課題解決に向けて，気がついたこと，自ら調べたこと，工夫したこと，改善したこと等を記入）

　栽培管理をしっかり実施したことで，良質なトウモロコシを栽培することができた。トウモロコシの生育時期に合わせて計画通りに管理をするために，観察を欠かさなかったことを頑張った。日頃の観察から生育が分かり，施肥のタイミングを計画よりも少し早めにしたり，土寄せもトウモロコシの成長が早かったため，早めに実施したりしたことを工夫した。雄穂が出てからは，防鳥のためにネットを張った。その甲斐があり，食害はなかったので，収穫量が減らずにすんでよかった。

　収穫では，ＧＡＰの基準に従いながら実施することができた。安心・安全な農作物を生産・販売するための注意点などがわかり，生産者側の立場を理解することができた。今後の農作物の栽培に生かせると思う。

> ・栽培管理で工夫したことを記述できている。
> ・プロジェクト学習を通して，ＧＡＰの理解と関心が高まったことがうかがえ，今後の学習に生かそうとしている。

■十分満足できる（A）と判断した例

トウモロコシ　プロジェクト発表　レポート

テーマ「トウモロコシの生育と積算温度との関係について」

テーマ設定の理由
　気温は農作物にとって大きな影響を与え，生育進度の予想などには，全生育期間の日平均気温の積算温度が関係している。トウモロコシの生育にも気温が大きく関わっていることを学んだため，気温と生育について調査しようと考え，テーマに設定した。

計画

月	栽培計画	記録計画
4月	耕うん・元肥・うね立て・マルチング	・栽培管理の記録 ・生育調査の記録（スケッチ，草丈，葉数） ・気象の記録（天候，気温） ・収穫量，品質判定 ＊データ整理・レポート作成
5月	上旬　播種・下旬　間引き	
	下旬　間引き	
6月	上旬　マルチ除去・除草・追肥①・土寄せ	
	下旬　除草・追肥②・土寄せ・害虫防除	
7月	上旬　除房・防獣ネット，防鳥テープ張り	
	下旬　収穫・食味調査	

グラフ

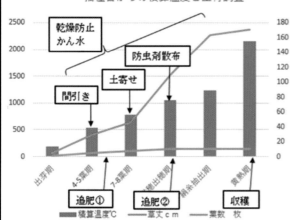

結果および考察
・気温が高い時期には葉が１枚増えるのに３日しかかからなかった。このことから，気温の高低によって出葉日数が変わることが分かった。草丈も気温が高い時期が続くと生育が早まる。
・積算温度がより早く2000℃以上に達すると収穫時期が早まる。このことから播種の時期は，低温が多い４月よりも５月が良く，収穫時期も早まると考える。
・今回の研究で，播種時期と積算温度の関係が重要であることが分かった。播種の時期を遅らせ，かん水，追肥の回数やタイミングを見極めるなど，管理内容を精査することで良質で大穂のトウモロコシを収穫できると考える。

・継続的な調査を基に結果及び考察を記述している。
・根拠となる具体的な数字を示しながら，論理的に記述しようとしている。

まとめ（課題解決に向けて，気がついたこと，自ら調べたこと，工夫したこと，改善したこと等を記入）
　５月６日に播種したが，発芽適温は20～28℃，播種可能地温は14℃以上が必要であるため，生育が心配された。しかし，地温を定期的に測定するとマルチの効果があり，地温が低くならなかった。また，乾燥に弱いことが分かったため，生育調査時に土の様子に注意しながら，かん水をした。今年は梅雨が短く，少雨だったが，一度に降る雨量が多く土壌の流出がおきたため，土寄せを適宜行った。さらに，良質で大穂のトウモロコシを作るためには，雄穂出穂期までの草勢がよいことが大切だとインターネットで調べて分かったので，１回目をN成分が40ｇ/10㎡，２回目をN成分が50ｇ/10㎡と施肥量を工夫した。
　アワノメイガ対策として，防虫剤を散布した。また，学校周辺ではハクビシンと鳥の被害がでるため，対策としてネットを張り，上には防鳥テープを張った。除房では，葉茎を傷つけると増収効果がなくなるため，傷つけないように気を付けた。
　トウモロコシは大きく育ったが，収穫適期が早いと糖度が上がらなかったり，遅いと粒皮がしなびたりするため，適期を逃さないよう収穫適期の見極めが難しかった。教科書では開花後20～25日ごろで，絹糸が褐変した時と書いてあったが，試しむきをすると少し早いような感じだったため，それよりも３日後に収穫した。

・継続調査のデータと栽培管理の記録を基に，工夫したことを詳細に記述できている。
・課題解決を目指して，教科書やインターネットで調べたことを参考に，工夫したことや改善・修正したことを明確に記述できている。

※　努力を要する（C）と判断した生徒に対する手立て
　プロジェクト学習の態度やレポートの状況から粘り強く学習に取り組もうとする様子がうかがえないため，他の生徒のレポート等を読むことやグループ活動を通して，自分の学習に生かせそうなことを見つけさせ，学習への意欲を高める。

資料3　ICTの活用

（協働学習支援ツールを使用した例）

■展開方法（1時間）

	学習内容	時間	主な活動	支援及び指導上の留意点	評価規準の具体的状況	評価方法等
導入	本時の学習内容の確認	10分	グループごとに，各自が調査したデータを確認する。	グループごとにデータを確認させる。		
			アプリのスプレッドシート（共同作業可能な表計算ツール）を開く。	アプリのスプレッドシートを開くよう指示する。		
			アプリで配布されたレポート様式のデータを確認する。	レポート様式のデータをアプリで配布する。		
				アプリ内で生徒の進捗を確認する。		
展開	ICTを活用した協働学習	35分	各自が，スプレッドシートにグラフ化したいデータを入力する。	各自でデータ入力後，グループごとにグラフ作成を指示する。	グループ内でコメント機能を使用し，積極的な意見交換ができている。	アプリ内での個人の調査データ処理やグループ内でのコメント機能を使用した積極的な意見交換の状況
			グループごとに，アプリ内のコメント機能を使用し，意見交換しながら，分りやすいグラフを作成する。	分かりやすいグラフにするためのアドバイスをする。（グラフ内に作業内容を取り入れる等）		
			各自が，レポート様式にグラフのデータを貼付し，個人のフォルダに保存する。	各自で，レポート様式にグラフのデータを貼付し，保存を指示する。	グループ内で協力して，適切にグラフを作成している。	
				アプリ内で各グループの進捗を確認する。		
まとめ	次時の授業内容の確認	5分	レポートのまとめ方とワープロソフトでの作成方法を確認する。	レポートのまとめ方を指示する。（特に工夫した点について）		

■アプリ内での各グループの作業の様子

グラフの作成の流れ	コメント機能の使用

1）Aさんが，各自がスプレッドシートに入力したデータを集計し，表にしました。

	積算温度℃	草丈ｃｍ	葉数　枚
出芽期	186	5	1
4-5葉期	540	29	5
7-8葉期	790	46	8
雄穂出穂期	1050	110	10
絹糸抽出期	1240	163	10
黄熟期	2150	171	10

生徒A

積算温度，草丈，葉数を表にしてみたけど，もっと見やすい方法はあるかな？

んー。表ではなく，グラフにしたらどうだろう？
温度と生育の関係が分かりやすいかも！？
生徒B

2）Bくんが，表のデータをグラフにしてみました。

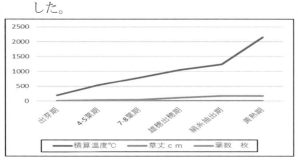

グラフにしてみたけど，どう？

生徒B

折れ線グラフだと，積算温度の値が大きいから草丈と葉数が見にくいのでは？積算温度だけ，棒グラフにできないかな？

生徒C

3）Dさんが，グラフの種類を変更してみました。

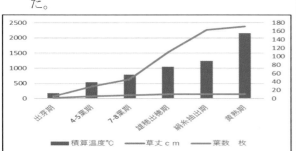

Cくんの提案のとおり，積算温度を棒グラフにしてみたけど，どうかな？

生徒D

表よりも見やすく，積算温度と生育の関係性がわかると思う。あとは，このグラフに栽培管理内容を書き込むと一目で温度，生育，管理の関係性が分かるようになるのでは？

生徒A

4）Cくんが，栽培管理を追加し，Dさんがさらに見やすくまとめてみました。

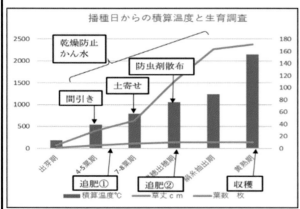

Aさんの提案のとおり，栽培管理を追加してみたよ。でも，栽培管理はたくさんあるから重要な管理内容だけにしぼったほうがいいかも。

生徒C

みんなの提案をまとめてみたけど，どうかな？

生徒D

とても分かりやすいグラフになったと思う。私たちのグループは，このグラフを使って，レポートを書こう。

生徒A

【工業科】

第２編

「〔指導項目〕ごとの評価規準」
を作成する際の手順

1 高等学校工業科の〔指導項目〕

高等学校工業科における〔指導項目〕は，以下のようになっている。

【第3編（事例）で取り上げた科目の〔指導項目〕を記載している】

第18　電気回路

(1)　電気回路の要素

ア　電気回路の電流・電圧・抵抗

イ　電気抵抗

ウ　静電容量と静電現象

エ　インダクタンスと磁気現象

(2)　直流回路

ア　直流回路の電流・電圧

イ　消費電力と発生熱量

ウ　電気の各種作用

(3)　交流回路

ア　交流の発生と表し方

イ　交流回路の電流・電圧・電力

ウ　記号法

エ　三相交流

(4)　電気計測

ア　電気計器の原理と構造

イ　基礎量の測定

ウ　測定量の取扱い

(5)　各種の波形

ア　非正弦波交流

イ　過渡現象

※　その他の科目についても，内容の(1)，(2)・・・における各項目を〔指導項目〕とする。

2　高等学校工業科における「〔指導項目〕ごとの評価規準」作成の手順

　　ここでは，科目「電気回路」の（1）電気回路の要素 を取り上げて，「〔指導項目〕ごとの評価規準」作成の手順を説明する。

　　まず，学習指導要領に示された教科の目標を踏まえて，「評価の観点及びその趣旨」が作成されていることを理解する。次に，教科の目標と「評価の観点及びその趣旨」の関係性を踏まえ，科目の目標に対する「評価の観点の趣旨」を作成する。その上で，①及び②の手順を踏む。

＜例　第18電気回路　指導項目（1）電気回路の要素　＞

【高等学校学習指導要領　第3章　第2節　工業　「第1款 目標」】

　　工業の見方・考え方を働かせ，実践的・体験的な学習活動を行うことなどを通して，ものづくりを通じ，地域や社会の健全で持続的な発展を担う職業人として必要な資質・能力を次のとおり育成することを目指す。

(1)	(2)	(3)
工業の各分野について体系的・系統的に理解するとともに，関連する技術を身に付けるようにする。	工業に関する課題を発見し，職業人に求められる倫理観を踏まえ合理的かつ創造的に解決する力を養う。	職業人として必要な豊かな人間性を育み，よりよい社会の構築を目指して自ら学び，工業の発展に主体的かつ協働的に取り組む態度を養う。

（高等学校学習指導要領 P.241）

【改善等通知　別紙5　各教科等の評価の観点及びその趣旨　＜工業＞】

知識・技術	思考・判断・表現	主体的に学習に取り組む態度
工業の各分野について体系的・系統的に<u>理解している</u>とともに，関連する技術を<u>身に付けている</u>。	工業に関する課題を発見し，職業人に求められる倫理観を踏まえ合理的かつ創造的に解決する力を<u>身に付けている</u>。	よりよい社会の構築を目指して自ら学び，工業の発展に主体的かつ協働的に取り組む態度を<u>身に付けている</u>。

（改善等通知　別紙5　P.6）

【学習指導要領　第3章　第2節　工業「第2款　第18　電気回路　1　目標」】

　工業の見方・考え方を働かせ，実践的・体験的な学習活動を行うことなどを通して，電気現象を量的に取り扱うことに必要な資質・能力を次のとおり育成することを目指す。

(1)	(2)	(3)
電気回路について電気的諸量の相互関係を踏まえて理解するとともに，関連する技術を身に付けるようにする。	電気回路に関する課題を発見し，技術者として科学的な根拠に基づき工業技術の進展に対応し解決する力を養う。	電気回路を工業技術に活用する力の向上を目指して自ら学び，工業の発展に主体的かつ協働的に取り組む態度を養う。

(高等学校学習指導要領 P.259)

　以下は，教科の目標と「評価の観点及びその趣旨」の関係性を踏まえた，科目の目標に対する「評価の観点の趣旨」の例である。

【「第2款　第18　電気回路」の評価の観点の趣旨（例）】

知識・技術	思考・判断・表現	主体的に学習に取り組む態度
電気回路について電気的諸量の相互関係を踏まえて<u>理解している</u>とともに，関連する技術を<u>身に付けている</u>。	電気回路に関する課題を<u>発見し</u>，技術者として科学的な根拠に基づき工業技術の進展に対応し解決する力を<u>身に付けている</u>。	電気回路を工業技術に活用する力の向上を目指して自ら学び，工業の発展に主体的かつ協働的に取り組む態度を<u>身に付けている</u>。

① 各科目における〔指導項目〕と「評価の観点」との関係を確認する。

　職業教育を主とする専門教科は，各教科及び各科目の目標に，(1)「知識及び技術」，(2)「思考力，判断力，表現力等」，(3)「学びに向かう力，人間性等」を示すとともに，各科目の〔指導項目〕の大項目ごとに「このねらいを実現するため，次の①から③までの事項を身に付けることができるよう，〔指導項目〕を指導する。」としている。

　※①「知識及び技術」，②「思考力，判断力，表現力等」，③「学びに向かう力，人間性等」

第18　電気回路
　(1) 電気回路の要素
　　ア　電気回路の電流・電圧・抵抗
　　イ　電気抵抗
　　ウ　静電容量と静電現象
　　エ　インダクタンスと磁気現象

〈高等学校学習指導要領解説　工業編　P. 119, 120〉
　(1) 電気回路の要素
　　　ここでは，科目の目標を踏まえ，電気回路の要素について，電気現象の量的な取扱いと電気抵抗，静電容量，インダクタンスの性質の視点で捉え，物理的な意味や工業生産に関連付けて考察し，実践的・体験的な学習活動を行うことなどを通して，電気回路を工業生産に活用することができるようにすることをねらいとしている。
　　　このねらいを実現するため，次の①から③までの事項を身に付けることができるよう，〔指導項目〕を指導する。
　①　電気回路の要素について電気現象の量的な取扱いやそれらを計算により処理する方法を踏まえて電気抵抗，静電容量，インダクタンスの性質などを理解するとともに，関連する技術を身に付けること。
　②　電気回路を構成する要素の電気的性質が工業製品に与える影響に着目して，電気回路の要素に関する課題を見いだすとともに解決策を考え，科学的な根拠に基づき結果を検証し改善すること。
　③　電気回路を構成する要素の電気的性質について自ら学び，技術の進展に対応した製造における電気回路の活用に主体的かつ協働的に取り組むこと。

② 【観点ごとのポイント】を踏まえ，「〔指導項目〕ごとの評価規準」を作成する。

（1）「〔指導項目〕ごとの評価規準」を作成する際の【観点ごとのポイント】

（1）知識・技術

「知識・技術」については，学習指導要領の「1　目標」に示す資質・能力を身に付けることができるよう，「2　内容」の各指導項目に対し，学習指導要領解説の〔指導項目〕の大項目ごとに示された「このねらいを実現するため，次の①から③までの事項を身に付けることができるよう，〔指導項目〕を指導する。」の①を参考に，知識については「…理解する」の記述を，技術については「…身に付ける」の記述を当てはめ，それらを生徒が「…理解している」「…身に付けている」かどうかの学習状況として表すこととする。

（2）思考・判断・表現

「思考・判断・表現」については，学習指導要領の「1　目標」に示す資質・能力を身に付けることができるよう，「2　内容」の各指導項目に対し，学習指導要領解説の〔指導項目〕の大項目ごとに示された「このねらいを実現するため，次の①から③までの事項を身に付けることができるよう，〔指導項目〕を指導する。」の②を参考に，「…見いだすとともに…検証し改善する」の記述を当てはめ，それらを生徒が「…見いだすとともに…検証し改善している」かどうかの学習状況として表すこととする。

（3）主体的に学習に取り組む態度

「主体的に学習に取り組む態度」については，学習指導要領の「1　目標」に示す資質・能力を身に付けることができるよう，「2　内容」の各指導項目に対し，学習指導要領解説の〔指導項目〕の大項目ごとに示された「このねらいを実現するため，次の①から③までの事項を身に付けることができるよう，〔指導項目〕を指導する。」の③を参考に，「…自ら学び，主体的かつ協働的に取り組む」の記述を当てはめ，それらを生徒が「…自ら学び，主体的かつ協働的に取り組もうとしている」かどうかの学習状況として表すこととする。

（2）学習指導要領解説の「2　内容」〔指導項目〕及び「〔指導項目〕ごとの評価規準（例）」

学習指導要領　解説	知識及び技術	思考力，判断力，表現力等	学びに向かう力，人間性等
	電気回路の要素について電気現象の量的な取扱いやそれらを計算により処理する方法を踏まえて電気抵抗，静電容量，インダクタンスの性質などを<u>理解する</u>とともに，関連する技術を<u>身に付けること</u>。	電気回路を構成する要素の電気的性質が工業製品に与える影響に着目して，電気回路の要素に関する課題を<u>見いだす</u>とともに解決策を考え，科学的な根拠に基づき結果を<u>検証し改善すること</u>。	電気回路を構成する要素の電気的性質について自ら学び，技術の進展に対応した製造における電気回路の活用に主体的かつ協働的に<u>取り組むこと</u>。

〔指導項目〕ごとの評価規準（例）	知識・技術	思考・判断・表現	主体的に学習に取り組む態度
	電気回路の要素について電気現象の量的な取扱いやそれらを計算により処理する方法を踏まえて電気抵抗，静電容量，インダクタンスの性質などを<u>理解している</u>とともに，関連する技術を<u>身に付けている</u>。	電気回路を構成する要素の電気的性質が工業製品に与える影響に着目して，電気回路の要素に関する課題を<u>見いだす</u>とともに解決策を考え，科学的な根拠に基づき結果を<u>検証し改善している</u>。	電気回路を構成する要素の電気的性質について自ら学び，技術の進展に対応した製造における電気回路の活用に主体的かつ協働的に<u>取り組もうとしている</u>。

※　各学校においては，「〔指導項目〕ごとの評価規準」の考え方を踏まえて，各学校の実態を考慮し，単元の評価規準を作成する。具体的には第3編において事例を示している。

【工業科】

第３編

単元ごとの学習評価について

（事例）

第1章 「〔指導項目〕ごとの評価規準」の考え方を踏まえた評価規準の作成

1 本編事例における学習評価の進め方について

　各教科及び科目の単元における観点別学習状況の評価を実施するに当たり，まずは年間の指導と評価の計画を確認することが重要である。その上で，学習指導要領の目標や内容，「〔指導項目〕ごとの評価規準」の考え方等を踏まえ，以下のように進めることが考えられる。なお，複数の単元にわたって評価を行う場合など，以下の方法によらない事例もあることに留意する必要がある。

評価の進め方	留意点
1 単元の目標を作成する	○ 学習指導要領の目標や内容，学習指導要領解説等を踏まえて作成する。 ○ 生徒の実態，前単元までの学習状況等を踏まえて作成する。 ※ 単元の目標及び評価規準の関係性（イメージ）については下図参照 **単元の目標及び評価規準の関係性について（イメージ図）** 学習指導要領 及び 学習指導要領解説　　第1編第2章2（2）を参照 「〔指導項目〕ごとの評価規準」 学習指導要領解説等を参考に，各学校において授業で育成を目指す資質・能力を明確化 「〔指導項目〕ごとの評価規準」の考え方等を踏まえて作成 単元の目標　　第3編第1章2を参照 単元の評価規準 ※ 外国語科においてはこの限りではない。
2 単元の評価規準を作成する	
3 「指導と評価の計画」を作成する	○ 1，2を踏まえ，評価場面や評価方法等を計画する。 ○ どのような評価資料（生徒の反応やノート，ワークシート，作品等）を基に，「おおむね満足できる」状況（B）と評価するかを考えたり，「努力を要する」状況（C）への手立て等を考えたりする。
授業を行う	○ 3に沿って観点別学習状況の評価を行い，生徒の学習改善や教師の指導改善につなげる。
4 観点ごとに総括する	○ 集めた評価資料やそれに基づく評価結果などから，観点ごとの総括的評価（A，B，C）を行う。

2　単元の評価規準の作成のポイント

（1）工業科における〔指導項目〕と単元の関係

　　学習指導要領（平成30年告示）においては，「知識及び技術」「思考力，判断力，表現力等」「学びに向かう力，人間性等」の三つの柱に整理された資質・能力を身に付けさせることを明確にするため，「1　目標」を三つの柱で整理するとともに，「2　内容」においては学習指導要領解説において，指導項目の大項目ごとに三つの柱で示している。この三つの柱で示された観点は，1回の授業ですべての学びが実現されるものではないため，単元の中で，学習を見通し振り返る場面やグループなどで対話する場面，生徒が考える場面等を設定し，学びの実現を図っていくことが必要である。

　　単元とは，生徒に指導する際の内容や時間のまとまりを各学校の実態に応じて適切に構成したものである。単元を構成する際には，〔指導項目〕を小項目ごと等，幾つかに分割して単元とする場合や，〔指導項目〕をそのまま単元とする場合，幾つかの〔指導項目〕を組み合わせて単元とする場合等，様々な場合が考えられるため，各校において工業の科目を設置した目的を踏まえ，生徒や地域の実態，学科の特色に応じて適切に単元を設定することに留意したい。

（2）工業科における単元の評価規準作成の手順

　　単元の評価規準は，以下の手順で作成する。

① 〔指導項目〕を基に，単元全体を通して，単元の目標を作成する。
② 「〔指導項目〕ごとの評価規準」の考え方を踏まえ，具体的な学習活動から目指すべき学習状況としての生徒の姿を想定し，単元の評価規準を作成する。

（例）「電気回路」　指導項目（1）電気回路の要素　を単元として作成した例

① 〔指導項目〕を基に，単元全体を通して，単元の目標を作成する。

〔指導項目〕（1）電気回路の要素

	知識及び技術	思考力，判断力，表現力等	学びに向かう力，人間性等
学習指導要領　解説	電気回路の要素について電気現象の量的な取扱いやそれらを計算により処理する方法を踏まえて電気抵抗，静電容量，インダクタンスの性質などを理解するとともに，関連する技術を身に付けること。	電気回路を構成する要素の電気的性質が工業製品に与える影響に着目して，電気回路の要素に関する課題を見いだすとともに解決策を考え，科学的な根拠に基づき結果を検証し改善すること。	電気回路を構成する要素の電気的性質について自ら学び，技術の進展に対応した製造における電気回路の活用に主体的かつ協働的に取り組むこと。

単元　電気回路の要素

〔単元の目標〕
(1)　電気回路の要素について電気現象の量的な取扱いやそれらを計算により処理する方法を踏まえて電気抵抗，静電容量，インダクタンスの性質などを理解するとともに，関連する技術を身に付ける。

(2)　電気回路を構成する要素の電気的性質が工業製品に与える影響に着目して，電気回路の要素に関する課題を見いだすとともに解決策を考え，科学的な根拠に基づき結果を検証し改善する。

(3)　電気回路を構成する要素の電気的性質について自ら学び，技術の進展に対応した製造における電気回路の活用に主体的かつ協働的に取り組む。

② 「〔指導項目〕ごとの評価規準」の考え方を踏まえ，具体的な学習活動から目指すべき学習状況としての生徒の姿を想定し，単元の評価規準を作成する。

単元　電気回路の要素　の評価規準

	知識・技術	思考・判断・表現	主体的に学習に取り組む態度
単元の評価規準	電気回路の要素について電気現象の量的な取扱いやそれらを計算により処理する方法を踏まえて電気抵抗，静電容量，インダクタンスの性質などを理解しているとともに，関連する技術を身に付けている。	電気回路を構成する要素の電気的性質が工業製品に与える影響に着目して，電気回路の要素に関する課題を見いだすとともに解決策を考え，科学的な根拠に基づき結果を検証し改善している。	電気回路を構成する要素の電気的性質について自ら学び，技術の進展に対応した製造における電気回路の活用に主体的かつ協働的に取り組もうとしている。

観点別の評価のポイントは，以下のとおりである。

（1）知識・技術

　　学習の過程を通した知識及び技術の習得状況について評価を行うとともに，それらを既有の知識及び技術と関連付けたり活用したりする中で，他の学習や生活の場面でも活用できる程度に概念等を理解したり，技術を習得したりしているかを評価する。

（2）思考・判断・表現

　　知識及び技術を活用して課題を解決する等のために必要な思考力，判断力，表現力等を身に付けているかを評価する。

（3）主体的に学習に取り組む態度

　　学習内容に関心をもつことのみならず，よりよく学ぼうとする意欲をもって学習に取り組む態度について評価する。

　　知識及び技術を獲得したり，思考力，判断力，表現力等を身に付けたりすることに向けた粘り強い取組を行おうとしている側面と，学習の進め方について試行錯誤するなど自らの学習を調整しようとする側面から評価する。

第2章　学習評価に関する事例について

1　事例の特徴

　第1編第1章2（4）で述べた学習評価の改善の基本的な方向性を踏まえつつ，平成30年に改訂された高等学校学習指導要領の趣旨・内容の徹底に資する評価の事例を示すことができるよう，本参考資料における事例は，原則として以下のような方針を踏まえたものとしている。

○　単元に応じた評価規準の設定から評価の総括までとともに，生徒の学習改善及び教師の指導改善までの一連の流れを示している

　　本参考資料で提示する事例は，単元の評価規準の設定から評価の総括までとともに，評価結果を生徒の学習改善や教師の指導改善に生かすまでの一連の学習評価の流れを念頭においたものである。なお，観点別の学習状況の評価については，「おおむね満足できる」状況，「十分満足できる」状況，「努力を要する」状況と判断した生徒の具体的な状況の例などを示している。「十分満足できる」状況という評価になるのは，生徒が実現している学習の状況が質的な高まりや深まりをもっていると判断されるときである。

○　観点別の学習状況について評価する時期や場面の精選について示している

　　報告や改善等通知では，学習評価については，日々の授業の中で生徒の学習状況を適宜把握して指導の改善に生かすことに重点を置くことが重要であり，観点別の学習状況についての評価は，毎回の授業ではなく原則として単元や題材など内容や時間のまとまりごとに，それぞれの実現状況を把握できる段階で行うなど，その場面を精選することが重要であることが示された。このため，観点別の学習状況について評価する時期や場面の精選について，「指導と評価の計画」の中で，具体的に示している。

○　評価方法の工夫を示している

　　生徒の反応やノート，ワークシート，作品等の評価資料をどのように活用したかなど，評価方法の多様な工夫について示している。

2　各事例概要一覧と事例

事例1　キーワード　指導と評価の計画から評価の総括まで
科目「電気回路」　単元「三相交流」（第1学年）

　本事例は，単元「三相交流」（全10時間）の指導と評価の計画から評価の総括について示している。
　単元の目標に基づく評価規準の示し方から指導と評価の計画，観点別学習状況の評価の進め方及び観点別学習状況の評価の総括の方法までの一連の流れについて具体的に示している。

事例2　キーワード　「知識・技術」の評価
科目「電気回路」　単元「直流回路の電流・電圧」（第1学年）

　本事例は，単元「直流回路の電流・電圧」の指導における観点別学習状況の評価について，ワークシートを活用し，事実的な知識の習得と，知識の概念的な理解をもとに問いについて考える過程から，「知識・技術」の習得の程度を見取る方法を具体的に示している。

事例3　キーワード　「思考・判断・表現」の評価
科目「電気回路」　単元「消費電力と発生熱量」（第1学年）

　本事例は，単元「消費電力と発生熱量」の指導における観点別学習状況の評価について，工業に関する身近な事例をもとにワークシートの分析から，「思考・判断・表現」の実現の程度を見取る方法を具体的に示している。

事例4　キーワード　「主体的に学習に取り組む態度」の評価
科目「電気回路」　単元「インダクタンスと磁気現象」（第1学年）

　本事例は，単元「インダクタンスと磁気現象」（全27時間）の指導における観点別学習状況の評価について，ワークシートにおける記述，教師による行動観察，アンケートにおける自己評価の状況から，「主体的に学習に取り組む態度」の実現の程度を見取る方法を具体的に示している。

工業科	事例1（電気回路）
キーワード　指導と評価の計画から評価の総括まで	

単元名	〔指導項目〕
三相交流	（3）交流回路
	エ　三相交流

1　単元の目標

　科目の目標を達成するため，単元の指導を通じて育成を目指す資質・能力を明確にする必要がある。ここでは，学習指導要領における内容〔指導項目〕（3）交流回路　エ　三相交流を単元として示している。学習指導要領解説を参考として，生徒の実態や前単元までの学習状況等を踏まえ作成する。

(1) 三相交流について電流，電圧とそれら電気的諸量の相互関係と量的に取り扱う方法や電気的諸量を計算により処理する方法などを踏まえて理解するとともに，関連する技術を身に付ける。

(2) 三相交流の電流，電圧及び相互関係などに着目して，三相交流に関する課題を見いだすとともに解決策を考え，科学的な根拠に基づき結果を検証し改善する。

(3) 三相交流について自ら学び，電流，電圧及び相互関係などを工業技術と関連付けた工業生産への活用に主体的かつ協働的に取り組む。

2　単元の評価規準

知識・技術	思考・判断・表現	主体的に学習に取り組む態度
三相交流について電流，電圧とそれら電気的諸量の相互関係と量的に取り扱う方法や電気的諸量を計算により処理する方法などを踏まえて理解しているとともに，関連する技術を身に付けている。	三相交流の電流，電圧及び相互関係などに着目して，三相交流に関する課題を見いだすとともに解決策を考え，科学的な根拠に基づき結果を検証し改善している。	三相交流について自ら学び，電流，電圧及び相互関係などを工業技術と関連付けた工業生産への活用に主体的かつ協働的に取り組もうとしている。

　単元の評価規準を学習活動に即して具体化

知識・技術	思考・判断・表現	主体的に学習に取り組む態度
・三相交流における特性を理解している。 ・三相交流における電流値，電圧値及び抵抗値などを計算により導きだすことができる。	・三相交流の結線方法について，それぞれの特性や課題を見いだしている。 ・根拠を示しながら適した結線方法を選定することができる。	・三相交流の特長や，社会で活用されている場面について，主体的かつ協働的に見付けだそうとしている。 ・取組への自己評価を行い，課題の解決に向かい粘り強く取り組もうとしている。

単元の指導を通じて育成を目指す資質・能力について，その実現の状況を示す指標として評価規準を設定する必要がある。

　「知識・技術」の観点については，学習の過程を通した知識及び技術に関する習得の状況と，それらを既有の知識及び技術と関連付けたり活用したりする中で，他の学習や生活の場面でも活用できる程度に概念等を理解したり，技術を習得している状況を踏まえ設定する。

　「思考・判断・表現」の観点については，知識及び技術を活用して課題を解決する等のために必要な思考力，判断力，表現力等を身に付けている状況を踏まえ設定する。

　「主体的に学習に取り組む態度」の観点については，知識及び技術を獲得したり，思考力，判断力，表現力等を身に付けたりすることに向けた粘り強い取組を行おうとしている状況と，学習の進め方について試行錯誤するなど自らの学習を調整しようとしている状況を踏まえ設定する。

　なお，ここでは単元の評価規準とは別に，単元の学習を通じた目標を設定し，生徒と共有することを目的として，単元の評価規準を学習活動に即して具体化をして示している。これらの目標を生徒に示しながら指導を行うことが効果的である。

3　指導と評価の計画　「三相交流（10 時間）」

【指導計画】

時間	ねらい・学習活動	・評価のポイント　◇評価の場面		
		知識・技術	思考・判断・表現	主体的に学習に取り組む態度
1	三相交流回路の基礎事項を理解する。			
2	三相交流の発生と表し方を理解する。（ワークシートに波形図やベクトル図を作図することを通じて理解する）	・三相交流の発生の原理について理解している。 ・三相交流の表し方について理解している。 ◇ワークシート ①三相交流の発生の原理について理解しているか確認する。	・グラフ用紙を用いて三相交流波形やベクトル図を作図することができる。 ◇グラフ用紙 ①波形図とベクトル図が描けているか確認する。	
3	三相交流回路の電圧と電流の特長について説明する。（ワークシートにより，電気的諸量を読み取ることや，グループワークを通じて三相交流回路の特長について		・三相交流回路の電気的諸量（電圧及び電流）を読み取るとともに，根拠を示しながら三相交流回路の特長を説明することができる。	・三相交流回路の特長について，主体的かつ協働的に見付け出そうとしている。 ・課題の解決に向けて粘り強く取り組もうとしている。

	考え，表現する）		◇ワークシート ②三相交流の波形から電圧値を読み取ることができているか，波形図が描けているか確認する。 ③三相交流回路の特長や利点について根拠を示しながら記入しているか確認する。	◇ワークシート ①記述から自分の意見や他の生徒の考えを参考に考え方を導きだせているか確認する。
4	これまでの学習を振り返る。（ワークシートにより，課題解決の方法について考える）			◇行動観察 ②各種の電気的諸量を求めることができなかった問いについて原因を考察し，考え方を正しく導き出そうとしているか確認する。 ◇ワークシート ③他の生徒の取組を参考にしながら，自己の学びの向上につなげているか確認する。
5 6 7 8 9	・Y－Y回路，Y－Δ回路，Δ－Δ回路，Δ－Y回路について線間電圧と相電圧，線電流と相電流の関係を理解する。（ワークシートにより電流値，電圧値及び抵抗値などを計算し確認する） ・負荷のインピーダンス変換について理解する。（ワークシートによりインピーダンスの値を計算し確認する）	・各種回路の特長を理解するとともに，これまでの学習内容をもとに計算により値を求めることができる。 ・負荷の変換方法を理解している。 ◇ワークシート ②練習問題から各結線方法の特性の理解度を確認する。 ③各結線方法を理解し，その特長を説明することができるか確認する。	この時間については，最後の時間にまとめてワークシートに取り組ませる。	

| 10 | 単元の学習を振り返る。（ワークシート及びグループワークにより，三相交流回路の考え方について理解を深める） | | | ・他の生徒と協力して課題を解決しようとしている。
・他の生徒の取組を参考にしながら，自己の学びの向上につなげている。
◇ワークシート
④他の生徒の取組を参考にしながら，自己の学びの向上につなげているか確認する。 |

＊行動観察：学習中で，発言や行動などが行われているかを観察する。

　単元の指導を通じて育成を目指す資質・能力の実現状況を把握するために，評価を行う場面や頻度に関して，指導計画を作成する必要がある。

　単元や題材など内容や時間のまとまりを見通しながら，評価の場面や方法を工夫して，それぞれの実現状況が把握できる段階で評価を行うこととなる。このことから，教師が無理なく評価することができるよう，評価を行う場面や頻度について十分考慮する必要がある。

　本事例では，全10時間の指導と定期考査等ペーパーテストを通じて，「知識・技術」に関しては4回，「思考・判断・表現」に関しては4回，「主体的に学習に取り組む態度」に関しては4回，評価する場面を設けている。

　なお，1時間の授業で同時に三つの観点について評価することは困難であることが想定されるため，評価する観点を絞り込むことが重要である。

4　観点別学習状況の評価の進め方

　学習状況における評価においては，まず，設定した評価規準に照らして，生徒が「おおむね満足できる」状況（B）に達しているかを確認することが大切である。そのため，「おおむね満足できる」状況（B）について，具体的な姿を設定する必要がある。

　ここでは，単元「三相交流」（全10時間）の指導のうち，第3時における「思考・判断・表現」及び「主体的に学習に取り組む態度」の評価を例として取り上げる。

（1）第3時（三相交流回路の電圧と電流）のねらい
・ワークシートを用いて波形図から数値を読み取ることや，位相差のある波形を描くことができる。
・単相交流回路と三相交流回路を比較・考察し，三相交流の特長を説明することができる。
・グループワークを通じて，現在の送電方式で三相交流方式が採用されている理由を導き出すことができる。

（2）評価のポイント
【思考・判断・表現】
・回路の状態を判断し，ワークシートに三相交流回路の結線方法を記入することができている。

- ワークシートの波形図から各波形の電圧値を正しく読み取ることや，位相差のある波形を描くことができている。
- 単相交流と三相交流との違いについて考え，三相交流回路の特長をワークシートで説明することができている。

【主体的に学習に取り組む態度】
- ワークシートにおける記入をもとに，自分の意見や他の生徒の意見を参考にしながら自分の意見を表出することができている。

（3）指導と評価の流れ（第3時）

配分	学習活動	指導上の留意点	評価場面・評価方法
導入 5分	・前時の復習 ・本時の概要とねらいの確認		
展開1 10分	・三相交流の名称を学習しワークシートに記入する。		行動観察【記録なし】
展開2 30分	・波形図をもとに電圧値を読み取るとともに，位相の異なる波形を描く。 ・単相交流と比較して，三相交流との違いを確認する。 ・三相交流の特長についてグループワークを通じて考え，ワークシートに記入する。	・波形図から数値を読み取る際のポイントに触れ，単相交流との違いに着目させるようコメントをする。 ・生徒が三相交流の特長について説明できているかどうかを確認する。	行動観察【記録なし】
まとめ 5分	・本時の振り返り ・自己評価，感想の記入		ワークシートの生徒の記述内容【記録】

（4）評価における判断の目安（第3時　三相交流回路の電圧と電流）

　第3時の評価における判断の目安を以下のように設定し，ワークシートにおける生徒の記述内容から，「思考・判断・表現」及び「主体的に学習に取り組む態度」の実現状況を判断する。

評価の観点	「おおむね満足できる」と判断できる状況（B）	「十分満足できる」と判断できる状況（A）	「努力を要する」状況（C）と判断した生徒に対する手立て
思考・判断・表現	・波形図をもとに電圧値を読み取るとともに，位相差のある波形を描くことができている。 ・どの角度においても瞬時値の総和が0Vになっていることを確認できている。 ・瞬時値の総和が0Vになることにより，中性線が必要なくなることを確認できている。 ・三相交流回路の特長を示すことができている。	・（B）の状況に加え，波形を描く際には，指定された角度に補助線（点）を入れたり，計算により値を確認したりするなどして，瞬時値に対して，慎重に見取る姿勢がうかがえる。 ・三相交流回路にすることにより，コストダウンや工事の簡易化につながることが確認できている。	・瞬時値の式をワークシートの空いているスペースに書くよう言葉がけを行い，最大値や位相などを代入して計算するよう促す。 ・波形図にどのような線や点を入れると見やすくなるか言葉がけを行い，考えるよう促す。

主体的に学習に取り組む態度	・ワークシートには他の生徒の意見も参考にしながら，根拠と共に自分の意見を表出しようとしている。	・ワークシートには他の生徒の意見の良いところなどを根拠としながら自分の意見を表出しようとしている。 ・意欲的に話合いに取り組むとともに，ワークシートには社会で活用されている場面を見つけだそうとしている。	・それぞれの意見をまとめられる用紙や，付箋などを用意し，意見を反映できるような環境を作る。 ・三相交流の特長について振り返らせ，他の生徒と意見を交わすことができるよう促す。

電気回路 (4)交流回路 三相交流回路

以下の問いから、三相交流回路の特長について考えてみよう。 【思考・判断・表現】

【単相交流回路】　　【三相交流回路(Y-Y回路)】

STEP1

三相交流回路(Y-Y)回路の起電力の波形である。各起電力の最大値を200〔V〕、コイルの相順をa→b→cとする。Ea の波形を基準とした場合、Eb, Ec の波形を描いてみよう。

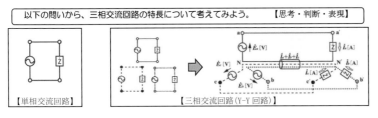

【ヒント】前回の授業内容の復習！

$$Ea = Em \sin \omega t \ [V]$$
$$Eb = Em \sin\left(\omega t - \frac{2}{3}\pi\right) [V]$$
$$Ec = Em \sin\left(\omega t - \frac{4}{3}\pi\right) [V]$$

<判断の目安>
【思考・判断・表現】
瞬時値の波形図をもとに電圧値を読み取るとともに，波形を描くことができている。

STEP2

描いた波形から、指定された箇所A,Bの三相起電力の瞬時値を計算で求め、値を足してみよう。
そこから、気付いたことを書いてみよう。≪○：自分の意見，■：友達の意見，◎：先生の解答≫

A：【　　　】のとき	B：【　　　】のとき	気付いたこと
$\dot{E}_a = ($ 　　 $) [V]$	$\dot{E}_a = ($ 　　 $) [V]$	
$\dot{E}_b = ($ 　　 $) [V]$	$\dot{E}_b = ($ 　　 $) [V]$	
$\dot{E}_c = ($ 　　 $) [V]$	$\dot{E}_c = ($ 　　 $) [V]$	
$\dot{E}_a + \dot{E}_b + \dot{E}_c = ($ 　 $) [V]$	$\dot{E}_a + \dot{E}_b + \dot{E}_c = ($ 　 $) [V]$	

<判断の目安>
【思考・判断・表現】
・どの角度においても瞬時値の総和が0Vになっていることを確認できている。
・瞬時値の総和が0Vになることにより，中性線が必要なくなることを確認できている。

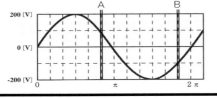

三相交流回路を描きかえるとどうなるだろう？

「N－N'間について」

「気付いたこと」から予想できることをまとめてみよう！

<判断の目安>
【思考・判断・表現】
三相交流回路の特長を示すことができている。

ＳＴＥＰ1,2から、単相交流と比較し三相交流の特長と使用されている場所・場面などを友達と考えてみよう。
≪○：自分の意見，■：友達の意見≫ 　　　　　【主体的に学習に取り組む態度】

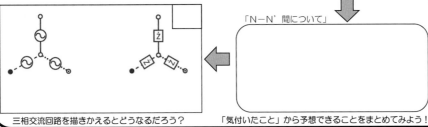

三相交流の特長	場所・場面

【主体的に学習に取り組む態度】
粘り強い学習の中で，他の生徒の意見を参考にしながら，自分の意見を表出している。

図1　第3時　三相交流回路　ワークシート

（5）「思考・判断・表現」及び「主体的に学習に取り組む態度」の評価例

　図1のワークシートは，第3時三相交流回路の電圧と電流で使用する。ワークシートでの生徒の記入状況から「思考・判断・表現」及び「主体的に学習に取り組む態度」の実現状況を評価する。

「思考・判断・表現」の評価（波形を描くことができる状況）について

【評価Bの例】当初は波形を描くことができなかったが，これまでの学習内容を再度確認することにより，波形を修正して描くことができている。

【評価Aの例】これまでの学習を活かし，各角度における瞬時値を求め，グラフに示しながら波形を描くことができている。

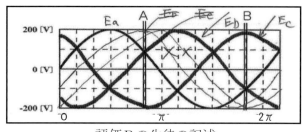

評価Bの生徒の記述　　　　　　評価Aの生徒の記述

【「努力を要する」状況（C）と評価した生徒に対する指導の手立て】

　波形を適切に描くことができない場合，前回の学習内容が身に付いていないことが考えられる。自分がどこまで理解しているのかを明らかにさせ，課題となった事項が改善できるよう支援する。

「思考・判断・表現」の評価（瞬時値を計算により求め，瞬時値の総和が0[V]になることを理解している状況）について

【評価Bの例】

　指定された角度における三相起電力の瞬時値（電圧値）は計算により正しく求められている❶。また，「気付いたこと」では瞬時値の総和が0になることを導き出せている❷。しかし，「予想」される内容については，「気付いたこと」から自分の意見を深めることができていない❸。また，回路図

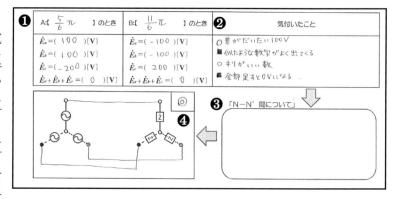

の描きかえは，教師の正解例をもとに適切に表現されている（◎印）❹。このことから，思考・判断・表現の観点で「おおむね満足できる」状況（B）と判断できる。

【評価Aの例】

　指定された角度における三相起電力の瞬時値（電圧値）は計算により正しく求められている❶。また，「気付いたこと」では瞬時値の総和が0になることを導き出せている❷。さらに，「予想」される内容について，「気付いたこと」から他の生徒の意見（○/■印）を

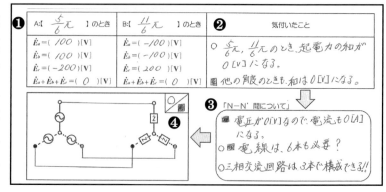

参考としながら自分の意見を深めることができている❸。また，回路図の描きかえについても適切に表現することができている❹。このことから，思考・判断・表現の観点で「十分満足できる」状況（A）と判断できる。

【「努力を要する」状況（C）と評価した生徒に対する指導の手立て】

三相起電力の瞬時値（電圧値）を計算により求めることができないと考えられる。指定された角度がどこなのかを把握させ，それぞれの値を求められるよう支援する。また，瞬時値の総和が０になることが判断でき，そこからN–N'間の電流の和が０になることが，段階を踏みながら理解できるよう支援する。

「主体的に学習に取り組む態度」の評価（他の生徒の意見を参考にしながら，自分の意見を表出している状況）について

【評価Bの例】

STEP１及びSTEP２の学習内容を踏まえ，問いに対して自分の考えを述べることができている❶。また，他の生徒の意見も記入されており❶，ある程度粘り強く学習に取り組んでいることがうかがえる。しかし，STEP１及びSTEP２の結果から意見を出し合い，三相交流が使用される場所や場面について意見を示すことができていない❷。このことから，「主体的に学習に取り組む態度」の観点で「おおむね満足できる」状況（B）と判断できる。

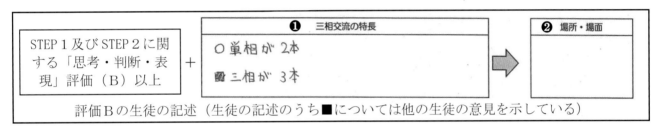

評価Bの生徒の記述（生徒の記述のうち■については他の生徒の意見を示している）

【評価Aの例】

STEP１及びSTEP２の学習内容を踏まえ，問いに対して自分の考えを述べることができている❶。また，他の生徒の意見も参考にしながら自分の考えを深めており❶，粘り強く学習に取り組んでいることがうかがえる。さらに，結果から意見を出し合い，三相交流が使用される場所や場面について意見を示すことができている❷。このことから，「主体的に学習に取り組む態度」の観点で「十分満足できる」状況（A）と判断できる。

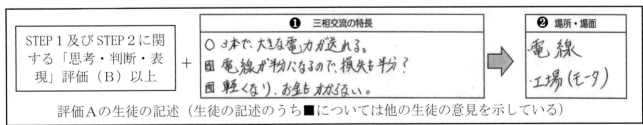

評価Aの生徒の記述（生徒の記述のうち■については他の生徒の意見を示している）

【「努力を要する」状況（C）と評価した生徒に対する指導の手立て】

STEP１及びSTEP２の過程において，問いに対する自分の考えをワークシートに記入することができていないことや，グループワークにおいても他の生徒の意見を聞くことができていないことなど

から，授業内容についても理解することができていないと考えられる。自分が理解できていることと，理解できていないことについて対話を通じて明らかにさせ，他の生徒の考えを聞いたりすることなどを通して，課題の解決に向けて意欲的に取り組むことができるよう支援する。

5 観点別学習状況の評価の総括

観点別学習状況の評価は，科目の目標に照らした学習の実現状況を分析的に評価するものである。ここでは，単元「三相交流」（全10時間）の指導における評価の総括を例として取り上げる。

時	ねらい	知識・技術	思考・判断・表現	主体的に学習に取り組む態度
1	三相交流回路の基礎事項を理解する			
2	三相交流の発生と表し方を理解する	①：A	①：A	
3	三相交流回路の電圧と電流の特長について説明する		②：A ③：B	①：A
4	これまでの学習を振り返る			②：A ③：B
5	Y－Y回路を理解する	②：A		
6	Y－Δ回路を理解する	③：B		
7	Δ－Δ回路を理解する			
8	Δ－Y回路を理解する			
9	負荷のインピーダンス変換			
10	単元の振り返り			④：A
ペーパーテスト（定期考査等）		④：A	④：A	
評価結果のABCの数		A：3 B：1 C：0	A：3 B：1 C：0	A：3 B：1 C：0

＊○の数字は「3　指導と評価の計画」における「評価の場面」を示す。

評価結果のA，B，Cの数を元に総括する場合では，評価結果のA，B，Cの数を目安として各観点の評価結果の数が多いものを総括した評価とする。従って上記の実現状況の場合，「知識・技術」ではA，「思考・判断・表現」ではA，「主体的に学習に取り組む態度」ではAの評価として総括できる。

なお，観点別学習状況の評価に係る記録の総括については様々な考え方や方法があるため，各学校において，それぞれの学習活動に適した工夫をすることが望まれる。（詳しくは第1編を参照されたい）

工業科
第3編
事例1

工業科　　事例2（電気回路）
キーワード　「知識・技術」の評価

単元名	〔指導項目〕
直流回路の電流・電圧	（2）直流回路 　　ア　直流回路の電流・電圧

1　単元の目標

(1) 直流回路の電流・電圧について，それら電気的諸量の相互関係と量的に取り扱う方法や，電気的諸量を計算により処理する方法などを踏まえて理解するとともに，関連する技術を身に付ける。

(2) 直流回路の電流・電圧及び相互関係に着目して，直流回路の電流・電圧に関する課題を見いだすとともに解決策を考え，科学的な根拠に基づき結果を検証し改善する。

(3) 直流回路の電流・電圧について自ら学び，電気の各種作用などを工業生産への活用に主体的かつ協働的に取り組む。

2　単元の評価規準

知識・技術	思考・判断・表現	主体的に学習に取り組む態度
直流回路の電流・電圧について，それら電気的諸量の相互関係と量的に取り扱う方法や，電気的諸量を計算により処理する方法などを踏まえて理解しているとともに，関連する技術を身に付けている。	直流回路の電流・電圧及び相互関係に着目して，直流回路の電流・電圧に関する課題を見いだすとともに解決策を考え，科学的な根拠に基づき結果を検証し改善している。	直流回路の電流・電圧について自ら学び，電気の各種作用などを工業生産への活用に主体的かつ協働的に取り組もうとしている。

単元の評価規準を学習活動に即して具体化

知識・技術	思考・判断・表現	主体的に学習に取り組む態度
・直流回路の電流，電圧，抵抗の関係を理解している。 ・直流回路の合成抵抗や分流，分圧などの様々な未知量を計算により求めることができる。 ・分圧や分流について理解し，回路図上に電圧や電流の流れを書き入れることができる。	・直流回路の電流・電圧に関する課題を見いだすことができる。 ・直流回路の電流・電圧及び相互関係に着目して直流回路の未知量を求める手立てを考え表現することができる。	・直流回路に関する課題の解決に対して主体的に取り組もうとしている。 ・協働的な学びを通じて，自身の学習を見直し，改善を図ろうとしている。

3 観点別学習状況の評価の進め方

ここでは，単元「直流回路の電流・電圧」（全9時間）の指導のうち，第4時における「知識・技術」の評価を例として取り上げる。

（1）授業のねらい

直並列回路の電流，電圧，抵抗，合成抵抗などを求めることができる。

（2）評価のポイント

①分圧や分流について理解し，電気回路図上に電圧や電流の流れを書き入れることができている。

②直並列回路の電流，電圧，抵抗，合成抵抗などを求める式を立てるなど，電気的諸量を求める際に，法則や公式を用いながら課題解決に至る過程を適切に示すことができている。

③複数の抵抗を組み合わせ，等価回路図を描くことができている。

（3）指導と評価の流れ（第4時）

配分	学習活動	指導上の留意点	評価場面・評価方法
導入 5分	・前時 STEP 1，STEP 2の復習 ・本時の授業の概要とねらいの確認		
展開 35分	・ワークシートの STEP 3について個人で考える。 ・理解を一層深めるため，生徒同士で教え合う。 ・解答確認後，正しく値が求められなかった場合は，生徒同士でこれまでの学習内容を振り返り，再考する。	・必要に応じ，考え方のポイントとなる事項を示す。 ・教え合いが円滑に進むよう支援する。 ・考え方や計算の方法，図示の方法など，これまでの学習内容を示しながら，理解するよう促す。	・行動観察 【記録なし】 ・ワークシート 【記録】 ※記述内容を評価
まとめ 10分	・本時の振り返りを行う。		

（4）評価における判断の目安（第4時　1～3時の振り返り）

第4時の評価における判断の目安を以下のように設定し，ワークシートにおける生徒の記述内容から，「知識・技術」の実現状況を判断する。

評価の観点	「おおむね満足できる」と判断できる状況（B）	「十分満足できる」と判断できる状況（A）	「努力を要する」状況（C）と判断した生徒に対する手立て
知識・技術	・直流回路の電流や電圧について，向きや大きさを理解して回路図上に書き入れることができている。 ・分圧や分流について，電気的諸量を計算により求める過程を示すことができている。	・（B）の状況に加え，電気的諸量を求める過程において，分圧や分流を計算により求めてから回路全体の電圧を求める方法や，等価回路図を描き，回路全体の合成抵抗を求めてから回路全体の電圧を求	・単純な回路図を例にして，オームの法則の活用法について，繰り返し考えながら，理解できていない事項を把握するよう促す。 ・電流や電圧の大きさや向きを回路図上に書き入れることから始め，分流や分圧の考え方について指導する。

	・複数の抵抗を組み合わせて，等価回路図に描き換えることができている。	める方法など，多様な考え方ができている。	

（5）「知識・技術」の評価例

　ここでは，ワークシートにおける生徒の記述内容を分析することにより，「知識・技術」に関する評価を行う。

　ワークシートは，3段階の難易度別に，STEP1では抵抗が一つの回路と抵抗の直列回路に関する問い，STEP2では抵抗の並列回路に関する問いで構成されている。STEP3では，抵抗の直並列回路について，課題を解決するための過程を示しながら，多様な側面から考えるよう問いが構成されている。（STEP1，STEP2は前時に学習を終えている。）

　抵抗の直並列回路に関する問いの設定は，抵抗の直列接続の分圧，並列接続の分流に関する考え方の理解の程度を判断することに適していることから，電流，電圧，抵抗および合成抵抗について，生徒が記入した計算の過程と結果の状況に応じて評価を行う。

直流回路ワークシート

【STEP1】

問1　10［Ω］の抵抗に5［V］の電圧を加えたときの電流を求めなさい。また，その回路図を描きなさい。

問2　回路図の中のx，yを求めなさい。

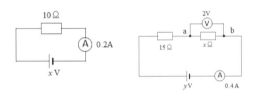

【STEP2】

問1　3［Ω］の抵抗と6［Ω］の抵抗を並列に接続し，10［V］の電圧を加えた。このとき回路全体に流れる電流を求めなさい。また，その回路図を描きなさい。

問2　回路図中のx，yを求めなさい。

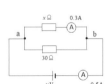

【STEP3】

問1　次の回路図の各抵抗に流れる電流と ab 間の電圧 V_{ab}, bc 間の電圧 V_{bc}, 回路全体の電圧 V について，手順を示しながら求めなさい。また，抵抗が一つの等価回路図を描きなさい。

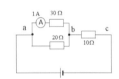

問2　問1で記した手順以外の手順で回路全体の電圧を求めなさい。

```
【ワークシートにおける評価のポイント】
①電気回路図中に電圧や電流を書き入れることができる。
②直並列回路の電流，電圧，抵抗，合成抵抗など未知量を求める方法を示している。
③複数の抵抗を組み合わせ，等価回路図を描くことができる。
```

図1　授業におけるワークシート　（ここでは各STEPの一部についてのみ示す）

【評価Bの例（STEP3）：図2】

直流回路の電流，電圧，抵抗，合成抵抗について未知量を求めるに当たり，分圧や分流について考慮し，<u>図に電圧や電流を書き入れる❶</u>とともに，<u>分圧や分流について，電気的諸量を求める過程を適切に示して❷</u>いる。また，<u>複数の抵抗を組み合わせ，等価回路図を描く❸</u>ことができている。このことから，「知識・技術」の観点で「おおむね満足できる」状況（B）と判断できる。

【評価Aの例（STEP3）：図3・図4】

<u>図3の生徒は，分圧や分流について，未知の電気的諸量を計算により求める過程（問1）を示していることに加え，等価回路図から回路全体の合成抵抗を求め，そこから未知量を求める過程（問2）の2通りから導いて❹</u>いる。図4の生徒は，回路全体の電流について，<u>電流の比と抵抗の比との関係性❺</u>から導いている。このことから，多様な考え方ができているため，「知識・技術」の観点で「十分満足できる」状況（A）と判断できる。

【「努力を要する」状況（C）と評価した生徒に対する指導の手立て】

求め方の手順につまづきのある生徒については，単純な回路図の問いを例として，オームの法則の活用法や計算の仕方について，繰り返し考えさせることなどを通じて，電気的諸量を求める過程が理解できるよう指導する。また，抵抗が二つ以上になり，回路に加わる電圧や電流についてイメージすることが困難な生徒には，回路図上に図示させることから始め，分流や分圧の考え方についてイメージできるよう指導する。

指導においては，身近にある実際の製品や事象と結びつけて原理について考えることや抵抗を接続することにより必要な抵抗値をつくり出して電気回路に用いること，また，抵抗を測定器に接続して倍率器や分流器とする応用事例について考えることなど，知識・技術が実際に活用されている場面から課題を設定する工夫も考えられる。

評価のポイント❷
電気的諸量を求める過程を適切に示している

【STEP3】
問1　次の回路図の各抵抗に流れる電流と ab 間の電圧 V_{ab}，bc 間の電圧 V_{bc}，全体の電圧 V を手順を示しながら求めなさい。また，抵抗が1つの等価回路図を描きなさい。

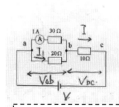

まず V_{ab} を求める

$V_{ab} = 1 \times 30 = \underline{30\,[V]}$

20Ωに流れる電流は

$I_1 = \frac{30}{20} = 1.5\,[A]$

10Ωに流れる電流は

$I = 1 + 1.5 = \underline{2.5\,[A]}$

$V_{bc} = 2.5 \times 10 = \underline{25\,[V]}$

$V = V_{ab} + V_{bc} = \underline{55\,[V]}$

評価のポイント❶
図に電圧や電流を書き入れている

評価のポイント❸
等価回路図を描いている

図2　STEP3　問1における評価Bの生徒の記述

問2　問1で記した手順以外の手順で回路全体の電圧を求めよ。

$V_{ab} = 1 \times 30 = 30\,[V]$

$I_1 = \frac{30}{20} = 1.5\,[A]$

回路全体の電流は

$I = 1 + 1.5 = 2.5\,[A]$

回路全体の合成抵抗は

$R = \frac{20 \times 30}{20 + 30} + 10 = 22\,[Ω]$

回路全体の電圧は

$V = IR = 2.5 \times 22 = \underline{55\,[V]}$

評価のポイント❹
2通りの方法で未知量を求めることができている。

図3　STEP3　問2における評価Aの生徒の記述

並列回路では，抵抗の大きい方が小さい電流，抵抗の小さい方に大きい電流が流れる。電流の比は抵抗の比と逆になる。30〔Ω〕に1〔A〕流れるのであれば20〔Ω〕に流れる電流をX〔A〕とすると
　　30〔Ω〕:20〔Ω〕=X〔A〕:1〔A〕
　　　20X=30
　　　X=30／20
　　　X=1.5〔A〕
全体の電流は，1〔A〕+1.5〔A〕=2.5〔A〕

評価のポイント❺
電流の比と抵抗の比との関係性から回路全体の電流を導いている。

図4　STEP3　問2における評価Aの生徒の記述

工業科　　事例3（電気回路）

キーワード　「思考・判断・表現」の評価

単元名	〔指導項目〕
消費電力と発生熱量	（2）直流回路 　　イ　消費電力と発生熱量

1　単元の目標

(1) 抵抗に流れる電流によって消費される電力・電力量・発生熱量などを量的に取扱う方法や計算により処理する方法を理解するとともに，関連する技術を身に付ける。

(2) 電流の発熱作用が工業製品に与える影響に着目して，屋内配線と家電製品に関する課題を見いだすとともに解決策を考え，科学的な根拠に基づき結果を検証し改善する。

(3) 消費電力と発生熱量などについて自ら学び，それらを屋内配線への適切な活用に主体的かつ協働的に取り組む。

2　単元の評価規準

知識・技術	思考・判断・表現	主体的に学習に取り組む態度
抵抗に流れる電流によって消費される電力・電力量・発生熱量などを量的に取扱う方法や計算により処理する方法を踏まえて理解しているとともに，関連する技術を身に付けている。	電流の発熱作用が工業製品に与える影響に着目して，屋内配線と家電製品に関する課題を見いだすとともに解決策を考え，科学的な根拠に基づき結果を検証し改善している。	消費電力と発生熱量に関連する事項について自ら学び，それらを屋内配線への適切な活用に主体的かつ協働的に取り組もうとしている。

単元の評価規準を学習活動に即して具体化

知識・技術	思考・判断・表現	主体的に学習に取り組む態度
・抵抗に流れる電流によって消費される電力・電力量・発生熱量を求めることができる。	・家電製品の消費電力とコンセントや配線用遮断器の定格電流との関係に着目して，安全な屋内配線図を作成することができる。 ・屋内配線図について、改善を図った点やその理由を科学的根拠に基づき説明することができる。	・自分が作成した屋内配線図について，他の生徒の考え方や資料を参考にしながら，進んで学習に取り組むとともに，自らの学び方を評価し，学習改善に取り組んでいる。

3　観点別学習状況の評価の進め方

　ここでは，単元「消費電力と発生熱量」（全7時間）の指導のうち，第5時及び第6時における「思考・判断・表現」の評価を例として取り上げる。

（1）授業のねらい

　　生徒同士の対話を通じて屋内配線に必要な条件を整理し，屋内配線図を安全性や合理性の視点から検証・改善することにより，消費電力や電線の許容電流について理解を深める。

（2）評価のポイント

　　第5時に，それまで学習した内容を踏まえ，自分が生活で使う家電製品に適した屋内配線図を作成させる。第6時に，作成した屋内配線図を，安全性や合理性などの視点から検証・改善することができているか，ワークシート（振り返り，屋内配線図）を分析して評価する。

（3）指導と評価の流れ

時	○学習活動	◇指導上の留意点	評価場面・評価方法
5	○電線の許容電流やコンセントなどに関する知識をもとに，自分が使う家電製品に合った屋内配線図を作成する。	◇屋内配線図には，なぜそのような配線にしたか理由についても記入させる。	
6	○個人で，安全性や合理性などの視点から屋内配線の条件をリストアップする。 ○クラス全体で，条件を整理し，チェックリストを作成する。 ●チェックリストの例 □1回路に流れる電流が20[A]以下になっているか＜安全性＞ □コンセントの規格は適切か（100V，100Vアース付き）＜安全性＞ □必要最小限のコンセント配置となっているか＜合理性＞ □実際の生活を考慮したコンセント配置となっているか＜合理性＞ ○ペアになって個人で作成した屋内配線図を発表する。聞き手は，チェックリストに基づき評価するとともに，コメントを書く。 ○他の生徒や教師からのアドバイスをもとに，個人で屋内配線図を検証・改善する。 ○振り返りを行う ＜振り返りの視点＞屋内配線図について，安全性や合理性の視点から ○改善したところとその理由を記述しよう （工夫したところとその理由を記述しよう）	◇安全な屋内配線に必要な条件は何か問いかける。 ◇発表を聞いて気付いたことや参考になったことなどをコメントするように促す。 ◇振り返りでは，アドバイスにより自分の考えがどのように深まったのか問いかける。	ワークシートの点検 【記録なし】 ワークシートの分析 【記録】 ※振り返りの記述内容と屋内配線図を評価

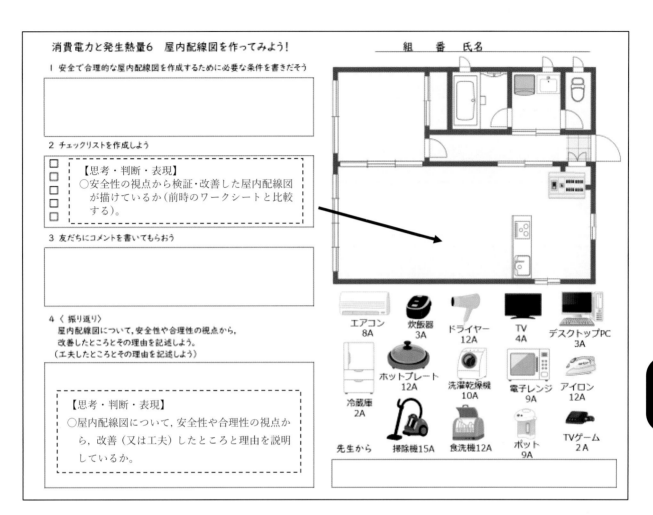

図1　授業におけるワークシート

（4）評価における判断の目安

　　第6時の評価における判断の目安を次のように設定し，ワークシート（振り返り，屋内配線図）の分析により「思考・判断・表現」の実現状況を評価する。なお，ワークシート（振り返り，屋内配線図）が不十分な生徒には，再度記述・修正するよう指導する。

評価の観点	「おおむね満足できる」と判断できる状況（B）	「十分満足できる」と判断できる状況（A）	「努力を要する」状況（C）と判断した生徒に対する手立て
思考・判断・表現	・他の生徒や教師からのアドバイスやチェックリストに基づき，安全性の視点から検証・改善した屋内配線図を作成し，理由と共に説明することができている。	・（B）の状況に加えて，部屋ごとに配線を分けることや，同時に使わない家電製品を考慮して配線するなど合理的な屋内配線図を作成することができている。	・チェックリストに基づき安全な屋内配線図になっているか確認させる。 ・屋内配線図の修正点やその根拠について問いかけるとともに，ワークシートに書くよう促す。

（５）「思考・判断・表現」の評価例

【評価Bの例】
　屋内配線図が，チェックリストの安全性に関する全ての項目を満たしており，安全性に関する改善（又は工夫）したところについて，理由と共に記述している場合，「思考・判断・表現」の観点で「おおむね満足できる」状況（B）と判断できる。

屋内配線図の改善点と理由に関する生徒の記述例

> 食洗機と電子レンジを使うところは，アースが必要なのでアース付きのコンセントに変更した。

> ドライヤーが12A，洗濯乾燥機10A，合計20Aを超えてしまうため回路を分けた。

【評価Aの例】
　評価Bの内容に加えて，合理性の項目を満たしている記述がある場合，「思考・判断・表現」の観点で「十分満足できる」状況（A）と判断できる。

屋内配線図の改善点と理由に関する生徒の記述例

> 掃除機とホットプレートは同時に使わないのにブレーカーを分けていたため，一つにまとめた。

> ブレーカーが落ちたときすぐに過電流の場所が分かるから。部屋ごとに回路を分けた。

【「努力を要する」状況（C）と評価した生徒に対する指導の手立て】
　消費電力や電線の許容電流についての理解が十分ではないことが考えられることから，コンセントの規格や一つの回路に流れる電流について問いかけ，チェックリストの安全性の項目を満たしているか確認できるよう支援する。

　ここでは，ワークシートの振り返りの記述内容と屋内配線図の分析により評価する方法を示したが，生徒に発表の内容をスマートフォンやタブレットＰＣなどのＩＣＴ機器で，録画・提出させたものを分析し評価することも考えられる。

工業科　　事例4（電気回路）

キーワード　「主体的に学習に取り組む態度」の評価

単元名	〔指導項目〕
インダクタンスと磁気現象	（1）電気回路の要素 　　エ　インダクタンスと磁気現象

1　単元の目標

（1）インダクタンスについて，電気現象の量的な取扱いやそれらを計算により処理する方法を踏まえて，その性質などを理解するとともに，磁気現象に関連する技術を身に付ける。

（2）インダクタンスによる磁気現象が工業製品に与える影響に着目して，インダクタンスに関する課題を見いだすとともに解決策を考え，科学的な根拠に基づき結果を検証し改善する。

（3）インダクタンスの電気的性質について自ら学び，技術の進展に対応した製造におけるインダクタンスと磁気現象の活用に主体的かつ協働的に取り組む。

2　単元の評価規準

知識・技術	思考・判断・表現	主体的に学習に取り組む態度
インダクタンスについて，電気現象の量的な取扱いやそれらを計算により処理する方法を踏まえて，その性質などを理解しているとともに，磁気現象に関連する技術を身に付けている。	インダクタンスによる磁気現象が工業製品に与える影響に着目して，インダクタンスに関する課題を見いだすとともに解決策を考え，科学的な根拠に基づき結果を検証し改善している。	インダクタンスの電気的性質について自ら学び，技術の進展に対応した製造におけるインダクタンスと磁気現象の活用に主体的かつ協働的に取り組もうとしている。

単元の評価規準を学習活動に即して具体化

知識・技術	思考・判断・表現	主体的に学習に取り組む態度
・インダクタンスやさまざまな磁気現象を説明することができる。 ・磁気現象に関する諸量を計算により求めることができる。	・インダクタンスに関する課題を見いだすとともに，磁界と電流，誘導起電力の関係を表現することができる。 ・磁気現象に関する知識や技術を用いて，電動機や発電機の動作原理を説明することができる。	・インダクタンスや磁気現象を活用した工業製品について，自分の考えを他の人の考えと比べながら，自ら進んで粘り強く学習に取り組もうとしている。 ・インダクタンスや磁気現象について，自らの学び方を評価し，学習改善に取り組もうとしている。

3　指導と評価の計画（27時間）

評価する場面は，次の通り略記して示す。（ワ）：ワークシート，（ア）：アンケート（自己評価），（行）：行動観察，（ノ）：ノート，（テ）：ペーパーテスト。

時間	ねらい・学習活動	重点 知	重点 思	重点 態	記録	評価するポイント（評価する場面）
1・2・3	磁性や磁気，クーロンの法則，物質の透磁率について理解する。	●			○	知：磁気に関するクーロンの法則を用いて，磁極に働く力を求めることができる。（テ）
4・5	磁性体の性質や磁極によって生じる磁界の大きさについて理解する。	●				
6・7	磁力線の性質，磁気誘導，磁気遮へいについて表現する。		●			
8・9	磁束や磁束密度について理解する。	●			○	知：磁束密度と磁界の関係を理解し，それらの大きさを求めることができる。（テ）
10・11	アンペアの右ねじの法則やアンペアの周回路の法則について理解する。	●				
12・13	・直線状導体やコイルについて，磁界の向きや強さを推論し，実験により確認する。 ・学習への取組を自己評価する。		●	●	○	思：エルステッドの実験を通して，導体に発生する磁界の強さや向きを推論し，論理的に分析できる。（ワ） 態：実験やグループワークを通して，粘り強く学習に取り組み，自己の学習改善の目標を見いだせている。（ワ・ア・行）
14・15	起磁力，磁束，磁気抵抗，透磁率について電気回路と対比して理解する。	●				
16	磁化曲線とヒステリシス特性を表現する。		●		○	思：ＢＨ曲線を読み解き，透磁率や残留磁気，保持力を表現できる。（ノ）
17・18	電磁力の発生原理を理解し，電磁力の大きさや向きを見いだす。	●			○	知：フレミングの左手の法則や電磁力の式を用いて電磁力の向きや大きさを求めることができる。（テ）
19・20	・磁界中のコイルに働く力を元に，直流電動機の原理を説明する。 ・学習への取組について，自己の課題を確認する。		●	●	○	思：直流電動機の原理を，実際の工業製品と比較しながら論理的に説明できる。（ワ） 態：ワークシートに粘り強く思考しようとする過程が記述されている。見通しを立てて学習改善しようとしている。（ワ・ア・行）
21	平行な直線状導体間に働く力の向きと大きさについて理解する。	●				
22・23	電磁誘導，誘導起電力の大きさや向きについて理解する。	●			○	知：フレミングの右手の法則や誘導起電力の式を用いて誘導起電力の向きや大きさを求めることができる。（テ）

24	・電磁誘導作用の知識を活用して，直流発電機の原理を説明する。 ・設定した目標に沿って学習改善できたか自己評価する。		●	●	○	思：直流発電機の原理を，論理的に説明できる。（ワ） 態：自ら進んで粘り強く課題に取り組み，意欲的に学習改善しようとしている。（ワ・ア・行）
25	渦電流の発生原理を論理的に思考して表現する。		●			
26・27	自己誘導，相互誘導，インダクタンスについて理解する。	●			○	知：自己誘導起電力の大きさを求めることができる。（テ）

4 観点別学習状況の評価の進め方　主体的に学習に取り組む態度

（1）授業のねらい（第12・13時，第19・20時，第24時）

　本単元における「主体的に学習に取り組む態度」は，次の方法で評価する。

・本単元27時間中の5時間（第12・13時，第19・20時，第24時）を通して評価する。

・ワークシート，アンケート（自己評価），行動観察，ノートの記述内容により見取る。

・ワークシートでは，①学習内容の記述から粘り強く学習に取り組もうとしているか，②振り返りの記述から主体的に学習改善を図ろうとしているかの二つの側面について記入する。

・ワークシートの振り返り欄は，学習改善を促すために，ステップ1は計画P（課題設定），ステップ2は実行D（中間評価），ステップ3は評価C及び改善A（単元全体の評価と次単元への継続目標）について記入する。

・アンケート（自己評価）は，学習改善の状況を4段階で自己評価するとともに，学習改善の具体的な取組や目標を文章で記入するものである。ICT端末を活用することにより，オンラインでのアンケートにも対応することができる。

・生徒は，実験やグループワークなどの学習活動を行った後，自らの学習状況についてワークシート及びアンケートを通じて振り返る。

・教師は，ワークシート，アンケート，行動観察，ノートの記述内容から，①粘り強く学習に取り組もうとしているか，②主体的に学習改善を図ろうとしているかを見取り，その実現状況を生徒に適宜フィードバックしながら，生徒の学習改善を支援する。

　これらの継続的な取組を通して生徒の「主体的に学習に取り組む態度」の変容を確認する。また，生徒が自己の学習状況について評価し，教師のアドバイスをもとに自己調整を図りながら，主体的に学習に取り組むことができるよう支援する。

（2）評価のポイント

　ワークシートに記入する振り返りの記述や，アンケート（自己評価），行動観察，ノートの記述など，多様な評価方法をバランスよく用いて，主体的に学習に取り組む姿勢や，学習改善のために学習を調整しているかなどを総合して評価する。ここでは，1〜3の三つのステップで評価する。

　ステップ1：第12・13時は計画P（課題設定）段階として，主体的に学習に取り組もうとして

いるか，既有の知識を活用して論理的に思考できているか，今後の学習改善の目標を見いだせているかを確認する。

　ステップ２：第19・20時は実行Ｄ（中間評価）段階として，第12・13時に立てた改善目標の達成に向け，見通しを立てて自らの学習を調整できているか，さらなる改善点を見いだせているか，改善の方向性は適切であるかを確認する。

　ステップ３：第24時は評価Ｃ・改善Ａ（単元全体の評価と次単元への継続目標）段階として，自己の問題解決に向け粘り強く取り組めているか，自らの学習を調整できているか，今後の成長課題を見いだせているかを確認し，自己成長の状況を評価するとともに，自己成長を継続する意欲につなげるようにする。

（３）指導と評価の流れ【主体的に学習に取り組む態度について明記】

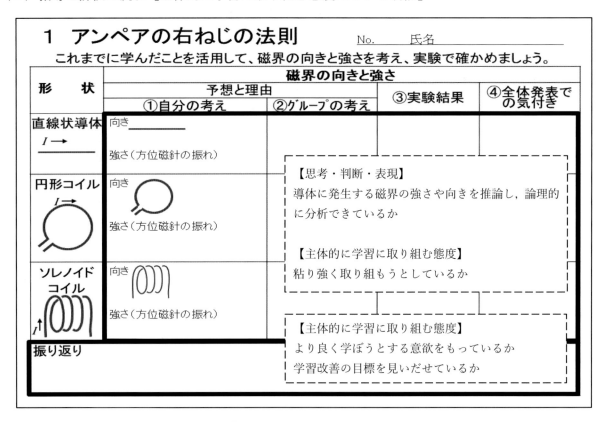

図１　ステップ１（第12・13時）のワークシート

　図１は，ステップ１で用いるアンペアの右ねじの法則に関するワークシートである。このワークシートでは，電流と磁界の向きを思考する過程を確認し，<u>粘り強く学習に取り組もうとしているか</u>見取る。

　また，学習の振り返りの欄の記述から，<u>より良く学ぼうとする意欲をもっているか</u>，<u>自己の学習改善の目標</u>を見いだせているか確認する。

　図２は，ステップ２の第19時に用いる直流電動機の原理に関するワークシートである。このワークシートでは，電磁力の向きや動作原理を思考する過程を確認して，<u>粘り強く学習に取り組もうとしているか</u>見取る。学習の振り返りの欄の記述から，<u>自らの学習を調整できているか</u>，<u>更なる改善点</u>を見いだせているか確認する。

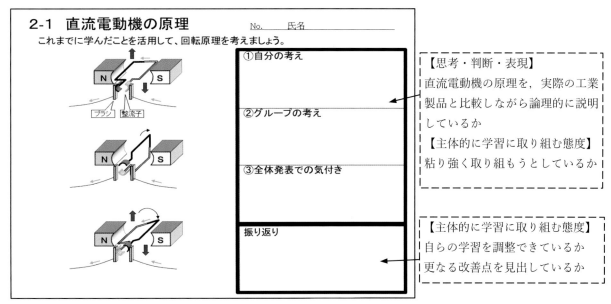

2-1 直流電動機の原理 No. 氏名

これまでに学んだことを活用して、回転原理を考えましょう。

①自分の考え

②グループの考え

③全体発表での気付き

振り返り

【思考・判断・表現】
直流電動機の原理を，実際の工業製品と比較しながら論理的に説明しているか
【主体的に学習に取り組む態度】
粘り強く取り組もうとしているか

【主体的に学習に取り組む態度】
自らの学習を調整できているか
更なる改善点を見出しているか

図2 ステップ2（第19時）のワークシート

図3は，ステップ2の第20時に実際の直流電動機について学ぶワークシートである。このワークシートでは，直流電動機を分解して実際の製品と動作原理を比較し，実際の<u>工業製品として実用化するための工夫</u>について，<u>自分の考えを他の生徒の考えと比べ</u>ながら，考えを深めようとするなど，<u>粘り強く学習に取り組もうとしているか</u>確認する。

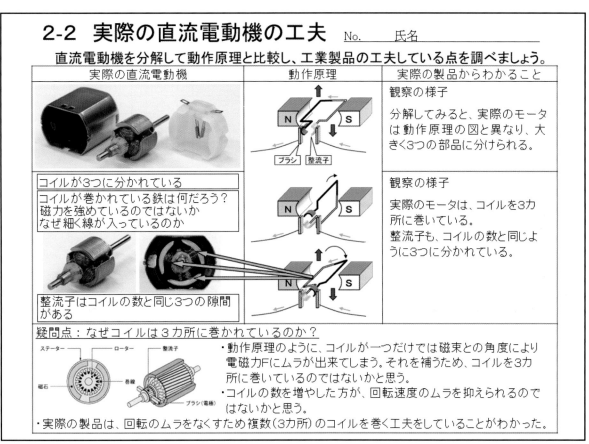

2-2 実際の直流電動機の工夫 No. 氏名

直流電動機を分解して動作原理と比較し、工業製品の工夫している点を調べましょう。

実際の直流電動機	動作原理	実際の製品からわかること
		観察の様子 分解してみると、実際のモータは動作原理の図と異なり、大きく3つの部品に分けられる。
コイルが3つに分かれている コイルが巻かれている鉄は何だろう？ 磁力を強めているのではないか なぜ細く線が入っているのか 整流子はコイルの数と同じ3つの隙間がある		観察の様子 実際のモータは、コイルを3カ所に巻いている。 整流子も、コイルの数と同じように3つに分かれている。

疑問点：なぜコイルは3カ所に巻かれているのか？

・動作原理のように、コイルが一つだけでは磁束との角度により電磁力Fにムラが出来てしまう。それを補うため、コイルを3カ所に巻いているのではないかと思う。
・コイルの数を増やした方が、回転速度のムラを抑えられるのではないかと思う。
・実際の製品は、回転のムラをなくすため複数（3カ所）のコイルを巻く工夫をしていることがわかった。

図3 ステップ2（第20時）のワークシート 画像提供：マブチモーター（株），オリエンタルモーター（株）

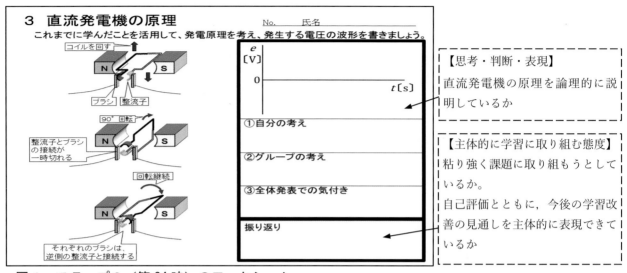

図4 ステップ3（第24時）のワークシート

　図4は，ステップ3の第24時に直流発電機の原理を学ぶワークシートで，誘導起電力の発生を考察することを通して，思考力・判断力・表現力等が身に付いている状況を見取るとともに，粘り強く学習に取り組もうとしているか見取る。また，学習の振り返りの記述から，今後の学習改善の見通しを主体的に表現できているか確認する。

図5 アンケート（自己評価） ステップ1から3まで続けて使用

図5は，ステップ１からステップ３を通して用いるアンケート（自己評価）である。ＩＣＴ端末を活用することにより，オンラインでのアンケートにも対応することができる。このシートは，自己評価を継続して記入することにより自己の成長の過程を確認することができる。教師は，生徒の学習改善が実現できた段階で○印をつけるなど簡潔にフィードバックすることで，生徒の学習改善を支援し，生徒に自己評価の妥当性を認識させる。このシートでは，粘り強く学習に取り組もうとしているか，自らの学習を調整しようとしているか，見通しを立てて主体的に学習改善を図ろうとしているか見取る。

　このことに加え，教師が生徒の記述したワークシートやアンケート，ノートなどに学習に関するアドバイスを記入したり，平素から声掛けをしたりすることなどを通してフィードバックすることにより，生徒に身に付けるべき資質・能力を自覚させ，より主体的に学ぶための意欲を高めることができるよう工夫する。

　自己評価について，生徒が自身を過大に評価したり過小に評価したりする傾向にあるときは，生徒の相互評価や教師のアドバイスを参考にさせながら，より客観的に自己評価できるようにする。また，自己評価を通して，以後の学習活動において自己成長を継続する意欲につなげるようにする。

（4）評価における判断の目安【主体的に学習に取り組む態度】

　ここでは，ワークシート及びアンケート（自己評価）についての例を示す。これらへの記述や，行動観察，ノートの記述などを総合して，評価を行う。

	「おおむね満足できる」と判断できる状況（Ｂ）	「十分満足できる」と判断できる状況（Ａ）	「努力を要する」状況（Ｃ）と判断した生徒に対する手立て
ステップ1	・既存の知識や技術を部分的に活用している。 ・今後の学習改善の目標を立てることができている。	・既存の知識や技術を十分活用することができている。 ・今後の学習改善の目標を具体的に立てることができている。	・自己の学習を再度振り返らせ，新たな気付きを感じられるよう支援する。 ・他の生徒との対話を通して，自己成長を認め合いながら，自尊感情や学習意欲を高めるよう促す。 ・成果と課題を可視化することにより，課題の解決に取り組めるよう支援する。 ・以上のような手立てにより，具体的な学習改善の目標を見いだせるよう促す。
ステップ2	・見通しを立てて自らの学習を調整しようとしている。 ・更なる改善点を見いだすことができている。	・見通しを立てて自らの学習を調整し，粘り強く取り組んでいる。 ・自己の課題を示すとともに，更なる改善点を具体的な改善策を挙げながら見いだすことができている。	
ステップ3	・自己成長の状況の振り返りができている。 ・今後の学習改善の見通しが表現できている。	・具体的な行動を示しながら自己成長の状況の振り返りができ，深まりが見られる。 ・自己の将来的な目標と関連付けながら，今後の学習改善の見通しについて主体的に表現することができている。	

【商業科】

第２編

「〔指導項目〕ごとの評価規準」
を作成する際の手順

1 高等学校商業科の〔指導項目〕

高等学校商業科における〔指導項目〕は，以下のようになっている。

【第3編（事例）で取り上げた科目の〔指導項目〕を記載している】

第1 ビジネス基礎

(1) 商業の学習とビジネス

　ア　商業を学ぶ重要性と学び方

　イ　ビジネスの役割

　ウ　ビジネスの動向・課題

(2) ビジネスに対する心構え

　ア　信頼関係の構築

　イ　コミュニケーションの基礎

　ウ　情報の入手と活用

(3) 経済と流通

　ア　経済の基本概念

　イ　流通の役割

　ウ　流通を支える活動

(4) 取引とビジネス計算

　ア　売買取引と代金決済

　イ　ビジネス計算の方法

(5) 企業活動

　ア　企業の形態と組織

　イ　マーケティングの重要性と流れ

　ウ　資金調達

　エ　財務諸表の役割

　オ　企業活動に対する税

　カ　雇用

(6) 身近な地域のビジネス

　ア　身近な地域の課題

　イ　身近な地域のビジネスの動向

第5 マーケティング

(1) 現代市場とマーケティング

　ア　市場環境の変化

　イ　マーケティングの発展

　ウ　マーケティングの流れ

　エ　消費者行動

---

(2) 市場調査

  ア　市場調査の目的と方法

  イ　情報の分析

(3) 製品政策

  ア　製品政策の概要

  イ　製品企画と生産計画

  ウ　販売計画と販売予測

  エ　製品政策の動向

(4) 価格政策

  ア　価格政策の概要

  イ　価格の種類と決定の方法

  ウ　価格政策の動向

(5) チャネル政策

  ア　チャネル政策の概要

  イ　チャネルの種類と特徴

  ウ　チャネル政策の動向

(6) プロモーション政策

  ア　プロモーション政策の概要

  イ　プロモーションの方法

  ウ　プロモーション政策の動向

第11　簿記

(1) 簿記の原理

  ア　簿記の概要

  イ　簿記一巡の手続

  ウ　会計帳簿

(2) 取引の記帳

  ア　現金と預金

  イ　債権・債務と有価証券

  ウ　商品売買

  エ　販売費と一般管理費

  オ　固定資産

  カ　個人企業の純資産と税

(3) 決算

  ア　決算整理

  イ　財務諸表作成の基礎

(4) 本支店会計

  ア　本店・支店間取引と支店間取引

　イ　財務諸表の合併

(5) 記帳の効率化

　ア　伝票の利用

　イ　会計ソフトウェアの活用

第16　情報処理

(1) 企業活動と情報処理

　ア　情報処理の重要性

　イ　コミュニケーションと情報デザイン

　ウ　情報モラル

(2) コンピュータシステムと情報通信ネットワーク

　ア　コンピュータシステムの概要

　イ　情報通信ネットワークの仕組みと構成

　ウ　情報通信ネットワークの活用

　エ　情報セキュリティの確保と法規

(3) 情報の集計と分析

　ア　ビジネスと統計

　イ　表・グラフの作成と情報の分析

　ウ　問題の発見と解決の方法

(4) ビジネス文書の作成

　ア　文章の表現

　イ　ビジネス文書の種類と作成

(5) プレゼンテーション

　ア　プレゼンテーションの技法

　イ　ビジネスにおけるプレゼンテーション

※　その他の科目についても，内容の(1), (2)···における各項目を〔指導項目〕とする。

2 高等学校商業科における「〔指導項目〕ごとの評価規準」作成の手順

　ここでは，科目「ビジネス基礎」の (4)取引とビジネス計算 を取り上げて，「〔指導項目〕ごとの評価規準」作成の手順を説明する。

　まず，学習指導要領に示された教科の目標を踏まえて，「評価の観点及びその趣旨」が作成されていることを理解する。次に，教科の目標と「評価の観点及びその趣旨」との関係性を踏まえ，科目の目標に対する「評価の観点の趣旨」を作成する。その上で，①及び②の手順を踏む。

＜例　ビジネス基礎〔指導項目〕(4) 取引とビジネス計算＞

【高等学校学習指導要領　第3章　第3節　商業　「第1款 目標」】

　商業の見方・考え方を働かせ，実践的・体験的な学習活動を行うことなどを通して，ビジネスを通じ，地域産業をはじめ経済社会の健全で持続的な発展を担う職業人として必要な資質・能力を次のとおり育成することを目指す。

(1)	(2)	(3)
商業の各分野について体系的・系統的に理解するとともに，関連する技術を身に付けるようにする。	ビジネスに関する課題を発見し，職業人に求められる倫理観を踏まえ合理的かつ創造的に解決する力を養う。	職業人として必要な豊かな人間性を育み，よりよい社会の構築を目指して自ら学び，ビジネスの創造と発展に主体的かつ協働的に取り組む態度を養う。

（高等学校学習指導要領 P.310）

【改善等通知　別紙5　各教科等の評価の観点及びその趣旨　＜商業＞】

知識・技術	思考・判断・表現	主体的に学習に取り組む態度
商業の各分野について体系的・系統的に<u>理解している</u>とともに，関連する技術を<u>身に付けている</u>。	ビジネスに関する課題を発見し，職業人に求められる倫理観を踏まえ合理的かつ創造的に解決する力を<u>身に付けている</u>。	よりよい社会の構築を目指して自ら学び，ビジネスの創造と発展に主体的かつ協働的に取り組む態度を<u>身に付けている</u>。

（改善等通知 別紙5 P.6）

【高等学校学習指導要領　第3章　第3節　商業　「第2款　第1　ビジネス基礎　1　目標」】

　商業の見方・考え方を働かせ，実践的・体験的な学習活動を行うことなどを通して，ビジネスを通じ，地域産業をはじめ経済社会の健全で持続的な発展を担う職業人として必要な基礎的な資質・能力を次のとおり育成することを目指す。

(1)	(2)	(3)
ビジネスについて実務に即して体系的・系統的に理解するとともに，関連する技術を身に付けるようにする。	ビジネスに関する課題を発見し，ビジネスに携わる者として科学的な根拠に基づいて創造的に解決する力を養う。	ビジネスを適切に展開する力の向上を目指して自ら学び，ビジネスの創造と発展に主体的かつ協働的に取り組む態度を養う。

(高等学校学習指導要領 P.310)

　以下は，教科の目標と「評価の観点及びその趣旨」との関係性を踏まえた，科目の目標に対する「評価の観点の趣旨」の例である。

【「第2款　第1　ビジネス基礎」の評価の観点の趣旨（例）】

知識・技術	思考・判断・表現	主体的に学習に取り組む態度
ビジネスについて実務に即して体系的・系統的に<u>理解してい</u><u>る</u>とともに，関連する技術を<u>身</u><u>に付けている</u>。	ビジネスに関する課題を<u>発見</u><u>し</u>，ビジネスに携わる者として科学的な根拠に基づいて創造的に解決する力を<u>身に付けて</u><u>いる</u>。	ビジネスを適切に展開する力の向上を目指して自ら学び，ビジネスの創造と発展に主体的かつ協働的に取り組む態度を<u>身に付けている</u>。

① 各科目における〔指導項目〕と「評価の観点」との関係を確認する。

　職業教育を主とする専門学科は，各教科及び各科目の目標に，(1)「知識及び技術」，(2)「思考力，判断力，表現力等」，(3)「学びに向かう力，人間性等」を示すとともに，各科目の指導項目の大項目ごとに「このねらいを実現するため，次の①から③までの事項を身に付けることができるよう，〔指導項目〕を指導する。」としている。

　※①「知識及び技術」，②「思考力，判断力，表現力等」，③「学びに向かう力，人間性等」

第1　ビジネス基礎
　(4) 取引とビジネス計算
　　ア　売買取引と代金決済
　　イ　ビジネス計算の方法

〈高等学校学習指導要領解説　商業編 P.24, 25〉
　(4) 取引とビジネス計算
　　　ここでは，科目の目標を踏まえ，売買取引，代金決済など取引とビジネス計算に関する知識，技術などを基盤として，実務における取引とビジネス計算の方法など科学的な根拠に基づいて，契約の締結と履行について，組織の一員としての役割を果たすことができるようにすることをねらいとしている。
　　　このねらいを実現するため，次の①から③までの事項を身に付けることができるよう，〔指導項目〕を指導する。
　　① 取引とビジネス計算について実務に即して理解するとともに，関連する技術を身に付けること。
　　② 取引に関する課題を発見し，科学的な根拠に基づいて課題への対応策を考案すること。
　　③ 取引とビジネス計算について自ら学び，適切な契約の締結と履行に主体的かつ協働的に取り組むこと。

② 【観点ごとのポイント】を踏まえ，「〔指導項目〕ごとの評価規準」を作成する。

（1）「〔指導項目〕ごとの評価規準」を作成する際の【観点ごとのポイント】

○　知識・技術

　　学習の過程を通した知識及び技術の習得状況について評価を行うとともに，それらを既有の知識及び技術と関連付けたり活用したりする中で，他の学習や生活の場面でも活用できる程度に概念等を理解したり，技術を習得したりしているかについて評価する。

　　〔指導項目〕ごとの評価規準を設定する際には，学習指導要領解説商業編（以下「解説」という）第1章第3節に示されているとおり，「ビジネスに関する個別の事実的な知識，一定の手順や段階を追って身に付く個別の技術のみならず，それらが相互に関連付けられるとともに，具体的なビジネスと結び付くなどした，ビジネスの様々な場面で役に立つ知識と技術，将来の職業を見通して更に専門的な学習を続けることにつながる知識と技術などを身に付けるようにする」ことに留意する必要がある。

　　「知識・技術」については，学習指導要領の「1　目標」に示す資質・能力を身に付けることができるよう，「2　内容」の各指導項目に対し，解説の〔指導項目〕の大項目ごとに示された「このねらいを実現するため，次の①から③までの事項を身に付けることができるよう，〔指導項目〕を指導する。」の①を参考に，知識については「…理解する」の記述を，技術については「…身に付ける」の記述を当てはめ，それらを生徒が「…理解している」「…身に付けている」かどうかの学習状況として表すこととする。

○　思考・判断・表現

　　知識及び技術を活用して課題を解決する等のために必要な思考力，判断力，表現力等を身に付けているかを評価する。

　　〔指導項目〕ごとの評価規準を設定する際には，解説第1章第3節に示されているとおり，「商業の各分野などの学習を通して身に付けた様々な知識，技術などを活用し，ビジネスの実務における課題など地域産業をはじめとする経済社会が健全で持続的に発展する上での具体的な課題を発見」し，「企業活動が社会に及ぼす影響などを踏まえ，科学的な根拠に基づいて工夫してよりよく課題を解決する」ために必要な思考力，判断力，表現力等を身に付けるようにすることに留意する必要がある。

　　「思考・判断・表現」については，学習指導要領の「1　目標」に示す資質・能力を身に付けることができるよう「2　内容」の各指導項目に対し，解説の〔指導項目〕の大項目ごとに示された「このねらいを実現するため，次の①から③までの事項を身に付けることができるよう，〔指導項目〕を指導する。」の②を参考に，「…発見し，…する」の記述を当てはめ，それを生徒が「…発見し，…している」かどうかの学習状況として表すこととする。

○　主体的に学習に取り組む態度

　　単に継続的な行動や積極的な発言を行う等，性格や行動面の傾向を評価するのではなく，知識・技術を獲得したり，思考力，判断力，表現力等を身に付けたりするために，自らの学習状

況を把握し，学習の進め方について試行錯誤するなど自らの学習を調整しながら，学ぼうとしているかどうかという意思的な側面を評価する。

〔指導項目〕ごとの評価規準を設定する際には，解説第１章第３節に示されているとおり，「ビジネスを通じ，地域産業をはじめ経済社会の健全で持続的な発展を目指して主体的に学ぶ態度」や，「企業を社会的存在として捉えて法規などに基づいてビジネスの創造と発展に責任をもって取り組む態度」等を養うようにすることに留意する必要がある。

「主体的に学習に取り組む態度」については，学習指導要領の「１　目標」に示す資質・能力を身に付けることができるよう「２　内容」の各指導項目に対し，解説の〔指導項目〕の大項目ごとに示された「このねらいを実現するため，次の①から③までの事項を身に付けることができるよう，〔指導項目〕を指導する。」の③を参考に，「…自ら学び，主体的かつ協働的に取り組む」の記述を当てはめ，それを生徒が「…自ら学び，主体的かつ協働的に取り組もうとしている」かどうかの学習状況として表すこととする。

（2）学習指導要領解説の「２　内容」〔指導項目〕及び〔指導項目〕ごとの評価規準（例）」

学習指導要領解説	知識及び技術	思考力，判断力，表現力等	学びに向かう力，人間性等
	取引とビジネス計算について実務に即して<u>理解する</u>とともに，関連する技術を<u>身に付けること</u>。	取引に関する課題を<u>発見し</u>，科学的な根拠に基づいて課題への対応策を<u>考案すること</u>。	取引とビジネス計算について自ら学び，適切な契約の締結と履行に主体的かつ協働的に<u>取り組むこと</u>。

〔指導項目〕ごとの評価規準（例）	知識・技術	思考・判断・表現	主体的に学習に取り組む態度
	取引とビジネス計算について実務に即して<u>理解している</u>とともに，関連する技術を<u>身に付けている</u>。	取引に関する課題を<u>発見し</u>，科学的な根拠に基づいて課題への対応策を<u>考案している</u>。	取引とビジネス計算について自ら学び，適切な契約の締結と履行に主体的かつ協働的に<u>取り組もうとしている</u>。

※　各学校においては，「〔指導項目〕ごとの評価規準」の考え方を踏まえて，各学校の実態を考慮し，単元の評価規準を作成する。具体的には第３編において事例を示している。

【商業科】

第３編

単元ごとの学習評価について

（事例）

第1章　「〔指導項目〕ごとの評価規準」の考え方を踏まえた評価規準の作成

1　本編事例における学習評価の進め方について

　各教科及び科目の単元における観点別学習状況の評価を実施するに当たり，まずは年間の指導と評価の計画を確認することが重要である。その上で，学習指導要領の目標や内容，「〔指導項目〕ごとの評価規準」の考え方等を踏まえ，以下のように進めることが考えられる。なお，複数の単元にわたって評価を行う場合など，以下の方法によらない事例もあることに留意する必要がある。

評価の進め方	留意点
1　単元の目標を作成する	○　学習指導要領の目標や内容，学習指導要領解説等を踏まえて作成する。 ○　生徒の実態，前単元までの学習状況等を踏まえて作成する。 ※　単元の目標及び評価規準の関係性（イメージ）については下図参照 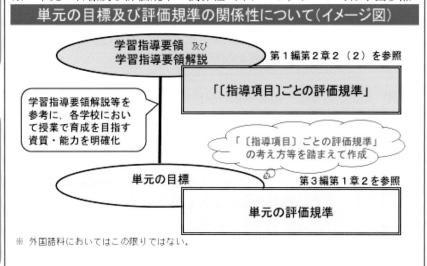
2　単元の評価規準を作成する	
3　「指導と評価の計画」を作成する	○　**1**，**2**を踏まえ，評価場面や評価方法等を計画する。 ○　どのような評価資料（生徒の反応やノート，ワークシート，作品等）を基に，「おおむね満足できる」状況（B）と評価するかを考えたり，「努力を要する」状況（C）への手立て等を考えたりする。
授業を行う	○　**3**に沿って観点別学習状況の評価を行い，生徒の学習改善や教師の指導改善につなげる。
4　観点ごとに総括する	○　集めた評価資料やそれに基づく評価結果などから，観点ごとの総括的評価（A，B，C）を行う。

2　単元の評価規準の作成のポイント

（1）商業科における〔指導項目〕と単元の関係

　　学習指導要領（平成30年告示）においては，「知識及び技術」「思考力，判断力，表現力等」「学びに向かう力，人間性等」の三つの柱に整理された資質・能力を身に付けさせることを明確にするため，「１　目標」を三つの柱で整理するとともに，「２　内容」においては学習指導要領解説において，指導項目の大項目ごとに三つの柱で示している。この三つの柱で示された観点は，１回の授業で全ての学びが実現されるものではないため，単元の中で，学習を見通し振り返る場面やグループなどで対話する場面，生徒が考える場面等を設定し，学びの実現を図っていくことが必要である。

　　単元とは，生徒に指導する際の内容や時間のまとまりを各学校の実態に応じて適切に構成したものである。単元を構成する際には，〔指導項目〕を小項目ごと等，幾つかに分割して単元とする場合や，〔指導項目〕をそのまま単元とする場合，幾つかの〔指導項目〕を組み合わせて単元とする場合等，様々な場合が考えられるため，各校において商業の科目を設置した目的を踏まえ，生徒や地域の実態，学科の特色に応じて適切に単元を設定することに留意したい。

（2）商業科における単元の評価規準作成の手順

　　単元の評価規準は，以下の手順で作成する。

① 〔指導項目〕を基に，単元全体を通して，単元の目標を作成する。
② 「〔指導項目〕ごとの評価規準」を基に，具体的な学習活動から目指すべき学習状況としての生徒の姿を想定し，単元の評価規準を作成する。

（例）ビジネス基礎　指導項目「(4) 取引とビジネス計算」を基に作成した例

① 〔指導項目〕を基に，単元全体を通して，単元の目標を作成する。

学習指導要領解説	知識及び技術	思考力，判断力，表現力等	学びに向かう力，人間性等
	取引とビジネス計算について実務に即して<u>理解する</u>とともに，関連する技術を<u>身に付けること</u>。	取引に関する課題を<u>発見し</u>，科学的な根拠に基づいて課題への対応策を<u>考案すること</u>。	取引とビジネス計算について自ら学び，適切な契約の締結と履行に主体的かつ協働的に<u>取り組むこと</u>。

（例）ビジネス基礎　指導項目「(4) 取引とビジネス計算」　単元「売買取引と代金決済」

〔単元の目標〕
(1) 売買取引と代金決済について実務に即して<u>理解する</u>とともに，関連する技術を<u>身に付ける</u>。ァ
(2) 売買取引と代金決済に関する課題を<u>発見し</u>，科学的な根拠に基づいて課題への対応策を<u>考案する</u>。ィ
(3) 売買取引と代金決済について自ら学び，適切な契約の締結と履行に主体的かつ協働的に<u>取り組む</u>。ゥ

ア　育成を目指す具体的な資質・能力のうち，単元において重視する「知識及び技術」
イ　育成を目指す具体的な資質・能力のうち，単元において重視する「思考力，判断力，表現力等」
ウ　育成を目指す具体的な資質・能力のうち，単元において重視する「学びに向かう力，人間性等」

② 「〔指導項目〕ごとの評価規準」を基に，具体的な学習活動から目指すべき学習状況としての生徒の姿を想定し，単元の評価規準を作成する。

		知識・技術	思考・判断・表現	主体的に学習に取り組む態度
指導項目ごとの評価規準		取引とビジネス計算について実務に即して**理解している**とともに，関連する技術を**身に付けている**。	取引に関する課題を**発見し**，科学的な根拠に基づいて課題への対応策を**考案している**。	取引とビジネス計算について自ら学び，適切な契約の締結と履行に主体的かつ協働的に**取り組もうとしている**。

	知識・技術	思考・判断・表現	主体的に学習に取り組む態度
単元の評価規準	売買取引と代金決済について実務に即して**理解している**とともに，関連する技術を**身に付けている**。	売買取引と代金決済に関する課題を**発見し**，科学的な根拠に基づいて課題への対応策を**考案している**。	売買取引と代金決済について自ら学び，適切な契約の締結と履行に主体的かつ協働的に**取り組もうとしている**。

単元の評価規準作成のポイントは，以下のとおりである。

○　知識・技術

　　学習の過程を通した知識及び技術の習得状況について評価を行うとともに，それらを既有の知識及び技術と関連付けたり活用したりする中で，他の学習や生活の場面でも活用できる程度に概念等を理解したり，技術を習得したりしているかについて評価する。

　　単元の目標及び評価規準を設定する際には，学習指導要領解説商業編（以下「解説」という）第1章第3節に示されているとおり，「ビジネスに関する個別の事実的な知識，一定の手順や段階を追って身に付く個別の技術のみならず，それらが相互に関連付けられるとともに，具体的なビジネスと結び付くなどした，ビジネスの様々な場面で役に立つ知識と技術，将来の職業を見通して更に専門的な学習を続けることにつながる知識と技術などを身に付けるようにする」ことに留意する必要がある。

　　「知識・技術」については，学習指導要領の「1　目標」に示す資質・能力を身に付けることができるよう，「2　内容」の各指導項目に対し，解説の〔指導項目〕の大項目ごとに示された「このねらいを実現するため，次の①から③までの事項を身に付けることができるよう，〔指導項目〕を指導する。」の①を参考に，知識については「…理解する」の記述を，技術については「…身に付ける」の記述を当てはめ，それらを生徒が「…理解している」「…身に付けている」かどうかの学習状況として表すこととする。

○　思考・判断・表現

　　知識及び技術を活用して課題を解決する等のために必要な思考力，判断力，表現力等を身に付けているかを評価する。

　　単元の目標及び評価規準を設定する際には，解説第1章第3節に示されているとおり，「商業の各分野などの学習を通して身に付けた様々な知識，技術などを活用し，ビジネスの実務における課題など地域産業をはじめとする経済社会が健全で持続的に発展する上での具体的な課題を発見」し，「企業活動が社会に及ぼす影響などを踏まえ，科学的な根拠に基づいて工夫してよりよく課題を解決する」ために必要な思考力，判断力，表現力等を身に付けるようにすることに留意する必要がある。

「思考・判断・表現」については，学習指導要領の「1　目標」に示す資質・能力を身に付けることができるよう「2　内容」の各指導項目に対し，解説の〔指導項目〕の大項目ごとに示された「このねらいを実現するため，次の①から③までの事項を身に付けることができるよう，〔指導項目〕を指導する。」の②を参考に，「…発見し，…する」の記述を当てはめ，それを生徒が「…発見し，…している」かどうかの学習状況として表すこととする。

○　主体的に学習に取り組む態度
　　単に継続的な行動や積極的な発言を行う等，性格や行動面の傾向を評価するのではなく，知識・技術を獲得したり，思考力，判断力，表現力等を身に付けたりするために，自らの学習状況を把握し，学習の進め方について試行錯誤するなど自らの学習を調整しながら，学ぼうとしているかどうかという意思的な側面を評価する。
　　単元の目標及び評価規準を設定する際には，解説第1章第3節に示されているとおり，「ビジネスを通じ，地域産業をはじめ経済社会の健全で持続的な発展を目指して主体的に学ぶ態度」や，「企業を社会的存在として捉えて法規などに基づいてビジネスの創造と発展に責任をもって取り組む態度」等を養うようにすることに留意する必要がある。
　　「主体的に学習に取り組む態度」については，学習指導要領の「1　目標」に示す資質・能力を身に付けることができるよう「2　内容」の各指導項目に対し，解説の〔指導項目〕の大項目ごとに示された「このねらいを実現するため，次の①から③までの事項を身に付けることができるよう，〔指導項目〕を指導する。」の③を参考に，「…自ら学び，主体的かつ協働的に取り組む」の記述を当てはめ，それを生徒が「…自ら学び，主体的かつ協働的に取り組もうとしている」かどうかの学習状況として表すこととする。

第2章　学習評価に関する事例について

1　事例の特徴

　第1編第1章2（4）で述べた学習評価の改善の基本的な方向性を踏まえつつ，平成 30 年に改訂された高等学校学習指導要領の趣旨・内容の徹底に資する評価の事例を示すことができるよう，本参考資料における事例は，原則として以下のような方針を踏まえたものとしている。

○　単元に応じた評価規準の設定から評価の総括までとともに，生徒の学習改善及び教師の指導改善までの一連の流れを示している

　本参考資料で提示する事例は，単元の評価規準の設定から評価の総括までとともに，評価結果を生徒の学習改善や教師の指導改善に生かすまでの一連の学習評価の流れを念頭においたものである。なお，観点別の学習状況の評価については，「おおむね満足できる」状況，「十分満足できる」状況，「努力を要する」状況と判断した生徒の具体的な状況の例などを示している。「十分満足できる」状況という評価になるのは，生徒が実現している学習の状況が質的な高まりや深まりをもっていると判断されるときである。

○　観点別の学習状況について評価する時期や場面の精選について示している

　報告や改善等通知では，学習評価については，日々の授業の中で生徒の学習状況を適宜把握して指導の改善に生かすことに重点を置くことが重要であり，観点別の学習状況についての評価は，毎回の授業ではなく原則として単元や題材など内容や時間のまとまりごとに，それぞれの実現状況を把握できる段階で行うなど，その場面を精選することが重要であることが示された。このため，観点別の学習状況について評価する時期や場面の精選について，「指導と評価の計画」の中で，具体的に示している。

○　評価方法の工夫を示している

　生徒の反応やノート，ワークシート，作品等の評価資料をどのように活用したかなど，評価方法の多様な工夫について示している。

2　各事例概要一覧と事例

事例1　キーワード　指導と評価の計画から評価の総括まで
科目「ビジネス基礎」　単元「ビジネスの動向・課題」（第1学年）

　本事例では，第2編に示されている商業の評価の観点及びその趣旨，科目「ビジネス基礎」の評価の観点の趣旨，〔指導項目〕ごとの評価規準に盛り込むべき事項及び評価規準の設定例を踏まえて，単元「ビジネスの動向・課題」の評価規準と，この単元における学習活動に即した評価規準を設定し評価を行っている。また，各学期末における観点ごとの評価の総括と，学年末における観点ごとの評価の総括までの一連の事例を具体的に示している。

事例2　キーワード　「知識・技術」の評価，「主体的に学習に取り組む態度」の評価
科目「マーケティング」　単元「情報の分析」（第1学年）

　本事例では，製菓会社のケーススタディによって知識を身に付けさせ，市場調査の情報を販売戦略へ活用して提案する実習を行い，ワークシートの記述から情報を販売戦略へ活用する技術について見取り，評価した事例を具体的に示している。また，企業の新商品開発の担当としてインタビュー調査を行う想定で，質問項目を考案する実習を行い，最初に考えた質問項目を見直し，改めて考案した質問項目の内容から改善に向けて粘り強く取り組む態度について生徒の変容を捉えて見取り，評価した事例を具体的に示している。

事例3　キーワード　「知識・技術」の評価，「思考・判断・表現」の評価
科目「簿記」　単元「現金と預金」（第1学年）

　本事例では，学習した現金出納帳の記帳技術と理論を生かし，現金出納帳の誤記入を訂正する学習を行い，ワークシートの記述から現金出納帳の記帳技術について見取り，評価した事例を具体的に示している。また，現金出納帳における実務での課題とは何かについて，ワークシートの記述からその思考した過程を見取り，評価した事例を具体的に示している。

事例4　キーワード　「思考・判断・表現」の評価，「主体的に学習に取り組む態度」の評価
科目「情報処理」　単元「コミュニケーションと情報デザイン」（第1学年）

　本事例では，グループワークにおける協働的な学習を通して，情報の適切な表現と活用について考察する活動を行い，生徒の粘り強い取組を行おうとする姿や，自らの学習を調整しようとする姿などを，観察やワークシートの記述から見取り，評価した事例を具体的に示している。また，学習した情報デザインに関する知識を生かし，ビジネスで情報を取り扱う際の課題とは何かについて，ワークシートの記述から考察した過程を見取り，評価した事例を具体的に示している。

参考資料　キーワード　「オンライン学習を活用したグループワークの実践と評価方法」
科目「ビジネス基礎」　単元「雇用」（第1学年）

　昨今の社会的情勢などにより，集合型のグループワークが難しい場面がある。本事例では，オンライン学習でチャット機能を利用することにより，グループワークに近い学習活動が可能となる効果的な事例を具体的に示している。

商業科　　事例1（ビジネス基礎）
キーワード　指導と評価の計画から評価の総括まで

単元名	〔指導項目〕
ビジネスの動向・課題	(1) 商業の学習とビジネス 　ア　商業を学ぶ重要性と学び方 　イ　ビジネスの役割 　ウ　ビジネスの動向・課題

1　単元の目標

(1) 生産，流通，金融などに関わるビジネスの動向・課題について，経済社会を取り巻く環境の変化がビジネスに影響を及ぼしている現状から理解する。

(2) 生産，流通，金融などに関わるビジネスの動向・課題について，地域産業をはじめ経済社会の健全で持続的な発展と関連付けて見いだす。

(3) 生産，流通，金融などに関わるビジネスの動向・課題について，自ら学び，ビジネスに主体的かつ協働的に取り組む。

2　単元の評価規準

知識・技術	思考・判断・表現	主体的に学習に取り組む態度
生産，流通，金融などに関わるビジネスの動向・課題について，経済社会を取り巻く環境の変化がビジネスに影響を及ぼしている現状から理解している。	生産，流通，金融などに関わるビジネスの動向・課題について，地域産業をはじめ経済社会の健全で持続的な発展と関連付けて見いだしている。	生産，流通，金融などに関わるビジネスの動向・課題について，自ら学び，ビジネスに主体的かつ協働的に取り組もうとしている。

3　指導と評価の計画（7時間）

時間	ねらい・学習活動	重点	記録	備考（評価規準・評価方法）
第一次（2時間）	1　経済を支えるビジネス　　←学習のねらい 　生産と流通の働きによって，私たちの生活が支えられていることを理解する。 　　　　　　　　　←学習活動の内容 ・　グループでビジネスの具体的な事例を発表し合い，自分の発言と他者の発言を区別しながら，生産と流通に関わるビジネスの具体例を整理する。	思態	○	・　生産と流通に関わるビジネスの具体例を挙げる活動に，自分の考えに加え，他者の意見を調整しながら意欲的に取り組もうとしている。 観察，ワークシート　　評価資料2 　　※ 参考資料参照 　　　　　P.129参照
	・　生産，流通，金融や情報など，経済を支えるビジネスについて基礎的な知識や，日本の産業構造の変化について理解する。	知		・　生産，流通，金融や情報などが経済を支えている過程や産業構造についての基礎的な知識を理解している。 ペーパーテスト（小テスト）

| 第二次（3時間） | 2　情報化やグローバル化によるビジネスの動向
具体的なビジネスの事例について分析や考察をしながら，経済社会を取り巻く環境の変化に対応したビジネスの動向を捉える。

・　情報化により，モノ（有形財）とサービス（無形財）が融合したビジネスの事例を題材として，ビジネスの動向を考察する。
・　グローバル化により，世界市場への対応を意識したビジネスの具体例から，開発・生産・流通・販売・雇用・ブランドの項目に分けて整理する。 | 知態

思 | ○

○ | ・　有形財と無形財の特徴を理解しながら，ビジネスの動向について考察するとともに，ビジネスについて関心を持ち，自ら意欲的に説明しようとしている。
　ワークシート，評価シート　　評価資料3
・　グローバル化によりビジネスがどのように変化しているのか，資料を読み取り，様々な角度から考察している。
　ペーパーテスト（定期考査）　評価資料5 |
| 第三次（2時間） | 3　情報化やグローバル化によるビジネスの課題
情報化，グローバル化によってビジネスに関連する近年に起きた事例を調査して，ビジネスの動向・課題について考察できるようになる。

・　情報化，グローバル化に関連した近年のビジネスの事例について，テレビのニュースや新聞，インターネットなどを活用してビジネスの動向と課題を調査する。
　［留意点］調査活動は，家庭学習として行う。
・　情報化とグローバル化によって，情報セキュリティや世界の金融市場への対応など，経済社会を取り巻く環境の変化がビジネスに影響を及ぼしている現状や課題について理解し説明する。 | 思態

知 | ○

○ | ・　情報化とグローバル化がビジネスに影響を及ぼしている具体例と課題について説明している。
　観察，ワークシート　　　　評価資料4
・　情報化とグローバル化により，経済社会を取り巻く環境の変化がビジネスに影響を及ぼしている現状や課題について理解している。
　ペーパーテスト（定期考査）　評価資料5 |

4　観点別学習状況の評価の進め方

　本事例では，観察，ワークシート，相互評価シート，ペーパーテストなどにより評価を行っているが，その際の留意点をまとめると次のとおりである。

（1）観察　※　参考資料参照（P. 129）

　グループで協力し意見を交換して，その結果をまとめる過程における個々の生徒の取組や役割などを観察し，特徴的な様子を見いだして評価するとともに，観察シートに記述する。

　なお，本事例においては，事前に各クラス担当の授業者で注意事項について共有した上で，座席表の形式を用いて特徴的な様子を，＋（特に良い：加算），－（改善が必要：減算）で記述し，その結果を「主体的に学習に取り組む態度」の評価としている。

（2）ワークシート

　ワークシートについては，「知識・技術」「思考・判断・表現」「主体的に学習に取り組む態度」の評価に用いている。

　「知識・技術」の観点で評価を行う場合には，必要な資料を収集し，得られた情報の持つ意味を読み取り，整理しているかを評価する。そして，学習活動を通して必要な知識を身に付け，理解が深まっているかを評価する。

「思考・判断・表現」の観点で評価を行う場合には，思考の過程を記述できるようワークシートの形式を工夫し，具体的な課題を見いだしているかを評価する。また，取り上げた課題について思考し，知識や技術を基に判断した過程や結果を表現できているかを評価する。
　「主体的に学習に取り組む態度」の観点で評価を行う場合には，ワークシートの記述から課題に取り組む状況を読み取り評価する。その際，生徒の変容を捉えることに重点をおきたい。そのため，授業の前後で生徒の意識や考え方等がどのように変化したのかが分かるようなワークシートのつくりの工夫が必要である。

[参考資料]（1）観察，（2）ワークシートの評価の進め方（評価資料２の評価例）
１．グループワーク・ワークシートへの記述

| 質問１ | 回転寿司で，あなたが１番好きな寿司ネタを教えてください。 |

質問２　あなたがその寿司を食べるまでに，どのようなビジネスが関わっていると思いますか？

主に生産に関わるビジネス　▶	主に流通に関わるビジネス　▶	消費者
(例)米を生産する農家さん　お皿を製造する工場	(例)調理する従業員　資金を提供する銀行	

グループワーク
質問３　グループで発表し合い，それぞれの発表内容について記述してください。

生徒氏名	生産に関わると思うもの	流通に関わると思うもの

質問４　発表内容について話し合い，生産，流通，どちらかよく分からないものに整理してください。

生産に関わると思うもの	流通に関わると思うもの	どちらかよく分からないもの

質問５　どちらかよく分からないと思うものは，なぜそう思うのか理由を書いてください。

グループワークを終えて
質問６　寿司を食べるまでに，どのようなビジネスが関わっているかあらためて整理してください。

主に生産に関わるビジネス　▶	主に流通に関わるビジネス　▶	消費者

質問７　もし，流通に関わるビジネスがなかったら，あなたの普段の生活はどうなりますか。
質問８　この学習で学んだことを整理して，これから流通で学びたいことを書いてください。

[態α]

[態α]［読み取りのポイント（例）］　　　　　　　　　　　　　　　評価
1　質問２と質問６・７の記録内容を比較して，流通に対する理解の変容やより根拠のある説明が見られる。
2　質問３・４・５における記録内容から，学習を振り返り，整理しようとする姿勢が見られる。
3　質問８の記録内容から，学習全体を整理して，これからの学習に向かおうとする姿勢が見られる。
［評価方法（例）］　ＬＶ３：３項目　ＬＶ２：２項目　ＬＶ１：１項目以下

２．観察

　　　　［態α］［態β］で示した生徒の姿は，実際の教科等の学びの中では別々ではなく相互に関わり合いながら立ち現れるものと考えられることから，実際の評価の場面においては，双方の側面を一体的に見取ることが望まれる。例えば，自らの学習を全く調整しようとせず粘り強く取り組み続ける姿や，粘り強さが全くない中で自らの学習を調整する姿は一般的ではないことに留意する必要がある。

観察シート（座席表形式）

生徒	生徒	生徒	生徒	生徒	生徒
生徒	生徒	生徒	生徒	生徒	生徒

○担当教員が次の点に注意しながら観察し，＋（特に良い）・－（改善が必要）を記録する。
①　グループワークへの参加の様子が積極的かつ，集中して取り組もうとしている。
②　ブレーンストーミングを理解して，周りの意見を批判せず，さらに発展させようとしている。
③　グループワークにおいて，担当教員の指示をしっかりと聞き取り，協力的に取り組もうとしている。

[態β]

[態β]［読み取りのポイント・評価方法（例）］　　　　　　　　　　評価
ＬＶ３　積極的な行動やグループを活かそうとする行動が目立っており十分満足できる。
ＬＶ２　おおむね適正な行動で，グループワークの目的が達成できている。
ＬＶ１　グループワークには参加しているが改善を要する行動が目立つため，努力を要する。

評価資料２の評価：［態α］と［態β］それぞれＬＶ１〜３の組み合わせで評価Ａ，Ｂ，Ｃをつける。

［態α］ 自らの学習を調整しようとする側面	ＬＶ３	Ｂ	Ａ	Ａ
	ＬＶ２	Ｂ	Ｂ	Ａ
	ＬＶ１	Ｃ	Ｂ	Ｂ
		ＬＶ１	ＬＶ２	ＬＶ３
	［態β］ 粘り強い取組を行おうとする側面			

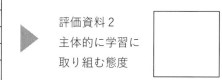

評価資料２
主体的に学習に取り組む態度

（3）相互評価シート

　相互評価シートを評価資料として用いる場合には，生徒同士による相互評価をそのまま評価として用いることは望ましくない。あくまでも授業者が把握しきれなかった生徒の取組の様子をより正確に把握するための補助的な材料として採用することが望ましい。また，グループワークや発表そのものを評価することは難しいため，生徒が他者の発表を見て，どのように考えたのか，他者に対してのアドバイスを記録した相互評価シートを授業者が読み取り，取組の様子を評価の材料とすることが考えられる。

（4）ペーパーテスト

　各設問への解答を基に，理解している状況を読み取り評価する。本事例では，中間考査と学期末考査に実施するペーパーテストで主に評価しているが，このほかにも，単元ごとの小テストなど，様々な場面で実施することが考えられる。また，ペーパーテストは，「知識・技術」だけでなく，「思考・判断・表現」や「主体的に学習に取り組む態度」など，様々な観点をバランス良く見取ることができるような内容にすることが望ましい。

（5）生徒へのアドバイス欄

　グループで協力して意見を交換し，その結果をまとめる過程における個々の生徒の取組や役割などを観察し，特徴的な様子を見いだしてアドバイスすることで，生徒が学習したことの意義や価値を実感できるようにする。特に，観点別学習状況の評価になじまず，生徒のよい点や可能性，進歩の状況など，個人内評価の対象となるものについては，アドバイス欄を設けて評価を伝えることが重要である。

　　　　［アドバイス欄の記述例］

音楽業界を参考にして、モノ（ＣＤ）とサービス（配信）の特徴（長所・短所）をまとめてください。		
	モノの特徴	サービスの特徴
長所	"形"が残るので買った実感がある。	ダウンロードしてすぐ聴くことができる。（良いです。）
短所	店に行っても売り切れていることがある。（大切です）	スマホがないと聴くことができない。（CDも同してす。他にもないか考えてみましょう。）
アドバイス	「売り切れ」はモノならではですね。CDと配信の価格のちがいについても考えてみよう。	

5　観点別学習状況の評価の総括
（1）単元（〔指導項目〕）における観点ごとの評価の総括

　観点ごとの評価結果を総括するには，例えば，Ａ，Ｂ，Ｃの数を基に総括する場合，Ａ，Ｂ，Ｃを数値に置き換えて平均値を基に総括する場合，Ａ，Ｂ，Ｃの合計が100点になるように数値に置き換えて総括する場合等が考えられる。このほかにも，評価の総括については様々な考え方や方法があり，各学校の実態に応じて検討していくことが望まれる。

　ア　評価結果のＡ，Ｂ，Ｃの数を基に総括する場合

　　ある観点で何回か行った評価結果のＡ，Ｂ，Ｃの数が多いものが，その観点の学習の実施状況を最もよく表現しているとする考え方に立つ総括の方法である。例えば，3回評価を行った結果が「ＡＢＢ」となった場合，Ｂと総括することが考えられる。なお，「ＡＡＢＢ」の総括結果をＡとするかＢとするかなど，同数の場合や三つの記号が混在した場合の総括の方法は，あらかじめ各学校で決めておく必要がある。

　イ　評価結果のＡ，Ｂ，Ｃを数値に置き換えて総括する場合

　　ある観点で何回か行った評価結果Ａ，Ｂ，Ｃを，例えば，Ａ＝3，Ｂ＝2，Ｃ＝1やＡ＝5，Ｂ＝3，Ｃ＝1のように数値によって表し，合計したり平均したりする総括の方法である。例えば，Ａ＝3，Ｂ＝2，Ｃ＝1とし，総括の結果をＢとする範囲を［2.5≧平均値≧1.5］とした場合，「ＡＢＢ」の平均値は，約2.3［（3＋2＋2）÷3］で総括の結果はＢとなる。なお，評価の各節目のうち特定の時点に重きを置いて評価を行うこともできるが，その際，平均値による方法等以外についても様々な総括の方法が考えられる。

（2）学期末における観点ごとの評価の総括

ア 評価結果のA，B，Cの数を基に学期末の総括とする場合

（「A，A，B，B」の総括の結果をBとしている例）

	知識・技術	思考・判断・表現	主体的に学習に取り組む態度
単元1	A	A	B
単元2	B	B	A
単元3	B	B	A
単元4	A	C	A
1学期	B	B	A

イ 評価結果のA，B，Cを数値に置き換えて学期末の総括とする場合

（総括の結果をBとする範囲を［2.5≧平均値≧1.5］としている例）

	知識・技術	思考・判断・表現	主体的に学習に取り組む態度
単元1	A（3）	A（3）	B（2）
単元2	B（2）	B（2）	A（3）
単元3	B（2）	B（2）	A（3）
単元4	A（3）	C（1）	A（3）
1学期	B（2.5）	B（2.0）	A（2.8）

ウ 評価結果のA，B，Cを数値に置き換え，定期考査における観点別問題の得点と併せて100点法で総括する場合

ある観点で何回か行った評価結果A，B，Cを，例えばA＝3，B＝2，C＝1のように数値によって表し，観点別に作成した定期考査の問題の得点を合計して総括する方法である。

（総括の結果をBとする範囲を［80％≧割合≧50％］としている例）

	知識・技術	思考・判断・表現	主体的に学習に取り組む態度
単元1	A（3）	A（3）	B（2）
単元2	B（2）	B（2）	A（3）
単元3	B（2）	B（2）	A（3）
単元4	B（2）	C（1）	A（3）
単元5	A（3）	B（2）	B（2）
単元合計	12【15】	10【15】	13【15】
定期考査	14【20】	10【20】	12【15】
1学期	26【35】	20【35】	25【30】
	B（74.3％）	B（57.1％）	A（83.3％）
		71【100】	

※ 【 】は配点。割合は得点の合計÷配点。

各学校では，それぞれ各教科・科目の指導のねらいを踏まえて，3観点をできるだけ均等に評価するよう配慮することが望まれる。

（3）学年末における観点ごとの評価の総括，評定への総括

学年末に評定へ総括するには，学期末に総括した評定の結果を基にする場合と，学年末に観点ごとに総括した評価の結果を基にする場合が考えられる。観点別学習状況の評価の評定への総括は，各観点の評価結果をA，B，Cの組合せ又はA，B，Cを数値で表したものに基づいて総括し，その結果を5段階で表す。

評価に対する妥当性，信頼性等を高めるために，各学校では評価の観点ごとの総括及び評定への総括の考え方や方法について共通理解を図り，生徒及び保護者に十分説明し，理解を得ることが望まれる。

（4）評価の総括の実践事例

　前述した総括の方法を参考にしながら，総括の場面を想定した事例を示した。総括の考え方は，「十分満足できる」状況と判断されるものをＡ，「おおむね満足できる」状況と判断されるものをＢ，「努力を要する」状況と判断されるものをＣとして評価を行い，その評価結果を数値に置き換えて総括する方法を用いている。

　なお，本事例はあくまでも参考事例であり，観点別学習状況の評価と総括については，様々な考え方があることに加え，各学校の状況によって異なる。そのため，各校で科目の特性や具体的な学習活動などを踏まえて，総括の場面や方法を工夫することが大切である。

商業科
第3編
事例1

＜本事例の総括の考え方＞

① 「十分満足できる」状況と判断されるものをＡ，「おおむね満足できる」状況と判断されるものをＢ，「努力を要する」状況と判断されるものをＣとする。

② Ａを５点，Ｂを３点，Ｃを１点として各評価資料における評価集計表に記録する。

③ 各学期末に評価資料の比重を定めた上で計算し，各観点の平均点を求める。

④ 各観点の平均値の小数第１位を四捨五入して，５点であればＡ，３又は４点であればＢ，１又は２点であればＣとする。

⑤ 各学期末に各観点の合計点を５段階評価換算表（下表参照）に基づいて評価案を作成する。

⑥ 各観点のＡ，Ｂ，Ｃ評価を表示する。

⑦ 合計点数の小数第１位を四捨五入した点数の <u>３点と４点</u>，<u>６点と７点</u>，<u>10 点と 11 点</u>，<u>13 点と 14 点</u>の生徒については，５段階評価のボーダーラインとして捉え，科目における成績会議等で学習状況を精査して評価を確定させる。

＜合計点数からの５段階評価換算表＞

最低		最高	評価
14	～	15	5
11	～	13	4
7	～	10	3
4	～	6	2
0	～	3	1

＜観点別評価の点数イメージ（抜粋）＞

観点別評価例	合計点数	５段階評価
ＡＡＡ	15	5
ＡＡＢ	13	4
ＡＢＢ	11	4
ＡＢＣ	9	3
ＢＢＢ	9	3
ＢＢＣ	7	3
ＢＣＣ	5	2
ＣＣＣ	3	1

　次のア，イは，＜本事例の総括の考え方＞①～⑦に基づいて各学期の評価を行い，最終的な学年末の評定を確定するまでの一連の流れを表している。

ア　各学期の観点別評価例（１学期）＊２・３学期も同様

評価資料番号
P. 127, 128 参照

「知識・技術」の観点のうち，「知識」を問う出題，「技術」を問う出題は，２学期以降に実施

「表現」を問う出題は，１学期末以降に実施

＜１学期の観点別学習状況の評価（評価集計表）＞

評価資料		1	2	3	4	5				6
観点		態度	態度	態度	思考	知識		思考・判断		態度
番号	氏名	課題1 オリエンテーション ワークシート	課題2 生産と流通 観察 ワークシート	課題3 情報化 ワークシート	課題4 情報 グローバル ワークシート	1学期 中間考査 知識 70点満点	1学期中間 知識 評価	1学期 中間考査 思考・判断 30点満点	1学期中間 思考・判断 評価	課題6 ビジネス マナー 発表活動
1	あ	5	5	5	5	70	5	25	5	5
2	い	5	1	1	3	30	1	10	1	5
3	う	3	5	5	5	68	5	30	5	5
4	え	5	3	3	1	45	3	10	1	1
32	た	5	5	5	5	60	5	20	3	5
33	ち	3	1	1	1	35	3	5	1	1
34	つ	5	3	5	3	50	3	22	3	5
35	て	5	5	5	5	65	5	25	5	5

評価資料		7	8	9						10
観点		表現	判断	知識		思考・表現		態度		態度
番号	氏名	課題6 ビジネスマナー評価シート	課題7 情報の入手ワークシート	1学期期末考査知識70点満点	1学期期末知識評価	1学期期末考査思考・表現20点満点	1学期期末思考・表現評価	1学期期末考査態度10点満点	1学期期末評価換算態度	1学期学習取組
1	あ	5	5	70	5	20	5	7	3	3
2	い	1	1	32	1	5	1	7	3	3
3	う	5	5	68	5	18	5	4	1	1
4	え	1	3	64	5	20	5	5	3	3
〜	〜	〜	〜	〜	〜	〜	〜	〜	〜	〜
32	た	5	3	70	5	20	5	10	5	5
33	ち	1	1	23	1	5	1	0	1	1
34	つ	3	3	70	5	15	3	5	3	3
35	て	3	3	70	5	20	5	8	5	3

＜1学期における各観点の評価番号＞

知識・技術	5・9
思考・判断・表現	4・5・7・8・9
主体的に学習に取り組む態度	1・2・3・6・9・10

評価資料5・9参照

1学期中間・期末考査評価 ［知識］70点満点

割合	素点	評価
80%以上	56点以上	A
50%以上	35点以上	B
50%未満	35点未満	C

1学期中間考査評価 ［思考・判断］30点満点

割合	素点	評価
80%以上	24点以上	A
50%以上	15点以上	B
50%未満	15点未満	C

1学期期末考査評価 ［思考・表現］20点満点

割合	素点	評価
80%以上	16点以上	A
50%以上	10点以上	B
50%未満	10点未満	C

1学期期末考査評価 ［態度］10点満点

割合	素点	評価
80%以上	8点以上	A
50%以上	5点以上	B
50%未満	5点未満	C

　ペーパーテストは，100点満点のテストの中で，全ての観点をまんべんなく出題することが望まれるが，例えば，「知識・技術」の観点のうち「技術」などは，高校に入学して間もないうちにその成果を見取ることは難しい。本事例では，1学期中間・期末考査は，「知識・技術」の観点のうち「知識」を問う出題とし，「技術」については2学期以降の出題とした。また，1回の定期考査で全ての観点の問題を出題することは量的に難しい。そこで，「思考・判断・表現」の観点については，1学期中間考査では「思考・判断」を問う出題，1学期期末考査では「思考・表現」を問う出題とした。さらに，「主体的に学習に取り組む態度」の観点については，1学期期末考査で出題した。年間を通して全ての観点の出題ができるよう適切な計画を立てることが大切である。さらに，ペーパーテストだけでなく，観察やワークシート等で見取った評価と併せて適切に評価するよう努めることが望まれる。

　本事例では，A，B，C評価をA＝5点，B＝3点，C＝1点の数値で各観点の評価を数値化した評価換算点の平均値で評価している。そして，各観点の平均値の小数第1位を四捨五入して，5点であればA評価，3又は4点であればB評価，1又は2点であればC評価とした。

　本事例の番号4番の生徒（え）の評価例では，「知識・技術」の平均値が4.0であるからB評価，「思考・判断・表現」の平均値が2.2であるからC評価，「主体的に学習に取り組む態度」の平均値が3.0であるからB評価としている。

＜番号4番の生徒（え）の評価例＞

	知識・技術		思考・判断・表現					主体的に学習に取り組む態度					
評価資料番号	5	9	4	5	7	8	9	1	2	3	6	9	10
ＡＢＣ評価	B	A	C	C	C	B	A	A	B	B	C	B	B
評価換算点	3	5	1	1	1	3	5	5	3	3	1	3	3
評価平均	4.0		2.2					3.0					

＜１学期の換算点と評価＞

番号	氏名	1学期換算点					1学期評価				
		知識・技術換算	思考・判断・表現換算	主体的学習態度換算	換算合計	換算小数第1位四捨五入	知識・技術	思考・判断・表現	主体的学習態度	評価案	確定評価
1	あ	5.0	5.0	4.3	14.33	14	A	A	B	5	5
2	い	1.0	1.4	3.0	5.40	5	C	C	B	2	2
3	う	5.0	5.0	3.3	13.33	13	A	A	B	4	4
4	え	4.0	2.2	3.0	9.20	9	B	C	B	3	3
32	た	5.0	4.2	5.0	14.20	14	A	B	A	5	5
33	ち	2.0	1.0	1.3	4.33	4	C	C	C	2	2
34	つ	4.0	3.0	4.0	11.00	11	B	B	B	4	▶ 3
35	て	5.0	4.2	4.7	13.87	14	A	B	A	4	5

総括の考え方⑤より
各学期末に各観点の合計点を5段階評価換算表に基づいて評価案を作成する。

総括の考え方⑦より
換算合計とABC評価を比較しながら，あらためて学習状況を精査し，評価3に確定する。

イ　学年末の観点別評価例

＜学年末の換算点と評価＞

番号	氏名	年間換算点					年間評定				
		知識技術換算	思考判断換算	主体的学習態度換算	換算合計	換算小数第1位四捨五入	知識・技術	思考・判断・表現	主体的学習態度	評価案	評定
1	あ	5.0	4.9	4.2	▶ 14.11	14	A	A	B	5	5
2	い	1.0	1.8	3.0	5.80	6	C	C	B	2	2
3	う	5.0	4.9	4.3	14.18	14	A	A	B	5	5
4	え	4.3	2.9	2.9	10.09	10	B	B	B	3	3
32	た	5.0	3.9	4.5	▶ 13.43	13	A	B	A	4	4
33	ち	1.3	1.0	1.1	▶ 3.44	3	C	C	C	1	**1**
34	つ	4.5	3.2	3.9	11.66	12	A	B	B	4	4
35	て	5.0	4.3	4.7	▶ 13.98	14	A	B	A	4	**5**

＜各学期の評価資料数＞（3単位を想定）

	知識・技術	思考・判断・表現	主体的学習態度
1学期	2	5	6
2学期	3	5	5
3学期	2	4	3
合計	7	14	14

本事例では，学年末の評定を観点ごとに3学期分の合計の平均値で計算している。各学校では，評価資料数が各学期において大きな偏りがないよう配慮することが望まれる。

本事例では，番号1番の生徒（あ）の観点別評価はAABであり，年間の換算合計点が14.11で，本事例の総括の考え方⑤における評価5の最低点14点を超えているため，年間の評定が5となっている。また，番号35番の生徒（て）の観点別評価はABAであり，換算合計点が13.98で本事例の総括の考え方⑤における評価5の最低点14点を超えていないため，年間の評価案は4であるが，あらためて学習状況を振り返り精査し，年間の評定を5に確定している。一方，番号32番の生徒（た）も観点別評価はABAであるが，換算合計点が13.43であり，本事例の総括の考え方⑤における評価5の最低点14点を超えていないため，評定4としている。いずれの生徒も，本事例の総括の考え方⑦におけるボーダーラインであるため，成績会議などで学習状況を精査した上で評定を確定している。

また，番号33番の生徒（ち）については，1学期の確定評価が2，2学期，3学期が1であったため，2学期以降丁寧に学習の補充などの指導を行ったが，改善が見られず換算合計点も4未満であったため，1年間の学習状況を精査して評定1としている。

このように，ボーダーラインの生徒については，あらためて学習状況を振り返り精査した上で，評定を確定する必要がある。本事例はあくまでも一例であり，観点別学習状況の評価と総括については，各校の状況に応じて様々な方法で実践していくことが望まれる。

商業科　　事例2（マーケティング）
キーワード　「知識・技術」の評価，「主体的に学習に取り組む態度」の評価

単元名	〔指導項目〕
情報の分析	(2) 市場調査 　ア　市場調査の目的と方法 　イ　情報の分析

1　単元の目標
(1) 市場調査で得られた情報の分析について，企業における事例と関連付けて理解するとともに，分析結果を販売戦略に活用する技術を身に付ける。
(2) 情報の分析に関する課題を発見し，それを踏まえ，科学的な根拠に基づいて販売戦略を立案し，評価・改善するとともに，その課題を解決する。
(3) 情報の分析について自ら学び，マーケティングに必要な情報の収集と分析に主体的かつ協働的に取り組む。

2　単元の評価規準

知識・技術	思考・判断・表現	主体的に学習に取り組む態度
市場調査で得られた情報の分析について，企業における事例と関連付けて理解しているとともに，分析結果を販売戦略に活用する技術を身に付けている。	情報の分析に関する課題を発見し，それを踏まえ，科学的な根拠に基づいて販売戦略を立案し，評価・改善しているとともに，その課題を解決している。	情報の分析について自ら学び，マーケティングに必要な情報の収集と分析に主体的かつ協働的に取り組もうとしている。

3　指導と評価の計画（6時間）

時間	ねらい・学習活動	重点	記録	備考（評価規準・評価方法）
第一次（2時間）	1　情報の分析 情報を分析する目的と方法について理解する。 ・　情報を分析する目的と方法について，企業の事例に沿って理解する。 ・　企業の定量調査と定性調査の事例を基に，市場調査から得られた情報を販売戦略に活用する方法について学ぶ。 ［留意点］市場調査から得られた情報の分析例として，多くの企業が取り入れている定量調査と定性調査の情報を活用する方法について理解する。	知思	○	・　資料から消費者の購買に対する意識と行動やニーズについて情報を読み取って分析し，商品の内容や価格等について具体的に提案している。 ペーパーテスト(定期考査)，ワークシート①
第三次（2時間）	3　インタビュー調査 マーケティングに必要な情報の収集と分析を行うことを通して主体的に学習に取り組む態度を身に付ける。 ・　企業のマーケティングの事例から商品開発について学ぶ。事例の企業の取扱商品のうち，食品部門に絞って商品開発を実施することを想定し，グループでインタビュー調査を行う。 ・　得られた調査結果から，さらに活用できる情報を収集するために，インタビューの質問項目を再考してインタビューを行う。	態 態	○	・　情報の収集と分析に協働的に取り組もうとしている。 観察 ・　商品開発における質問項目の問題点に気付き，よりよく改善するために粘り強く取り組もうとしている。 ワークシート②

4　観点別学習状況の評価の進め方
（1）　「知識・技術」の評価
ア　評価の進め方

本事例における「知識・技術」の評価規準は，「市場調査で得られた情報の分析について，企業における事例と関連付けて理解しているとともに，分析結果を販売戦略に活用する技術を身に付けている」ことである。

本事例では，ケーススタディを用いて，定量調査と定性調査で得られた情報の分析について，既習の知識を活用しながら製菓会社M社における事例と関連付けて理解を深めるとともに，分析結果を販売戦略に活用する技術を身に付けることをねらいとしている。

「知識・技術」の「知識」については，前時までに市場調査の目的と方法について一連の基礎的な内容を学習しているので，定期考査で評価した。「知識・技術」の「技術」については，市場調査で得られた情報を販売戦略へ活用する技術に重点を置いて評価した。

授業の流れ（図1）は，市場調査の目的についての基礎的な知識を学び，目的に沿った市場調査の方法について知り，マーケティングに必要な情報の収集と分析を販売戦略に活用していることを理解させることとしている。

図1　授業の流れ

情報の収集と分析	定量調査と定性調査の目的と方法	M社の市場調査	定量・定性調査の分析	販売戦略の立案

展開	M社の市場調査の目的と方法	バレンタイン意識調査データから読み取れることを記述する	バレンタインの販売戦略を考える

「知識・技術」の評価のタイミング

イ　評価の実践事例

本事例では，ワークシート①を用いて製菓会社M社の市場調査データについて読み取り，製菓会社のバレンタイン販売戦略の担当者に選ばれたという想定で販売戦略を提案している。ここでは，生徒がワークシート①に記述した提案内容から，「資料から消費者の購買に対する意識と行動やニーズについて情報を読み取って分析し，商品の内容や価格等について具体的に提案している」ことを評価規準として「知識・技術」について見取っている。

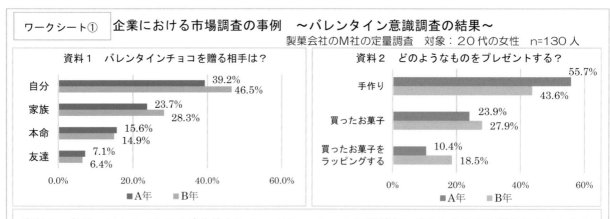

ワークシート①　企業における市場調査の事例　～バレンタイン意識調査の結果～
製菓会社のM社の定量調査　対象：20代の女性　n=130人

資料1　バレンタインチョコを贈る相手は？

	A年	B年
自分	39.2%	46.5%
家族	23.7%	28.3%
本命	15.6%	14.9%
友達	7.1%	6.4%

資料2　どのようなものをプレゼントする？

	A年	B年
手作り	55.7%	43.6%
買ったお菓子	23.9%	27.9%
買ったお菓子をラッピングする	10.4%	18.5%

資料3　新型コロナウイルスの感染拡大によってチョコレートの選び方にどのような変化がありましたか？
製菓会社のM社の定性調査　対象：20代の女性　n=30人

・血圧を下げる効果があり健康に良い高カカオのチョコレートを選んだ。
・おうち時間を贅沢にしたいので家族や自分への自宅用に購入した。
・今までより少し値段が高くても有名ブランドのチョコレートを選んだ。

Q　あなたは，バレンタイン販売戦略担当者に選ばれました。M社の市場調査の結果から読み取った情報を活用して販売戦略を考えます。読み取った消費者の購買に対する意識と行動やニーズから，どのような提案をするか商品の内容や価格等，できるだけ具体的に記述してください。

評価	B	A	C
状況	おおむね満足できる	十分満足できる	努力を要する
知識・技術	資料から消費者の購買に対する意識と行動やニーズについて情報を読み取って分析し，商品の内容や価格等について具体的に提案している。	資料から消費者の購買に対する意識と行動やニーズについて情報を読み取って分析し，商品の内容や価格等について，独創性や根拠を示して具体的に提案している。	資料から読み取った情報量が少なく，情報の分析や提案内容が不十分である。【手立て】資料における特徴的な数値の変化と消費者の行動の変化に着目させる。

○「おおむね満足できる」状況（B評価）の記述例　　　　　　評価の考え方

> 自分用にチョコを用意する人と市販のお菓子を買ってきて用意する人が増えているから，内容量は少なくして質を高くし，単価を引き上げた商品を販売する。

> 資料1の「自分」用がA年より増加していることや資料2の「買ったお菓子」の購入が増えているという消費者の意識や行動の変化を読み取っており，商品の内容や価格の提案を具体的に示していることからB評価と判断した。

○「十分満足できる」状況（A評価）の記述例

> 自分用にチョコレートを買ってきて用意する人が増えているから，「自分へのご褒美チョコ」をコンセプトに，内容量は少なくして「高カカオ」を売りにして，単価を引き上げた商品を販売する。

> B評価と判断した生徒と同様の状況であることに加え，販売時のPRのコンセプトについて，下線部のように独自の提案をしており，質の向上と値上げの根拠を具体的に示していることからA評価と判断した。

○「努力を要する」状況（C評価）の記述例

> 自分用のチョコレートを多く販売する。

> 資料から読み取った情報が少なく，提案内容が具体的でないことからC評価と判断した。【手立て】資料1及び資料2からA年とB年で数値に大きな差が見られる事項や，資料3から市場の動向や顧客の意識の変化に注目するように助言した。

　「おおむね満足できる」状況（B評価）の記述例では，資料1から資料3の情報より，A年とB年を比較してデータが変化した点に気付き，消費者の購買に対する意識と行動やニーズについての情報を読み取って分析し，商品の内容や価格等について具体的な提案となっているのでB評価とした。資料1及び資料2のグラフからA年とB年を比較して数値に大きな差がある項目に着目し，自分の意見を提案している点を評価している。

　「十分満足できる」状況（A評価）の記述例では，B評価と判断した生徒と同様の状況であることに加え，読み取った資料の内容を活用し，自分の考えを示して提案しているのでA評価とした。読み取ったデータの変化から顧客の意識の変化を推測して「自分へのご褒美チョコ」と独自のコンセプトを考案している点や，市場の動向にも着目し，健康への関心が高まっていることから「高カカオ」を売りにするとともに単価を引き上げる根拠を示している点を評価している。

　「努力を要する」状況（C評価）の記述例では，資料から読み取った情報量が少なく分析が不十分であり，提案内容の根拠や具体性が乏しいのでC評価とした。資料1のデータの特徴的な項目に着目しているが，提案理由の説明が具体的ではないことから，情報の分析に関する理解が不十分であると判断した。手立てとして，資料1及び資料2のA年とB年で数値に大きな差が見られる項目や，資料3の市場の動向や顧客の意識の変化にも着目するよう助言し，情報を十分に読み取って分析して，より根拠のある具体的な提案につなげられるよう支援した。

（2）「主体的に学習に取り組む態度」の評価

ア　評価の進め方

　　本事例における「主体的に学習に取り組む態度」の評価規準は，「情報の分析について自ら学び，マーケティングに必要な情報の収集と分析に主体的かつ協働的に取り組もうとしている」ことである。本事例では，インタビュー調査の実習において，最初の質問でインタビューを行った結果，欲しい情報が得られない等，うまくいかなかったこと

を振り返り質問内容の改善に取り組む記述から，自らの学習を調整しようとしているかについて評価した。

また，より顧客のニーズを引き出す質問にするために，生徒が粘り強く取り組む態度から主体性を評価した。

授業の流れ（図２）は，Ｈ社のマーケティングにおける市場調査の事例から情報の収集と分析方法を学習した後，定性調査の方法の一つとしてインタビュー調査を実践する。そのインタビュー調査の質問項目を考え，小グループでインタビュー調査を実施し，得られた結果が食品部門の商品開発に役立つ情報となっているかを検証する。グループ内の他の生徒の質問を参考にし，最初の質問項目の問題点を踏まえて，再度最適な質問項目を考案することとしている。

図２　授業の流れ

イ　評価の実践事例

本事例では，ワークシート②を用いてＨ社の商品開発部でレトルト食品部門の新商品開発の担当になり，20代～30代女性にインタビュー調査を行うという想定で質問項目を考える。ここでは，生徒がワークシート②に記述した最初の質問項目についての問題点を挙げ，工夫・改善する過程において「商品開発における質問項目の問題点に気付き，よりよく改善するために粘り強く取り組もうとしている」ことを評価規準とし，「工夫・改善したこと」の記述より生徒の変容を捉え，「主体的に学習に取り組む態度」について見取っている。

> **ワークシート②**　　　　　　　　　　インタビュー調査
>
> 　あなたは，Ｈ社の商品開発部でレトルト食品部門の新商品開発の担当になり，20代～30代女性にインタビュー調査を行います。質問項目を二つ考え，グループの人に調査しましょう。
>
> 　＜最初に考えた質問項目＞　　① Ｈ社のレトルト食品を食べたことがありますか。
> 　　　　　　　　　　　　　　　② どんなレトルト食品が好きですか？

評価	B	A	C
状況	おおむね満足できる	十分満足できる	努力を要する
主体的に学習に取り組む態度	商品開発における質問項目の問題点に気付き，よりよく改善するために粘り強く取り組もうとしている。	商品開発における質問項目の問題点に気付き，よりよく改善するために粘り強く取り組もうとしているとともに，問題点等を具体的に指摘し，商品開発に役立つ情報を引き出せる質問項目となるよう発問方法や言葉の選び方等を改善しようとしている。	商品開発における質問項目の問題点の把握が不十分であり，改善するために粘り強く取り組む態度が見られない。【手立て】改善に取り組むための着眼点を助言する。

＜改善後の質問項目＞

〇「おおむね満足できる」状況（B評価）の記述例　　　　　　評価の考え方

> ① 最近買ったH社のレトルト食品は何ですか。
> ② なぜH社の商品を選びますか？

最初の質問を振り返り，問題点や不足している点を考え，インタビューがより役立つデータとなるように工夫・改善したことを記述しましょう。

> 「はい」か「いいえ」で答える質問ではなく，H社の商品が選ばれる理由が分かるように質問を変えた。

最初の質問を振り返り，二択の質問となっている問題点に気付いている。また，「工夫・改善したこと」の記述では，改善したねらいについて説明できていることからB評価と判断した。

〇「十分満足できる」状況（A評価）の記述例

> ① H社のレトルト食品をどんな時に購入していますか。
> ② <u>他社商品と比較</u>した時に<u>どのような決め手で</u>H社の商品を選びますか？

最初の質問を振り返り，問題点や不足している点を考え，インタビューがより役立つデータとなるように工夫・改善したことを記述しましょう。

> 最初の質問では，消費者の購入する場面や理由が分からなかった。そのため，どんな時に買うのか，他社商品ではなく，なぜH社の商品が選ばれるのかが分かるように質問を工夫した。

B評価と判断した生徒と同様の状況であることに加え，最初の質問項目の問題点が，消費者の行動や意識の情報が得られないことにあると指摘している。また，購買の目的やシーンなどを引き出すため，下線部のように言葉を選んで粘り強く改善に取り組もうとしていることからA評価と判断した。

〇「努力を要する」状況（C評価）の記述例

> ① H社のレトルト食品を知っていますか？
> ② H社のレトルト食品は好きですか？

最初の質問を振り返り，問題点や不足している点を考え，インタビューがより役立つデータとなるように工夫・改善したことを記述しましょう。

> H社のレトルト食品を知らないかもしれない。
> 答えやすいように工夫した。

最初の質問を振り返り，質問形式や内容にあまり変化が見られないことから問題点の把握が不十分であると判断した。また，開発者の視点で改善のために調整し，粘り強く取り組んでいる様子があまり見られないことからC評価と判断した。
【手立て】企業の立場で購入理由を引き出すなど，改善するための視点や方法について助言した。

　「おおむね満足できる」状況（B評価）の記述例では，ワークシート②に記述した質問内容について，最初の質問を振り返って問題点に気付き，よりよく改善するために粘り強く活動しようとしているのでB評価とした。回答者から「はい」又は「いいえ」の回答しか得られないという問題点に気付き，消費者の購買理由を引き出す質問になるよう改善して粘り強く取り組もうとしている点や，「工夫・改善したこと」では，最初の質問を振り返り，企業の視点からH社の商品が選ばれる理由を引き出せるよう工夫して調整している点を評価した。

　「十分満足できる」状況（A評価）の記述例では，B評価と判断した生徒と同様の状況であることに加え，購買の傾向やシーンなど顧客の行動について情報が得られるよう考える等の工夫が見られる。さらに，商品開発に役立つ情報を引き出せるよう，発問方法や言葉の選び方を工夫して粘り強く取り組もうとしているのでA評価とした。顧客が購買に至るまでのプロセスや動機，因果関係などの情報を引き出せるよう「他社商品と比較した時にどのような決め手で」と回答者が答えるポイントを絞りやすい言葉を選ぶ等，具体的な表現を加えている点を評価した。

　「努力を要する」状況（C評価）の記述例では，最初の質問を振り返っているが，問題点の把握が不十分であり，改善するために粘り強く取り組む態度が見取れないのでC評価とした。改善後も「はい」又は「いいえ」の回答しか得られず，質問の内容に変化があまり見られない。また，「工夫・改善したこと」の記述からも改善のねらい等が読み取れず不十分である。手立てとして，企業の視点で購買理由を引き出す質問項目にするなど，改善の着想を得る方法について助言することで主体的に学習に取り組めるよう支援した。

商業科　　事例3（簿記）
キーワード　「知識・技術」の評価，「思考・判断・表現」の評価

単元名	〔指導項目〕 （2）取引の記帳
現金と預金	ア　現金と預金　イ　債権・債務と有価証券 ウ　商品売買　　エ　販売費と一般管理費 オ　固定資産　　カ　個人企業の純資産と税

1　単元の目標

（1）現金と預金の記帳について理論と実務とを関連付けて理解するとともに，関連する技術を身に付ける。

（2）現金と預金の記帳法の妥当性と実務における課題を見いだし，科学的な根拠に基づいて課題に対応する。

（3）現金と預金の記帳について自ら学び，適正な会計帳簿の作成に主体的かつ協働的に取り組む。

2　単元の評価規準

知識・技術	思考・判断・表現	主体的に学習に取り組む態度
現金と預金の記帳について理論と実務とを関連付けて理解しているとともに，関連する技術を身に付けている。	現金と預金の記帳法の妥当性と実務における課題を見いだし，科学的な根拠に基づいて課題に対応している。	現金と預金の記帳について自ら学び，適正な会計帳簿の作成に主体的かつ協働的に取り組もうとしている。

3　指導と評価の計画

時間	ねらい・学習活動	重点	記録	備考（評価規準・評価方法）
第一次（2時間）	1　現金出納帳の意味 2　現金出納帳の記帳方法 　現金出納帳の学習を通して，現金出納帳の役割と実務における課題を考察するとともに，記帳法を理解する。 ・ワークシートにある現金出納帳の記帳の誤りを指摘し，実務における課題を科学的な根拠に基づいて整理する。	知 思 態	○ ○	・現金出納帳の訂正箇所について，理論に基づいて正確に訂正できる技術を身に付けている。 ワークシート ・現金の記帳法の妥当性と実務における課題を見いだし，その課題に対応している。 ワークシート，観察

4　観点別学習状況の評価の進め方

（1）「知識・技術」の評価

　ア　評価の進め方

　　　本事例における「知識・技術」の評価規準は，「現金と預金の記帳について理論と実務とを関連付けて理解しているとともに，関連する技術を身に付けている」ことである。

　　　本事例では，現金出納帳の記帳法について，理論と実務とを関連付けて理解するとともに，現金出納帳の記帳技術を確実に身に付けることをねらいとしている。そこで，ワークシートを活用し，資料1のとおり，現金出納帳の記帳について訂正箇所と訂正理由を記述させることとした。さらに，月末時点の現金の帳簿残高を求めさせることにより，現金の正確な取引と記帳を理解しているかを見取っている。授業の流れ（図1）は，簿記上で現金として扱うべきもの，現金に関する基本的な仕訳と現金出納帳の記帳法を学んだ後，現金取引に関するワークシートを活用した演習を実施した。

問1(1)　次の現金出納帳には，誤りがある。1月中の取引を参考にその誤りを見つけるとともに，その理由を述べなさい。なお，1月18日現在の現金実際有高は，¥478,800であった。

1月　6日　所沢商店から，商品¥50,000を仕入れ，代金は現金で支払った。

12日　浦和商店に貸し付けていた¥200,000とその利息¥3,800をともに，同店振り出しの小切手で返済を受けた。

18日　高山商店から，商品¥30,000を仕入れ，代金は掛けとした。

22日　秋山商店に商品¥60,000（原価¥50,000）を売り渡し，代金のうち¥40,000は送金小切手の送付を受け，残額は掛けとした。

25日　富山商店に商品¥40,000（原価¥35,000）を売り渡し，代金のうち¥20,000は郵便為替証書で受け取り，残額は現金で受け取った。

現　金　出　納　帳　　　　　　　　　　　　　　1

令和〇年		摘要	収入	支出	残高
1	1	前月繰越	325,000		
	6	所沢商店から商品仕入れ		50,000	
	12	浦和商店から貸付金・同利息を小切手で受け取り	203,800		
	18	高山商店から商品仕入れ		30,000	省　略
	22	秋山商店へ売上代金の一部、送金小切手で受け取り	40,000		
	25	富山商店へ売上、現金で受け取り	20,000		
	31	次月繰越		508,800	
			588,800	588,800	
2	1	前月繰越	508,800		508,800

(2)　問1の取引を正確に記帳すると，1月末の現金の帳簿残高はいくらになるか答えなさい。

【資料1】

図1　授業の流れ

簿記上で現金として扱うべきもの → 現金に関する基本的な仕訳 → 現金出納帳の記帳法 → 現金及び現金出納帳のワークシート問1

展開：現金出納帳の訂正を指摘 → 現金出納帳の訂正理由を記述する → 1月末日現在の帳簿残高を求める → 答案の確認

「知識・技術」の評価のタイミング

イ　評価の実践事例

評価	B	A	C
状況	おおむね満足できる	十分満足できる	努力を要する
知識・技術	現金出納帳の訂正箇所について，理論に基づいて正確に訂正できる技術を身に付けている。	現金出納帳の訂正箇所について，理論に基づいて正確に訂正できる技術を身に付けているとともに，実務に関連付けて理解している。	現金出納帳の訂正箇所について，正確に訂正できない。【手立て】簿記上で現金として取り扱われるものを確認する。

現　金　出　納　帳　　　　　　　　　　　　　　1

令和〇年		摘要	収入	支出	残高
1	1	前月繰越	325,000		
	6	所沢商店から商品仕入れ		50,000	
	12	浦和商店から貸付金・同利息を小切手で受け取り	203,800		省　略
	18	高山商店から商品仕入れ		30,000	
	22	秋山商店へ売上代金の一部、送金小切手で受け取り	40,000		
	25	富山商店へ売上、現金で受け取り	20,000		
	31	次月繰越		508,800	
			588,800	588,800	
2	1	前月繰越	508,800		508,800

B評価の読み取り箇所

【資料2】

○「おおむね満足できる」状況（Ｂ評価）の記述例

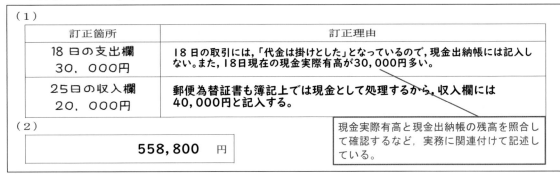

（1）

訂正箇所	訂正理由
18 日の支出欄 30，000円	商品の仕入れ代金は現金ではなく買掛金であるから，18日は現金出納帳に書かない。
25日の収入欄 20，000円	郵便為替証書も簿記では現金となるため，収入欄には40,000円と書く。

（2）

558,800 円

18日の仕入取引が掛けであること，25日の郵便為替証書が現金で取り扱われることを正確に記述している。

○「十分満足できる」状況（Ａ評価）の記述例

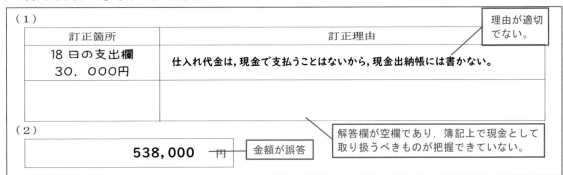

（1）

訂正箇所	訂正理由
18 日の支出欄 30，000円	18日の取引には，「代金は掛けとした」となっているので，現金出納帳には記入しない。また，18日現在の現金実際有高が30,000円多い。
25日の収入欄 20，000円	郵便為替証書も簿記上では現金として処理するから，収入欄には40,000円と記入する。

（2）

558,800 円

現金実際有高と現金出納帳の残高を照合して確認するなど，実務に関連付けて記述している。

○「努力を要する」状況（Ｃ評価）の記述例

（1）

理由が適切でない。

訂正箇所	訂正理由
18 日の支出欄 30，000円	仕入れ代金は，現金で支払うことはないから，現金出納帳には書かない。

（2）

538,000 円 ← 金額が誤答

解答欄が空欄であり，簿記上で現金として取り扱うべきものが把握できていない。

　「おおむね満足できる」状況（Ｂ評価）の記述例では，（1）の現金出納帳の訂正箇所について，簿記上で現金として取り扱うべきものを正確に把握し，その訂正理由を適切に記述するとともに，（2）の現金出納帳の帳簿残高を正確に計算できていることから，現金出納帳の記帳技術がおおむね身に付いていると判断しＢ評価とした。

　「十分満足できる」状況（Ａ評価）の記述例では，Ｂ評価と判断した生徒と同様の状況であることに加え，「18日現在の現金実際有高が 30,000 円多い」という記述から，現金実際有高と現金出納帳の残高を正確に計算し，照合して確認するなど，実務に関連付けて具体的に記述していることからＡ評価とした。

　「努力を要する」状況（Ｃ評価）の記述例では，1月6日に仕入代金を現金で支払った取引があることを確認しないまま記述している上に，二つ目の解答欄が空欄であり，簿記上で現金として取り扱うべきものが把握できていないことからＣ評価とした。そこで，簿記上で現金として取り扱うべきものが何かを教科書等で確認させた後，再度，問1の取引の仕訳を確認するよう指導した。

（2）「思考・判断・表現」の評価

　ア　評価の進め方

　　本事例における「思考・判断・表現」の評価規準は，「現金と預金の記帳法の妥当性と実務における課題を見いだし，科学的な根拠に基づいて課題に対応している」ことである。この単元で指導する「現金出納帳」「当座預金出納帳」「小口現金出納帳」等の補助簿は，

取引の詳細を確認する手段として欠かすことのできない帳簿である。さらに、記帳法の妥当性と実務における課題を見いだすことで、経営の見直しや補助簿本来の意味を知ることができる。しかし、これら補助簿を指導する従来の授業では、「記帳法のみ」の指導に終始して演習に多くの時間を費やし、小テストや定期考査で記帳法が理解できているか確認することが多い。そのため記帳法の妥当性や実務における課題を見いだす時間は確保できていないのではないかと考える。

そこで、本事例では、現金出納帳における実務での課題とは何かを資料3のワークシートを用いて考察することとした。実務経験が乏しい生徒が実務での課題を見いだすことは難しいので、実務上の課題については、あらかじめ教員が記述した文を完成させるための語群を準備した。その上で、実務における課題を把握させ、その解決策を考察させることとした。授業の流れを示すと図2のとおりである。

問2　次の文を読み、(1)～(3)の問いに答えなさい。

　　現金取引の記帳はその特性上、（　ア　）や誤謬が起こる可能性が高い。（　ア　）や誤謬の実態を現金出納帳から把握することはできないが、頻繁に（　イ　）と確認することで、（　ア　）などが起こり得る事象を減らすことができる。（　ウ　）とはいえ、現金出納帳は経営上欠かすことのできない帳簿である。

> 「誤謬」の読み方、意味については適宜指導する。

【語群】

主要簿　　帳簿有高　　盗難　　不正　　補助簿　　残額　　通貨　　少額　　実際有高

(1)　（　　）にあてはまる適切な語を語群から選びなさい。

(2)　なぜ、下線部のようなことが起こる可能性が高いのか。その理由を述べなさい。

(3)　問1を参考に、日常の現金出納業務を担当する際の注意事項を述べなさい。

【資料3】

図2　授業の流れ

イ　評価の実践事例

評価	B	A	C
状況	おおむね満足できる	十分満足できる	努力を要する
思考・判断・表現	現金の記帳法の妥当性と実務における課題を見いだし、その課題におおむね対応している。	現金の記帳法の妥当性と実務における課題を見いだし、その課題に対して実務を踏まえた根拠を示して対応している。	現金の記帳法の妥当性と実務における課題を見いだすことができない。【手立て】現金の記帳法の実務における課題を確認させる。

○「おおむね満足できる」状況（B評価）の記述例

（1）

ア	不正
イ	実際有高
ウ	補助簿

> 語群選択が適切で実務における課題を把握している。

> 不正や誤謬が起こる理由を適切に記述している。

（2）
日常の現金取引の業務が多いことや、少人数の経理担当者で処理をすることがあるため間違いが多いと考える。
また、少人数で行うことで、金額をごまかしやすくチェック機能が働いていない場合、不正が起こりやすいと考える。

（3）
不正や誤謬を防ぐため、毎日の現金出納帳の日付・摘要・金額の確認をしっかりと行うことが大切である。また、現金がいくらあるか確認することも大切である。

> 会社で現金出納業務を担当する際の注意事項を適切に記述している。

○「十分満足できる」状況（A評価）の記述例
　（1）（2）の記述はB評価の記述例と同様のため省略する。

> 現金出納業務の確認を複数人で行うという解決策を具体的に記述している。

（3）
不正や誤謬を防ぐため、毎日の現金出納帳の日付・摘要・金額の確認を複数人で行うことが大切である。また、現金の実際有高とを照合することも大切である。さらに、現金出納帳の作成者と現金の支出担当者を分けるなどの対策をすると良いと考える。

> 現金出納業務の役割分担を行うという解決策を具体的に記述している。

○「努力を要する」状況（C評価）の記述例
　（1）の語群選択に誤答や無解答があり、（2）（3）にも様々な誤答例があるので省略する。

　「おおむね満足できる」状況（B評価）の記述例では、（1）の語群選択を適切に行うとともに、（2）の不正や誤謬が起こる理由、（3）の会社で現金出納業務を担当する際の注意事項を適切に記述していることからB評価とした。少人数の経理担当者が処理することが不正や誤謬につながるという問題点を適切に記述しているとともに、経理担当者が日々の業務で確認をしっかりと行うことの大切さを記述していることを評価した。

　「十分満足できる」状況（A評価）の記述例では、B評価と判断した生徒と同様の状況であることに加え、（3）の会社で現金出納業務を担当する際の注意事項やその解決策について、「現金出納業務の確認を複数人で行う」ことや「現金出納業務の役割分担を行う」ことなど、具体的に記述していることからA評価とした。

　「努力を要する」状況（C評価）の生徒は、（1）の語群選択に誤答や無解答があるとともに、（2）の不正や誤謬が起こる理由、（3）の会社で現金出納業務を担当する際の注意事項について記述することができていない。そこで、それらの生徒には、まず、教科書等で（1）の語群選択を確認させ、実務での課題を把握させた上で、実際に会社で現金出納業務を行う担当者をイメージさせ、その注意事項や解決策を考えるよう促すなどの支援が必要である。また、その解決策の手がかりをグループワーク等で協議するなど、学びを深めることも効果的である。

商業科　　事例4（情報処理）
キーワード　「思考・判断・表現」の評価，「主体的に学習に取り組む態度」の評価

単元名	〔指導項目〕
コミュニケーションと情報デザイン	(1) 企業活動と情報処理 　ア　情報処理の重要性 　イ　コミュニケーションと情報デザイン 　ウ　情報モラル

1　単元の目標
(1) 企業における情報デザインについて理解するとともに，関連する技術を身に付ける。
(2) 企業における情報デザインの意義と課題について，企業活動と関連付けて見いだす。
(3) 企業における情報デザインについて自ら学び，情報の適切な表現と活用に主体的かつ協働的に取り組む。

2　単元の評価規準

知識・技術	思考・判断・表現	主体的に学習に取り組む態度
企業における情報デザインについて理解しているとともに，関連する技術を身に付けている。	企業における情報デザインの意義と課題について，企業活動と関連付けて見いだしている。	企業における情報デザインについて自ら学び，情報の適切な表現と活用に主体的かつ協働的に取り組もうとしている。

3　指導と評価の計画（6時間）

時間	ねらい・学習活動	重点	記録	備考（評価規準・評価方法）
第一次（2時間）	1　情報処理の重要性① 企業においてコンピュータを活用することの重要性を理解する。 ・　ビジネスのどのような場面で情報が活用されているか話し合う。 ・　どのようにビジネスに関する情報を収集・処理・分析して表現しているか討論する。 ・　「情報」の処理・分析についてどのような知識と技術が必要かを考察する。	態 知		・　グループワークに積極的に参加し，情報活用の重要性について討論しようとしている。 観察 ・　情報を適切に収集・処理・分析し，それを表現する重要性を理解している。 ワークシート
	1　情報処理の重要性② どのような情報システムがあるか，最新の情報技術は何かを理解する。 ・　情報処理に関わる職業について調査し説明する。 ・　金融機関の預金や決済，交通機関の予約などに関する情報システムの情報を収集する。 ・　情報システムの最新技術や課題などの情報を収集する。	態 知	○	・　情報処理に関わる職業について調査し，説明しようとしている。 観察 ・　情報処理に関わる職業の概要，金融機関の預金や決済，交通機関の予約などに関する情報システムの概要を理解している。 ペーパーテスト（定期考査・小テスト），ワークシート

次（時間）	学習内容	観点		評価規準・評価方法
第二次（1時間）	2　コミュニケーションと情報デザイン①　 情報を分かりやすく伝達するために必要な情報デザインの重要性について考察する。 ・　情報をうまく伝達するためにどのような工夫があるかを考え，グループで意見を出し合う。 ・　文字，図形，音声，色彩，光など情報デザインの要素について話し合う。 ・　企業における情報デザインの意義について，企業活動と関連付けて考察する。	態 思	○ ○	・　情報の適切な表現と活用について，粘り強く考察しようとしている。 観察，ワークシート ・　学習した内容を踏まえて，情報の適切な表現と活用について考察し，自分の意見を調整しようとしている。 観察，ワークシート ・　学習した情報デザインに関する知識を生かして，ビジネスで情報を取り扱う際の課題について考察し，表現している。 ワークシート
第二次（1時間）	2　コミュニケーションと情報デザイン②　 伝えたい意図を的確に表現するための要素の構成，配置，図解表現の効果と方法について考察する。 ・　コミュニケーションツールとしての「情報」の重要性を学ぶ。 ・　文字，図形，音声などの特性，色彩，光など情報デザインの要素，色彩が心理や感情に及ぼす影響を整理して理解する。	知		・　文字，図形，音声等の特性，色彩，光など情報デザインの要素が心理や感情に及ぼす影響や，伝えたい意図を的確に表現するための要素の構成と配置及び図解表現の効果と方法について理解している。 ワークシート
第三次（2時間）	3　情報モラル①　 企業において，「情報」に対する個人と企業の責任について考察する。 ・　情報技術の進歩や情報が社会で果たす役割と社会に及ぼす影響，情報に対する個人と企業の責任について考察する。 ・　情報を取り扱う際に留意する具体的事項を考察する。	知	○	・　情報技術の進歩や情報が社会で果たす役割と社会に及ぼす影響，情報に対する個人と企業の責任について理解している。 ペーパーテスト（定期考査・小テスト），ワークシート
	3　情報モラル②　 情報に関する法律を知り，法令違反となった事例について考察する。 ・　個人情報と知的財産の適切な取扱いと保護の重要性，法規等を理解する。 ・　企業における個人情報の漏洩（ろうえい）や著作権の侵害などの具体的な事例と関連付けて分析し，考察する。	態 思		・　情報に関する法律について，グループワークに積極的に参加し，主体的かつ協働的に取り組もうとしている。 観察 ・　企業における個人情報の漏洩（ろうえい）や著作権の侵害について情報分析し，考察している。 ワークシート ・　振り返り　　自己評価

[留意点] ここでは，情報デザインに関わる学習がまだ不十分であるため，ある意図をもって情報を入手したときの「気付き」を評価し，情報デザインについて興味・関心を高めることに重点を置く。

商業科
第3編
事例4

4　観点別学習状況の評価の進め方
（1）「主体的に学習に取り組む態度」の評価
ア　評価の進め方
　　本単元は，高校に入学後，早い段階で学習する内容である。生徒は，高校で初めて商業の科目を学習するが，携帯電話等，コンピュータに触れる機会が多い生徒にとって，「情報処理」は比較的取り組みやすい科目である。そこで，「主体的に学習に取り組む

態度」に重点を置き，生徒を積極的に評価する。また，積極的に意見を出し合い，多様性を認め合える環境づくりにも配慮する。その上で，課題に対する「気付き」や考察する過程を見取り，評価する。

　私たちは日頃，様々なところから多くの情報を得ている。その情報について，情報の発信者がどのような意図をもって発信しているかをグループワークを通して気付き，考察する授業展開とする。具体的には，資料１にある文字情報（フォント・大きさ・字数等），図形情報（写真・イラスト・グラフ等），色情報，レイアウトについて，発信者が受信者に対し，どのように分かりやすく伝えようとしているか，また，どのような工夫がなされているかを考察させる。そして，ビジネスにおいて発信者が情報を正確に伝達することの重要性や情報デザインの必要性を理解させるとともに，今後，情報を取り扱う際の留意点をまとめさせる。

イ　評価の実践事例
　「主体的に学習に取り組む態度」の評価規準は，「企業における情報デザインについて自ら学び，情報の適切な表現と活用に主体的かつ協働的に取り組もうとしている」ことである。そこで，グループワークの様子を観察したり，ワークシートの記述を見取ったりすることにより，評価を行う。グループワークは，４～５名のグループを想定し，司会１名，記録１名，自由発言者２～３名とする。授業者は，役割に偏りが出ないよう工夫し，全ての生徒が役割を担えるようにする。さらに，積極的に授業に取り組もうとする姿勢を評価するため，資料２の「評価用紙」を用いてグループワークの様子を机間指導しながら評価することとする。

　また，粘り強い取組を行おうとする側面と自らの学習を調整しようとする側面の双方の側面を一体的に見取るため生徒自らの意見やグループワークでの「気付き」に対するワークシートへの記述で評価する。粘り強い取組を行おうとする側面と自らの学習を調整しようとする側面の評価の具体的な実践事例を示すと次のとおりである。

左から，黄色地に黒，桃色地に白，黒色地に赤

資料１　文字や色による情報

単元名「コミュニケーションと情報デザイン」				授業日：○月○日（○）○校時	
グループ	学籍番号	名前	役割	メモ	評価
A	1301	○○ ○○	発		A・Ⓑ・C
	1302	○○ ○○	司	うまく指示　スムーズな進行	Ⓐ・B・C
	1303	○○ ○○	発		A・Ⓑ・C
	1304	○○ ○○	記		A・Ⓑ・C
	1305	○○ ○○	発		A・Ⓑ・C
B	1306	○○ ○○	発	悪ふざけの発言ばかり	A・B・Ⓒ
	1307	○○ ○○	発		A・Ⓑ・C
	1308	○○ ○○	発		A・Ⓑ・C
	1309	○○ ○○	司		A・Ⓑ・C
	1310	○○ ○○	記	丁寧かつ的確に記録している	Ⓐ・B・C
〜				〜	
E	1321	○○ ○○	司		A・Ⓑ・C
	1322	○○ ○○	発	多くの意見が出ている。視点が面白い。	Ⓐ・B・C
	1323	○○ ○○	発		A・Ⓑ・C
	1324	○○ ○○	発	全く参加していない	A・B・Ⓒ
	1325	○○ ○○	記		A・Ⓑ・C

資料２　評価用紙の例

（ア）粘り強い取組を行おうとする側面の評価

　　資料３のワークシートのように，生徒が①自ら気付いたこと，②グループ学習を通して気付いたことを記述させる。その記述内容を＜考察すべき事項＞と照らし合わせて，生徒の新たな気付きや変容を見取ることにより，粘り強い取組を行おうとする側面を評価する。

評価	B	A	C
状況	おおむね満足できる	十分満足できる	努力を要する
主体的に学習に取り組む態度	情報の適切な表現と活用について，おおむね粘り強く考察しようとしている。 　　　　　（判断の目安） ・基礎的事項に示された三つ以上の内容について気付き，考察しようとしている。	情報の適切な表現と活用について，十分に粘り強く考察しようとしている。 　　　　　（判断の目安） ・基礎的事項に示された三つ以上の内容について気付くとともに，発展的事項に示されたいずれか又は複数の内容について気付き，考察しようとしている。	情報の適切な表現と活用について，粘り強く考察することができない。 【手立て】つまずいている生徒には，机間指導等でヒントを与え，考察すべき事項に気付かせる。 　　　　　（判断の目安） ・B評価に示された判断の目安を達成できない。

＜考察すべき事項＞

基礎的事項	○　文字フォントに関して，フォントの特性を理解し，使い分けていることが考察できる。 ○　大見出し，小見出し等によって，文字数を変えることにより，端的に内容を理解させていることが考察できる。 ○　文字色によって，相手に与える印象が違うことが考察できる。 ○　色彩には，心理的に影響を与える効果があるということを理解し，色を効果的に使って表現することが考察できる。 ○　イラストには，文字を使わなくても情報を効果的に伝えることができることが考察できる。
発展的事項	○　文字ウエイトの違いによって，与えるインパクトに違いがあることが考察できる。 ○　音声，音響には，心理的に影響を与える効果があるということを理解し，音を効果的に使って表現することが考察できる。 ○　映像は，文字，動画，図，音声等を組み合わせたものであり，多くの情報量を瞬時に伝えられることが考察できる。

※　（イ）の評価の判断の目安でも活用する。

考えよう１

　あなたが普段から目にする教科書，新聞，雑誌，Webサイト等において，分かりやすいように工夫されているところはありますか。気づいたことを記入してください。

Ⅰ．とにかく 気づいたことを記入してみよう！
① 文字の形は個性があり訴える力が違う ✓
② 見出しの文字は形が違っていて大きい ○
③ 色はあまり関係ないと思う ✓
④ グラフとかあるとわかりやすい △
⑤ 縦書きと横書きの意味がわからない ✓
⑥
⑦
⑧
⑨
⑩

　　○は基礎的事項，◎は発展的事項，△は正解とはならないが気付けたことや記述できたこととし，この印を基に生徒に再考させる。

　　本事例のように，Ⅰの記述で基礎的事項を三つ確認できるとともに，Ⅱの記述で新たな発展的事項が確認できる場合はA評価と判断する。
　　例えば，Ⅰの記述で基礎的事項を三つ確認できるが，Ⅱの記述で新たな発見が見られない場合はB評価とする。
　　なお，粘り強く考察できず，基礎的事項を三つ記述できない場合はC評価とし，フォントの特性，色彩，図，グラフの印象等について助言をする。

その他の気づいたこと
・効果音とかあるとわかりやすい ○

Ⅱ．グループ学習を通して気づいたことをまとめよう！

①フォントによって印象が違う ○　②見出しは目立つようにする △　③色は組み合わせるとより効果的 ○
④色には心理的な印象がある ◎　⑤　　　　　⑥

資料３　ワークシートの例（A評価の例）

（イ）自らの学習を調整しようとする側面の評価

資料4の「今日の授業でわかったこと」の記述内容から，自ら学習を調整しようとする側面を見取って評価する。

評価	B	A	C
状況	おおむね満足できる	十分満足できる	努力を要する
主体的に学習に取り組む態度	学習した内容を踏まえて，情報の適切な表現と活用について考察し，自分の意見をおおむね調整しようとしている。 （判断の目安） ・基礎的事項に示された内容のいずれか又は複数について考察し，自らの新たな気付きとして具体的に記述しようとしている。	学習した内容を踏まえて，情報の適切な表現と活用について考察し，自分の意見を十分に調整しようとしている。 （判断の目安） ・基礎的事項及び発展的事項に示された内容のうち，それぞれいずれか又は複数について考察し，自らの新たな気付きとして具体的に記述しようとしている。	情報の適切な表現と活用について，自分の意見を調整することができない。 【手立て】ワークシート返却時に，良い例を積極的に取り上げるとともに，生徒には個別に指導し，今後に生かす。 （判断の目安） ・情報の適切な表現と活用について具体的に考察し，記述することができない。

考えよう4　今日の授業でわかったこと！新しい意見！　　　　　　　　B評価の例
・フォントによって相手に与える印象がかわり，全体も見やすくなる。

考えよう4　今日の授業でわかったこと！新しい意見！　　　　　　　　A評価の例
・見出しは10文字程度でわかりやすくしている
・音響なども心に与える影響が大きいことが改めてわかった。
　　　　　　基礎的事項に気付き，さらに発展的事項に気付くことができた。

考えよう4　今日の授業でわかったこと！新しい意見！　　　　　　　　C評価の例
・いろいろと工夫していることがわかった。
　　　　　　具体性に乏しく，学習改善が必要である。

資料4　ワークシートの記述例

「おおむね満足できる」状況（B評価）の記述例では，文字フォントの違いによって印象や見やすさが変わることが記述されており，本時の学習を通して＜考察すべき事項＞の基礎的事項に示された「フォントの特性」に気付くことができ，新たな発見が確認できたのでB評価とした。

「十分満足できる」状況（A評価）の記述例では，見出しの文字数の違いによる印象や，音響が心に与える影響など，本時の学習を通して発展的事項に示された「情報デザインの特性」に気付くことができ，基礎的事項及び発展的事項について，いずれも新たな発見が確認できたのでA評価とした。

「努力を要する」状況（C評価）の記述例では，「工夫していることが分かった」という記述など，具体性に乏しく学習改善を図るための手立てが必要と判断したのでC評価とした。手立てとして，情報の適切な表現と活用について考察すべき事項を確認した。

前述した二つの側面から「主体的に学習に取り組む態度」の評価を行うと次のとおりである。

自らの学習を調整しようとする側面の評価（資料4のワークシートへの記述）	A評価	B	A	A
	B評価	B	B	A
	C評価	C	B	B
		C評価	B評価	A評価
	粘り強い取組を行おうとする側面の評価（資料3のワークシートへの記述）			

なお，これらの生徒の姿は，実際の教科等の学びの中では別々ではなく，相互に関わり合いながら立ち現れるものと考えられることから，実際の評価の場面においては，双方の

- 149 -

側面を一体的に見取ることが望まれる。例えば，自らの学習を全く調整しようとせず粘り強く取り組み続ける姿や，粘り強さが全くない中で自らの学習を調整する姿は一般的ではないことに留意する必要がある。

シールを活用した観察による評価

観察による評価を効率的に行うために，シールを活用した事例を紹介する。

「積極的な発言・意見」をした場合は赤，「関心を引く発言・意見」をした場合は青等，シールの色を決め，机間指導の際に，生徒のグループワークの様子を観察し，該当する生徒のワークシートに貼り付けていく。

授業終了後にワークシートを回収し，資料2の「評価用紙」の記述内容と，資料5の「ワークシート」に貼られたシールの枚数等で評価を行うことにより，適切な評価が期待できる。ほかにも，様々な効率的な評価方法があるので，各校で研究することが望まれる。

シールを3枚貼った様子

考えよう！
あなたが普段から目にする教科書，新聞，雑誌，Webサイト等において，分かりやすいように工夫されているところはありますか。気づいたことを記入してください。

Ⅰ．とにかく気づいたことを記入してみよう！
① 文字の形は個性があり訴える力が違う ② 見出しの文字は形が違っていて大きい
③ 色はあまり関係ないと思う ④ グラフとかあるとわかりやすい
⑤ 縦書きと横書きの意味がわからない ⑥
⑦ ⑧
⑨ ⑩

その他の気づいたこと
・効果音とかあるとわかりやすい

Ⅱ．グループ学習を通して気づいたことをまとめよう！
①フォントによって印象が違う ②見出しは目立つようにする ③色は組み合わせるとより効果的
④色には心理的な印象がある ⑤ ⑥

資料5　ワークシート例

（2）「思考・判断・表現」の評価

ア　評価の進め方

「思考・判断・表現」の評価規準は，「企業における情報デザインの意義と課題について，企業活動と関連付けて見いだしている」ことである。そこで，資料6のワークシートにある，「今後ビジネスにおいて『情報』を取り扱うために気を付けたいこと」の記述から，身に付けた知識をどのように活用しようとしているのかを見取ることとする。

イ　評価の実践事例

評価	B	A	C
状況	おおむね満足できる	十分満足できる	努力を要する
思考・判断・表現	学習した情報デザインに関する知識を生かして，ビジネスで情報を取り扱う際の課題について考察し，おおむね表現している。 （判断の目安） ・ビジネスで情報を取り扱う際の課題について，考察し，具体的に記述している。	学習した情報デザインに関する知識を生かして，ビジネスで情報を取り扱う際の課題について考察し，十分に表現している。 （判断の目安） ・ビジネスで情報を取り扱う際の課題について，複数の視点から考察し，具体的に記述している。	ビジネスで情報を取り扱う際の課題について考察することができない。 【手立て】資料7の振り返りワークシートを活用し，個別指導を通して再考させる。 （判断の目安） ・ビジネスで情報を取り扱う際の課題について，適切な記述ができない。

「おおむね満足できる」状況（B評価）の記述例では，本時の学習を通して，今後ビジネスで「情報」を取り扱う際の課題として，「文字フォントや色」について具体的に記述しているのでB評価とした。なお，一つ目の記述では，「受信者主体」という記述があるものの，「わかりやすく工夫」について，何をどうするか記述がないため，A評価の判断の目安である「複数の視点から具体的に考察し，記述することができる」とまでは言えないと判断した。

「十分満足できる」状況（A評価）の記述例では，「発信者として，フォントや色彩を選択して」と具体的な記述があることに加え，「わかりやすい文章表現やイラスト，図などを効果的に」という具体的な記述があり，複数の視点から具体的に考察し，記述することができているのでA評価とした。

「努力を要する」状況（C評価）の記述例では，「とてもためになった」，「いろいろ注意する」という記述が具体性に乏しく学習改善を図るための手立てが必要と判断したので

C評価とした。なお，C評価となった生徒への手立ては，資料7の振り返りシートの例（自己評価）を活用し，情報デザインの様々な効果について気付かせるとともに，今後の授業の振り返りやワークシートの記述の仕方について具体例を示して指導した。

考えよう5　今後ビジネスにおいて「情報」を取り扱うために，気を付けたいことは？　　B評価の例

・ 情報の発信は，発信者主体でなく 受信者主体でわかり やすく 工夫したい。
・ 今後は，文字フォント や色などを気を付けたい。

> 文字に着目し，フォントや色について具体的に考察し，表現している。

> 複数の記述があるが，一つ目は具体的でない。

考えよう5　今後ビジネスにおいて「情報」を取り扱うために，気を付けたいことは？　　A評価の例

・ 情報の発信者として，フォント や色彩を選択して情報を加工したい。
・ わかり やすい文章表現やイラスト，図などを効果的に使用したい。

> 文字のフォントや色に加え，文章表現やイラスト，図についても考察し，表現している。

考えよう5　今後ビジネスにおいて「情報」を取り扱うために，気を付けたいことは？　　C評価の例

・ 今日の授業はとてもためになった。今後はいろいろ注意する。

> 課題について具体的に考察し，表現することができない。

資料6　ワークシートの例

振り返りシートの例（自己評価）

	A	B	C
文字による効果	フォントには個性があり，フォントによる表現力を生かしながら統一した表現が必要であることがわかった。	フォントには個性があり，その個性を最大限生かすことが必要であることがわかった。	文字による効果はあまり意味がないと感じた。
イラスト・図による効果	イラスト・図やグラフには，文字の何倍もの表現力があり，効果的に用いることにより短時間でより多くの情報量を伝達することができることがわかった。	イラスト・図やグラフには，表現力や伝達力があることがわかった。ただし，どのようにすれば効果的に用いられるかわからない。	イラスト・図による効果はあまり意味がないと感じた。
色彩による効果	人間には心理的に感じる色彩の効果があり，効果的に情報を伝える手段の一つである。ただし，受け手による印象の違いには注意が必要であることがわかった。	人間には心理的に感じる色彩の効果があることがわかった。色の使い方は，今後気をつけたい。	色彩による効果はあまり意味がないと感じた。
音声・音響による効果	人間には心理的に感じる音の効果があり，文字よりも素早く情報を伝えられるが，誤認する可能性があることも認識する必要があることがわかった。	人間には心理的に感じる音の効果があり，音をうまく使うことで，効果的に表現できることがわかった。	音声・音響による効果はあまり意味がないと感じた。
映像による効果	映像（文字や動画，図，音響を組み合わせること）には，より多くの情報量を瞬時にかつ効果的に伝達することができることがわかった。	映像はとてもわかりやすく，情報の伝達力は，単体で行うよりも効果的であることがわかった。	映像による効果はあまり意味がないと感じた。

資料7　振り返りシートの例

＜参考＞

「思考・判断・表現」を問う定期考査問題例

問1　情報デザインを考える際に気を付けることを，次のキーワードを用いて，80 文字以内で答えなさい。　キーワード：受け手，見栄え
（解答例）情報デザインを考える際は，情報を派手に見せたり，見栄えをよくしたりするのではなく，情報をいかに整理し分かりやすくして受け手に伝えるかが大切です。

問2　ユニバーサルデザインを学び，気付いたことを通して，情報デザインを考える際に気を付けることを，次のキーワードを用いて答えなさい。　キーワード：人種，虹の見え方
（解答例）日本人の虹の見え方は七色であるが，世界的にみると，五色に見えたり，二色だったりすることもあります。ユニバーサルデザインとは，国籍や人種，年齢・性別等の違いにかかわらず，多くの人が利用できることを目的としたデザインです。虹の見え方の例でも分かるとおり，情報をデザインする時は，色彩等にも気を付けたいと思います。

オンライン学習を活用したグループワークの実践と評価方法

　ビジネスの現場では，リモートワークを積極的に取り入れようとする企業が多い。そこで，教育現場でも実際のビジネスの場面を想定した学習活動を積極的に導入すべきであると考える。

　本事例では，チャット機能を活用したグループワークの実践事例を示す。チャット機能の活用は，生徒の全ての会話を文字で記録することができ，これまで評価が難しいとされていたグループワークの活動（生徒の変容等）を，時間をかけて評価することができるという利点がある。

○ チャット機能を利用したグループワークのメリット
・ 全ての会話が記録されるため，話し合いの様子がよく分かり生徒の変容が把握しやすい。
・ 集合型の授業で，声を出して発言することが苦手な生徒でも積極的に発言できる。
・ 記録が全て残るため，時間をかけて生徒を評価することができる。

［事例］
テーマ：年功序列か成果主義か，あなたならどちらを選びますか，その理由も説明してください。
課　題：雇用についてそれぞれの考えを述べた後，グループで考えを一つにまとめ発表する。

年功序列と成果主義

Q2　あなたならどっちがいい？

理由も考えてみよう

［グループワークのチャットログ］　一部抜粋

生徒 1201
　頑張った分だけ評価される成果主義がいいです。

生徒 1202
　あまり自信がないので年功序列がいいです。

生徒 1203
　成果主義は本当に評価されているのかな…

生徒 1204
　成果主義の方がやる気が出ると思う。

生徒 1201
　評価方法がわかりやすいと良い。

生徒 1202
　確かにそれなら成果主義が良いかな。

生徒 1205
　業種や職種によって変わるような気がする。

生徒 1201
　まず，業種か職種を決めてからすすめよう。

> 全ての会話が記録に残るため，グループワークの内容が後で確認できる。

評　価	B	A	C
状　況	おおむね満足できる	十分満足できる	努力を要する
思考・判断・表現	日本の雇用形態に関する課題を発見し，その課題への対応策を考案している。	日本の雇用形態に関する課題を発見し，科学的な根拠に基づいて，その課題への対応策を考案している。	日本の雇用形態に関する課題を発見することができない。 【手立て】日本の雇用形態に関する課題には，どのようなものがあるかを確認させる。
主体的に学習に取り組む態度	日本の雇用形態に関する課題について自ら学び，その課題解決に向けて，主体的かつ協働的に取り組もうとしている。	日本の雇用形態に関する課題について自ら学び，その課題解決に向けて，主体的かつ協働的に取り組み，他者の意見を聞きながら自分の考えを調整しようとしている。	グループワークで主体的かつ協働的に取り組もうとする意欲が感じられない。 【手立て】グループワークの目的や役割分担について再度確認する。

【水産科】

第２編

「〔指導項目〕ごとの評価規準」

を作成する際の手順

1 高等学校水産科の〔指導項目〕

高等学校水産科における〔指導項目〕は，以下のようになっている。

【第3編（事例）で取り上げた科目の〔指導項目〕を記載している】

第1 水産海洋基礎

(1) 海のあらまし

  ア 日本の海，世界の海

  イ 海と食生活・文化・社会

  ウ 海と環境

  エ 海と生物

(2) 水産業と海洋関連産業のあらまし

  ア 船と暮らし

  イ とる漁業・つくり育てる漁業と資源管理

  ウ 水産物の流通と加工

  エ 我が国の水産業と海洋関連産業

(3) 基礎実習

  ア 水産・海洋生物の採集

  イ 水産・海洋生物の飼育

  ウ 水産物の加工

  エ 海洋実習

※ その他の科目についても，内容の(1), (2)···における各項目を〔指導項目〕とする。

2　高等学校水産科における「〔指導項目〕ごとの評価規準」作成の手順

　ここでは，科目「水産海洋基礎」の (1)海のあらまし を取り上げて，「〔指導項目〕ごとの評価規準」作成の手順を説明する。

　まず，学習指導要領に示された教科の目標を踏まえて，「評価の観点及びその趣旨」が作成されていることを理解する。次に，教科の目標と「評価の観点及びその趣旨」との関係性を踏まえ，科目の目標に対する「評価の観点の趣旨」を作成する。その上で，①及び②の手順を踏む。

＜例　水産海洋基礎〔指導項目〕(1) 海のあらまし＞

【高等学校学習指導要領　第3章　第4節　水産　「第1款　目標」】

　水産の見方・考え方を働かせ，実践的・体験的な学習活動を行うことなどを通して，水産業や海洋関連産業を通じ，地域や社会の健全で持続的な発展を担う職業人として必要な資質・能力を次のとおり育成することを目指す。

(1)	(2)	(3)
水産や海洋の各分野について体系的・系統的に理解するとともに，関連する技術を身に付けるようにする。	水産や海洋に関する課題を発見し，職業人に求められる倫理観を踏まえ合理的かつ創造的に解決する力を養う。	職業人として必要な豊かな人間性を育み，よりよい社会の構築を目指して自ら学び，水産業や海洋関連産業の振興や社会貢献に主体的かつ協働的に取り組む態度を養う。

(高等学校学習指導要領 P. 337)

【改善等通知　別紙5　各教科等の評価の観点及びその趣旨　＜水産＞】

知識・技術	思考・判断・表現	主体的に学習に取り組む態度
水産や海洋の各分野について体系的・系統的に<u>理解している</u>とともに，関連する技術を<u>身に付けている</u>。	水産や海洋に関する課題を発見し，職業人に求められる倫理観を踏まえ合理的かつ創造的に解決する力を<u>身に付けている</u>。	よりよい社会の構築を目指して自ら学び，水産業や海洋関連産業の振興や社会貢献に主体的かつ協働的に取り組む態度を<u>身に付けている</u>。

(改善等通知　別紙5　P. 6)

　水産の見方・考え方を働かせ，実践的・体験的な学習活動を行うことなどを通して，水産業や海洋関連産業において必要となる基礎的な資質・能力を次のとおり育成することを目指す。

(1)	(2)	(3)
水産業や海洋関連産業の国民生活における社会的意義や役割などについて体系的・系統的に理解するとともに，関連する技術を身に付けるようにする。	水産業や海洋関連産業全体を広い視野で捉え課題を発見し，水産業や海洋関連産業に関わる者として合理的かつ創造的に解決する力を養う。	持続可能な水産業や海洋関連産業の構築を目指して自ら学び，地域の振興や社会貢献に主体的かつ協働的に取り組む態度を養う。

(高等学校学習指導要領 P.337)

　以下は，教科の目標と「評価の観点及びその趣旨」との関係性を踏まえた，科目の目標に対する「評価の観点の趣旨」の例である。

【「第2款　第1　水産海洋基礎」の評価の観点の趣旨（例）】

知識・技術	思考・判断・表現	主体的に学習に取り組む態度
水産業や海洋関連産業の国民生活における社会的意義や役割などについて体系的・系統的に理解しているとともに，関連する技術を身に付けている。	水産業や海洋関連産業全体を広い視野で捉え課題を発見し，水産業や海洋関連産業に関わる者として合理的かつ創造的に解決する力を身に付けている。	持続可能な水産業や海洋関連産業の構築を目指して自ら学び，地域の振興や社会貢献に主体的かつ協働的に取り組む態度を身に付けている。

① 　各科目における〔指導項目〕と「評価の観点」との関係を確認する。

　　職業教育を主とする専門教科は，各教科及び各科目の目標に，(1)「知識及び技術」，(2)「思考力，判断力，表現力等」，(3)「学びに向かう力，人間性等」を示すとともに，各科目の〔指導項目〕の大項目ごとに「このねらいを実現するため，次の①から③までの事項を身に付けることができるよう，〔指導項目〕を指導する。」としている。

　　※①「知識及び技術」，②「思考力，判断力，表現力等」，③「学びに向かう力，人間性等」

第1　水産海洋基礎
　(1) 海のあらまし
　　ア　日本の海，世界の海
　　イ　海と食生活・文化・社会
　　ウ　海と環境
　　エ　海と生物

〈高等学校学習指導要領解説　水産編　P.19〉
　(1) 海のあらまし
　　　ここでは，海の成り立ち，海の物理的・化学的要素，海の生物，海が地球環境や人間の生活に果たす役割，偉人，文化，産業，資源，関連法規などについて取り上げ，それぞれの基礎的な事項とともに，海，水産物及び船と生活の関わりについて理解させ，海に関する学習に興味・関心をもたせることをねらいとしている。
　　　このねらいを実現するため，次の①から③までの事項を身に付けることができるよう，〔指導項目〕を指導する。
　① 　海と人間生活の関わりについて基礎的な内容を理解すること。
　② 　海と人間生活における課題を発見し，合理的かつ創造的に解決すること。
　③ 　海と人間生活の関わりについて自ら学び，主体的かつ協働的に取り組むこと。

②　【観点ごとのポイント】を踏まえ，「〔指導項目〕ごとの評価規準」を作成する。

（１）「〔指導項目〕ごとの評価規準」を作成する際の【観点ごとのポイント】

○「知識・技術」のポイント

　　　「知識・技術」については，学習指導要領の「1　目標」に示す資質・能力を身に付けることができるよう，「2　内容」の各指導項目に対し，学習指導要領解説の〔指導項目〕の大項目ごとに示された「このねらいを実現するため，次の①から③までの事項を身に付けることができるよう，〔指導項目〕を指導する。」の①を参考に，知識については「…理解する」の記述を，技術については「…身に付ける」「…習得する」の記述を当てはめ，それらを生徒が「…理解している」「…身に付けている」「…習得している」かどうかの学習状況として表すこととする。

○「思考・判断・表現」のポイント

　　　「思考・判断・表現」については，学習指導要領の「1　目標」に示す資質・能力を身に付けることができるよう，「2　内容」の各指導項目に対し，学習指導要領解説の〔指導項目〕の大項目ごとに示された「このねらいを実現するため，次の①から③までの事項を身に付けることができるよう，〔指導項目〕を指導する。」の②を参考に，「…発見（探究，判断）し，解決する（見いだす）（考察する）」の記述を当てはめ，それらを生徒が「…発見（探究，判断）し，解決して（見い出して）（考察して）いる」かどうかの学習状況として表すこととする。

○「主体的に学習に取り組む態度」のポイント

　　　「主体的に学習に取り組む態度」については，学習指導要領の「1　目標」に示す資質・能力を身に付けることができるよう，「2　内容」の各指導項目に対し，学習指導要領解説の〔指導項目〕の大項目ごとに示された「このねらいを実現するため，次の①から③までの事項を身に付けることができるよう，〔指導項目〕を指導する。」の③を参考に，「…自ら学び，主体的かつ協働的に取り組む」の記述を当てはめ，それらを生徒が「…自ら学び，主体的かつ協働的に取り組んでいる」かどうかの学習状況として表すこととする。

（2）学習指導要領解説の「2　内容」〔指導項目〕及び「〔指導項目〕ごとの評価規準（例）」

学習指導要領解説 2　内容	知識及び技術	思考力，判断力，表現力等	学びに向かう力，人間性等
	海と人間生活の関わりについて基礎的な内容を<u>理解する</u>こと。	海と人間生活における課題を<u>発見し</u>，合理的かつ創造的に<u>解決する</u>こと。	海と人間生活の関りについて自ら学び，主体的かつ協働的に<u>取り組む</u>こと。

〔指導項目〕ごとの評価規準（例）	知識・技術	思考・判断・表現	主体的に学習に取り組む態度
	海と人間生活の関わりについて基礎的な内容を<u>理解している</u>。	海と人間生活における課題を<u>発見し</u>，合理的かつ創造的に<u>解決しようとしている</u>。	海と人間生活の関りについて自ら学び，主体的かつ協働的に<u>取り組もうとしている</u>。

※　各学校においては，「〔指導項目〕ごとの評価規準」の考え方を踏まえて，各学校の実態を考慮し，単元等の評価規準を作成する。具体的には第3編において事例を示している。

【水産科】

第３編

単元ごとの学習評価について

（事例）

第１章　「〔指導項目〕ごとの評価規準」の考え方を踏まえた評価規準の作成

1　本編事例における学習評価の進め方について

　各教科及び科目の単元における観点別学習状況の評価を実施するに当たり，まずは年間の指導と評価の計画を確認することが重要である。その上で，学習指導要領の目標や内容，「〔指導項目〕ごとの評価規準」の考え方等を踏まえ，以下のように進めることが考えられる。なお，複数の単元にわたって評価を行う場合など，以下の方法によらない事例もあることに留意する必要がある。

評価の進め方	留意点
1 **単元の目標を作成する**	○　学習指導要領の目標や内容，学習指導要領解説等を踏まえて作成する。 ○　生徒の実態，前単元までの学習状況等を踏まえて作成する。 ※　単元の目標及び評価規準の関係性（イメージ）については下図参照 **単元の目標及び評価規準の関係性について（イメージ図）**
2 **単元の評価規準を作成する**	
3 **「指導と評価の計画」を作成する**	○　1，2を踏まえ，評価場面や評価方法等を計画する。 ○　どのような評価資料（生徒の反応やノート，ワークシート，作品等）を基に，「おおむね満足できる」状況（B）と評価するかを考えたり，「努力を要する」状況（C）への手立て等を考えたりする。
授業を行う	○　3に沿って観点別学習状況の評価を行い，生徒の学習改善や教師の指導改善につなげる。
4 **観点ごとに総括する**	○　集めた評価資料やそれに基づく評価結果などから，観点ごとの総括的評価（A，B，C）を行う。

2　単元の評価規準の作成のポイント

（1）水産科における〔指導項目〕と単元の関係

　　　学習指導要領（平成30年告示）においては，「知識及び技術」「思考力，判断力，表現力等」「学びに向かう力・人間性等」の三つの柱に整理された資質・能力を身に付けさせることを明確にするため，「1　目標」を三つの柱で整理するとともに，「2　内容」においては学習指導要領解説において，〔指導項目〕の大項目ごとに三つの柱で示している。この三つの柱で示された観点は，1回の授業ですべての学びが実現されるものではないため，単元の中で，学習を見通し振り返る場面やグループなどで対話する場面，生徒が考える場面等を設定し，学びの実現を図っていくことが必要である。

　　　単元とは，生徒に指導する際の内容や時間のまとまりを各学校の実態に応じて適切に構成したものである。単元を構成する際には，〔指導項目〕を小項目ごと等，幾つかに分割して単元とする場合や，〔指導項目〕をそのまま単元とする場合，幾つかの〔指導項目〕を組み合わせて単元とする場合等，様々な場合が考えられるため，各校において水産の科目を設置した目的を踏まえ，生徒や地域の実態，学科の特色に応じて適切に単元を設定することに留意したい。

（2）水産科における単元の評価規準作成の手順

　単元の評価規準は，以下の手順で作成する。

① 〔指導項目〕を基に，単元全体を通して，単元の目標を作成する。

② 「〔指導項目〕ごとの評価規準」を基に，具体的な学習活動から目指すべき学習状況としての生徒の姿を想定し，単元の評価規準を作成する。

（例）「水産海洋基礎」〔指導項目〕(1)海のあらまし　を基に作成した例

① 〔指導項目〕を基に，単元全体を通して，単元の目標を作成する。

〔指導項目〕(1)海のあらまし

学習指導要領解説	知識及び技術	思考力，判断力，表現力等	学びに向かう力，人間性等
	海と人間生活の関わりについて基礎的な内容を<u>理解</u>すること。	海と人間生活における課題を<u>発見</u>し，合理的かつ創造的に<u>解決する</u>こと。	海と人間生活の関わりについて自ら学び，主体的かつ協働的に<u>取り組む</u>こと。

　単元　(1)海のあらまし　ア　日本の海，世界の海　の目標

〔単元の目標〕

(1) 海洋資源や物質の輸送，海の人類への貢献や役割，国際協調について基礎的な内容を<u>理解する</u>。また，海流が気候や気象に及ぼす影響，生命の維持について基礎的な内容を<u>理解する</u>。ア

(2) 海洋資源や物質の輸送，海の人類への貢献や役割，国際協調についての課題を<u>発見</u>し，合理的かつ創造的に<u>解決する</u>。また，海流が気候や気象に及ぼす影響，生命の維持についての課題を<u>発見</u>し，合理的かつ創造的に<u>解決する</u>。イ

(3) 海洋資源や物質の輸送，海の人類への貢献や役割，国際協調について自ら学び，主体的かつ協働的に<u>取り組む</u>。また，海流が気候や気象に及ぼす影響，生命の維持について自ら学び，主体的かつ協働的に<u>取り組む</u>。ウ

　ア　育成を目指す具体的な資質・能力のうち，単元において重視する「知識及び技術」
　イ　育成を目指す具体的な資質・能力のうち，単元において重視する「思考力，判断力，表現力等」

ウ　育成を目指す具体的な資質・能力のうち，単元において重視する「学びに向かう力，人間性等」

> ②　「〔指導項目〕ごとの評価規準」を基に，具体的な学習活動から目指すべき学習状況としての生徒の姿を想定し，単元の評価規準を作成する。

〔指導項目〕(1)海のあらまし

の評価規準指導項目ごと	知識・技術	思考・判断・表現	主体的に学習に取り組む態度
	海と人間生活の関わりについて基礎的な内容を<u>理解している</u>。	海と人間生活における課題を<u>発見し</u>，合理的かつ創造的に<u>解決しようとしている</u>。	海と人間生活の関わりについて自ら学び，主体的かつ協働的に<u>取り組もうとしている</u>。

水産科
第3編

単元　(1)海のあらまし　ア　日本の海，世界の海

単元の評価規準	知識・技術	思考・判断・表現	主体的に学習に取り組む態度
	・海洋資源や物質の輸送，海の人類への貢献や役割，国際協調について基礎的な内容を<u>理解している</u>。 ・海流が気候や気象に及ぼす影響，生命の維持について基礎的な内容を<u>理解している</u>。	・海洋資源や物質の輸送，海の人類への貢献や役割，国際協調についての課題を<u>発見</u>するとともに，合理的かつ創造的に<u>解決しようとしている</u>。 ・海流が気候や気象に及ぼす影響，生命の維持についての課題を<u>発見する</u>とともに，合理的かつ創造的に<u>解決しようとしている</u>。	・海洋資源や物質の輸送，海の人類への貢献や役割，国際協調について自ら学び，主体的かつ協働的に<u>取り組もうとしている</u>。 ・海流が気候や気象に及ぼす影響，生命の維持について自ら学び，主体的かつ協働的に<u>取り組もうとしている</u>。

単元の評価規準作成のポイントは，以下のとおりである。

（1）知識・技術

　学習の過程を通した知識及び技術の習得状況について評価を行うとともに，それらを既有の知識及び技術と関連付けたり活用したりする中で，他の学習や生活の場面でも活用できる程度に概念等を理解したり，技術を習得したりしているかについて評価する。

（2）思考・判断・表現

　知識及び技術を活用して課題を解決する等のために必要な思考力，判断力，表現力等を身に付けているかを評価する。

（3）主体的に学習に取り組む態度

　単に継続的な行動や積極的な発言を行う等，性格や行動面の傾向を評価するのではなく，知識及び技術を獲得したり，思考力，判断力，表現力等を身に付けたりすることに向けた粘り強い取組を行おうとする側面と，学習の進め方について試行錯誤するなど，自らの学習を把握し調整しようとする意志的な側面について評価する。

第2章　学習評価に関する事例について

1　事例の特徴

　　第1編第1章2（4）で述べた学習評価の改善の基本的な方向性を踏まえつつ，平成30年に改訂された高等学校学習指導要領の趣旨・内容の徹底に資する評価の事例を示すことができるよう，本参考資料における事例は，原則として以下のような方針を踏まえたものとしている。

○　単元に応じた評価規準の設定から評価の総括までとともに，生徒の学習改善及び教師の指導改善までの一連の流れを示している

　　本参考資料で提示する事例は，単元の評価規準の設定から評価の総括までとともに，評価結果を生徒の学習改善や教師の指導改善に生かすまでの一連の学習評価の流れを念頭においたものである。なお，観点別の学習状況の評価については，「おおむね満足できる」状況，「十分満足できる」状況，「努力を要する」状況と判断した生徒の具体的な状況の例などを示している。「十分満足できる」状況という評価になるのは，生徒が実現している学習の状況が質的な高まりや深まりをもっていると判断されるときである。

○　観点別の学習状況について評価する時期や場面の精選について示している

　　報告や改善等通知では，学習評価については，日々の授業の中で生徒の学習状況を適宜把握して指導の改善に生かすことに重点を置くことが重要であり，観点別の学習状況についての評価は，毎回の授業ではなく原則として単元や題材など内容や時間のまとまりごとに，それぞれの実現状況を把握できる段階で行うなど，その場面を精選することが重要であることが示された。このため，観点別の学習状況について評価する時期や場面の精選について，「指導と評価の計画」の中で，具体的に示している。

○　評価方法の工夫を示している

　　生徒の反応やノート，ワークシート，作品等の評価資料をどのように活用したかなど，評価方法の多様な工夫について示している。

2 各事例概要一覧と事例

事例1 キーワード 指導と評価の計画から評価の総括まで
科目「水産海洋基礎」
単元「日本の海，世界の海」「海と食生活・文化・社会」「海と環境」「海と生物」（第1学年）

　第1編に示されている水産科の評価の観点及びその趣旨，第2編に示されている評価の観点の趣旨，内容のまとまりごとの評価規準に盛り込むべき事項及び評価規準の設定例を踏まえ，単元「海のあらまし」において，単元の目標の作成から，単元の評価規準の設定，指導と評価の計画の作成，観点別学習状況評価の総括に至る流れを示している。

事例2 キーワード 「知識・技術」の評価
科目「水産海洋基礎」
単元「日本の海，世界の海」「海と生物」「海洋実習」（第1学年）

　展開例1では単元「日本の海，世界の海」において小テストを用い，事実的な知識の習得を問う問題と内容に関連した概念的な理解を問う問題を設定し，「知識」についてそれぞれどの程度身に付けているかを評価する方法を具体的に示している。

　展開例2では①として単元「海と生物」においてワークシートを用い，②として単元「海洋実習」において実技試験を用い，ともに技術による課題解決の場面において，知識に基づいた適切な活用ができるよう「技術」をどの程度身に付けているかを評価する方法を具体的に示している。

事例3 キーワード 「思考・判断・表現」，「主体的に学習に取り組む態度」の評価
科目「水産海洋基礎」
単元「日本の海，世界の海」「海と食生活・文化・社会」「水産物の加工」（第1学年）

　展開例1では単元「日本の海，世界の海」においてグループでの話合いや発表およびレポートによる論述を用い，身に付けた知識や技術を活用して課題を発見しようと積極的に参加しているか，合理的かつ創造的な解決につなげようとしているか等を見取り，「思考・判断・表現」の観点を評価する方法を具体的に示している。

　展開例2では単元「水産物の加工」において行動観察および実習ノートを用い，自ら学び，主体的かつ協働的に取り組んでいるかどうか等を見取り，「主体的に学習に取り組む態度」の観点を評価する方法を具体的に示している。ここでは「知識及び技術を獲得したり，思考力，判断力，表現力等を身に付けたりすることに向けた粘り強い取組を行おうとする側面」と「粘り強い取組を行う中で，自らの学習を調整しようとする側面」の双方から評価することに留意している。

　展開例3では単元「海と食生活・文化・社会」において，グループワークによる学習活動を自己評価および相互評価シートを用い，自ら学び，主体的かつ協働的に取り組んでいるかどうか等を見取り，「主体的に学習に取り組む態度」の観点を評価する方法を具体的に示している。

水産科　　事例1（水産海洋基礎）
キーワード　指導と評価の計画から評価の総括まで

単元名

　日本の海，世界の海
　海と食生活・文化・社会
　海と環境
　海と生物

〔指導項目〕
⑴　海のあらまし
　ア　日本の海，世界の海
　イ　海と食生活・文化・社会
　ウ　海と環境
　エ　海と生物

1　単元の目標

大項目⑴海のあらましの〔指導項目〕を基に単元の目標を作成する。

	⑴知識及び技術	⑵思考力・判断力・表現力等	⑶学びに向かう力，人間性等
⑴海のあらまし	①海と人間生活の関わりについて基礎的な内容を<u>理解すること。</u>	②海と人間生活における課題を発見するとともに，合理的かつ創造的に<u>解決すること。</u>	③海と人間生活の関わりについて自ら学び，主体的かつ協働的に<u>取り組むこと。</u>
1節　日本の海，世界の海	・海洋資源や物質の輸送，海の人類への貢献や役割，国際協調について基礎的な内容を<u>理解する。</u> ・海流が気候や気象に及ぼす影響，生命の維持について基礎的な内容を<u>理解する。</u>	・海洋資源や物質の輸送，海の人類への貢献や役割，国際協調についての課題を発見するとともに，合理的かつ創造的に<u>解決する。</u> ・海流が気候や気象に及ぼす影響，生命の維持についての課題を発見するとともに，合理的かつ創造的に<u>解決する。</u>	・海洋資源や物質の輸送，海の人類への貢献や役割，国際協調について自ら学び，主体的かつ協働的に<u>取り組む。</u> ・海流が気候や気象に及ぼす影響，生命の維持について自ら学び，主体的かつ協働的に<u>取り組む。</u>
2節　海と食生活・文化・社会	・海洋文化，和食の文化，水産物に含まれるタンパク質や有効成分が食生活に与える意義について基礎的な内容を<u>理解する。</u> ・海に由来する資源等が人間の生活に果たす	・海洋文化，和食の文化，水産物に含まれるタンパク質や有効成分が食生活に与える意義についての課題を発見するとともに，合理的かつ創造的に<u>解決する。</u> ・海に由来する資源等が	・海洋文化，和食の文化，水産物に含まれるタンパク質や有効成分が食生活に与える意義について自ら学び，主体的かつ協働的に<u>取り組む。</u> ・海に由来する資源等が

	役割や影響について基礎的な内容を<u>理解する。</u> ・魚食文化をもつ我が国の食生活及び漁村の果たす役割の重要性や，海と人間の古来の関わりの全体像について基礎的な内容を<u>理解する。</u>	人間の生活に果たす役割や影響についての課題を発見するとともに，合理的かつ創造的に<u>解決する。</u> ・魚食文化をもつ我が国の食生活及び漁村の果たす役割の重要性や，海と人間の古来の関わりの全体像についての課題を発見するとともに，合理的かつ創造的に<u>解決する。</u>	人間の生活に果たす役割や影響について自ら学び，主体的かつ協働的に<u>取り組む。</u> ・魚食文化をもつ我が国の食生活及び漁村の果たす役割の重要性や，海と人間の古来の関わりの全体像について自ら学び，主体的かつ協働的に<u>取り組む。</u>
3節　海と環境	・海洋環境の概要や役割及び保全と管理について基礎的な内容を<u>理解する。</u>	・海洋環境の概要や役割及び保全と管理についての課題を発見するとともに，合理的かつ創造的に<u>解決する。</u>	・海洋環境の概要や役割及び保全と管理について自ら学び，主体的かつ協働的に<u>取り組む。</u>
4節　海と生物	・魚介類の飼育や観察について基礎的な内容を<u>理解する。</u> ・海や陸水の生物の特性，生態系サービスの概要について基礎的な内容を<u>理解する。</u>	・魚介類の飼育や観察についての課題を発見するとともに，合理的かつ創造的に<u>解決する。</u> ・海や陸水の生物の特性，生態系サービスの概要についての課題を発見するとともに，合理的かつ創造的に<u>解決する。</u>	・魚介類の飼育や観察について自ら学び，主体的かつ協働的に<u>取り組む。</u> ・海や陸水の生物の特性，生態系サービスの概要について自ら学び，主体的かつ協働的に<u>取り組む。</u>

2 単元の評価規準

単元の目標から，第2編2②(2)を参考に，単元の評価規準を作成する。

	知識・技術	思考・判断・表現	主体的に学習に取り組む態度
(1)海のあらまし	①海と人間生活の関わりについて基礎的な内容を<u>理解している</u>。	②海と人間生活における課題を発見するとともに，合理的かつ創造的に<u>解決しようとしている</u>。	③海と人間生活の関わりについて自ら学び，主体的かつ協働的に<u>取り組もうとしている</u>。
1節　日本の海，世界の海	・海洋資源や物質の輸送，海の人類への貢献や役割，国際協調について基礎的な内容を<u>理解している</u>。 ・海流が気候や気象に及ぼす影響，生命の維持について基礎的な内容を<u>理解している</u>。	・海洋資源や物質の輸送，海の人類への貢献や役割，国際協調についての課題を発見するとともに，合理的かつ創造的に<u>解決しようとしている</u>。 ・海流が気候や気象に及ぼす影響，生命の維持についての課題を発見するとともに，合理的かつ創造的に<u>解決しようとしている</u>。	・海洋資源や物質の輸送，海の人類への貢献や役割，国際協調について自ら学び，主体的かつ共同的に<u>取り組もうとしている</u>。 ・海流が気候や気象に及ぼす影響，生命の維持について自ら学び，主体的かつ協働的に<u>取り組もうとしている</u>。
2節　海と食生活・文化・社会	1節と同様に作成	1節と同様に作成	1節と同様に作成
3節　海と環境	1節と同様に作成	1節と同様に作成	1節と同様に作成
4節　海と生物	1節と同様に作成	1節と同様に作成	1節と同様に作成

3 指導と評価の計画

(1)海のあらまし（25時間）　　　　　　　　　　　　◇:評価方法の例

指導事項 （時数）	学習活動 ※[ ]は学習内容例	知識・技術	思考・判断・表現	主体的に学習に取り組む態度
1-1 海の成り立ち(2)	・単元の導入 ・海の成り立ちのしくみを見いだす。 [海の誕生，原始の海]		②地球誕生から原始の海の誕生までの過程を表現できる。◇論述・レポート	①海と私たちの生活との関わりを見いだそうとしている。◇自己評価シート
1-2 グローバルな海(4)	・海の分類，水界の広がりや海水の流動のしくみを理解する。 ・潮汐変化の特徴を捉え，グラフを作成す	③海の種類を分類できる。◇ワークシート ⑥世界の海流および日本の海流の	④潮汐変化の様子が分かるよう適切なグラフをグループでまとめ，作成することができる。	

	る。 ・世界の海流および日本の海流の名称や特性に関する知識を身に付ける。 [大洋, 内海, 縁海, 湾, 海洋, 大陸棚, 大陸斜面, 大洋底, 海溝, 河川, 湖沼, 湧昇流, 沈降流, 潮汐, 大潮, 潮流, 風浪, うねり, 高潮, 海陸風]	名称や特性を説明できる。◇小テスト 事例2展開例1	◇作品の制作 ⑤グラフを読み取り, 太平洋側と日本海側との違いを文章にまとめることができる。◇ワークシート	
1-3 海と人間生活(2)	・公海, 領海, 排他的経済水域を理解する。 ・海の規定制定までの歴史を認識し, 領土問題などの国際情勢を考える。 ・海の偉人が日本や世界の文化に大きく関わったことを理解する。 [公海, 領海, 排他的経済水域, シーマンシップ]		⑦公海, 領海, 排他的経済水域について, 海の規定と関連させて考察し, 発表することができる。◇話合い・論述・発表 事例3展開例1	⑧海と地球環境との関わりについて, 自分の考えがどう変化したかを見いだそうとしている。◇自己評価シート
2-1 海洋文化(2)	・魚食文化を通じて地域の伝統や社会貢献に取り組む力を養う。 [精神文化, 魚食文化, 加工食品]		②海と食生活・文化・社会と関わっている事例を列挙できる。◇ワークシート	①地域の魚食習慣について自ら学び, 主体的かつ協働的に取り組んでいる。◇相互評価・自己評価 事例3展開例3
2-2 食生活と水産物(3)	・水産物が食生活に与える意義を見いだす。 [日本人型食生活, 魚介類の成分, 赤身と白身, 魚介類の旬, DHA, EPA, タウリン]	⑤魚介類の成分とその栄養効果を説明できる。◇小テスト	④日本人型食生活と水産物の特徴を話し合い, その関係と効果を発表することができる。◇話合い・発表	③日本人型食生活と水産物の特徴について, 日常生活と関連づけて意欲的に調べようとしている。◇発言・行動観察
2-3 海と社会(2)	・漁村の果たす役割の重要性を考える。 [漁村の役割, 漁村の活性化]		⑥漁村の活性化についてグループでまとめ, 発表することができる。◇話合い・発表	⑦海と食生活・文化・社会との関わりについて, 自分の考えがどう変化したかを記述することができる。◇自己評価シート
3-1 海洋の環境と役割 3-2 日本の海洋環境(2)	・海洋環境の概要や役割を理解する。 [熱輸送, 水循環, 潮境, 世界三大漁場, 栄養塩類, マリンスノー]	①水循環について, 手順に応じた器具や材料を正しく選択して扱い, それらの過程や得られた結果を適切に記録している。◇観察・実験		

3-3 海洋環境の保全と管理(1)	海洋環境の保全と管理の方法を考える。 [富栄養化, 乱獲, マイクロプラスチック]		②海洋を取り巻く数多くの問題と解決策を考察できる。◇論述・レポート	
3-4 陸水の環境(2)	・陸水環境の特徴を理解する。 [河川, 湖沼, アオコ]	③我が国の海洋及び陸水の特徴を説明できる。◇小テスト		④海洋の役割について, 自分の考えがどう変化したかを記述することができる。◇ノート・レポート
4-1 生物の分類 4-2 魚介類の特性(1)	・生物の分類方法について理解し, 分類の仕方に関する技術を身に付ける。 ・魚介類の特性を捉える。 [分類, 種]	①生物の分類に関する知識を基に, 樹形図に示すことができる。◇ワークシート 事例2 展開例2①		
4-3 生物多様性 4-4 生態系サービス(1)	・生物多様性の重要性を理解する。 [生態系サービス]		②身近な生態系サービスについて調べ, 発表することができる。◇発表	③身近な生態系サービスについて, 身近な生物と関連づけて意欲的に調べようとしている。◇発言・行動観察
4-5 生物の飼育と観察 4-6 現地調査(2)	・魚介類の飼育や観察の方法を理解する。		④身近な生物の飼育方法と飼育時の注意点を調べている。◇ワークシート	⑤海と私たちとの生活に関わりについて, 自分の考えがどう変化したかを論述できる。◇自己評価シート
(1) 海のあらまし(1)	・定期考査を受検する。	◇定期考査	◇定期考査	

(2) 基礎実習 (26 時間) 抜粋　　　　　　　　　　　　◇:評価方法の例

指導事項 （時数）	学習活動 ※[ ]は学習内容例	知識・技術	思考・判断・表現	主体的に学習に取り組む態度
3-6 流通現場の見学(3)	・流通現場を見学する。 ・地域の水産業の現状を把握する。			①地域の流通現場について, 興味・関心を持って見学するとともに主体的に聞き取り調査を行い, 地域の水産業の現状を把握しようとしている。◇行動観察・ノート 事例3展開例2
4-4 結索（ロープワーク）(1)	・結索方法を理解する。 ・結索技術を身に付ける。 [もやい結び, まき結び, ひとえつなぎ]	①結索技術を身に付けている。◇実技試験 事例2展開例2②		

- 172 -

4 観点別学習状況の評価の進め方

観点別学習状況の評価は様々な場面で行われるが，留意点及び本編での取扱いは以下の通りである。

（1）知識・技術

ペーパーテストにおいて事実的な知識の習得を問う問題，概念的な理解を問う問題とのバランスに配慮するなどの工夫改善を図る等が考えられる。本稿では事例2展開例1において小テストによって評価する事例を示している。

また，内容の特質に応じて観察・実験を行ったり，式やグラフで表現したりするなど実際に知識や技術を用いた場面を設ける等，多様な方法が考えられる。本稿では事例2展開例2①②においてワークシートおよび実技試験によって，得られた知識と関連付け適切に活用できるかどうかを評価する事例を示している。

（2）思考・判断・表現

ペーパーテストのみならず，論述やレポートの作成，発表，グループでの話合い，作品の制作や表現等の多様な活動を取り入れたり，それらを集めたポートフォリオを活用したりするなど評価方法を工夫することが考えられる。本稿では事例3展開例1においてレポートによる論述およびグループによる話合いや発表によって，課題を発見するとともに合理的かつ創造的な解決につながる内容であるかどうかを評価する事例を示している。

（3）主体的に学習に取り組む態度

①知識及び技術を獲得したり，思考力・判断力・表現力等を身に付けたりすることに向けた粘り強い取組を行おうとする側面と，②①の粘り強い取組を行う中で，自らの学習を調整しようとする側面という二つの側面から評価することが求められる。この「自らの学習を調整しようとする側面」の評価に当たっては，生徒が自らの理解の状況を振り返ることができるよう工夫したり，自らの考えを記述したり話し合ったりする場面，他者との協働を通じて自らの考えを相対化する場面を設けるなどの工夫が考えられる。本稿では事例3展開例2において行動観察および実習ノートによって，また，事例3展開例3において自己評価・相互評価シートによって，それぞれ粘り強く自ら学んでいるか，主体的かつ協働的に取り組んでいるか，自らの行動を見直し次に生かそうとしているかを評価する事例を示している。

5 観点別学習状況の評価の総括

観点別学習状況の評価の総括の場面とその流れは，次のように3段階の場合が多いと考えられる。

① 単元（題材）における観点ごとの評価の総括
② 学期末における観点ごとの評価の総括
③ 学年末における観点ごとの評価の総括 ← 評定への総括の場面

ある単元（題材）において，あまりにも多くの評価規準を設定したり，多くの評価方法を組合せたりすることは，評価を行うこと自体が大きな負担となり，その結果をのちの学習指導の改善に生かすことが十分にできなくなる恐れがある。

総括の考え方として「十分満足できる」状況と判断されるものを（a），「おおむね満足できる」状況と判断されるものを（b），「努力を要する」状況と判断されるものを（c）として評価を行い，ア）評価結果の組合せにより総括する方法，イ）評価結果を数値化して総括する方法などが考えられる。

なお，本事例はあくまで参考事例であり，観点別学習状況の評価と総括については様々な考え方があることに加え，各学校の状況によって異なる。そのため，各校で科目の特性や具体的な学習活動等を踏まえて，総括の場面や方法を工夫することが大切である。

ア）評価結果の組合せにより総括する方法の例

評価機会　→	1	2	3	4	5	6	7	8	評価の総括
知識・技術	a	b	b		a	a		b	A
思考・判断・表現		b		c	c	b	c	a	B
主体的に学習に取り組む態度	a			a	c		a		A

a，b，cの数が多いものがその観点の学習の状況を表しているとの考えを基本とするが，同数やばらつきが見られるものについては個別に判断して総括している。

イ）評価結果を数値化して総括する方法の例

評価機会　→	1	2	3	4	5	6	7	8	平均値	評価の総括
知識・技術	a	b	b		a	a		b	(3+2+2+3+3+2)/6=2.50	B
思考・判断・表現		b		c	c	b	c	a	(2+1+1+2+1+3)/6=1.67	B
主体的に学習に取り組む態度	a			a	c		a		(3+3+1+3)/4=2.50	B

a＝3，b＝2，c＝1として平均値を計算し，A：平均値＞2.5，B：2.5≧平均値≧1.5，C：1.5＞平均値で総括している。

6　定期考査の扱い

定期考査は，そこで得られる結果が学習状況のすべてを表すものではない。また，評価する機会や重みが定期考査に偏ることのないよう，評価の時期や場面について工夫する必要がある。そのため，評価に定期考査を活用する場合は，あらかじめ指導と評価の計画に適切に位置付けるとともに，定期考査の問題を観点別に割り振ることで，得点のみが評価に用いられるものではないことを示す。

問題や解答欄に記載する→　　【思考・判断・表現】

問1　「大潮」とはどのような潮で，どのようなときに起こるか，説明しなさい。

このような準備を行った上で，授業等で行った観点ごとの評価に加え，定期考査で割り振る観点を整理し，単元ごとの評価に基づき総括する。

7　学期末における観点ごとの評価の総括

単元と評価規準をP.170〜172の「3　指導と評価の計画」に基づいて設定した，科目「水産海洋基礎」の学期末における観点ごとの評価の総括の例を示す。

「水産海洋基礎」の学期末の観点ごとの評価の総括の例

		1-1	1-2	1-3	2-1	2-2	2-3	3-1・2	3-3	3-4	4-1・2	4-3・4	4-5・6	定期考査	評価の総括
生徒A	知・技		b			a		a		a	a			50点/60点	A
	思・判・表	a	a	b	b	b	b		b			b	b	25点/40点	B
	主体的	a		c	b	b	a			b		b	b		B

ここでは定期考査の問題が【知識・技術】と【思考・判断・表現】の観点に振り分けられ，【知識・技術】60%，【思考・判断・表現】40%の得点割合で出題されていたとする。また，【知識・技術】のうち定期考査で見取る割合を50%，【思考・判断・表現】のうち定期考査で見取る割合を10%に設定したとする。そのうえで，評価結果を数値化する方法で，a＝3，b＝2，c＝1として各観点の到達状況を計算し，また，定期考査の得点も到達状況として計算し，見取る割合に応じて合算することで評価を総括した例である。（A：0.83以上，B：0.50以上，C：0.50未満で総括している）

【知識・技術】　(2+3+3+3+3)/(3*5)*0.5 ＋ (50/60)*0.5 ＝0.88　…A
　※各単元での評価機会は5回，【知識・技術】を定期考査で見取る割合は50%
【思考・判断・表現】　(3+3+2+2+2+2+2+2+2)/(3*9)*0.9 ＋ (25/40)*0.1 ＝0.73　…B
　※各単元での評価機会は9回，【思考・判断・表現】を定期考査で見取る割合は10%
【主体的に学習に取り組む態度】　(3+1+2+2+3+2+2+2)/(3*8) ＝0.71　…B
　※各単元での評価機会は8回

8　学期末における5段階評価への総括

　学期末における観点別学習状況の評価から5段階評価への総括も，ウ）評価結果の組合せにより総括する方法，エ）評価結果を数値化して総括する方法などが考えられる。

ウ）評価結果の組合せにより総括する方法の例

学期末の3観点評価の組合せ例	5段階評価への総括	10段階評価への総括
ＡＡＡ	5	10もしくは9
ＡＡＢ	4	8もしくは7
ＡＢＢ，ＢＢＢ，ＡＢＣ，ＢＢＣ	3	6もしくは5
ＢＣＣ	2	4もしくは3
ＣＣＣ	1	2もしくは1

　ここでは，例えば1学期の【知識・技術】【思考・判断・表現】【主体的に学習に取り組む態度】の評価がＡＢＢであったため，1学期の5段階評価を3と総括したことを示す。

エ）評価結果を数値化して総括する方法の例

　観点別学習状況の評価として総括されたA，B，Cにはそれぞれ幅があるとして，総括に至る前の数値を活用して5段階評価への総括を行う考え方である。「7　学期末における観点ごとの評価の総括」において，「水産海洋基礎」の学期末の観点ごとの評価の総括の例を示したが，【知識・技術】は0.88：A，【思考・判断・表現】は0.73：B，【主体的に学習に取り組む態度】は0.71：Bとして評価の総括を行っている。ここから，学期末の5段階評価への総括を行った例である。

（例）　0.88 ＋ 0.73 ＋ 0.71 ＝2.32　…5段階評価の4
　5：2.60以上，4：2.20以上，3：1.80以上，2：1.40以上，1：1.40未満で総括している。

9　学年末における観点ごとの評価の総括

　学年末における観点ごとの評価の総括も，オ）評価結果の組合せにより総括する方法，カ）評価結果を数値化して総括する方法などが考えられる。

オ）評価結果の組合せにより総括する方法の例

観点別評価の各学期の組合せ例	学年末への総括
ＡＡＡ，ＡＡＢ	A
ＡＢＢ，ＡＡＣ，ＢＢＢ，ＡＢＣ，ＡＣＣ，ＢＢＣ	B
ＢＣＣ，ＣＣＣ	C

ここでは，例えば【知識・技術】の１，２，３学期の評価がＡＡＡであったため，学年末の【知識・技術】をＡと総括したことを示す。

カ）評価結果を数値化して総括する方法の例

水産科
第３編
事例１

「７　学期末における観点ごとの評価の総括」において，「水産海洋基礎」の学期末の観点ごとの評価の総括の例を示したが，【知識・技術】は0.88：A，【思考・判断・表現】は0.73：B，【主体的に学習に取り組む態度】は0.71：Bとして評価の総括を行っている。以下は１，２，３学期ともに同様に各観点の評価結果を数値化し，この数値を活用した学年末の総括の例である。

【知識・技術】　　　　　　　　(0.88+0.83+0.80)/3 ＝0.84　…**A**
　※１学期：0.88，２学期：0.83，３学期：0.80として平均している
【思考・判断・表現】　　　　　(0.73+0.68+0.73)/3 ＝0.71　…**B**
　※１学期：0.73，２学期：0.68，３学期：0.73として平均している
【主体的に学習に取り組む態度】　(0.71+0.69+0.73)/3 ＝0.71　…**B**
　※１学期：0.71，２学期：0.69，３学期：0.73として平均している
　A：0.83以上，B：0.50以上，C：0.50未満で総括している。

10　学年末における５段階評定への総括

学年末における５段階評定への総括も，キ）評価結果の組合せにより総括する方法，ク）評価結果を数値化して総括する方法などが考えられる。

キ）評価結果の組合せにより総括する方法の例

学年末の３観点評価の組合せ例	５段階評定への総括
ＡＡＡ	5
ＡＡＢ	4
ＡＢＢ，ＡＡＣ，ＢＢＢ，ＡＢＣ，ＡＣＣ，ＢＢＣ	3
ＢＣＣ	2
ＣＣＣ	1

ここでは，例えば学年末の【知識・技術】【思考・判断・表現】【主体的に学習に取り組む態度】の評価がＡＢＢであったため，５段階評定を３と総括したことを示す。

ク）評価結果を数値化して総括する方法の例

観点別学習状況評価として総括されたＡ，Ｂ，Ｃにはそれぞれ幅があるとして，総括に至る前の数値を活用し５段階評定への総括を行う考え方である。以下は学年末の５段階評定への総括の例である。

【知識・技術】【思考・判断・表現】【主体的に学習に取り組む態度】
((0.88+0.83+0.80) ＋ ((0.73+0.68+0.73) ＋ ((0.71+0.69+0.73))/3 ＝2.26 …５段階評定の**4**
　5：2.60以上，**4**：2.20以上，**3**：1.80以上，**2**：1.40以上，**1**：1.40未満で総括している。

水産科　　事例2（水産海洋基礎）
キーワード　「知識・技術」の評価

単元名

　日本の海，世界の海

・海と生物

　海洋実習

〔指導項目〕

(1)　海のあらまし　　ア　日本の海，世界の海

　　　　　　　　　　　エ　海と生物

(3)　基礎実習　　　　エ　海洋実習

単元の目標，単元の評価規準，指導と評価の計画

1～3　　事例1 参照

4　観点別学習状況の評価の進め方　　知識・技術

　ここでは，展開例1で「知識」，展開例2①②で「技術」の評価の具体的な例を紹介する。

展開例1　（知識）

（1）単元　(1)　海のあらまし　ア　日本の海，世界の海

　　　　　　　　　1-2　グローバルな海　　（8）海水の流動

（2）本時のねらい

　　海流が気候や気象に及ぼす影響，生命の維持について基礎的な内容を理解し，世界の海流および日本近海の海流の名称や特性に関する知識を身に付ける。

（3）評価規準《評価方法》

　　海流が気候や気象に及ぼす影響，生命の維持について基礎的な内容を理解し，世界の海流および日本近海の海流の名称や特性に関する知識を身に付けている。

（4）評価のポイント

　　【知識】小テストに海流の名称や特性を示すことができているかを確認する。

（5）指導と評価の流れ

学習場面	学習活動	学習における具体的な評価規準	評価方法
導入	・本時の学習内容が水産業や海洋関連産業に就くための基礎的な知識であるということを理解する。		
展開	・海流や湧昇流，沈降流について理解する。 ・世界の海流，日本近海の海流について理解する。		
まとめ	・小テストにより本時を振り返る。	・世界の海流および日本近海の海流の名称や特性に関する知識を身に付けるとともに，与える影響について俯瞰的に捉えている。	**小テスト**

（6）知識の評価例

　　本時における知識の評価は，小テストの結果で判断する。

1　次の文の空欄に当てはまる適切な語句を解答欄に記入しなさい。

・海水の運動のうち，一定の場所を一定の方向に長い期間流れるものを（①）という。

・海の中には鉛直方向の流れもあり，下層から上層へ昇っていく流れを（②），上層から下層へ沈んでいく流れを（③）と呼んでいる。

・日本近海の海流には，南のフィリピンあたりから流れてくる（④）と，途中で日本海へ分かれる（⑤）の暖流，そして北太平洋やオホーツク海から流れてくる（⑥）と，間宮海峡付近から南下してくる（⑦）の寒流がある。

・黒潮は，幅は約100km程度，速度は速いところでは４ノットにもなり，メキシコ湾流と並んで世界最大規模の海流である。（⑧）の生息数は少なく透明度が高い。海の色は（⑨）であり，これが黒潮の名前の由来である。

・親潮は，流れとしては弱いが，深いところまで流れているため流量は大きい。栄養塩類やプランクトンが豊富で，豊かな（⑩）をもたらす。

①	②	③	④	⑤
⑥	⑦	⑧	⑨	⑩

2　次の図に，日本近海を流れる暖流２つと寒流２つの位置を矢印で示しなさい。ただし，矢印に暖流あるいは寒流という文字を記載すること。

【知識】知識の観点では，事実的な知識に加え，原理・法則や仕組みなど，内容に関連した概念的な理解についても留意する必要がある。本単元ではそれぞれについてどの程度身に付けているかを評価する。

知識における評価のポイントの例（小テスト）

	【a】十分満足できる	【b】おおむね満足できる	【c】努力を要する
事実的な知識 本単元では問題1	世界の海流および日本近海の海流の名称や特性に関する知識を十分身に付けている	世界の海流および日本近海の海流の名称や特性に関する知識をおおむね身に付けている	世界の海流および日本近海の海流の名称や特性に関する知識があまり身に付いていない
概念的な理解 本単元では問題2	世界の海流および日本近海の海流の名称や特性を理解しているとともに，与える影響などを俯瞰的に捉えている	世界の海流および日本近海の海流の名称や特性をおおむね理解しているとともに，与える影響などをおおむね俯瞰的に捉えている	世界の海流および日本近海の海流の名称や特性をあまり理解しておらず，与える影響などを俯瞰的に捉えていない

※生徒の実情等に合わせ，【a】～【c】の得点範囲は適切に設定する

【「努力を要する」状況と評価した生徒に対する指導の手立て】

　内容を再確認するとともに，日本近海の図を用いて海流の位置を概念的に理解させる。

展開例2　①（技術）

（1）単元　第1章　海のあらまし　第4節　海と生物　4-1　生物の分類

（2）本時のねらい

　　　生物の特性，生態系サービスの概要について基礎的な内容を理解し，生物の分類方法，分類の仕方に関する技術を身に付ける。

（3）評価規準《評価方法》

　　　生物の特性，生態系サービスの概要について基礎的な内容を理解し，生物の分類方法，分類の仕方に関する技術を身に付けている。

（4）評価のポイント

　　　【技術】ワークシートに生物の樹形図を正しく示すことができているかを確認する。

（5）指導と評価の流れ

学習場面	学習活動	学習における具体的な評価規準	評価方法
導入	・本時の内容が生物を学ぶための基礎的な技術の習得であることを理解する。		
展開	・「分類」という言葉の意味を理解する。 ・7段階方式の分類方法を理解する。 ・系統樹と樹形図について理解する。 ・ワークシートに記載されている生物の外観写真を見て理解する。 ・得られた知識と関連付けながらワークシートに代表的な海洋生物の樹形図を示す。	・生物の分類について理解し，知識と関連付けながら正しく樹形図に示すことができている。	ワークシート
まとめ	・本時を振り返る。		

（6）技術の評価例

本時における技術の評価は，ワークシートへのまとめ方で判断する。

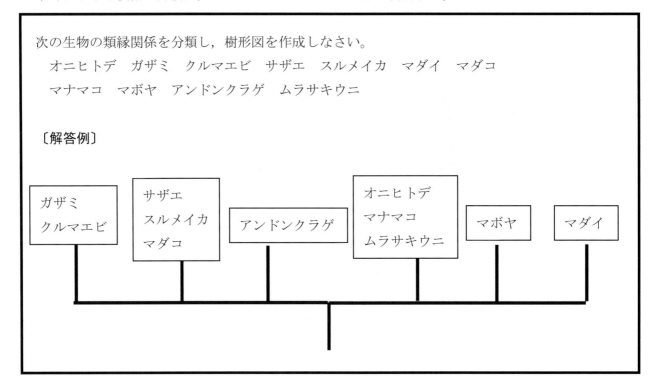

次の生物の類縁関係を分類し，樹形図を作成しなさい。

オニヒトデ　ガザミ　クルマエビ　サザエ　スルメイカ　マダイ　マダコ

マナマコ　マボヤ　アンドンクラゲ　ムラサキウニ

〔解答例〕

【技術】技術の観点では，正確な手順や操作を再現するだけでなく，技術による課題解決の場面において，知識に基づいて適切に活用できるよう身に付けているかを評価する。

技術における評価のポイントの例（ワークシート）

【a】十分満足できる	【b】おおむね満足できる	【c】努力を要する
生物の分類方法について十分理解し，知識と関連付けながら分類の仕方に関する技術を十分身に付けている	生物の分類方法についておおむね理解し，知識と関連付けながら分類の仕方に関する技術をおおむね身に付けている	生物の分類方法についてあまり理解しておらず，知識と関連付けた分類の仕方に関する技術があまり身に付いていない

※生徒の実情等に合わせ，【a】〜【c】の得点範囲は適切に設定する

【「努力を要する」状況と評価した生徒に対する指導の手立て】

分類の意味を再確認し，形態的特徴が似ている生物をグループに区別させて図を完成させるように助言する。

展開例2　②（技術）

（1）**単元**　第3章　基礎実習　第4節　海洋実習　4－4　結索（ロープワーク）

（2）**本時のねらい**

海洋の影響を体感する中で海への理解を深め，産業現場において必要な，船を係留するための基礎的な結索技術を身に付ける。

（3）**評価規準《評価方法》**

海洋の影響を体感する中で海への理解を深め，産業現場において必要な，船を係留する場所に応じた様々な活用ができるよう結索技術を身に付けている。

（４）評価のポイント

　　　【技術】もやい結び，まき結び，ひとえつなぎを，知識と関連付けて活用できるよう身に付け

　　　　　ているかどうかを評価する。

（５）指導と評価の流れ

学習場面	学習活動	学習における具体的な評価規準	評価方法
導入	・本時の内容が操船やカッターなど海洋実習を行うための基礎的な技術の習得であるということを理解する。		
展開	・もやい結び，まき結び，ひとえつなぎの方法について学ぶ。 ・丸いパイプや柱などを利用して縦と横両方の結び方を学ぶ。	・係留する場面に応じた結索方法について理解し，知識と関連付けられた様々な結索技術を身に付けている。	**実技試験**
まとめ	・本時を振り返る。		

（６）技術の評価例

　本時における技術の評価は，実技試験の結果で判断する。

〔得点表の例〕

※生徒の実情等に合わせ，得点表は適切に設定する	評価項目	10秒以内	11秒～20秒	21秒～30秒	31秒以上
	もやい結び	10点	6点	2点	0点
	まき結び	10点	6点	2点	0点
	ひとえつなぎ	10点	6点	2点	0点

【技術】技術の観点では，正確な手順や操作を再現するだけでなく，技術による課題解決の場面において，知識に基づいて適切に活用できるよう身に付けているかを評価する。ここでは各種結索の実技試験において正確に結びが完成する時間を計測するが，3回の合計点で判断する。

技術における評価のポイントの例（実技試験）

【a】十分満足できる	【b】おおむね満足できる	【c】努力を要する
場面に応じた結索方法について十分理解し，知識と関連付けながら素早く結索する技術を十分身に付けている	場面に応じた結索方法についておおむね理解し，知識と関連付けながら結索する技術をおおむね身に付けている	場面に応じた結索方法についてあまり理解しておらず，知識と関連付けながら結索する技術があまり身に付いていない

※生徒の実情等に合わせ，【a】～【c】の得点範囲は適切に設定する

【「努力を要する」状況と評価した生徒に対する指導の手立て】

　結び方を再確認し，実践を繰り返して身に付けさせる。

水産科　　事例3（水産海洋基礎）

キーワード　「思考・判断・表現」，「主体的に学習に取り組む態度」の評価

単元名

日本の海，世界の海

海と食生活・文化・社会

水産物の加工

〔指導項目〕

(1)　海のあらまし　　ア　日本の海，世界の海

　　　　　　　　　　イ　海と食生活・文化・社会

(2)　基礎実習　　　　ウ　水産物の加工

単元の目標，単元の評価規準，指導と評価の計画

1～3　事例1 参照

4　観点別学習状況の評価の進め方 思考・判断・表現 主体的に学習に取り組む態度

　ここでは，展開例1で「思考・判断・表現」，展開例2，3で「主体的に学習に取り組む態度」の評価の具体的な例を紹介する。

展開例1（思考・判断・表現）

（1）**単元**　第1章　海のあらまし　第1節　日本の海，世界の海

　　　　　　1－3　海と人間生活　（1）海の規定

（2）**本時のねらい**

　　四方を海に囲まれた海洋立国であることを踏まえ，公海・領海・排他的経済水域と関連し，海洋資源や物質の輸送，海の人類への貢献や役割，国際協調についての課題を発見するとともに，合理的かつ創造的に解決する。

（3）**評価規準《評価方法》**

　　四方を海に囲まれた海洋立国であることを踏まえ，公海・領海・排他的経済水域と関連した考察・推論を通じ，海洋資源や物質の輸送，海の人類への貢献や役割，国際協調についての課題を発見するとともに，合理的かつ創造的に解決しようとしている。

（4）**評価のポイント**

　【思考・判断・表現】日本近海における公海・領海・排他的経済水域と関連した考察・推論がなされ，課題の発見および合理的かつ創造的な解決がなされているかで判断する。

（5）**指導と評価の流れ**

学習場面	学習活動	学習における具体的な評価規準	評価方法
導入	・日本近海の地図を参考に，水産・鉱物資源の利用や管理が可能な範囲について話し合う。この時，各自の意見は付箋で貼り付けて互いの考えを出し合う。	・日本近海における公海・領海・排他的経済水域それぞれの課題を発見できるよう話合いに参加し，合理的かつ創造的な解決につながる行動を行っている。	グループでの話合い
展開1	・公海・領海・排他的経済水域が世界共通であることを理解し，それ	・日本近海における公海・領海・排他的経済水域それぞれの特徴か	レポートによる論

	ぞれの水域について日本地図に記入する。 ・公海と領海と排他的経済水域の特徴や重要性をまとめる。	ら課題を発見し，合理的かつ創造的な解決につなげている。	述
まとめ	・公海・領海・排他的経済水域それぞれの特徴や重要性をもとに，話合いを通じて課題を発見するとともに，解決につながる発表となるよう，グループで協力している。	・日本近海における公海・領海・排他的経済水域が，漁業や鉱物資源などに与える影響について発見し，合理的かつ創造的な解決につながる発表を行っている。	発表

（6）思考・判断・表現の評価例

【思考・判断・表現】思考・判断・表現の観点では，身に付けた知識や技術を活用して課題を発見しようと積極的に参加しているか，合理的かつ創造的な解決につなげようとしているかについて評価する。ここではレポートによる論述およびグループによる話合いや発表で判断する。

思考・判断・表現における評価のポイントの例（レポートによる論述）

【a】十分満足できる	【b】おおむね満足できる	【c】努力を要する
日本近海における公海・領海・排他的経済水域それぞれの課題を発見するとともに，合理的かつ創造的な解決につながる内容である	日本近海における公海・領海・排他的経済水域それぞれの課題を発見しようとし，おおむね合理的かつ創造的な解決につながる内容である	日本近海における公海・領海・排他的経済水域それぞれの課題の発見が十分でなく，合理的かつ創造的な解決につながっていない

レポートによる論述の評価の具体例

〔評価aの例〕　公海・領海・排他的経済水域が適切に記入され，特徴を理解し海の規定について考えを深めながら課題の解決に向けた記載がなされているので，思考・判断・表現の観点で「十分満足できる」状況として【a】と判断できる。

- 183 -

〔**評価 b の例**〕　公海・領海・排他的経済水域が適切に記入され，特徴が記述されているが，海の規定についての考察と解決に向けた記載が十分ではないので，思考・判断・表現の観点で「おおむね満足できる」状況【b】と判断できる。

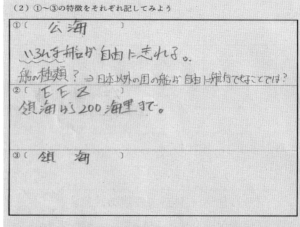

〔**評価 c の例**〕公海・領海・排他的経済水域の記入と特徴の記載が十分でなく，海の規定についての考察や解決に向けた記載もなされていないため，思考・判断・表現の観点で「努力を要する」状況【c】と判断できる。

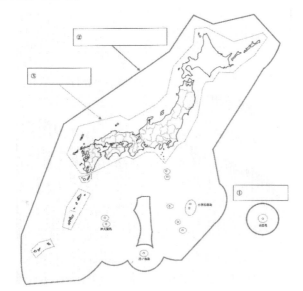

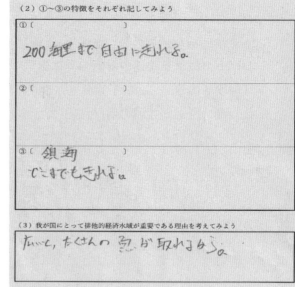

　なお，本課題は日本近海における公海・領海・排他的経済水域等，それぞれの範囲や特徴を知識として理解したうえで，海の規定や近隣国との課題や解決方法について自分の考えを記述する形式であり，思考力・判断力・表現力を問う問題となっている。

思考・判断・表現における評価のポイントの例（グループによる話合い・発表）

【a】十分満足できる	【b】おおむね満足できる	【c】努力を要する
日本近海における公海・領海・排他的経済水域それぞれの課題を発見するため積極的に参加し，合理的かつ創造的な解決につながる発表を行っている	日本近海における公海・領海・排他的経済水域それぞれの課題を発見しようとし，おおむね積極的に参加し，合理的かつ創造的な解決につながる発表を行っている	日本近海における公海・領海・排他的経済水域それぞれの課題の発見が十分でなく，合理的かつ創造的な解決につながる発表を行っていない
グループでの話合いにおいて「身に付いた知識をもとに課題を整理しようとしている，多様な情報や見方から物事をとらえようとしている，課題の解決に向け合理的かつ創造的にまとめようとしている」及び発表において「論理的に分かりやすく表現しようとしている」のほぼ全てができる	グループでの話合いにおいて「身に付いた知識をもとに課題を整理しようとしている，多様な情報や見方から物事をとらえようとしている，課題の解決に向け合理的かつ創造的にまとめようとしている」及び発表において「論理的に分かりやすく表現しようとしている」がおおむねできる	グループでの話合いにおいて「身に付いた知識をもとに課題を整理しようとしている，多様な情報や見方から物事をとらえようとしている，課題の解決に向け合理的かつ創造的にまとめようとしている」及び発表において「論理的に分かりやすく表現しようとしている」が十分できていない

【「努力を要する」状況と評価した生徒に対する指導の手立て】

　レポートによる論述においては，日本地図に色塗りした公海・領海・排他的経済水域とそれぞれの特徴から，海の規定についての考察や解決に向けた検討ができるよう，資料等を用いて分かりやすく支援する。グループによる話合い・発表においては，既に身に付けた知識との関連に気付かせたり，異なった見方・考え方を例示したり，論理性が高まる表現の工夫を考えさせるなど，課題の解決に向けて積極的に取り組めるよう指導する。

展開例2（主体的に学習に取り組む態度）

（1）**単元**　第3章　基礎実習　第3節　水産物の加工　3-6　流通現場の見学

（2）**本時のねらい**

　　流通現場の見学を通して，地域の水産業や水産物の加工，流通，経営に興味・関心をもち，課題を発見し，その解決に向けて自ら粘り強く主体的・協働的に取り組む。また，実習ノートの作成を通じて振り返りを行い，今後の学習に生かす。

（3）**評価規準《評価方法》**

　　流通現場の見学を通して，地域の水産業や水産物の加工，流通，経営に興味・関心をもち，課題を発見し，その解決に向けて自ら粘り強く主体的・協働的に取り組もうとしている。また，実習ノートの作成を通じて振り返りを行い，今後の学習に生かそうとしている。

（4）**評価のポイント**

　　【主体的に学習に取り組む態度】流通現場の見学における**行動の観察**および作成する**実習ノート**の記述内容で判断する。

（5）**指導と評価の流れ**

学習場面	学習活動	学習における具体的な評価規準	評価方法
導入	・地域でとれる魚に関する事前学習の内容を確認する。		

展開	・魚市場の担当者より魚市場の仕組みや役割について話を伺う。 ・魚市場の場内において，水揚げされている魚を見学する。 ・魚市場の場内において，関係者に魚や地域の水産業に関する聞き取り調査をする。	・魚市場の役割を理解し，水産物の加工，流通，経営に興味・関心をもって見学をしている。 ・主体的に聞き取り調査を行っている。	行動観察
まとめ	・実習ノートへの記入により，振り返り，まとめを行う。	・自らの行動を適切に見直し，次の行動に生かそうとしている。	実習ノート

（6）主体的に学習に取り組む態度の評価例

【主体的に学習に取り組む態度】主体的に学習に取り組む態度の観点では，自ら学び，主体的かつ協働的に取り組んでいるかどうかを評価する。評価の場面は指導項目や生徒の実態にあわせて適切に設定することとなるが，次の二つの側面から評価することに留意する必要がある。

> ① 知識及び技術を獲得したり，思考力，判断力，表現力等を身に付けたりすることに向けた粘り強い取組を行おうとする側面
> ② ①の粘り強い取組を行う中で，自らの学習を調整しようとする側面

ここでは，行動観察および実習ノートで判断する。

流通現場の見学における行動観察および実習ノートを用いた評価の事例を示すが，地域や時期に応じた水産物の加工や流通の役割や仕組み，経営に関する事項などについて，知識及び技術を獲得したり，思考力，判断力，表現力等を身に付けたりすることに向けた粘り強い取組を行おうとする側面と，その過程での粘り強い取組を行う中で，自らの学習を調整しようとする側面として以下を設定している。

「取組・粘り強さ」・・・魚市場の仕組みや役割についての話を聞く姿勢で評価する。

「興味・関心，主体性・協働性」・・・魚市場内で水揚げされている魚を見学する行動で評価する。

「学習の調整」・・・実習ノートの記述内容で評価する。

主体的に学習に取り組む態度における評価のポイントの例（行動観察）

	【a】十分満足できる	【b】おおむね満足できる	【c】努力を要する
取組・粘り強さ	魚市場の重要性を理解し，知識・技術の獲得に向けて熱心に粘り強く取り組んでいる	魚市場の重要性をおおむね理解し，知識・技術の獲得に向けて粘り強く取り組もうとしている	魚市場の重要性に対する理解が十分でなく，知識・技術の獲得に向けた粘り強い取り組みが無い
	「持ち物や身なりが整っている，相手を見て話を聞く，必要事項はメモを取る，適切に質問する」の全てができる	「持ち物や身なりが整っている，相手を見て話を聞く，必要事項はメモを取る，適切に質問する」のうち三つができる	「持ち物や身なりが整っている，相手を見て話を聞く，必要事項はメモを取る，適切に質問する」のうち二つ以下しかできない
興味・関心 および 主体性・協働性	魚市場の仕組みや役割に興味・関心をもち，主体的かつ協働的に取り組んでいる	魚市場の仕組みや役割に一定の興味・関心をもち，おおむね主体的かつ協働的に取り組んでいる	魚市場の仕組みや役割にあまり興味・関心をもたず，主体的かつ協働的に十分取り組んでいない

	「取扱魚について積極的に調べようとしている，生徒間や相手の方との円滑な関係構築に配慮している」の全てができる	「取扱魚について積極的に調べようとしている，生徒間や相手の方との円滑な関係構築に配慮している」の一つができる	「取扱魚について積極的に調べようとしている，生徒間や相手の方との円滑な関係構築に配慮している」の全てができていない

主体的に学習に取り組む態度における評価のポイントの例（実習ノート）

	【a】十分満足できる	【b】おおむね満足できる	【c】努力を要する
興味・関心および主体性・協働性 本単元では実習ノートの3(5)①②③④	魚市場の仕組みや役割に興味・関心をもち，主体的かつ協働的に取り組んでいる	魚市場の仕組みや役割に一定の興味・関心をもち，おおむね主体的かつ協働的に取り組んでいる	魚市場の仕組みや役割にあまり興味・関心をもたず，主体的かつ協働的に十分取り組んでいない
	正しく記載され，適切に表現されている	記載におおむね誤りが無く，ほぼ適切に表現されている	未記入や記載の誤りが多く，適切に表現されていない
学習の調整 本単元では実習ノートの4(1)(2)	自身の行動を振り返り，魚市場見学で身に付いたことを活用しようとしている	おおむね自身の行動を振り返り，魚市場見学で身に付いたことを活用しようとしている	自身の行動への振り返りが十分でなく，魚市場見学で身に付いたことを活用しようとしていない
	身に付いたことを今後の学習や将来に生かそうとしている	おおむね身に付いたことを今後の学習や将来に生かそうとしている	身に付いたことを今後の学習や将来に生かそうとしていない

　本実習ノートは，生徒にもどのような方針によって評価が行われるかがわかるとともに，身に付けるべき資質・能力の具体的なイメージをもたせるよう内容を設定している。実習ノートを作成することにより，生徒は自らの学習の見通しをもち，自己の学習が調整しやすくなると考えられる。

　なお，実習ノートの自己評価項目に関しては，生徒によって判断基準が相当異なることからそのまま活用するのではなく，「主体的に学習に取り組む態度」を評価するうえでの参考にする。

【「努力を要する」状況と評価した生徒に対する指導の手立て】

　見学時の話を聞く姿勢が不十分であれば，取組や粘り強さの大切さを個別に分かりやすく伝える。対象物への学習面での興味関心が主体性をもった行動に表れていなければ，協働的な活動によって学びにつながるよう支援する。記述内容が自らの学習の調整につながっていなければ，身に付いたことを振り返らせ，今後の学習や将来とのつながりに気付かせる。

【実習ノートの例】

実施日＿＿月＿＿日　＿＿時限～＿＿時限　場所＿＿＿＿＿＿＿天候＿＿＿

流通現場の見学（魚市場見学）

1　目的
（1）水産物の調理・加工法，生鮮魚介類の鮮度判定や鮮度低下防止法など基礎的な内容を理解すること。
（2）安全・衛生管理をはじめとする水産物加工や流通，経営等に関する課題を発見するとともに，合理的かつ創造的に解決すること。
（3）加工・流通現場の見学を通じ，集団の一員として必要な役割を自ら学び主体的かつ協働的に取り組むこと。
2　準備物
　水産海洋基礎実習ノート，筆記用具

3　方法
（1）指定の時間に現地集合する　　　　　（2）魚市場の仕組みや役割について説明を聞く
（3）魚市場を見学し，どのような水産物が水揚げされているか把握する
（4）魚市場にいる関係者に魚や地域の水産業に関する話を聞く　　　　（5）学校でまとめを行う
　①　本時における自分の目標

　②　魚市場の仕組みや役割

　③　魚市場に水揚げされていた水産物

　④　魚市場関係者から聞いた話

4　まとめ
（1）魚市場見学を通して感じたことを記入しよう。

（2）魚市場見学を通して自分でもっと知りたいと思ったことがあれば記入しよう。

5　自己評価

自己評価	よかった	ふつう	努力が必要
取組・粘り強さ 魚市場の重要性を理解し，知識・技術の獲得に向けて熱心に粘り強く取り組んだかどうか	・持ち物や身なりが整っていた ・相手を見て話を聞いた ・必要事項はメモを取った ・適切に質問できた		
	上の4つ全てできた	上のうち2〜3つができた	上のうち0〜1つしかできなかった
興味・関心 および主体性・協働性 魚市場の仕組みや役割に興味・関心をもち，主体的かつ協働的に取り組んだかどうか	・取扱魚について関心をもって調べ，まとめた ・見学先では質問などの対話から新たな興味につなげた ・グループでは積極的にコミュニケーションをとり，皆の考えをまとめるよう行動した		
	上の3つ全てできた	上のうち2つができた	上のうち0〜1つしかできなかった
学習の調整 自身の行動を振り返り，魚市場見学で身に付いたことを活用しようとしているかどうか	・自分で成長したと思うところを記入しよう		
	身に付いたことを今後の学習や将来に生かそうとしている	身に付いたことをおおむね今後の学習や将来に生かそうとしている	身に付いたことを今後の学習や将来に生かそうとしていない

展開例3（主体的に学習に取り組む態度）

（1）単元　第1章　海のあらまし　第2節　海と食生活・文化・社会

　　　　　2－1　海洋文化　（2）魚食文化

（2）本時のねらい

　　　魚食文化をもつ我が国の食生活及び漁村の果たす役割の重要性や，海と人間の古来の関わりの全体像について自ら学び，主体的かつ協働的に取り組む。

（3）評価規準《評価方法》

　　　魚食文化をもつ我が国の食生活及び漁村の果たす役割の重要性や，海と人間の古来の関わりの全体像について自ら学び，主体的かつ協働的に取り組もうとしている。

（4）評価のポイント

　　【主体的に学習に取り組む態度】ここでは相互評価及び自己評価を評価の参考として，自ら学び，主体的かつ協働的に取り組んでいるかどうかを評価する。

（5）指導と評価の流れ

学習場面	学習活動	学習における具体的な評価規準	評価方法
導入	・地域の伝統的な料理や加工食品などに関する事前学習の内容について，分かりやすく伝えることを確認する。		
展開	・調べた内容をグループで協議し，ポスターやプレゼンにまとめる。 ・ポスターやプレゼンを用い，クラス内で発表する。 ・発表を聞いた生徒は，質問や改善点などを伝え，よりよい内容とするための意見交換を行う。 （グループワーク）	・発表者は内容を適切にまとめているか。 ・発表者は適切な態度や声の大きさで発表しているか。 ・発表者は多様な意見を取り入れ，よりよく改善しようとしているか。 ・聴視者は発表を聞き主体的に質問をすることができたか。	相互評価
まとめ	・自己評価シートへの記入により振り返り，まとめを行う。	・身に付いたことを今後の学習や将来に生かそうとしているか。	自己評価

（6）主体的に学習に取り組む態度の評価例

【主体的に学習に取り組む態度】本時における主体的に学習に取り組む態度は，相互評価シートおよび自己評価シートを活用する。地域の伝統的な料理や加工食品など，魚食文化の学習において，まとめ・発表・質疑応答といったグループワーク活動を行った場合の，シートを用いた相互評価・自己評価についての事例を示す。ここで，思考・判断・表現の方法を工夫した，分かりやすい発表に向けた粘り強い取組であるか，興味・関心をもった主体的かつ協働的な取組であるか，身に付いたことを生かそうとしているか等について評価する。

「取組・粘り強さ」・・・相互評価シートの「発表内容は適切にまとめられているか」，「発表者らしい適切な態度であるか」と内容が関連する項目を参考にする。

「興味・関心，主体性・協働性」・・・相互評価シートの「他者と積極的に関わったか」，「多様な意見を取り入れてまとめたか」と内容が関連する項目を参考にする。

「学習の調整」・・・自己評価シートの「身に付いたことを今後の学習や将来に生かそうとしているか」と内容が関連する項目を参考にする。

主体的に学習に取り組む態度における評価のポイントの例（グループワーク）

	【a】十分満足できる	【b】おおむね満足できる	【c】努力を要する
取組・粘り強さ 本単元では相互評価シート	<u>魚食文化を通じた地域の伝統や社会貢献の重要性</u>を理解するとともに，思考・判断・表現の方法を工夫し，分かりやすい発表に向けて熱心に粘り強く取り組んでいる	<u>魚食文化を通じた地域の伝統や社会貢献の重要性</u>をおおむね理解するとともに，思考・判断・表現の方法を工夫し，分かりやすい発表に向けて粘り強く取り組もうとしている	<u>魚食文化を通じた地域の伝統や社会貢献の重要性</u>を十分理解しておらず，思考・判断・表現の方法を工夫したり，分かりやすい発表に向けた粘り強い取組にはなっていない
	「プレゼンテーションやポスターへの適切なまとめ，発表者らしい声の大きさや態度」の全てができる	「プレゼンテーションやポスターへの適切なまとめ，発表者らしい声の大きさや態度」がおおむねできる	「プレゼンテーションやポスターへの適切なまとめ，発表者らしい声の大きさや態度」が十分できていない
興味・関心および主体性・協働性 本単元では相互評価シート	<u>魚食文化を通じた地域の伝統や社会貢献の仕組みや役割</u>に興味・関心をもち，主体的かつ協働的に取り組んでいる	<u>魚食文化を通じた地域の伝統や社会貢献の仕組みや役割</u>におおむね興味・関心をもち，主体的かつ協働的に取り組もうとしている	<u>魚食文化を通じた地域の伝統や社会貢献の仕組みや役割</u>にあまり興味・関心をもたず，主体的かつ協働的な取組にはなっていない
	「調査対象者やグループのメンバーに積極的に関わり，多様な意見を取り入れ，まとめること」が十分にできる	「調査対象者やグループのメンバーに関わりながら，多様な意見を取り入れ，まとめること」がおおむねできる	「調査対象者やグループのメンバーに関わりながら，多様な意見を取り入れて，まとめること」が十分できていない
学習の調整 本単元では自己評価シート	自身の行動を振り返り，<u>魚食文化を通じた地域の伝統や社会貢献に関する学習で身に付いたこと</u>を活用しようとしている	自身の行動を振り返り，<u>魚食文化を通じた地域の伝統や社会貢献に関する学習で身に付いたこと</u>をおおむね活用しようとしている	自身の行動を振り返りが十分ではなく，<u>魚食文化を通じた地域の伝統や社会貢献に関する学習で身に付いたこと</u>を活用しようとしていない
	身に付いたことを今後の学習や将来に生かそうとしている	おおむね身に付いたことを今後の学習や将来に生かそうとしている	身に付いたことを今後の学習や将来に生かそうとしていない

【「努力を要する」状況と評価した生徒に対する指導の手立て】

　生徒による相互評価および自己評価では，実際の到達度とかけ離れて評価することも考えられることから，授業担当者はそれを十分に見極め，指導に当たる必要がある。そのうえで「努力を要する」と考えられる生徒に対しては，分かりやすい発表となる工夫した表現の例示，他者との積極的な関わりや協働的な行動につながるきっかけづくり，今後の学習や将来との関連付けを示すなど，個々の状況に応じた指導を行う。

【相互評価シートの具体例】

グループワーク用相互評価シート　番号（　　　）氏名（　　　　　　　　　）

	よかった	ふつう	努力が必要
取組・粘り強さ 地域の伝統的な料理や加工食品などの重要性を理解し，思考・判断・表現の方法を工夫し，分かりやすい発表に向けて熱心に粘り強く取り組んだかどうか	・プレゼンテーションやポスターの作成に向け，十分に調べることができた ・分かりやすい発表に向け，まとめ方や表現方法を十分に工夫した ・十分な準備で，適切な声の大きさや態度の発表を行うことができた		
	上の3つ全てできた	上のうち2つができた	上のうち0～1つしかできなかった
興味・関心 および主体性・協働性 地域の伝統的な料理や加工食品などに興味・関心をもち，主体的かつ協働的に取り組んだかどうか	・調査対象者やグループのメンバーに積極的に関わることができた ・様々な意見を取り入れ，話合いを通じてまとめることができた		
	上の2つ全てできた	上のうち1つができた	上のうちどちらもできなかった

【自己評価シートの具体例】

グループワーク用自己評価シート　番号（　　　）氏名（　　　　　　　　　）

	よかった	ふつう	努力が必要
学習の調整 自身の行動を振り返り，グループワーク活動で身に付いたことを活用しようとしているかどうか	活動を通じて身に付いたことと，それを今後の学習や将来にどのように生かしたいかを記入しよう		
	身に付いたことを今後の学習や将来に生かそうとしている	身に付いたことをおおむね今後の学習や将来に生かそうとしている	身に付いたことを今後の学習や将来に生かそうとしていない

　主体的に学習に取り組む態度の評価であることから，グループワーク活動における相互評価シートの活用においては，準備を含めた発表活動から取組・粘り強さ，意見交換や話合いでの姿勢から主体性及び協働性をそれぞれ評価する。また，自己評価シートの活用においては，活動を通じて身に付いたことを振り返り，今後の学習や将来と関連付けて活用しようとしているかについて評価する。

　ただし，これらは教員評価の参考資料とすることに留意する。

	学習評価の在り方ハンドブックや第1編 P. 10 での記載から	第3編での事例
①知識・技術	○ペーパーテスト (事実的な知識の獲得を問う問題，概念的な理解を問う問題) ○観察・実験 (式やグラフでの表現)	事例2 展開例1：【知識】を見取るため，**ペーパーテスト**にて事実的な知識を問う問題と，概念的な理解を問う問題の双方の事例を示した。P. 177～179 展開例2①：【技術】を見取るため，**ワークシート**へのまとめにて，技術による課題解決の場面において，知識に基づき適切に活用できるよう身に付けているか評価する事例を示した。P. 179, 180 展開例2②：【技術】を見取るため，**実技試験**にて，知識と関連付けた技術の活用ができるよう身に付けているか評価する事例を示した。P. 180, 181
②思考・判断・表現	○ペーパーテスト ○論述・レポート ○発表・話合い ○作品制作	事例3 展開例1：【思考・判断・表現】を見取るため，**レポート**による**論述**およびグループによる**話合い・発表**にて，身に付けた知識や技術を活用して課題を発見しようとしているか，合理的かつ創造的な解決につなげようとしているか評価する事例を示した。P. 182～185
③主体的に学習に取り組む態度	○ノート，レポート ○発言 ○行動観察 ○自己評価・相互評価	事例3 展開例2：【主体的に学習に取り組む態度】を見取るため，**行動観察**および**実習ノート**の記載内容にて，自ら学び，主体的かつ協働的に取り組んでいるかどうか評価する事例を示した。ここでは身に付けることに向けた粘り強い取組を行おうとする側面と，自らの学習を調整しようとする側面の双方の評価のポイント例を示している。P. 185～188 展開例3：【主体的に学習に取り組む態度】を見取るため，**相互評価・自己評価**を評価の参考として，自ら学び，主体的かつ協働的に取り組んでいるかどうか評価する事例を示した。ここでも，身に付けることに向けた粘り強い取組を行おうとする側面と，自らの学習を調整しようとする側面の双方の評価のポイント例を示している。P. 189～191

【家庭科】

第２編

「〔指導項目〕ごとの評価規準」

を作成する際の手順

1 高等学校家庭科（専門教科「家庭」）の〔指導項目〕

高等学校家庭科（専門教科「家庭」）における〔指導項目〕は，以下のようになっている。

【第3編（事例）で取り上げた科目の〔指導項目〕を記載している】

第1　生活産業基礎

(1) 生活産業を学ぶに当たって
　ア　働くことの社会的な意義や役割
　イ　職業人に求められる倫理観
　ウ　産業構造の変化と課題
　エ　生活産業の意義と役割

(2) ライフスタイルの変化と生活産業
　ア　社会の変化とライフスタイルの多様化
　イ　生活産業の発展と伝統産業

(3) ライフスタイルの変化に対応した商品・サービスの提供
　ア　消費者ニーズの把握
　イ　商品・サービスの開発及び販売・提供
　ウ　関係法規

(4) 生活産業と職業
　ア　食生活関連分野
　イ　衣生活関連分野
　ウ　住生活関連分野
　エ　ヒューマンサービス関連分野

(5) 職業生活と自己実現
　ア　職業選択と自己実現
　イ　社会の変化と職業生活
　ウ　将来設計と進路計画

※　その他の科目についても，内容の(1), (2)・・・における各項目を〔指導項目〕とする。

2 高等学校家庭科（専門教科「家庭」）における「〔指導項目〕ごとの評価規準」作成の手順

　ここでは，科目「生活産業基礎」の(3)ライフスタイルの変化に対応した商品・サービスの提供を取り上げて，「〔指導項目〕ごとの評価規準」作成の手順を説明する。

　まず，学習指導要領に示された教科の目標を踏まえて，「評価の観点及びその趣旨」が作成されていることを理解する。次に，教科の目標と「評価の観点及びその趣旨」との関係性を踏まえ，科目の目標に対する「評価の観点の趣旨」を作成する。その上で，①及び②の手順を踏む。

＜例　生活産業基礎〔指導項目〕(3)ライフスタイルの変化に対応した商品・サービスの提供＞

【高等学校学習指導要領　第3章　第5節　家庭「第1款 目標」】

家庭の生活に関わる産業の見方・考え方を働かせ，実践的・体験的な学習活動を行うことなどを通して，生活の質の向上と社会の発展を担う職業人として必要な資質・能力を次のとおり育成することを目指す。

(1)	(2)	(3)
生活産業の各分野について体系的・系統的に理解するとともに，関連する技術を身に付けるようにする。	生活産業に関する課題を発見し，職業人に求められる倫理観を踏まえ合理的かつ創造的に解決する力を養う。	職業人として必要な豊かな人間性を育み，よりよい社会の構築を目指して自ら学び，生活の質の向上と社会の発展に主体的かつ協働的に取り組む態度を養う。

(高等学校学習指導要領P. 366)

【改善等通知　別紙5　各教科等の評価の観点及びその趣旨　＜家庭＞】

知識・技術	思考・判断・表現	主体的に学習に取り組む態度
生活産業の各分野について体系的・系統的に<u>理解している</u>とともに，関連する技術を<u>身に付けている</u>。	生活産業に関する課題を発見し，職業人に求められる倫理観を踏まえ合理的かつ創造的に解決する力を<u>身に付けている</u>。	よりよい社会の構築を目指して自ら学び，生活の質の向上と社会の発展に主体的かつ協働的に取り組む態度を<u>身に付けている</u>。

(改善等通知　別紙5　P. 7)

【高等学校学習指導要領　第3章　第5節　家庭「第2款　第1　生活産業基礎　1　目標」】

　家庭の生活に関わる産業の見方・考え方を働かせ，実践的・体験的な学習活動を行うことなどを通して，衣食住，ヒューマンサービスなどに関する生活産業や関連する職業を担う職業人として必要な基礎的な資質・能力を次のとおり育成することを目指す。

(1)	(2)	(3)
生活産業や関連する職業について体系的・系統的に理解するとともに，関連する技術を身に付けるようにする。	生活産業や関連する職業に関する課題を発見し，生活産業を担う職業人として合理的かつ創造的に解決する力を養う。	生活産業や関連する職業への関心を高め，適切な進路選択と専門性の向上を目指して自ら学び，生活産業の振興や社会貢献に主体的かつ協働的に取り組む態度を養う。

（高等学校学習指導要領 P.366）

　以下は，教科の目標と「評価の観点及びその趣旨」との関係性を踏まえた，科目の目標に対する「評価の観点の趣旨」の例である。

【「第2款　第1　生活産業基礎」の評価の観点の趣旨（例）】

知識・技術	思考・判断・表現	主体的に学習に取り組む態度
生活産業や関連する職業について体系的・系統的に<u>理解している</u>とともに，関連する技術を<u>身に付けている</u>。	生活産業や関連する職業に関する課題を<u>発見し</u>，生活産業を担う職業人として合理的かつ創造的に解決する力を<u>身に付けている</u>。	生活産業や関連する職業への関心を高め，適切な進路選択と専門性の向上を目指して自ら学び，生活産業の振興や社会貢献に主体的かつ協働的に取り組む態度を<u>身に付けている</u>。

① 各科目における〔指導項目〕と「評価の観点」との関係を確認する。

　職業教育を主とする専門学科は，各教科及び各科目の目標に，(1)「知識及び技術」，(2)「思考力，判断力，表現力等」，(3)「学びに向かう力，人間性等」を示すとともに，各科目の指導項目の大項目ごとに「このねらいを実現するため，次の①から③までの事項を身に付けることができるよう，〔指導項目〕を指導する。」としている。

　※①「知識及び技術」，②「思考力，判断力，表現力等」，③「学びに向かう力，人間性等」

第1　生活産業基礎

(3) ライフスタイルの変化に対応した商品・サービスの提供

　ア　消費者ニーズの把握

　イ　商品・サービスの開発及び販売・提供

　ウ　関係法規

〈高等学校学習指導要領解説 家庭編 P. 120, 121〉

(3) ライフスタイルの変化に対応した商品・サービスの提供

　　ここでは，生活を支援し，消費者が必要とする商品やサービスを提供するためには，様々なライフスタイルにおける消費者のニーズを的確に捉えることが必要であることを理解するとともに，その上で，生活産業に関わる身近な商品やサービスを例に取り上げて，市場調査と分析の方法，新商品やサービスの開発プロセス，商品やサービスを円滑に流通させ販売を促進する方法などについて考察し，工夫できるようにすることをねらいとしている。

　　このねらいを実現するため，次の①から③までの事項を身に付けることができるよう，〔指導項目〕を指導する。

①　消費者のニーズを的確に捉えることの必要性と，商品を企画し，提供していく上で必要なマネジメントの手法，関係法規の概要や趣旨を理解し，関連する技術を身に付けること。

②　消費者のニーズに対応した商品・サービスを開発し提供するまでの過程における課題を発見し，その解決に向けて考察し，工夫すること。

③　ライフスタイルの変化に対応した商品・サービスの提供について自ら学び，生活産業の振興や社会貢献に主体的かつ協働的に取り組むこと。

② 　【観点ごとのポイント】を踏まえ，「〔指導項目〕ごとの評価規準」を作成する。

（1）「〔指導項目〕ごとの評価規準」を作成する際の【観点ごとのポイント】

○「知識・技術」のポイント

・「知識」については，学習指導要領の「1　目標」に示す資質・能力を身に付けることができるよう「2　内容」の各指導項目に対し，学習指導要領解説の〔指導項目〕の大項目ごとに示された「このねらいを実現するため，次の①から③までの事項を身に付けることができるよう，〔指導項目〕を指導する」の①に示された「〜について理解する」の記述を当てはめ，それを生徒が「〜について理解している」かどうかの学習状況として表すこととする。

・「技術」については，学習指導要領の「1　目標」に示す資質・能力を身に付けることができるよう「2　内容」の各指導項目に対し，学習指導要領解説の〔指導項目〕の大項目ごとに示された「このねらいを実現するため，次の①から③までの事項を身に付けることができるよう，〔指導項目〕を指導する」の①に示された「〜について身に付ける」の記述を当てはめ，それを生徒が「〜について身に付けている」かどうかの学習状況として表すこととする。

○「思考・判断・表現」のポイント

・「思考・判断・表現」については，学習指導要領の「1　目標」に示す資質・能力を身に付けることができるよう「2　内容」の各指導項目に対し，学習指導要領解説の〔指導項目〕の大項目ごとに示された「このねらいを実現するため，次の①から③までの事項を身に付けることができるよう，〔指導項目〕を指導する」の②に示された「〜について課題を発見し，その解決に向けて考察し，工夫している」かどうかの学習状況として表すこととする。

○「主体的に学習に取り組む態度」のポイント

・「主体的に学習に取り組む態度」については，粘り強さ（知識及び技術を獲得したり，思考力，判断力，表現力等を身に付けたりすることに向けた粘り強い取組を行おうとしている側面），自らの学習の調整（粘り強い取組の中で自らの学習を調整しようとする側面）に加え，職業に関する教科では，最終的な到達目標となる職業教育の特色である職業人としての実践的な態度を見取る必要がある。そのため，学習指導要領の「1　目標」に示す資質・能力を身に付けることができるよう「2　内容」の各指導項目に対し，学習指導要領解説の〔指導項目〕の大項目ごとに示された「このねらいを実現するため，次の①から③までの事項を身に付けることができるよう，〔指導項目〕を指導する」の③に示された「〜について自ら学び，主体的かつ協働的に取り組む」の記述を当てはめ，それを生徒が「〜しようとしている」かどうかの学習状況として表すこととする。

（2）学習指導要領解説の「2　内容」及び「〔指導項目〕ごとの評価規準（例）」

学習指導要領　解説	知識及び技術	思考力，判断力，表現力等	学びに向かう力，人間性等
	消費者のニーズを的確に捉えることの必要性と，商品を企画し，提供していく上で必要なマネジメントの手法，関係法規の概要や趣旨を理解し，関連する技術を身に付けること。	消費者のニーズに対応した商品・サービスを開発し提供するまでの過程における課題を発見し，その解決に向けて考察し，工夫すること。	ライフスタイルの変化に対応した商品・サービスの提供について自ら学び，生活産業の振興や社会貢献に主体的かつ協働的に取り組むこと。

〔指導項目〕ごとの評価規準（例）	知識・技術	思考・判断・表現	主体的に学習に取り組む態度
	消費者のニーズを的確に捉えることの必要性と，商品を企画し，提供していく上で必要なマネジメントの手法，関係法規の概要や趣旨を理解しているとともに，関連する技術を身に付けている。	消費者のニーズに対応した商品・サービスを開発し提供するまでの過程における課題を発見し，その解決に向けて考察し，工夫している。	ライフスタイルの変化に対応した商品・サービスの提供について自ら学び，生活産業の振興や社会貢献に主体的かつ協働的に取り組もうとしている。

※　各学校においては，「〔指導項目〕ごとの評価規準」の考え方を踏まえて，各学校の実態を考慮し，単元の評価規準を作成する。具体的には第3編において事例を示している。

【家庭科】

第３編

単元ごとの学習評価について

（事例）

第1章　「〔指導項目〕ごとの評価規準」の考え方を踏まえた評価規準の作成

1　本編事例における学習評価の進め方について

　各教科及び科目の単元における観点別学習状況の評価を実施するに当たり，まずは年間の指導と評価の計画を確認することが重要である。その上で，学習指導要領の目標や内容，「〔指導項目〕ごとの評価規準」の考え方等を踏まえ，以下のように進めることが考えられる。なお，複数の単元にわたって評価を行う場合など，以下の方法によらない事例もあることに留意する必要がある。

家庭科
第3編

評価の進め方	留意点
1 単元の目標を作成する	○　学習指導要領の目標や内容，学習指導要領解説等を踏まえて作成する。 ○　生徒の実態，前単元までの学習状況等を踏まえて作成する。 ※　単元の目標及び評価規準の関係性（イメージ）については下図参照
2 単元の評価規準を作成する	
3 「指導と評価の計画」を作成する	○　1，2を踏まえ，評価場面や評価方法等を計画する。 ○　どのような評価資料（生徒の反応やノート，ワークシート，作品等）を基に，「おおむね満足できる」状況（B）と評価するかを考えたり，「努力を要する」状況（C）への手立て等を考えたりする。
授業を行う	○　3に沿って観点別学習状況の評価を行い，生徒の学習改善や教師の指導改善につなげる。
4 観点ごとに総括する	○　集めた評価資料やそれに基づく評価結果などから，観点ごとの総括的評価（A，B，C）を行う。

2 単元の評価規準の作成のポイント

（1）家庭科における〔指導項目〕と単元の関係

　　単元とは，生徒に指導する際の内容や時間のまとまりを各学校の実態に応じて適切に構成したものである。家庭科において単元を構成する際には，〔指導項目〕を小項目ごと等，幾つかに分割して単元とする場合や，〔指導項目〕をそのまま単元とする場合，幾つかの〔指導項目〕を組み合わせて単元とする場合等，様々な場合が考えられる。各学校において，生徒の興味・関心や進路，学科の特色に応じて適切に単元を設定することに留意する必要がある。

　　本事例編では，「〔指導事項〕ごとの評価規準」の考え方を踏まえた，「単元の目標」及び「単元の評価規準の作成の仕方などについて，事例3　単元「多様な保育ニーズに対応した職業と求められる倫理観」を例として示す。

（2）家庭科における単元の評価規準作成の手順

　　単元の評価規準は，以下の手順で作成する。

> ① 〔指導項目〕を基に，単元全体を通して，単元の目標を作成する。
> ② 「〔指導項目〕ごとの評価規準」を基に，具体的な学習活動から目指すべき学習状況としての生徒の姿を想定し，単元の評価規準を作成する。

　　① 〔指導項目〕を基に，単元全体を通して，単元の目標を作成する。

　　単元の目標は，学習指導要領に示された目標並びに単元で指導する指導項目及び指導事項を踏まえて設定する。

【学習指導要領解説の「2　内容」及び単元「多様な保育ニーズに対応した職業と求められる倫理観」の目標の例】

学習指導要領解説	知識及び技術	思考力，判断力，表現力等	学びに向かう力，人間性等
	家庭に関する学科に関連した産業の種類や特徴，関連する職業について理解し，関連する情報を収集・整理すること。	生活産業に関連する職業に就くための課題を発見し，その解決に向けて考察し，工夫すること。	生活産業と職業について自ら学び，生活産業の振興や社会貢献に主体的かつ協働的に取り組むこと。

単元の目標　例	知識・技術	思考・判断・表現	主体的に学習に取り組む態度
	ヒューマンサービスに関連した産業の種類や特徴，関連する職業について理解するとともに，関連する情報を収集・整理することができる。	ヒューマンサービスに関連する職業に就くための課題を発見し，その解決に向けて考察し，工夫する。	ヒューマンサービスに関連した産業と職業について自ら学び，ヒューマンサービス産業の振興や社会貢献に主体的かつ協働的に取り組む態度を身に付ける。

② 「〔指導項目〕ごとの評価規準」を基に，具体的な学習活動から目指すべき学習状況としての生徒の姿を想定し，単元の評価規準を作成する。

単元の評価規準作成のポイントは，以下のとおりである。

（1）知識・技術
- 「知識」については，〔指導項目〕ごとの評価規準の作成において述べたように，その文末を，「〜について理解している」として，評価規準を作成する。
- 「技術」については，〔指導項目〕ごとの評価規準の作成において述べたように，その文末を，「〜身に付けている」，「〜に関連する情報を収集・整理している」として，評価規準を作成する。

（2）思考・判断・表現
- 「思考・判断・表現」については，〔指導項目〕ごとの評価規準の作成において述べたように，その文末を，「〜について考察している」，「〜について工夫している」として，評価規準を作成する。

（3）主体的に学習に取り組む態度
- 「主体的に学習に取り組む態度」については，〔指導項目〕ごとの評価規準の作成において述べたように，その文末を，「〜取り組もうとしている」として，評価規準を作成する。

【「〔指導項目〕ごとの評価規準（例）」と単元の評価規準の例】

指導項目ごとの評価規準 例	知識・技術	思考・判断・表現	主体的に学習に取り組む態度
	家庭に関する学科に関連した産業の種類や特徴，関連する職業について<u>理解している</u>とともに，関連する情報を<u>収集・整理している</u>。	生活産業に関連する職業に就くための課題を<u>発見し</u>，その解決に向けて<u>考察し</u>，<u>工夫している</u>。	生活産業と職業について自ら学び，生活産業の振興や社会貢献に主体的かつ協働的に<u>取り組もうとしている</u>。

単元の評価規準 例	知識・技術	思考・判断・表現	主体的に学習に取り組む態度
	ヒューマンサービスに関連した産業の種類や特徴，関連する職業について<u>理解している</u>とともに，関連する情報を<u>収集・整理している</u>。	・ヒューマンサービスに関連する職業に就くための課題を<u>発見し</u>，その解決に向けて<u>考察し</u>，<u>工夫している</u>。 ・保育従事者として，多様化する利用者のニーズやプライバシーに配慮したサービスの提供をするための課題を<u>発見し</u>，その解決に向けて<u>考察し</u>，<u>工夫している</u>。	ヒューマンサービスに関連した産業と職業について自ら学び，特に保育に関するヒューマンサービス産業について職業倫理や規範意識を踏まえて，産業の振興や社会貢献に主体的かつ協働的に<u>取り組もうとしている</u>。

第2章　学習評価に関する事例について

1　事例の特徴

　第1編第1章2（4）で述べた学習評価の改善の基本的な方向性を踏まえつつ，平成30年に改訂された高等学校学習指導要領の趣旨・内容の徹底に資する評価の事例を示すことができるよう，本参考資料における事例は，原則として以下のような方針を踏まえたものとしている。

○　単元に応じた評価規準の設定から評価の総括までとともに，生徒の学習改善及び教師の指導改善までの一連の流れを示している

　本参考資料で提示する事例は，単元の評価規準の設定から評価の総括までとともに，評価結果を生徒の学習改善や教師の指導改善に生かすまでの一連の学習評価の流れを念頭においたものである。なお，観点別の学習状況の評価については，「おおむね満足できる」状況，「十分満足できる」状況，「努力を要する」状況と判断した生徒の具体的な状況の例などを示している。「十分満足できる」状況という評価になるのは，生徒が実現している学習の状況が質的な高まりや深まりをもっていると判断されるときである。

○　観点別の学習状況について評価する時期や場面の精選について示している

　報告や改善等通知では，学習評価については，日々の授業の中で生徒の学習状況を適宜把握して指導の改善に生かすことに重点を置くことが重要であり，観点別の学習状況についての評価は，毎回の授業ではなく原則として単元や題材など内容や時間のまとまりごとに，それぞれの実現状況を把握できる段階で行うなど，その場面を精選することが重要であることが示された。このため，観点別の学習状況について評価する時期や場面の精選について，「指導と評価の計画」の中で，具体的に示している。

○　評価方法の工夫を示している

　生徒の反応やノート，ワークシート，作品等の評価資料をどのように活用したかなど，評価方法の多様な工夫について示している。

2　各事例概要一覧と事例

事例1　キーワード　指導と評価の計画から評価の総括まで
「ライフスタイルの変化に対応した地域産業とファッションとの関わり」

　本事例は，「（4）生活産業と職業」のイ及び「（5）職業生活と自己実現」のア，イ，ウの関連を図った単元である。地域産業とファッションとの関わりについて【単元を貫く課題】を設定するとともに，三つの課題を設定し，一連の学習過程を繰り返す。

　本事例では，単元の指導と評価の計画を示すとともに，多様な評価方法，観点ごとの配慮事項，観点別評価の総括の考え方などについて示している。

事例2　キーワード　「知識・技術」「主体的に学習に取り組む態度」の評価
「ライフスタイルの変化に対応した商品・サービスの提供」

　本事例は，「（3）ライフスタイルの変化に対応した商品・サービスの提供」のア，イ，ウの関連を図った単元である。身近な事例と関連付けて，消費者が必要とする商品やサービスの提供に向けた課題を設定し，解決に向けた一連の学習過程における「知識・技術」及び「主体的に学習に取り組む態度」の評価方法や評価の時期について具体的に示している。

事例3　キーワード　「思考・判断・表現」「主体的に学習に取り組む態度」の評価
「多様な保育ニーズに対応した職業と求められる倫理観」

　本事例は，「（4）生活産業と職業」のエに関する単元である。保育従事者として求められる資質・能力の向上や，倫理観，規範意識の醸成を目指して，家庭的保育に着目した課題の解決に向けて取り組む一連の学習過程における「思考・判断・表現」及び「主体的に学習に取り組む態度」の評価方法や評価の時期について具体的に示している。

家庭科　　事例1（生活産業基礎）

キーワード　指導と評価の計画から評価の総括まで

単元名	内容のまとまり〔指導項目〕
ライフスタイルの変化に対応した地域産業とファッションとの関わり	(4) 生活産業と職業 　イ　衣生活関連分野 (5) 職業生活と自己実現 　ア　職業選択と自己実現 　イ　社会の変化と職業生活 　ウ　将来設計と進路計画

　この単元では，(4)イ　衣生活関連分野と(5)ア　職業選択と自己実現，イ　社会の変化と職業生活，ウ　将来設計と進路計画について学習する。地域産業とファッションとの関わりについて単元を貫く課題を設定し，課題1「日本の衣生活の変化」，課題2「ファッション産業の仕組み」，課題3「地域産業の理解と関わり」という三つの学習を繰り返してその解決を図る構成としている。

　本事例は，指導と評価の計画から評価の総括までについて具体的に示している。

1　単元の目標

(1) ファッション産業や関連する生活産業の特徴を理解するとともに，適切に情報を収集・整理することができる。

(2) ファッション産業や関連する職業に関する課題を発見し，その解決に向けて考察し，工夫する。

(3) ファッション産業に関連する職業への関心を高め，適切な進路選択と専門性の向上を目指して自ら学び，生活産業の振興や社会貢献に主体的かつ協働的に取り組む態度を身に付ける。

2　単元の評価規準

知識・技術	思考・判断・表現	主体的に学習に取り組む態度
・ファッション産業や生活産業や関連する職業について体系的・系統的に理解しているとともに，関連する技術を身に付けている。 ・ファッション産業に関する情報を適切に収集・整理し，ライフスタイルの多様化とファッションや価値観の多様化によるファッション産業の変化を理解している。	・生活産業や関連する職業に就くための課題を発見し，生活産業を担う職業人として合理的かつ創造的に解決する力を身に付けている。 ・消費者のニーズに対応した商品・サービスを提案，製作，提供するまでの過程における課題を発見し，その解決に向けて考察し，工夫している。	生活産業や関連する職業への関心を高め，適切な進路選択と専門性の向上を目指して自ら学ぶとともに，ライフスタイルの変化に対応した商品・サービスの提供について自ら学び，生活産業の振興や社会貢献に主体的かつ協働的に取り組もうとしている。

3　指導と評価の計画（10時間）

　単元の指導計画　　単元名「ライフスタイルの変化に対応した地域産業とファッションとの関わり」

(1) 日本の衣生活の変化とライフスタイルの多様化によるファッション産業　　　　　3時間

(2) 地域産業（ファッション産業）の理解　　　　　3時間

(3) 地域産業が抱える問題と活躍する若手職人　　　　　2時間

(4) これからの地域産業（ファッション産業）　　　　　2時間

時間	【ねらい】・学習活動	評価の観点			評価規準・評価方法
		知	思	態	
1・2	【ねらい】衣生活の変化に関心をもち，ライフスタイルの多様化によるファッション産業の特徴をまとめる。　「課題1」				
	・和装から洋装化の変化を時代背景とともに理解する。（男性は明治時代，女性は昭和初期） ・1960年〜1990年代のファッション産業に注目する。 ・消費者のライフスタイルの変化やニーズの変容に気付く。 《キーワード》 衣生活の歴史，ファッション産業，消費者ニーズ，ライフスタイル ワークシート〔例1〕の一部	●			・洋装が始まった時代の背景や採用について，まとめることができている。 ・戦後の高度経済成長とともにファッション産業も飛躍した。既製服が大量生産されるようになり，海外ブランドの流通も激化，企業主体であったファッションが，消費者のニーズに基づいたファッションに変化していく過程をまとめている。 ワークシート〔例1〕 ジグソー法の留意点 ・年代ごとにグループ編成 ・各項目について調査，まとめをする。

時代	明治時代	1950年代	1960年代	1970年代	1980年代	1990年代
経済	黒船来航	戦後壊滅から復興へ	高度経済成長	オイルショック 経済安定期	少子高齢化 「失われた10年」	グローバル経済へ
産業	第一次産業に大きなウエイト		工業化の進展		サービス化の進展	
雇用		日本的雇用慣例（終身雇用、年功序列賃金、企業別組合）の定着			企業は人件費を見直す	非正規雇用の増大
		☞パートタイマーの利点 自分の都合のよい時間に働くことができる		女性の雇用者の増加→パートタイマー		
ファッション	和服　学生服 男性の洋装化の進行	洋装化 仕立て屋・家庭洋裁	合成繊維織物の導入 既製服メーカーによる大量生産 オートクチュール	DCブランド 消費者の価値観が多様化	物の値段＝キャリアファッション	クールビズ

時間	【ねらい】・学習活動	評価の観点			評価規準・評価方法
3	【ねらい】女性の社会進出によるライフスタイルの多様化とファッションや価値観の多様化によるファッション産業の変化を理解することができる。　「課題1」				
	・消費者のニーズの多様化に合わせた多品種少量生産へビジネスが移行したことを理解する。 ・キャリアファッション，エイジレス商品，クールビズなど流行や時代に適応したライフスタイル提	●			・女性の社会進出とともに外出着として機能性の高い洋服の需要が高まった。時代背景とともに消費者の価値観が多様化する中，ライフスタイル提案型のビジネスが注目され，人々の暮らしにあった商品が必要とされていることを理解している。

案型のビジネスを提案する力が必要であることを理解する。

《キーワード》
女性の社会進出，価値観の多様化，ライフスタイル提案型

ワークシート〔例2〕の一部

【知識・技術】
第二次大戦後の女性の生活を箇条書きで記述しよう

【解答例】
・社会に出て仕事をもつ　　「TPOにあった服」
・レジャーやショッピングを楽しむ「機能性・実用性」
・消費傾向　昭和47年ごろから　「レディース重視」
・資格取得　専門職で働く女性「キャリアファッション」
・エイジレス時代「実年齢にこだわらないファッション」

ワークシート〔例2〕
※キーワードを問う問題設定

キーワードを問う問題例

【知識・技術】「ファッションの多様化と多品種少量生産」の関係性について「価値観の多様化」いうキーワードを入れて説明しなさい
【解答例】昭和50年代，十分なものに囲まれるようになり，自身を振り返り始め，大量生産から生み出される商品に満足できなくなる，価値観の多様化が出始める。またその個性も認められるようになり，ファッションの種類等消費者のニーズに合わせた多品種少量生産体制をとり，DCブランドブームとなる。

【ねらい】ファッション産業の構造について理解を深めることができる。 「課題2」

・ファッション産業の構造を理解する。●

・地域のファッション産業の業種・業態に関心をもち特徴を調べる。

《キーワード》
アパレル素材産業，アパレル産業，アパレル小売産業，SPA

4・5

＜ワークシート〔例3〕の一部

・ファッション産業は「アパレル素材産業」「アパレル産業」「アパレル小売産業」の三つから成り立ち，各段階に商社や卸問屋が介入して，生産と流通の機能が分離化する構造を理解している。

・近年は，産業構造も大きく変化しSPA（製造から小売りまでを一貫して行うアパレル）もあるとともに，各段階に生産・流通機能があることを理解している。

・地域のファッション産業に着目し，産業の特徴について興味をもって調べることができている。

ワークシート〔例3〕
※ICT端末を使った調査
（記述式）

【知識・技術】
「ファッション産業構造について理解を深める」
①ファッション産業構造

（　川　上　）	（　川　中　）	（　川　下　）
アパレル素材産業 ・繊維産業 ・テキスタイル産業	アパレル産業	ファッション小売産業

②現在のファッション産業構造
（　SPA　）：製造アパレル小売産業・製造直販アパレル等全工程を一貫して行う
③地域産業が抱える課題【記述】
・ファッション構造が分業化でありハイコストになりがち。
・高齢化が進み、後継者育成に問題を抱えている。

6	【ねらい】ファッション産業の仕組みや特徴について理解を深めることができる。(現場見学) 「課題2, 3」			
	・企業（機織り・染色・アパレル販売など）と連携し，ファッション産業の仕組みや特徴の理解を深めるために現場見学を行う。 ・繊維が原料からテキスタイル製品になるまでの過程を理解する。 ・地域産業の特徴を生かした商品について分析し，その魅力や課題について理解を深める。	●	●	・現場見学を通してファッション産業の仕組や特徴について実際に見たり，聞いたり触れたりして理解を深めている。 ・地域産業の歴史や商品の特徴や現在抱える問題について理解している。 ・地域産業の特徴を生かした商品について興味・関心をもち，次の課題である商品開発・提案につなげることができている。 ポートフォリオ

＜ポートフォリオの作成の仕方＞

・自分の好きなものを集める（ファイルの形,集めるものも自由）
・疑問，調べたいことを調査する（方法等は自由）
・講義で使用したプリントのファイリングをする
・教員が配布した資料からの発展的学習へ繋げる
⇒地域産業に興味関心をもてるようなポートフォリオ作成
　将来，地域産業の担い手になることを目指す

〔主体的に学習に取り組む態度〕の評価規準例
写真・研修パンフレット・研修内容等のデータを集め，ファイリングしようとしている。
ファッション産業の特徴を理解し，整理・分析をし，主体的に取り組もうとしている。

7	【ねらい】新聞記事から地域産業が抱える問題について読み取ることができる。「課題2, 3」		
	・地域産業（ファッション産業）に関わる新聞記事を読み，抱える問題を読み取る。 《キーワード》 地域産業の特徴，産業が抱える課題	●	・新聞記事を読んで，地域産業を担う専門性の高い技術をもつ職人の高齢化が進んでいる状況と，地域産業の継承，今後の発展のために現代の若者の力が必要であることを読み取ることができている。 新聞要約

〔知識・技術〕の評価規準例
※「十分満足できる」状況（A）と判断した生徒の具体的な記述例

　　今回の授業で，①尾州産地は毛織物の世界三大産地の一つで（イタリア・イギリス）②国内生産の９割を製造していることに驚いた。そして，こんな身近に有名な産業があることにも驚いた。尾州産地は③「ションヘル織機」という低速織機を使った毛織物が特徴。高速織機では出せない生地の風合いや④手織りに近い肌触りで，大量生産できないオリジナル生地と仕上がりの良さで⑤世界のトップブランドからのニーズも高い。
　　今後も地域産業を活発化していくためには，★現在抱えている高齢化による後継者不足とその育成の問題を解決していくことが重要である。◎SNS等で尾州産地の良さを発信し，若者に産地の特性や良さを伝え，興味関心をもってもらう。そして１人でも「尾州産地に関わった仕事に就きたい」と思うことで，若者目線の様々なデザイン提案や新たに生地の提案ができ，尾州産地の発展に繋がっていくのではないかと考える。

新聞要約の仕方と〔知識・技術〕に関する評価表例

1　文章の書き方について
・第一段落では，理解できたことを①～⑤にあげ，筋道立てて述べることができている。
・第二段落では，★で課題をあげ，◎で解決策を提案している。
2　400字の文章表記の利点
・地域産業について理解を深め，課題を認識し解決策を自ら考えようとした。
・自己の感想の記述が少なくなり，学習した内容を自分の言葉で表現し，さらに深く調べて考え記述することができている。

評価	A	B	C
知識・技術	・理解したことを箇条書きで書き取ることができ，系統立てて分類することができている。	・理解したことを箇条書きで書き取ることができ，簡単に分類することができている。	・理解したことを書き取ろうとしている。
思考・判断・表現	・問題点や課題について，調査やデータに基づいて考えを記述できている。	・問題点や課題について自己の考えを記述している。	・問題点や課題について記述しようとしている。

8

【ねらい】地域産業の課題と若手職人の活躍について理解することができる（研修）。「課題3」

・若手職人が，地域産業とどのように関わり，商品を提案し，世界に発信しているのか，さらに，今必要な地域産業力は何かを対談を通して聞き出す。

● ●

・若手職人が地域産業の特徴を活用して，消費者ニーズに合った商品の提案をしていることに気付いている。
・地域産業の魅力や課題を分析・考察し，今後の産業の発展に向けて考えている。

ポートフォリオ〔例4〕

〔知識・技術〕と〔主体的に学習に取り組む態度〕の評価規準例
写真・研修パンフレット・研修内容についてデータを集めファイリングできる。
ファッション産業の特徴を理解し，整理，考察をし，主体的に取り組もうとしている。
ポートフォリオを活用して自身の学習を振り返り，まとめようとしている。

ポートフォリオ〔例4〕

＜ファッション関連産業の魅力と推測できる課題解決について振り返る＞

	特徴・魅力	課題	解決策
専門家の話を聞いて	アパレル産業は岐阜駅前の問屋町は戦後の古着販売から始まる 多くの職人の技術を継承していきたい	後継者不足 専門職人の高齢化 安価な海外製品の普及 産地の衰退、繊維工業のシェアが低迷	ファッションを学ぶ学生が，アパレル産業に魅力を感じ，「こんなもの作ってみたい」と挑戦することで，発展していく
新聞学習	世界的なファッションブランドを支える，国内最大の毛織物産地	後継者不足 専門職人の高齢化 安価な海外製品の普及	地域産業の発展の必要性 若手人材の育成 一過性ではない地域産業の魅力を発信
若手職人の話	地域産業の職人さんが，若手職人の育成を積極的に行っている 補助や支援をしている 活躍の場を提供している 自分自身の夢がかなう場所の提供	自身のブランドを突き詰めて，作品つくりや発信方法など常により良いものを考え続けている	若手職人の活躍を広く知ってもらう（発信方法の工夫） 若者の夢がかなう場所，魅力ある場所の工夫(町全体・産業全体)
産地見学	19304年代にドイツで製造されたションヘル織機を使用している ダブル幅の織物を織ることが可能 川上・川中・川下すべての工程がこの産地で行うことが可能	後継者不足 専門職人の高齢化	地域の学生が上級学校へ進学後，地元企業で働きたい，地域産業を発展させてこの地方を元気にさせたいと思えるような魅力があるといい。

〔主体的に学習に取り組む態度〕に関する評価表例

評価	A	B	C
主体的に学習に取り組む態度	・研修の目的に応じた資料を収集・整理し，まとめようとしている。 ・研修を通して課題を発見し，その解決に向けて具体的に提案しようとしている。	・研修の目的に応じた資料を収集・整理し，まとめようとしている。 ・研修を通して課題を発見し，その解決に向けて考えようとしている。	・研修の目的に応じた資料を収集し，まとめるようとしている。

【ねらい】これからのファッション産業と地域産業について考えることができる。 「課題3」

| 9・10 | ・地域産業に関わる商品を調べ，考察をする。（価格・付加価値・販路方法・ＰＲの仕方など）
・ハイテクノロジーやエコロジー素材の開発，ＳＤＧｓを考慮した企業経営やライフスタイルが注目される今，これから求められる地域産業について考える。

「テーマ」例
地域産業に関わる商品を調べ，今後注目される商品を考えてみよう | ● | ・地域産業に関わる商品を調べ，特徴をまとめることができている。
・科学技術の発展は消費者の様々なニーズに対応した新商品を開発していることを学習し，「今だからこそ欲しい繊維」という視点で考え，提案することができている。
・エコロジー素材の開発やＳＤＧｓを考慮した企業経営の一端を学習し，消費者意識の変化に着目できている。

商品提案のプレゼンテーション |

〔思考・判断・表現〕の評価規準例
・販売場所，販売方法，商品の特徴，販売価格，顧客データ等を調査している。
・今後，地域産業が注目され，販売利益が考えられる商品提案ができている。

ワークシート〔例〕

＜商品企画をしよう＞

商品の企画・開発をしてみよう

商品コンセプトを考える	誰がいつどこで，何のために利用するか？どのような商品かをわかりやすく表現
マーケティング戦略を立てる	商品価値・販売経路・宣伝方法
分析をする	生産コスト，売上利益，市場占有率（市場シェア）
市場テスト・マーケティングをする	試作品の市場調査をする（消費者の反応を確かめる）
新商品・新サービスを導入	結果を踏まえ，改善・修正

本時の取組

①商品コンセプトを考える
商品名：残り染めポーチ
だれ：10～30代の女性）
いつ：大切なものをいれる
どこで：日常的に使用
何のために：清潔感と衛生管理　おしゃれアイテム　環境に配慮したアイテム

②マーケティング戦略を立てる
商品の特徴：残り染めの生地活用(SDGs)
商品価格：1,980円（値段は高いけれど脱炭素社会を意識）
販売経路：県農業祭に参加
宣伝方法：SNSによる発信

③分析をする（仲間から意見を聞く）
商品のコンセプトが合致しているか
・商品価値を十分理解できるか？
・残り染め魅力が理解できないと買わないと思う。
マーケティング戦略はどうか
・一点ものとしての価値があるかもしれない。コストは高い

④商品（デザイン）

ターゲット・デザイン　10～30代の女性
10代　20代　30代
単価：Lサイズ　2600円　Sサイズ　1600円

素材・サイズ　布：のこり染め
ブルーベリー，ワイン，よもぎ，小豆，ほうれんそう，パセリ　シーチング・芯
サイズ
Lサイズ：縦27cm幅24cm　フリル3cm
Sサイズ：縦16.5cm幅16cm　フリル2.5cm

〔思考・判断・表現〕に関する評価表例

評価	A	B	C
思考・判断・表現	・商品の企画・開発において，より地域産業の特徴を取り入れた魅力ある商品と，消費者の動向や価値観を考えた提案ができている。 ・他者の意見に共感しながら考えをまとめることができている。	・商品の企画・開発において，より地域産業の特徴を取り入れた商品の提案ができている。 ・他者の意見に共感しながら考えをまとめることができている。	・商品の企画・開発において，地域産業の特徴を取り入れた商品の提案を考えようとしている。 ・他者の意見を取り入れ考えようとしている。

4　観点別学習状況の評価の進め方

ここでは，本単元における3観点の評価の進め方について紹介する。

（1）知識・技術

本単元では，日本の衣生活の変化，人々のライフスタイルの多様化によるファッション産業の変化，地域産業（ファッション産業）の理解と課題，今後のファッション産業の発展にむけて理解しているかなどについて評価する。

1，2時間目の評価規準については，衣生活の変化とライフスタイルの多様化によるファッションにおいて，「ジグソー法」を活用してワークシートの記述から評価する。

3時間目の評価規準については，消費者の価値観の多様化や時代に適応したライフスタイル提案型のビジネスについて理解しているかを，記述内容から評価する。

4～8時間目の評価規準については，ファッション産業の仕組みや特徴，課題について理解しているかを評価する。地域産業と連携を図り，アパレル素材産業，アパレル産業，ファッション小売産業の3つの産業における現場実習，関係する専門講師の特別講義，新聞学習などを取り入れ，地域産業の特徴を取り入れた専門性の高い学習内容ができるようにする。

7時間目の新聞学習では，要点を整理するワークシートを活用した後，生徒には400字でまとめさせる。評価規準は，「理解できたこと」「地域産業発展のために必要なこと」の二つの視点とする。

9，10時間目の評価規準については，SDGsの視点から，これから必要とされる視点，商品提案，開発技術等をワークシートの記述から評価する。

（2）思考・判断・表現

この単元では，一連の学習について①問題を見いだして課題を設定しているか，②様々な解決方法を検討し，計画，提案しているか，③実践を評価し，改善しているか，④考察したことを論理的に表現しているかについて評価する。

課題実施前に，事前課題でファッション産業に関わるマーケットリサーチやオンラインリサーチをさせ，店頭にどのような商品があるかや商品価格，顧客データなどを調査する体験が必要である。また，6～8時間目に現場見学に出かけたり，専門家から話を聞いたりして，体験や経験を通して地域産業に関わる商品の付加価値が意識でき，商品価値も理解できると考える。

9，10時間目の評価規準については，情報の活用や整理する力を身に付け，現在の社会動向や消費者ニーズに基づいた視点で地域産業の特徴を生かしながら商品提案ができているかを評価する。

評価規準は，「商品企画・提案」「他者の意見に共感する」の二つの視点とする。要点を整理するワークシートを記入させる時点で，商品コンセプト等をより具体的に考えさせ，イメージさせるこ

とが必要である。

（3）主体的に学習に取り組む態度

この単元では，生活産業や関連する職業への関心を高め，適切な進路選択と専門性の向上を目指して自ら学び，生活産業の振興や社会貢献に主体的かつ協働的に取り組む態度を身に付ける一つとして，10 時間の学習内容を総合的にまとめたポートフォリオを評価する。具体的には①現場見学を通してファッション産業の仕組や特徴について実際に見たり，聞いたりして理解を深めているか，②地域産業の歴史や商品の特徴や，現在抱える問題について理解しているか，③地域産業の魅力をＰＲし，地域産業に携わることを想定し主体的な態度を考えることができているかを評価する。

4～8時間目の評価規準については，それぞれの現場見学や学習に関わるプリントと同様に，ポートフォリオ（学習の軌跡）としてまとめる。学習の取組が横断的になり，より理解が深まり，思考の領域が広がり，自らの課題に主体的に取り組もうとしているかを評価する。

評価規準は，「資料の収集・整理」「課題解決に向けた具体的な提案」の二つの視点とする。ポートフォリオ〔例4〕では記述内容から評価する。「学習した内容」の項目と「特徴・魅力」「課題」「解決策」について，整理をしながら記述をしていることや，単元を振り返る記述「地域産業の魅力を十分に理解・発信するために必要なこと，大切にしていくこと」では，地域産業の特徴を踏まえ，課題を精選し，自分たちでできることをより具体的な言葉で記述できている場合を「おおむねできる」状況（Ｂ）と判断する。

5　観点別学習状況の評価の総括

観点別学習状況の評価においては，各学校や学科の特色，生徒の実態を十分に踏まえた上で，学習指導要領の目標に照らした指導計画と評価計画が不可欠である。学習計画を立てる際には，生徒が将来就きたいと思っている職業に関連する地域産業の情報収集，商品開発，現場見学，社会人講師による講演等の学習活動を効果的に取り入れ，生徒が自分事として捉えられるような工夫が必要である。「知識・技術」，「思考・判断・表現」，「主体的に学習に取り組む態度」の観点別学習状況の評価は，単元ごとに，生徒に身に付けさせたい資質・能力を明確にするとともに，単元ごとの評価計画，評価規準を作成することである。具体的にワークシートの設問の仕方を明確化したり，事例の取り上げ方を工夫し，見直しを図ったりすること。また，ペア学習やグループ学習から，プレゼンテーションをする機会を設定し，協働的な学習へ繋げ主体的な学びへと展開すること。社会人講師等の講演や現場実習等の機会をとらえ，職業観へと繋げていくこと等が挙げられる。「主体的な学習に取り組む態度」では，生徒が学習の振り返りの中で，理解できたこと，できなかったことを自己分析することを出発点として考え，さらに知識や技術力を高めたり，どうすればできるようになるだろうと自己調整したりしながら学習に向かう態度を育めるよう，生徒の実態に合わせた授業実践等が考えられる。

生徒の具体的な学習状況を適切に捉えることが大切であり，各学校の特色や生徒の実態に合わせて工夫することが求められる。また観点ごとの総括及び評定への総括の考え方や方法については，各学校の共通理解を図り，生徒及び保護者に十分説明し理解を得ることが大切である。

家庭科　　事例2（生活産業基礎）

キーワード　「知識・技術」「主体的に学習に取り組む態度」の評価

単元名
ライフスタイルの変化に対応した商品・サービスの提供

内容のまとまり〔指導項目〕
(3) ライフスタイルの変化に対応した商品・サービスの提供 　ア　消費者ニーズの把握 　イ　商品・サービスの開発及び販売・提供 　ウ　関係法規

　この単元は，生活を支援し，消費者が必要とする商品やサービスを提供するためには，様々なライフスタイルにおける消費者のニーズを的確に捉えることが必要であることを理解するとともに，その上で，生活産業に関わる身近な商品やサービスを例に取り上げて，市場調査と分析の方法，新商品やサービスの開発プロセス，商品やサービスを円滑に流通させ販売を促進する方法などについて考察し，工夫できるようにすることをねらいとしている。

　本事例では，「知識・技術」の評価と「主体的に学習に取り組む態度」の評価について評価方法を具体的に示している。

1　単元の目標

(1) 消費者のニーズを的確に捉えることの必要性と，商品を企画し，提供していく上で必要なマネジメントの手法，関連法規の概要や趣旨を理解し，関連する技術を身に付ける。

(2) 消費者のニーズに対応した商品・サービスを開発し提供するまでの過程における課題を発見し，その解決に向けて考察し，工夫する。

(3) ライフスタイルの変化に対応した商品・サービスの提供について自ら学び，生活産業の振興や社会貢献に主体的かつ協働的に取り組む態度を身に付ける。

2　単元の評価規準

知識・技術	思考・判断・表現	主体的に学習に取り組む態度
・消費者のニーズを的確に捉えることの必要性を理解しているとともに，情報を収集・整理する技術を身に付けている。 ・消費者に信頼される商品を企画，提供するために必要なマネジメントの手法，関連法規の概要や趣旨を理解しているとともに，関連する技術を身に付けている。	消費者のニーズに対応した商品・サービスを開発し提供するまでの過程における課題を発見し，その解決に向けて考察し，工夫している。	消費者のニーズを的確に捉えることの必要性や，消費者に信頼される商品を企画，提供するために必要なマネジメントの手法，関連法規について自ら学び，生活産業の振興や社会貢献に主体的かつ協働的に取り組もうとしている。

3　指導と評価の計画（14時間）

単元の指導計画　　単元名「ライフスタイルの変化に対応した商品・サービスの提供」

(1) 消費者ニーズの把握　　　　　　　　　　　　　　　　　　　　　3時間

(2) 商品・サービスの開発及び販売・提供　　　　　　　　　　　　　9時間

(3) 関連法規　　　　　　　　　　　　　　　　　　　　　　　　　2時間

時間	【ねらい】・学習活動	評価の観点			評価規準・評価方法
		知	思	態	

【ねらい】消費者の多様なニーズを的確に捉えるために，必要な情報を収集・整理するための調査方法について，自ら学び，主体的に取り組むことができる。

1・2

・開発してみたい「食」に関する商品を考える。
・地域で発信している食生活関連の情報（2次データ）を収集・整理する。

● 2次データ（オープンデータ）とは，官公庁や調査団体等ですでにまとめられているデータのことで，誰でも自由に活用できる。

ワークシート〔例1〕

ワークシート〔例1〕の一部

【1】開発してみたい、「食」に関する商品を記入しよう。【　おにぎり　】

【2】地域で発信している食生活関連の情報を収集・整理しよう。
　　　～2次データ（オープンデータ）の活用～　　　　　　　【知識・技術】

発信元	県庁のホームページ	道の駅の情報誌
情報	・食の商品力を極める ・食の販売力を高める ・観光消費の拡大 ・魅力ある雇用の創出 ・「食」と「運動」で健康	・売れ筋商品月別ランキング ・季節の目玉商品 ・試食コーナー ・地元を応援し隊！キャラクターデザイン応募企画の案内 ・血糖値を下げるお茶

【3】2次データ（オープンデータ）の長所と短所を見つけよう。

長所	誰でも利用できる情報。地域で力を入れようとしている取組が見える。
短所	消費者のニーズが見えない。

・消費者のニーズを的確に捉えるために有効な調査方法を調べる。（1次データ）

● 1次データとは，調査目的に合わせた調査方法を用いて，独自に収集した情報のこと。

ワークシート〔例1〕の一部

【4】2次データの短所を解消し、消費者のニーズを的確に捉えるための調査方法を調べよう。

調査方法	特徴	長所	短所
観察法	調査員が消費者の数や行動パターンを観察する。	数値化できる。	観察範囲が限定される。
質問紙法	アンケートを作成し、消費者に記入してもらう。	聞きたいことが聞ける。	質問と回答は記入されたものに限られる。
面接法	消費者から既存の商品に対する不満や新商品への要望を聞く。	考えを詳しく聞くことができる。	調査対象が限られる。
実験法	既存商品と新商品を提示し、消費者の反応を確かめる。	対になる商品の反応の差やその原因を特定できる。	調べたいこと以外の条件を揃えることが困難。

・開発したい商品について，消費者のニーズを捉えるための調査方法を挙げ，情報収集をするための実施計画を立てる。 ● ● ・消費者の多様なニーズを的確に捉えるために必要な情報収集について，自ら学び，主体的に取り組もうとしている。

ワークシート〔例1〕

ワークシート〔例1〕の一部

【5】商品開発したい【　おにぎり　】について、消費者のニーズを捉えるための調査方法を挙げ、情報収集するための実施計画（具体的な取組）を立てよう。

条件：①地域産業の視点を取り入れる。②2次データと1次データの両方を取り入れる。

【主体的に学習に取り組む態度】

	調査方法	実施計画（具体的な取組）
2次データ	県庁ホームページのオープンデータ	・ホームページの情報を検索し、食に関するデータを収集する。 ・生産されている米の種類を調べる。栄養価とテクスチャーについて比較する。 ・具に使えそうな食材を探す。 ・健康に関する情報を探す。
1次データ	質問紙法	・アンケートを作成する。好きな米のブランドを聞く。おにぎりにいくらまで払ってもよいか聞く。 ・調査する場所や対象者を決める。・商品購入時に不満に思ったことを聞く。 ・スーパーやコンビニで調査するための手立てを調べる。 ・インターネットでの調査方法を調べる。

〔主体的に学習に取り組む態度〕に関する評価表例

主体的に学習に取り組む態度	A	B	C
	2次データと1次データの特徴について理解し，地域産業を取り入れながら消費者のニーズを的確に捉えるための調査方法について実施計画を立てようとしている。	2次データと1次データの特徴について理解し，消費者のニーズを的確に捉えるための調査方法について実施計画を立てようとしている。	2次データと1次データの特徴について理解しているが，消費者のニーズを的確に捉えるための調査方法について実施計画を立てようとしていない。

〔主体的に学習に取り組む態度〕の評価

※「おおむね満足できる」状況（B）と判断した生徒の具体的な記述例

・おにぎりの商品開発をしたいため，県庁のHPで生産している米のブランドと具材として人気が出そうな食材を探す。人気が出そうな具材をランク付けする表を作成する。
・近所のスーパーの協力を得て来店客にアンケート調査を行い，人気があるおにぎりの情報を収集する。客のニーズを捉えるためのアンケート用紙を作成する。

官公庁で発信している情報（2次データ）と，独自で調査する情報（1次データ）を用いて〔知・技〕，消費者のニーズを的確に捉えるための計画を立てようとしている〔態〕ことから（B）と判断した。

【ねらい】開発商品に適した市場調査の方法について考えることができる。

3	・前時までに収集した情報を班で共有し，開発商品と市場調査の方法を検討する。	●		ワークシート

【ねらい】消費者に信頼される商品やサービスについて情報を収集・整理できる。

4

・これまでに購入した商品やサービスについて，満足したこと，不満に感じたこと，疑問をもったこと等を挙げる。

● 　　　　ワークシート〔例2〕

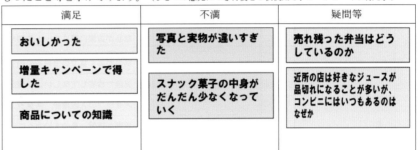

・不満や疑問等の意見が多いことが予想される。

↓

・企業にとっては，消費者の不満や疑問等が商品開発の貴重な情報源となることに気付かせる。

ワークシート〔例2〕の一部

【6】これまでに購入した商品やサービスについて、満足したこと、不満に感じたこと、疑問をもったこと等を挙げてみよう。（ひとつの意見につき付箋を1枚使用し、ワークシートに貼る。）

満足	不満	疑問等
おいしかった	写真と実物が違いすぎた	売れ残った弁当はどうしているのか
増量キャンペーンで得した	スナック菓子の中身がだんだん少なくなっていく	近所の店は好きなジュースが品切れになることが多いが、コンビニにはいつもあるのはなぜか
商品についての知識		

・班員の意見を共有し，キーワードを見つける。

●

ワークシート〔例2〕の一部

【7】班員の意見を共有し、キーワードを見つけよう。

・班員から得た情報や気付いたことをまとめる。

・班で共有した意見を発表する。

※クラスの意見をもとに教師が総括する。

教師の総括ポイント
①消費者としてのニーズと企業が求める商品への視点の両方を考察できているか。
②他者の経験を取り入れながら様々な角度から消費者のニーズを捉えることができているか。

| ・クラスの意見を参考に，消費者に信頼される商品やサービスについて整理する。 | ● | | ・クラスの意見を参考に，消費者に信頼される商品やサービスについて整理している。 ワークシート，定期考査 |

〔知識・技術〕の評価
※「おおむね満足できる」状況（B）と判断した生徒の具体的な記述例

【8】クラスの意見を参考に、消費者に信頼される商品やサービスについて整理しよう。

【知識・技術】

消費者に信頼される商品・サービスの条件	消	写真と実物が違いすぎないようにしてほしい。過剰包装しない商品を選ぶ。
	企	商品との相違がないような写真を掲載する。環境に配慮したパッケージを作る。
在庫管理	消	品切れがないようにしてほしい。
	企	POSシステム，EOSを導入し、商品を補充する。
流通管理	消	商品が店頭に届くルートを知りたい。
	企	商品が届くまでの情報を公開する。
人材管理	消	笑顔で接客してほしい。　商品への確かな知識。
	企	スタッフの人数確保，スタッフの教育。
消費者の購買意欲を高めるための工夫	消	清潔な店舗，見やすいようにディスプレイされている。
	企	店舗の外装や内装，BGM，匂い等を工夫し，店内に入りたいという演出をする。

クラスで共有した意見をもとに，教師が総括したポイント（P.53参照）を取り入れながら，消費者に信頼される商品やサービスについて具体的に整理していることから（B）と判断した。

【ねらい】商品を企画・開発することができる。

| 5・6 | ・商品開発プロセスを参考に班で商品の企画を考える。
【条件】
①地元の産業を取り入れる。
②ライフスタイルの変化に対応した商品について検討する。
③現場見学を実施するときに，見学する内容を検討する。
④見学先に依頼をするための計画を立てる。 | ● | | ポートフォリオ

商品開発企画案の一例
班の開発商品【　おにぎり　】
①地元の農産物等【　みそ　】
②ライフスタイルの変化に対応した商品について
忙しく働いている人が，短時間でもほっこりした気持ちで，満足のいく食事がとれるようにしたい。 |

【ねらい】開発担当者の立場で現場見学をし，調査結果をまとめることができる。

| 7・8 | ・現場見学
・現場見学・調査結果を個人でまとめる。 | ● | | ポートフォリオ

※授業内での実施が困難な場合の例は総括に記す。 |

9・10	【ねらい】現場見学の結果を取り入れて商品企画案を再検討し，発表原稿やスライドを作成することができる。			

【ねらい】現場見学の結果を取り入れて商品企画案を再検討し，発表原稿やスライドを作成することができる。

9・10

・班で調査結果を情報共有し，商品開発発表用の原稿やスライドを作成する。

発表用原稿，パワーポイント

※ＩＣＴ端末活用の一例
　ＩＣＴ端末を活用することで，原稿やスライドの作成が班員で分担しやすく，各自のペースで進捗状況を確認しながら作業できる。

【ねらい】商品・サービスの企画・開発を提案することができる。

11・12

・班ごとに商品の企画案を発表する。　●

・社会人講師による講評及び講演を聞く。

振り返り，ワークシート

家庭科
第3編
事例2

※社会人講師に評価してもらうことで期待される効果
　企業で採用できる企画案を選んでもらうことにより，生徒の自信につながる。また，生徒たちでは思いつかなかった視点で指摘を受けることで，新たな発想に気付き，食生活関連分野に就職したいという意欲をかきたてることが期待できる。

【ねらい】「私のなりたい年表」を作成し，自分の未来を考えることができる。

13

・「私のなりたい年表」を作る。　●

ワークシート〔例3〕

ワークシート〔例3〕の一部

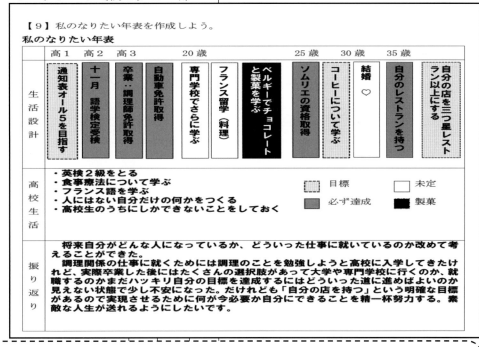

助言・指導のポイント（一例）
①通知表オール５をめざす→好成績を収めたい理由を考えさせることで，調理師免許取得に必要な知識や技術を身に付けるための具体的な学習内容を意識させる。
②振り返りの中で記載されている不安を解消するための方策を班で共有しながら，助言し合う。

【ねらい】 食生活関連分野の資格，許認可，商取引について情報収集し，将来就きたい職業に必要な専門的な知識や技術を取得するための学習プランを作成することができる。	

14

・食生活関連分野の資格，許認可，商取引について情報収集する。　●
　　　　　　　　　　※ＩＣＴ活用

・必要な資格や専門的な知識や技術を身に付けるための学習計画を立てる。　●　●　・必要な資格や専門的な知識や技術を身に付けるための学習計画を立てようとしている。　　　**ワークシート〔例4〕**

ワークシート〔例4〕の一部

【10】 必要な資格や専門的な知識や技術を身に付けるための学習計画を立てよう。

～千里の道も一歩から～

	高校1年	高校2年	高校3年
学習活動で特に力を入れたい事	・苦手科目の克服　英語が苦手なので予習復習を行い，語学検定を受検することができる力をつける。	・引き続き苦手科目の克服　・どの授業もまじめに取り組み，クラス順位5番以内を目指す。	・語学検定で実力を試す！　・調理の授業で実習したことをアレンジして家庭で再度挑戦する！　・専門科目をしっかり学習する。
学校生活で特に力を入れたい事	・部活動で体力作り　調理の現場は体力が必要と聞いたので中学校から続けているバスケットボールを続ける。	・皆勤　部活動で体力をつけ，皆勤を目指す。　・マラソン大会では入賞できるよう頑張る。	・皆勤　・将来的に調理師として働くために進路について自発的に行動する。
家庭学習で力を入れたい事	・家庭科食物調理技術検定4級・3級の取得に向けた練習。　・自分の弁当を作る。弁当作りを通して段取り上手になる！	・家庭クラブ主催のお料理コンクールに応募する料理の研究。小麦粉に関する知識を豊かにする。	・積極的にお料理コンクールに応募し，試行錯誤する精神を身に付ける。

〔主体的に学習に取り組む態度〕の評価規準例
※「おおむね満足できる」状況（B）と判断した生徒の具体的な記述例

・調理師免許を取得するために進学先を検討する。校種，学費，カリキュラムを比較する。
・調理技術を身に付けるために，自分のお弁当を作り，うまくできたことや改善点を記録用紙にまとめる。

調理師になるために必要な資格取得について調べた情報〔知・技〕をもとに，高校3年間の学習の見通しをもちながら計画を立てようとしている〔態〕ことから（B）と判断した。

4　観点別学習状況の評価の進め方

（1）知識・技術

　この事例では，「消費者のニーズ」を的確に捉えるために情報を収集・整理し，活用する技術を身に付けることと，商品やサービスを提供するために必要な知識や技術を理解し，活用しようと計画する態度を評価する。

　1時間目は，自分たちが開発したい商品をイメージしながら2次データを収集・整理し，1次データの必要性を学ぶとともに，自分たちが必要としているデータを収集するために有効な調査方法を調べ，それぞれのデータの違いを理解できているかを評価する。

　2時間目は，自分たちが開発したい商品について，消費者のニーズを捉えるためのデータを収集

するために具体的な情報収集の計画を立てることができているかを評価する。

　4時間目は，今までに購入した商品やサービスについて満足したこと，不満に感じたこと，疑問をもったことを各自で振り返り，共有したクラスの意見を整理・分類することで，信頼される商品やサービスについての知識を身に付け，消費者が求めている事柄を的確に捉えることの必要性を理解しているかを評価する。

　14時間目は，職業人としての自分の将来を考え，就きたい仕事に必要な資格や進路先について調べ，整理した情報を比較し，高校生活での課題を具体的に見つけ行動する計画を立てることができているかを評価する。

（2）思考・判断・表現

　「商品・サービスの開発及び販売・提供」の学習を進めるにあたり，「消費者ニーズの把握」で学習した情報収集の技術を取り入れながら，商品開発や現場見学を実施する。商品開発では，条件を満たし，2次データ，1次データを基にした商品を考案しているか評価し，現場見学では，自分たちの考えた商品に関して，商品開発をする立場として何を見学したいのか具体的に考えているかを評価する。

　現場見学を授業内で実施することが困難な場合の取組例として，長期休業中に，各班や各自で見学する場合や，放課後や休業日に，自分の買い物をする際に見学する場合等が考えられる。その場合，授業の一環としての見学であるため，事前に事業者へ見学の趣旨を説明し，許可を得ること等を生徒に指導することが必要である。また，客として観察する場合には，商品や店舗の様子を撮影しない，客の動向を注視しない等のマナーも併せて指導する。

　商品開発を通して学習した内容を各班で発表する際に，食生活関連の企業で活躍している卒業生や地元産業に従事している社会人講師を招聘し，評価してもらうことで生徒の職業観をより高めることが期待できる。

（3）主体的に学習に取り組む態度

　1，2時間目の「消費者ニーズの把握」では，消費者の多様なニーズを的確に捉えるために必要な情報を収集・整理する技術を身に付ける〔知・技〕ために，どのように取り組んでいこうとするかをまとめていることを評価する。2次データ（オープンデータ）を収集・整理し〔知・技〕，活用することで，自分たちが住んでいる地域の良さや抱えている問題等を把握する〔思・判・表〕ことができ，学習を通して社会の発展に主体的にかつ協働的に取り組む態度を養う〔態〕ことが期待できる。また，消費者のニーズを的確にとらえるためには，1次データの収集が必要なことに気付かせ，目的に応じた情報収集の技術を身に付けさせる。

　13・14時間目の「関連法規」では，食生活分野の関係法規についての情報を収集し〔知・技〕，希望する職業に就くために必要な資格を取得し，専門的な知識や技術を習得するために高校や家庭学習で取り組む具体的な学習計画を立てているか〔態〕を評価する。また，これまでの学習を振り返りながら学習計画を立てることで，今後も目標達成に向けて自己調整をしながら，粘り強く取り組む態度〔態〕を身に付けることが期待できる。

家庭科　　事例3（生活産業基礎）
キーワード　「思考・判断・表現」「主体的に学習に取り組む態度」の評価

単元名	内容のまとまり〔指導項目〕
多様な保育ニーズに対応した職業と求められる倫理観	(4) 生活産業と職業 　エ　ヒューマンサービス関連分野

　この単元においては，特に保育ママやベビーシッターのような家庭的保育に着目した問題の解決を通して，保育従事者として求められる資質・能力の向上や，倫理観，規範意識の醸成へとつなげることをねらいとしている。

　本事例では，「思考・判断・表現」の評価と「主体的に学習に取り組む態度」の評価について評価方法を具体的に示している。

1　単元の目標

(1) ヒューマンサービスに関連した産業の種類や特徴，関連する職業について理解するとともに，関連する情報を収集・整理することができる。

(2) ヒューマンサービスに関連する職業に就くための課題を発見し，その解決に向けて考察し，工夫する。

(3) ヒューマンサービスに関連した産業と職業について自ら学び，ヒューマンサービス産業の振興や社会貢献に主体的かつ協働的に取り組む態度を身に付ける。

2　単元の評価規準

知識・技術	思考・判断・表現	主体的に学習に取り組む態度
ヒューマンサービスに関連した産業の種類や特徴，関連する職業について理解しているとともに，関連する情報を収集・整理している。	・ヒューマンサービスに関連する職業に就くための課題を発見し，その解決に向けて考察し，工夫している。 ・保育従事者として，多様化する利用者のニーズやプライバシーに配慮したサービスの提供をするための課題を発見し，その解決に向けて考察し，工夫している。	ヒューマンサービスに関連した産業と職業について自ら学び，特に保育に関するヒューマンサービス産業について職業倫理や規範意識を踏まえて，産業の振興や社会貢献に主体的かつ協働的に取り組もうとしている。

3　指導と評価の計画（12時間）

　単元の指導計画　　単元名「多様な保育ニーズに対応した職業と求められる倫理観」

(1) ヒューマンサービス（保育産業）の社会の需要やその意義と役割	2時間
(2) 保育従事者の適性〜親の立場や専門家の講話から考える〜	2時間
(3) 保育内容を考える〜保育従事者としての立場から〜	2時間
(4) 保育従事者に求められる資質	2時間
(5) 社会貢献活動への取組	4時間

時間	【ねらい】・学習活動	評価の観点 知	思	態	評価規準・評価方法
	【ねらい】保育ニーズが多様化する中，地域型保育，特に家庭的保育のメリットとデメリットについて考察し，理解を深めることができる。				
	・厚生労働省の保育関連事業のデータを参考に，子供の保育状況の現状を調査する。	●			・ICT端末を利用してデータを読み取ることができる。 ・保育所と幼稚園の特色について確認し，認定こども園について理解している。
	・待機児童が多い背景について考えをまとめる。	●			・待機児童の問題を理解しようとしている。　　　　　ワークシート〔例1〕

ワークシート〔例1〕の一部

★少子化がすすんでいるのに待機児童が増えているのはなぜか考えよう。

・女性のフルタイム勤務が増えて，子供を預けたい人が増えた
・核家族化で身近に面倒を見てくれる人がいない
・預けたい人に対して，保育士や保育所が少ない

〔知・技〕
共通教科「家庭」や他の教科の学びも踏まえてまとめることができている。

時間	【ねらい】・学習活動	知	思	態	評価規準・評価方法
1・2	・地域型保育について調査し，家庭的保育のメリットとデメリットについてペアで意見交換をする。		●	●	・自分の意見をまとめ，相手に伝わるよう表現の工夫をしている。 ・自分と異なる意見を取り入れ，問題点等を整理している。　ワークシート〔例1〕

ワークシート〔例1〕の一部

★保育ママやベビーシッターのように，保育施設ではなく，家庭内での保育のメリットとデメリットについて，別紙の参考資料も踏まえて意見交換をしてみよう。

	自分の考え	相手の考え	気付き
メリット	保育所より一人一人を見てくれる。	病気の時でも預かってくれる。感染症をもらうことがない。	子供のことだけ考えていたが，預ける親の視点もあることに気付いた。
デメリット	行事がないので，社会性が育ちにくい。	信頼関係がないと不安。	個別の対応になるので信頼関係が大切になることに気付いた。

〔主体的に学習に取り組む態度〕の評価規準例

※「おおむね満足できる」状況（B）と判断した生徒の具体的な記述例

保育に携わる人は子供のことを最優先に考えるべきと思っていたが，友達の意見を聞いて，環境を整えたり，保護者など関わる人たちとの信頼関係を築いたりすることも必要だと感じた。これから保育所や児童館でのボランティアなどにも積極的に参加し，子供や保護者への保育士の対応や保育環境を観察したい。

・他の生徒の意見を取り入れることで新たな気付きを得て，学びの深まりが見られるとともに，これからの取組についても記述されていることから（B）と判断した。

【ねらい】親の立場になって考えることや，専門家の講話から，保育従事者に必要な適性や能力を見いだすことができる。

・ベビーシッターの利用実態を知り，現状を理解する。	●		・ベビーシッターという職業について考察することができる。
・親として自分の子供を預けなければいけない時に，どのような人に預けたいか条件を考える。		●	・適性や能力について条件を書き出すことができる。　　ワークシート〔例2〕
			・グループで発表し，他の意見も参考にすることができる。

ワークシート〔例2〕の一部

★あなたが親として自分の子供をベビーシッターに預ける状況になったと，どのような人にお願いしたいか，条件をあげてみよう。

①	優しい人
②	責任感がある人
③	子供と楽しく過ごせる人
④	保育の経験がある人

〔思・判・表〕
職業倫理に関わる道徳やモラルの観点から条件が考え出されている。

3・4

・専門家（保育産業関連）による講話から，保育従事者としての適性や心構えなどを考える。	●		・講話を聴き，保育従事者としての責任感や，必要な能力について理解することができる。
		● ●	・感想をまとめることができる。　　ワークシート〔例2〕

ワークシート〔例2〕の一部

★専門家による講話から，保育従事者に必要な資質についてまとめよう。

　保育者は子供が好きなだけではいけないことが分かった。保育についての専門的な知識・技術はもちろん，高いコミュニケーション能力も必要だ。また，守秘義務について知らなかった。子供や家族のプライバシーを守ることは，依頼者である親との信頼関係を築くうえで大切だと感じた。

〔思・判・表〕
自分の現在と照らし合わせて必要な資質を考えられている。

〔主体的に学習に取り組む態度〕の評価規準例
・子供を預ける親の立場から，保育従事者の資質について考察することができている。
・専門家から保育従事者の資質について講話を受け，その適性や能力を自分に反映させることができている。

・児童福祉法を理解する。	●		・児童福祉法について確認し，関連法規についても理解している。（児童虐待防止法など）

【ねらい】様々な視点からベビーシッターという職業について考察し，家庭内の保育においてどのような活動ができるか，保育内容を検討し，発表できる。

5
・
6

	●	
・子供を仕事として預かる立場であるベビーシッターとして，どのような保育内容が提供できるか検討する。		・ベビーシッターという子供を預かる職業人としての立場から3時間の保育活動とその留意点について，具体的に考えることができている。 ワークシート〔例3〕

ワークシート〔例3〕の一部

★グループごとに，3時間の保育内容を計画してみよう。

時間	保育内容	留意点
17:00	○保育所にお迎えに行く	○持ち帰るものを確認 ○バスを利用して自宅最寄り駅で下車し，安全に配慮して家まで連れていく。
17:30	○家に到着 ○手洗い，うがい，着替えをする	○保育所出発時と自宅到着時に母親に連絡 ○子供が自分の力でできることは見守り，必要な部分は手助けするようにする。
17:50	○子供が好きなおもちゃで遊ばせる。	○おもちゃで遊んでいる間も声をかけながら，夕食の準備をする。

〔思・判・表〕
グループで協力して3時間の保育内容を検討し，ベビーシッターとしての関わり方として押さえるべきことを確認できている。

	●	
・グループごとに保育内容を発表し，各々の留意点を共有し，自分たちの保育内容を見直し，改善点をまとめる。		・自分たちの留意点が伝わるように工夫しながら発表ができ，他のグループの意見を参考に更なる改善を図ることができる。

	●	●
・ベビーシッターに必要な資質・能力についてまとめる。			・安全面やプライバシーなど，様々な視点からベビーシッターという仕事を捉えている。

〔主体的に学習に取り組む態度〕の評価規準例

※「おおむね満足できる」状況（B）と判断した生徒の具体的な記述例

> 子供がおもちゃで遊んでいる間に違う仕事ができると考えたが，絵本の読み聞かせなど子供と一緒にできることを取り入れるなど，子供目線を大切にしなければならないと思った。他のグループの着替えや手洗いなど，1対1だからこそ粘り強く待つという姿勢の必要性や，子供や保護者に安心感と信頼感を与えるための工夫などを聞いて，自分たちの計画の改善に役立てることができた。

・自分目線だけでなく，子供や親の視点でベビーシッターという仕事を捉えるなど，他のグループの意見も参考にしながら改善策の検討に取り組むことができたことが，記述内容から読み取れることから（B）と判断した。

7・8

【ねらい】保育従事者に必要な倫理観について，様々な事例を通して考察し，求められる資質や能力について理解を深めることができる。

| ・2つの事例を通して，ベビーシッターの問題点を確認し，解決策について考察する。 | ● | | ・解決策を考察する中で，保育従事者として必要な倫理観について考えることができている。　　ワークシート〔例4〕|

ワークシート〔例4〕の一部

★新聞記事を読み，ベビーシッターの不適切な行為に関する意見をまとめてみよう。また，このような行動を抑止する方策について，記事の内容も踏まえながら考えてみよう。

	自分の考え	他のメンバーの考え
ベビーシッターの問題点	密室での保育のため，自分の感情や欲望を抑えることができない。	保育所のような施設と違い，ベビーシッターの仕事の様子を確認しにくい。人間性を信じるしかない。
抑止策	登録時に適性検査をする。定期的な研修をして，必要なスキルや倫理観を身に付ける。	信頼性が得られるように，利用者の評価などの情報も公開する。

〔思考・判断・表現〕に関する評価表例

評価	A	B	C
思考判断表現	事例から問題点を洗い出し，具体的な解決策について考えることができている。他者の意見についての記述も自分の考えとの違いをふまえながらよくまとめられている。	事例から問題点を洗い出し，解決策を考えることができている。他者の意見についての記述もよくまとめられている。	事例から問題点を洗い出すことはできたが，その解決策については，考察が不十分である。他者の意見についての記述が不十分である。

| ・「全国保育士倫理綱領」を参考に保育従事者としてどのような資質や能力が求められているのかを確認し，理解を深める。 | ● | ● | ・「全国保育士倫理綱領」を読みとり，これまでの活動の中で見落としていた視点について確認し，自らの資質と合わせて理解を深めることができている。|

〔主体的に学習に取り組む態度〕の評価規準例

※「おおむね満足できる」状況（B）と判断した生徒の具体的な記述例

> はじめは子供が好きという気持ちがあればいいと思っていたが，保育計画を立てたり，いろいろな事例について考えたりする中で，命を預かる責任重大な仕事だと思った。倫理綱領にもあるようにプライバシーの保護など，専門的な知識や技術を高めるだけではなく，日頃から自分の言動に責任を持つなど人間性の向上に努めていきたい。

・メンバーとの意見交換により，保育従事者の倫理観について自分の考えを深めている。また，職業倫理の重要性について，単元の学習全体を通して意識を高めるとともに，ヒューマンサービスの専門職としての自覚を持つため，常に自分自身の考えや行動を振り返る機会が必要であることに気付き，実践しようとしていることから（B）と判断した。

【ねらい】ヒューマンサービスの振興や社会貢献に主体的かつ協働的に取り組み，産業における社会貢献活動に主体的に取り組み，興味・関心をもつことができる。

9・10	・グループに分かれて活動内容を 　考える 【活動例】 　A　文化祭で絵本の読み聞かせ補助 　B　児童クラブでお料理教室補助 　C　地域でお祭りの工作教室補助 　D　保育所で運動会の補助	● ●	・意見を出し合い，創意工夫をしようとし 　ている。 ・対象年齢に合っているか，安全は確保さ 　れているか，子供が喜びそうな内容か，な 　どについて考えることができる。 ・職業倫理の点から留意点をまとめること 　ができる。　　　　ワークシート〔例5〕

ワークシート〔例5〕の一部

★職業倫理の点から注意すべきことをまとめよう。

・子供の名前を覚え，一人一人を尊重する。

・子供と目線をあわせて，会話をする。

・活動中知り得た個人情報は外部にもらさない。

・写真をとっても SNS にアップしたりしない。

・怪我をしないように安全面に注意を払う。

11・12	・グループごとに発表する。	● ●	・活動を振り返り，課題を見つけている。 ・反省をまとめ，発表することができる。 　　　　　　　　　　　ワークシート〔例6〕

ワークシート〔例6〕の一部

★社会貢献活動を振り返り，保育従事者に求められる能力や適性について あらためて必要だと思ったことをまとめてみよう。

　今回の社会貢献活動を通して，家庭的保育では1対1だが，保育士の場合は多くの乳幼児や親を相手にしなければいけないと分かった。さまざまな子供たちに対応するには高いコミュニケーション能力や協調性が必要だと感じた。これからの高校生活で保育に関する専門的知識もさらに高めていきたい。

〔思・判・表〕
保育従事者の適性について考え，自分に足りないものは何かについて気が付くことができている。

〔主体的に学習に取り組む態度〕の評価規準例

・保育従事者の職業倫理を理解したうえで，子供に関わる社会貢献活動に積極的に参加し，社会のニーズにかなった保育内容に主体的・協働的に取り組もうとしている。

・活動を振り返り，あらためてヒューマンサービスに従事する者の資質や倫理観の大切さに気付き，これからの専門的な学びに生かそうとしている。

4 観点別学習状況の評価の進め方

（1）知識・技術

　子供を取り巻く生活環境や社会環境が大きく変化している中で，多様な保育ニーズに対応するための様々な保育サービスや子育て支援について，ＩＣＴを活用して事実の情報収集を行い，共通教科「家庭」や他教科の学びによる既有の知識と関連づけたり活用したりすることで，概念として理解するとともに，ヒューマンサービスにおいて求められる資質・能力や職業倫理，規範意識について理解が深められたかなどについて評価する。

（2）思考・判断・表現

　この事例においては，特に保育ママやベビーシッターのような家庭的保育に着目した課題の解決を通して，保育従事者として求められる資質・能力の向上や，倫理観，規範意識の醸成へとつなげることをねらいとしている。

　1，2時間目には，家庭内での保育となるベビーシッターについて，既習の保育所や幼稚園などの集団保育との違いを踏まえてメリット，デメリットを考え，他者の意見も参考にしながら，特に問題点の整理がされているかどうかを記述内容から評価する。

　3，4時間目は，子供を預ける親の立場として，どのような人に保育を任せたいか考察させ，専門家の講話により，職業倫理の観点から保育従事者としての望ましい適性や資質について理解できているかを評価する。

　5，6時間目は，子供を預ける親の立場から，子供を預かる職業人としての立場や，子供自身の立場に視点を移して課題を捉え，ベビーシッターの保育内容についてグループで検討し，他の生徒に留意点を分かりやすく説明しているか，グループ間の相互評価によってより良い内容になるように改善がされているかを評価する。

　7，8時間目は，2つの保育従事者による不適切な事例を通して，職業人として専門的な知識や技術の習得や向上だけではなく，道徳観や倫理観，規範意識など豊かな人間性が求められることについて考察できているかを記述内容から評価する。

　9〜12時間目は，社会貢献活動の内容を試作活動や表現活動を通してグループで企画検討し，望ましい倫理観のもと活動を行い，実際に子供と触れあう中で保育従事者としての資質や適性を再確認し，新たな課題を見出しているか，さらにそれを今後の専門的な学びに生かそうとしているかを評価する。

（3）主体的に学習に取り組む態度

　この観点においては，家庭的保育のメリットとデメリットを捉えた上で，保育サービスの課題解決に向けて主体的に粘り強く取り組もうとしているか，考察した結果を評価・改善しようとする中で自らの学習を調整しようとしているかについて評価する。

　1，2時間目には，これまでの学びを活かして，家庭的保育について，高校生としての視点で考察していく過程で，他の生徒との意見交換をすることで，一人では思いつかなかった新たな気付きを得て，学びを深めようとする姿勢が見られるかを評価する。

　3，4時間目は，子供を預ける親の立場という視点から，ヒューマンサービスに携わる人材に必

要な資質を考え出そうとしているか，また，専門家の講話を聴くことで新しい気付きを見出そうとしているかについて，ワークシートの記述などから評価する。

5，6時間目は，職業人として考察することを意識して，関わる人々の様々な視点を踏まえながら保育内容を考察し，発表できているか，さらに相互評価することでさらなる改善点を見出すなど課題に粘り強く取り組んでいるかを評価する。

7，8時間目は，家庭的保育における不適切な対応等の事例を取り上げ，これまでの学習を踏まえて専門性を深めるとともに，職業倫理や規範意識を身に付けることが重要であることに自ら気付き，これからの専門科目の学びへの主体性や実習等への積極的な取組への動機付けになっているかを評価する。

9〜12時間目は，社会貢献活動に企画段階から試行錯誤しながら積極的・協働的に取り組み，信頼関係やコミュニケーションを大切にしながら，モラルを守って保育活動に従事できたか，またその経験で得た課題を共有化し，これからの自分の専門的な学びに生かそうと視野を広げられているかを教師による行動観察や生徒の自己評価，ポートフォリオなどから評価する。

（4）その他

本事例はヒューマンサービス関連分野の保育産業についての評価の事例として示したが，高齢者福祉や障害者福祉にかかわる職業などについても活用することができる。

参考資料：5，6時間目に使用したワークシート（その他は省略）

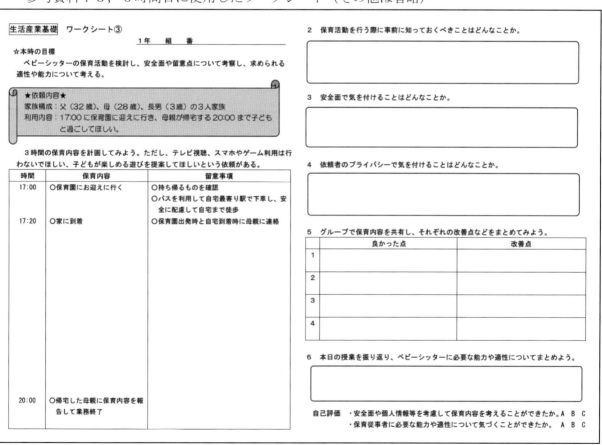

【看護科】

第２編

「〔指導項目〕ごとの評価規準」
を作成する際の手順

1 高等学校看護科の〔指導項目〕

高等学校看護科における〔指導項目〕は，以下のようになっている。

【第3編（事例）で取り上げた科目の〔指導項目〕を記載している】

第1 基礎看護

(1) 看護の本質
 ア 看護の意義
 イ 看護の役割と機能
 ウ 看護の対象
 エ 協働する専門職
 オ 看護における倫理

(2) 看護の共通技術
 ア コミュニケーション
 イ 感染予防
 ウ 安全管理
 エ フィジカルアセスメント
 オ 看護過程

(3) 日常生活の援助
 ア 日常生活の理解
 イ 環境調整
 ウ 食事と栄養
 エ 排泄
 オ 活動と運動
 カ 休息と睡眠
 キ 清潔と衣生活

(4) 診療に伴う援助
 ア 呼吸・循環・体温調整
 イ 与薬
 ウ 創傷管理
 エ 診察・検査・処置
 オ 救命救急処置
 カ 終末時のケア

※ その他の科目についても，内容の(1)，(2)・・・における各項目を〔指導項目〕とする。

2　高等学校看護科における「〔指導項目〕ごとの評価規準」作成の手順

　　ここでは，科目「基礎看護」の (3)日常生活の援助 を取り上げて，「〔指導項目〕ごとの評価規準」作成の手順を説明する。

　　まず，学習指導要領に示された教科の目標を踏まえて，「評価の観点及びその趣旨」が作成されていることを理解する。次に，教科の目標と「評価の観点及びその趣旨」との関係性を踏まえ，科目の目標に対する「評価の観点の趣旨」を作成する。その上で，①及び②の手順を踏む。

＜例　基礎看護〔指導項目〕(3) 日常生活と援助＞

【高等学校学習指導要領　第3章　第6節　看護「第1款 目標」】

　　看護の見方・考え方を働かせ，実践的・体験的な学習活動を行うことなどを通して，看護を通じ，地域や社会の保健・医療・福祉を支え，人々の健康の保持増進に寄与する職業人として必要な資質・能力を次のとおり育成することを目指す。

(1)	(2)	(3)
看護について体系的・系統的に理解するとともに，関連する技術を身に付けるようにする。	看護に関する課題を発見し，職業人に求められる倫理観を踏まえ合理的かつ創造的に解決する力を養う。	職業人として必要な豊かな人間性を育み，よりよい社会の構築を目指して自ら学び，人々の健康の保持増進に主体的かつ協働的に取り組む態度を養う。

（高等学校学習指導要領 P. 391）

【改善等通知　別紙5　各教科等の評価の観点及びその趣旨　＜看護＞】

知識・技術	思考・判断・表現	主体的に学習に取り組む態度
看護について体系的・系統的に<u>理解している</u>とともに，関連する技術を<u>身に付けている</u>。	看護に関する課題を発見し，職業人に求められる倫理観を踏まえ合理的かつ創造的に解決する力を<u>身に付けている</u>。	よりよい社会の構築を目指して自ら学び，人々の健康の保持増進に主体的かつ協働的に取り組む態度を<u>身に付けている</u>。

（改善等通知　別紙5　P. 7）

【高等学校学習指導要領　第3章　第6節　看護「第2款　第1　基礎看護　1　目標」】

　看護の見方・考え方を働かせ，実践的・体験的な学習活動を行うことなどを通して，看護の基礎となる資質・能力を次のとおり育成することを目指す。

(1)	(2)	(3)
看護について体系的・系統的に理解するとともに，関連する基礎的な技術を身に付けるようにする。	看護に関する基礎的な課題を発見し，看護の職業倫理を踏まえて合理的かつ創造的に解決する力を養う。	基礎看護について，よりよい看護の実践を目指して自ら学び，日常生活の援助及び診療に伴う援助における看護の課題解決に主体的かつ協働的に取り組む態度を養う。

（高等学校学習指導要領 P.391）

　以下は，教科の目標と「評価の観点及びその趣旨」との関係性を踏まえた，科目の目標に対する「評価の観点の趣旨」の例である。

【「第2款　第1　基礎看護」の評価の観点の趣旨（例）】

知識・技術	思考・判断・表現	主体的に学習に取り組む態度
看護について体系的・系統的に<u>理解している</u>とともに，関連する基礎的な技術を<u>身に付けている</u>。	看護に関する基礎的な課題を<u>発見し</u>，看護の職業倫理を踏まえて合理的かつ創造的に解決する力を<u>身に付けている</u>。	基礎看護について，よりよい看護の実践を目指して自ら学び，日常生活の援助及び診療に伴う援助における看護の課題解決に主体的かつ協働的に取り組む態度を<u>身に付けている</u>。

①　各科目における〔指導項目〕と「評価の観点」との関係を確認する。

　職業教育を主とする専門学科は，各科目の目標に，(1)「知識及び技術」，(2)「思考力，判断力，表現力等」，(3)「学びに向かう力，人間性等」を示すとともに，各科目の指導項目の大項目ごとに「このねらいを実現するため，次の①から③までの事項を身に付けることができるよう，〔指導項目〕を指導する。」としている。

　※①「知識及び技術」，②「思考力，判断力，表現力等」，③「学びに向かう力，人間性等」

第1　基礎看護
　(3) 日常生活の援助
　　ア　日常生活の理解
　　イ　環境調整
　　ウ　食事と栄養
　　エ　排泄
　　オ　活動と運動
　　カ　休息と睡眠
　　キ　清潔と衣生活

〈高等学校学習指導要領解説　看護編 P.21〉
　(3) 日常生活の援助
　　　ここでは，日常生活が健康や成長・発達に大きな関わりをもつことを踏まえ，人々の状態に応じて，健康の回復及び日常生活の自立を目指す援助を行うための基礎的な知識と技術を習得し，活用できるようにすることをねらいとしている。

　　　このねらいを実現するため，次の①から③までの事項を身に付けることができるよう，〔指導項目〕を指導する。
　①　日常生活の援助について理解するとともに，関連する技術を身に付けること。
　②　日常生活の援助について基本的な課題を発見し，倫理観を踏まえて解決策を見いだすこと。
　③　日常生活の援助について自ら学び，人々が自立した生活を送れるよう主体的かつ協働的に取り組むこと。

② **【観点ごとのポイント】を踏まえ，「〔指導項目〕ごとの評価規準」を作成する。**

（1）「〔指導項目〕ごとの評価規準」を作成する際の【観点ごとのポイント】

（1）知識・技術

　「知識・技術」については，学習指導要領の「1　目標」に示す資質・能力を身に付けることができるよう，「2　内容」の各指導項目に対し，学習指導要領解説の〔指導項目〕の大項目ごとに示された「このねらいを実現するため，次の①から③までの事項を身に付けることができるよう，〔指導項目〕を指導する。」の①を参考に，知識については「…理解する」の記述を，技術については「…身に付ける」の記述を当てはめ，それらを生徒が「…理解している」「…身に付けている」かどうかの学習状況として表すこととする。

（2）思考・判断・表現

　「思考・判断・表現」については，学習指導要領の「1　目標」に示す資質・能力を身に付けることができるよう，「2　内容」の各指導項目に対し，学習指導要領解説の〔指導項目〕の大項目ごとに示された「このねらいを実現するため，次の①から③までの事項を身に付けることができるよう，〔指導項目〕を指導する。」の②を参考に，「…発見し，解決策を見いだす」の記述を当てはめ，それらを生徒が「…発見し，解決策を見いだしている」かどうかの学習状況として表すこととする。

（3）主体的に学習に取り組む態度

　「主体的に学習に取り組む態度」については，学習指導要領の「1　目標」に示す資質・能力を身に付けることができるよう，「2　内容」の各指導項目に対し，学習指導要領解説の〔指導項目〕の大項目ごとに示された「このねらいを実現するため，次の①から③までの事項を身に付けることができるよう，〔指導項目〕を指導する。」の③を参考に，「…自ら学び，主体的かつ協働的に取り組む」の記述を当てはめ，それらを生徒が「…自ら学び，主体的かつ協働的に取り組もうとしている」かどうかの学習状況として表すこととする。

（2）学習指導要領解説の「2　内容」〔指導項目〕及び「〔指導項目〕ごとの評価規準（例）」

学習指導要領　解説	知識及び技術	思考力，判断力，表現力等	学びに向かう力，人間性等
	日常生活の援助について<u>理解する</u>とともに，関連する技術を<u>身に付けること</u>。	日常生活の援助について基本的な課題を<u>発見し</u>，倫理観を踏まえて解決策を<u>見いだすこと</u>。	日常生活の援助について自ら学び，人々が自立した生活を送れるよう主体的かつ協働的に<u>取り組むこと</u>。

〔指導項目〕ごとの評価規準（例）	知識・技術	思考・判断・表現	主体的に学習に取り組む態度
	日常生活の援助について<u>理解している</u>とともに，関連する技術を<u>身に付けている</u>。	日常生活の援助について基本的な課題を<u>発見し</u>，倫理観を踏まえて解決策を<u>見いだしている</u>。	日常生活の援助について自ら学び，人々が自立した生活を送れるよう主体的かつ協働的に<u>取り組もうとしている</u>。

※　各学校においては，「〔指導項目〕ごとの評価規準」の考え方を踏まえて，各学校の実態を考慮し，単元の評価規準を作成する。具体的には第3編において事例を示している。

【看護科】

第3編

単元ごとの学習評価について

（事例）

第1章 「〔指導項目〕ごとの評価規準」の考え方を踏まえた評価規準の作成

1 本編事例における学習評価の進め方について

　各教科及び科目の単元における観点別学習状況の評価を実施するに当たり，まずは年間の指導と評価の計画を確認することが重要である。その上で，学習指導要領の目標や内容，「〔指導項目〕ごとの評価規準」の考え方等を踏まえ，以下のように進めることが考えられる。なお，複数の単元にわたって評価を行う場合など，以下の方法によらない事例もあることに留意する必要がある。

看護科 第3編

評価の進め方	留意点
1 **単元の目標を作成する**	○　学習指導要領の目標や内容，学習指導要領解説等を踏まえて作成する。 ○　生徒の実態，前単元までの学習状況等を踏まえて作成する。 ※　単元の目標及び評価規準の関係性（イメージ）については下図参照
2 **単元の評価規準を作成する**	
3 **「指導と評価の計画」を作成する**	○　1，2を踏まえ，評価場面や評価方法等を計画する。 ○　どのような評価資料（生徒の反応やノート，ワークシート，作品等）を基に，「おおむね満足できる」状況（B）と評価するかを考えたり，「努力を要する」状況（C）への手立て等を考えたりする。
授業を行う	○　3に沿って観点別学習状況の評価を行い，生徒の学習改善や教師の指導改善につなげる。
4 **観点ごとに総括する**	○　集めた評価資料やそれに基づく評価結果などから，観点ごとの総括的評価（A，B，C）を行う。

単元の目標及び評価規準の関係性について（イメージ図）

学習指導要領 及び 学習指導要領解説　　第1編第2章2（2）を参照

「〔指導項目〕ごとの評価規準」

学習指導要領解説等を参考に，各学校において授業で育成を目指す資質・能力を明確化

「〔指導項目〕ごとの評価規準」の考え方等を踏まえて作成

単元の目標　　第3編第1章2を参照

単元の評価規準

※　外国語科においてはこの限りではない。

2 単元の評価規準の作成のポイント

（1）看護科における〔指導項目〕と単元の関係

　　学習指導要領（平成30年告示）においては，「知識及び技術」「思考力，判断力，表現力等」「学びに向かう力・人間性等」の三つの柱に整理された資質・能力を身に付けさせることを明確にするため，「1　目標」を三つの柱で整理するとともに，「2　内容」においては学習指導要領解説において，指導項目の大項目ごとに三つの柱で示している。この三つの柱で示された観点は，1回の授業ですべての学びが実現されるものではないため，単元の中で，学習を見通し振り返る場面やグループなどで対話する場面，生徒が考える場面等を設定し，学びの実現を図っていくことが必要である。

　　単元とは，生徒に指導する際の内容や時間のまとまりを各学校の実態に応じて適切に構成したものである。単元を構成する際には，〔指導項目〕を小項目ごと等，幾つかに分割して単元とする場合や，〔指導項目〕をそのまま単元とする場合，幾つかの〔指導項目〕を組み合わせて単元とする場合等，様々な場合が考えられるため，各校において看護の科目を設置した目的を踏まえ，生徒や地域の実態，学科の特色に応じて適切に単元を設定することに留意したい。

（2）看護科における単元の評価規準作成の手順

　　単元の評価規準は，以下の手順で作成する。

> ① 〔指導項目〕を基に，単元全体を通して，単元の目標を作成する。
> ② 「〔指導項目〕ごとの評価規準」を基に，具体的な学習活動から目指すべき学習状況としての生徒の姿を想定し，単元の評価規準を作成する。

※ （例）「基礎看護」　指導項目（3）日常生活の援助　を基に作成

> ① 〔指導項目〕を基に，単元全体を通して，単元の目標を作成する。

学習指導要領解説	知識及び技術	思考力，判断力，表現力等	学びに向かう力，人間性等
	日常生活の援助について<u>理解する</u>とともに，関連する技術を<u>身に付けること</u>。	日常生活の援助について基本的な課題を発見し，倫理観を踏まえて<u>解決策を見いだ</u>すこと。	日常生活の援助について自ら学び，人々が自立した生活を送れるよう主体的かつ協働的に<u>取り組むこと</u>。

> 〔単元の目標〕
> (1) 足浴の意義と足部の清潔保持の必要性について<u>理解する</u>とともに，足浴に関連する技術を<u>身に付ける</u>。ァ
> (2) 安楽な足浴の援助を目指して課題を<u>発見し</u>，科学的根拠を明確にした上で実施上の留意点を考えたり，援助を受ける立場で考えたりするなどの活動を通し，<u>解決策を見いだ</u>す。ィ
> (3) 足浴の援助方法について自ら学び，対象の状態に応じた援助方法を考え実践する活動に，主体的かつ協働的に<u>取り組む</u>。ゥ

ア　育成を目指す具体的な資質・能力のうち，単元において重視する「知識及び技術」

イ　育成を目指す具体的な資質・能力のうち，単元において重視する「思考力，判断力，表現力等」

ウ　育成を目指す具体的な資質・能力のうち，単元において重視する「学びに向かう力，人間性等」

② 「〔指導項目〕ごとの評価規準」を基に，具体的な学習活動から目指すべき学習状況としての生徒の姿を想定し，単元の評価規準を作成する。

指導項目ごとの評価規準	知識・技術	思考・判断・表現	主体的に学習に取り組む態度
	日常生活の援助について<u>理解している</u>とともに，関連する技術を<u>身に付けている</u>。	日常生活の援助について基本的な課題を<u>発見し</u>，倫理観を踏まえて<u>解決策を見いだしている</u>。	日常生活の援助について自ら学び，人々が自立した生活を送れるよう主体的かつ協働的に<u>取り組もうとしている</u>。

単元の評価規準	知識・技術	思考・判断・表現	主体的に学習に取り組む態度
	足浴の意義と足部の清潔保持の必要性について<u>理解している</u>とともに，足浴に関連する技術を<u>身に付けている</u>。	安楽な足浴の援助を目指して課題を<u>発見し</u>，科学的根拠を明確にした上で実施上の留意点を考えたり，援助を受ける立場で考えたりするなどの活動を通し，<u>解決策を見いだしている</u>。	足浴の援助方法について自ら学び，対象の状態に応じた援助方法を考え実践する活動に，主体的かつ協働的に<u>取り組もうとしている</u>。

単元の評価規準作成のポイントは，以下のとおりである。

（1）知識・技術

　　学習の過程を通した知識及び技術の習得状況について評価を行うとともに，それらを既有の知識及び技術と関連付けたり活用したりする中で，他の学習や生活の場面でも活用できる程度に概念等を理解したり，技術を習得したりしているかについて評価する。

（2）思考・判断・表現

　　知識及び技術を活用して課題を解決する等のために必要な思考力，判断力，表現力等を身に付けているかを評価する。

（3）主体的に学習に取り組む態度

　　単に継続的な行動や積極的な発言を行う等，性格や行動面の傾向を評価するのではなく，知識・技術を獲得したり，思考力，判断力，表現力等を身に付けたりするために，自らの学習状況を把握し，学習の進め方について試行錯誤するなど自らの学習を調整しながら，学ぼうとしているかどうかという意志的な側面を評価する。

- 245 -

第2章　学習評価に関する事例について

1　事例の特徴

　　第1編第1章2（4）で述べた学習評価の改善の基本的な方向性を踏まえつつ，平成30年に改訂された高等学校学習指導要領の趣旨・内容の徹底に資する評価の事例を示すことができるよう，本参考資料における事例は，原則として以下のような方針を踏まえたものとしている。

〇　**単元に応じた評価規準の設定から評価の総括までとともに，生徒の学習改善及び教師の指導改善までの一連の流れを示している**

　　本参考資料で提示する事例は，単元の評価規準の設定から評価の総括までとともに，評価結果を生徒の学習改善や教師の指導改善に生かすまでの一連の学習評価の流れを念頭においたものである。なお，観点別の学習状況の評価については，「おおむね満足できる」状況，「十分満足できる」状況，「努力を要する」状況と判断した生徒の具体的な状況の例などを示している。「十分満足できる」状況という評価になるのは，生徒が実現している学習の状況が質的な高まりや深まりをもっていると判断されるときである。

〇　**観点別の学習状況について評価する時期や場面の精選について示している**

　　報告や改善等通知では，学習評価については，日々の授業の中で生徒の学習状況を適宜把握して指導の改善に生かすことに重点を置くことが重要であり，観点別の学習状況についての評価は，毎回の授業ではなく原則として単元や題材など内容や時間のまとまりごとに，それぞれの実現状況を把握できる段階で行うなど，その場面を精選することが重要であることが示された。このため，観点別の学習状況について評価する時期や場面の精選について，「指導と評価の計画」の中で，具体的に示している。

〇　**評価方法の工夫を示している**

　　生徒の反応やノート，ワークシート，作品等の評価資料をどのように活用したかなど，評価方法の多様な工夫について示している。

2　各事例概要一覧と事例

事例1　キーワード　指導と評価の計画から評価の総括まで

基礎看護「足浴（部分浴）」（第1学年）

　本事例は，「基礎看護」の内容を踏まえて，単元「足浴（部分浴）」の評価規準を設定し，学習活動に即して具体化した評価の趣旨に従い行った評価の全体像を解説している。

　単元においては，足浴体験から足浴の技術演習，より良い援助策を目指した協議と探求的な学びを進めていけるよう計画し，三つの評価の観点の趣旨をバランスよく配置するとともに，各場面のねらいに即した評価の手順および観点別学習状況の評価の総括について例示し，考え方を示している。

事例2　キーワード　「主体的に学習に取り組む態度」の評価，妊婦体験による対象の理解

母性看護「妊娠期の生理と妊婦の看護」（第3学年）

　本事例は，「母性看護」の内容を踏まえて，単元「妊娠期の生理と妊婦の看護」の評価規準を設定し，学習活動に即して具体化した評価の趣旨に従い行った評価の考え方を解説している。

　単元においては，学習活動について，妊婦体験による対象（妊婦）の理解，さらに看護者としての援助策を検討していくといった，体験や協議による多様な見方を基に進めていけるよう計画している。本事例では妊婦体験の演習の場面を取り上げ，評価の例を示している。

事例3　キーワード　　事例を用いたシミュレーションによる学習，個人シートを活用した評価

看護の統合と実践「災害各期の看護」（専攻科第1学年）

　本事例は，「看護の統合と実践」の内容を踏まえて，単元「災害各期の看護」の評価規準を設定し，学習活動に即して具体化した評価の趣旨に従い行った評価の考え方を解説している。学習活動は，災害看護の各場面（救護所の設置，組織編成，救護活動）での看護実践について，グループで協議をしながら進めている。そのため本事例では，学習活動において，生徒が発言したことや作成した図表，個人シートなどを評価材料として活用した場合の例を示している。

　協議は，グループ6人による協議を中心にしながらも，グループを分割する，他のグループと交流する，教育支援システムを用いクラウド上で交流するなど，内容に応じ様々な形態を取り入れ工夫している。

看護科　　事例1（基礎看護）

キーワード　指導と評価の計画から評価の総括まで

単元名

足浴（部分浴）

（「身体の清潔と援助」【3】）

〔指導項目〕

（3）日常生活の援助

キ　清潔と衣生活

1　単元の目標

(1) 足浴の意義と足部の清潔保持の必要性について理解するとともに，足浴に関連する技術を身に付ける。

(2) 安楽な足浴の援助を目指して課題を発見し，科学的根拠を明確にした上で実施上の留意点を考えたり，援助を受ける立場で考えたりするなどの活動を通し，解決策を見いだす。

(3) 足浴の援助方法について自ら学び，対象の状態に応じた援助方法を考え実践する活動に，主体的かつ協働的に取り組む。

2　単元の評価規準

知識・技術	思考・判断・表現	主体的に学習に取り組む態度
足浴の意義と足部の清潔保持の必要性について理解しているとともに，足浴に関連する技術を身に付けている。	安楽な足浴の援助を目指して課題を発見し，科学的根拠を明確にした上で実施上の留意点を考えたり，援助を受ける立場で考えたりするなどの活動を通し，解決策を見いだしている。	足浴の援助方法について自ら学び，対象の状態に応じた援助方法を考え実践する活動に，主体的かつ協働的に取り組もうとしている。

3　指導と評価の計画（7時間）

　本単元は大単元「身体の清潔と援助」の【3】に位置している。【1】【2】において身体の各部位の清潔の概要，【3】～【6】では4つの技術項目について学習していく。各技術項目は座学ののちに演習を行い，座学と演習を関連付け実施できるよう構成している。

事例

【1】身体の清潔と援助の目的とポイント　　　　　　　　　　　1時間　座学

【2】入浴と看護　　　　　　　　　　　　　　　　　　　　　　2時間　座学

【3】足浴（部分浴）　　　　　　　　　　　　　　　　　　　　7時間　座学・演習

【4】清拭　　　　　　　　　　　　　　　　　　　　　　　　　5時間　座学・演習

【5】頭皮・頭髪の手入れ　　　　　　　　　　　　　　　　　　5時間　座学・演習

【6】口腔の清潔　　　　　　　　　　　　　　　　　　　　　　5時間　座学・演習

時間	ねらい・学習活動（※留意点）	評価		評価の観点・方法
		観点	記録	
第一次（1時間）	**座学：足浴の目的や効果，留意点** 〔ねらい〕部分浴の意義・目的や手順とそのポイントについて理解し，足浴体験を通して，安楽な援助について考察する。			
	◆部分浴の方法（使用物品・手順），考えられる効果について調べ，援助の目的に応じた方法の工夫や，安全・安楽への配慮の必要性を理解する。	知		・各清潔援助による心身への影響と実施上の留意点について理解している。 ［授業ノート，定期考査］
	◆足浴体験を行い，実際に心身にもたらす効果について考え，手順の妥当性・工夫点を考察する。 ※【ワークシート①】には，足部の観察結果，洗うのが難しい部位，心地良いと感じる洗い方などをまとめてくる（自宅での体験）。	思	○	・足浴を実施する際に気をつけたいことについて，調べたことや自らの経験をもとに考察している。 　［ワークシート①］
第二次（1時間）	**座学（グループワーク）：安楽な足浴のために** 〔ねらい〕足浴の手順を確認するとともに，安楽な足浴のために，これまでの学習や足浴体験などを通して気づいた視点を生かし，工夫点を考える。			
	◆足浴の実施方法について，教員によるデモンストレーションを見て確認する。 ※【確認のポイント】 必要物品の準備，患者の準備（体位保持，寝衣・寝具の整え方），足浴実施方法，物品の取扱い方，患者の観察方法	知	○	・物品の取扱い方，援助実施時の留意点などを想起しながら，足浴の手順を確認している。 　［チェックシート・定期考査］
	◆安楽な足浴のために必要な工夫点をグループで話し合う。 ※以下の観点からグループで意見交換し，心地良さを感じてもらうための工夫について考察する。 ・安楽な体位を保持するための工夫 ・寝衣や寝具を濡らさないための工夫 ・適温のお湯で実施するための工夫	態		・自分の考えを，足浴体験で検証した内容などを踏まえ，安全安楽の視点から適切な方法として他の人に提案したり，他の人の意見を自分の考えに取り入れたりするなど主体的に取り組もうとしている。 ［観察，チェックシート，ワークシート①］
第三次（3時間）	**演習（グループワーク）：安楽な足浴の実施** 〔ねらい〕グループで足浴実習を行い，援助の目標が達成できているか実施後の振り返りなどを通して検討を行い，よりよい援助方法を見いだす。			
	◆足浴を実施する（1，2回転目） ※看護師役，患者役，チェッカー役を交代し，2回転実施する。 ※全体で統一して実施すること・・・ 　実施前に，患者役に触れて欲しくない部位（傷など），好みの湯温について確認する。 　湯温測定は，準備時，足浴開始前，終了時	態		・各回転における自分の役割を認識した上で，メンバー相互に教えあう，気付きを伝えるなど，協働的に取り組もうとしている。 ［観察］

看護科
第3編
事例1

	に行う。 　足浴開始から終了までの時間を測定する。 　患者役の主観的感覚をチェックする。 	知	○ ※	**※1～4回転目を通しての評価とする。** ・患者役とコミュニケーションをとり，湯加減や力加減，苦痛の有無など確認を行いながら実施している。 ・留意点や工夫点を生かして援助を行っている。 　［チェックシート，観察シート］ **★実際にはグループ4名の生徒が交代で看護師役，患者役を行うため，看護師役の生徒の評価の観点・方法を示している。**
	◆（2回転目終了後）グループワークを行う。 ※体位，冷感対策，湯温，力加減の観点から，患者が心地良く安楽と感じていたかについて振り返る。 ※実践を通して気付いた事をもとに，手順（留意点・工夫点）を加除修正する。	思		・心地良いと感じてもらうための，体位，湯温，時間，力加減などの留意点を，患者役の主観的情報や気化熱などの科学的根拠を踏まえ考察している。 　［チェックシート］
		態		・それぞれの役割で経験したことを振り返りながら，前半の実践でまとめた留意点や工夫点の効果について意見を交換し，協働的に援助策を見いだそうとしている。 　［チェックシート］
	◆足浴を実施する（3，4回転目） ※1，2回転目と同様に実施する。 ※4回転目（最終回転）は動画を撮影する。	態		・前半の実践で気付いた注意点も考慮しながら，グループでより良い策を実践・検討しようとしている。 　［観察］
	◆撮影した動画を見ながら，心地良く安楽な足浴を実施するために，安楽を妨げる要因やその改善策，方法について意見交換し，実習を振り返る。 ※患者の安楽（苦痛を最小限にするため）に効果がみられた点（良かった点）にも注目させる。	思	○	・より良い援助策を見出すために，動画で確認した手順や，患者役の主観的情報，科学的根拠などに照らし合わせて工夫点や留意点を考えている。 　［ワークシート②，チェックシート］
第四次（2時間）	座学・演習（グループワーク）：安楽な援助を目指した足浴の工夫点 〔ねらい〕安楽な足浴の実施のために，根拠（安楽を阻害する要因と対策）を明確にした上で援助策を多様な視点で考え見いだす。			
	◆前時に撮影した動画から良かった点を「安楽な援助のための工夫点」として紹介するために，発表内容を考える。 ※発表内容はチェックシート手順4，5，6，7，11の場面から選択する。 ※テーマ・工夫点とそのように考えた理由について発表する。	態		・前時に気付いた工夫点について，安楽を妨げる要因とその改善策が伝わるよう考え，協働的に意見をまとめようとしている。 　［観察］
		思		・湯温の低下や実施時間，看護師の手技などが患者の主観的感覚にも影響を及ぼすことを理解した上で，安楽な援助を行うための留意点について思考し，表現している。 　［観察・発表計画］

◆発表会を行い，安楽な援助のための工夫点について気付いた内容を共有することで，多様な視点・考え方を見いだし，援助の在り方をさらに考察する。 ※発表を聴き，自分のグループが導いた結論と同じ点，異なる点を比較しながら考えたことをまとめさせる。	思	○	・湯温の好みや時間による疲労感の出現など，反応に個人差があること，患者の感情に配慮する必要があることなどに気付き，思考を深めている。 〔ワークシート②，チェックシート〕
◆患者の反応を確認するなど，安楽な援助のための工夫点は，他の看護技術でも共通事項であることに気付く。 ※次時「全身清拭」での留意点との共通性にも目を向けさせる。	態	○	・本単元での学びや経験を振り返り，自らの援助の実践に生かそうとしている。 〔ワークシート②〕

4　観点別学習状況の評価の進め方

　評価を進めるにあたっては，単元の評価規準を学習活動に即して具体化し，各観点の評価の趣旨に照らして，「おおむね満足できる」状況（B）か，「努力を要する」状況（C）かを判断する。さらに，「おおむね満足できる」状況（B）と判断されるもののうち，生徒の学習状況について質的な高まりや深まりをもつと見られるとき，「十分満足できる」状況（A）であるとする。

　本事例では各観点における評価の実際について，「記録に残す場面」を取り上げ，さらに一部記載例などを挙げながら解説する。

（1）「知識・技術」の評価

　第一，二次は〔チェックシート〕に基本的な手順をまとめ，さらに留意点，工夫点を加筆していきながら援助内容を可視化し，計画していくこととしている。これらの展開に合わせ，〔チェックシート〕の該当箇所を基に評価していく。

　第三次の演習においては，〔チェックシート〕を用い足浴の援助技術の自己評価・相互評価を行う。対象の安全を守るといった援助の基盤となる技術は，あらかじめ「留意点（※全体で統一して実施すること）」として明示した項目について，グループ担当教師が〔観察シート〕を用いて評価していく。単元全体を通して習得した知識・技術は，（定期考査）を活用し評価していく。

単元の評価規準を学習活動に即して具体化 ※「おおむね満足できる」状況（B）	「十分満足できる」状況（A）と判断した具体例	「努力を要する」状況（C）と判断した生徒への指導の手立て
・物品の取扱い方，援助実施時の留意点などを想起しながら，足浴の手順を確認している。 （第二次）	・〔チェックシート〕に適切な物品・手順などが記載されている。 ・〔定期考査〕において，足浴の目的，手順，留意点，工夫点など回答できる。	・学習に使用した資料，プリントを見ながら確認していく。目的や留意点は，足浴体験や実習に使用したチェックシートなどを見直し，患者の反応など振り返り考えさせる。
・患者役とコミュニケーションをとり，湯加減や力加減，苦痛の有無など確認を	・〔チェックシート〕の自己評価／相互評価の該当項目に○がついている。 ・〔観察シート〕に示した項目につい	・〔チェックシート〕により，改善点を振り返る。 ・〔ワークシート①〕を見なが

行いながら実施している。
・留意点や工夫点を生かして援助を行っている。
（第三次）

て適切に実施している。

【Yさんの観察シート評価例】全ての項目において✓がついており，留意点に配慮した足浴が実施できているため（A）と評価した。

ら，同じ温度・実施時間でも対象によって抱く感情が異なること，対象の状態（体型，症状，好みなど）によって，基本的な手順通りに行うだけでは対象に苦痛を与えてしまうことに気付かせ，安楽な足浴を実施するために，声かけや観察などを手順の中でどのように行ったらよいかを考えさせる。

項　目	生徒Y	生徒Z
1　実施前に援助内容を説明し、触れて欲しくない部位、好みの湯温を確認している。	✓	✓
2　足浴中、湯温（４０℃以上）が保てる。	✓	38℃に下がった
3　体位準備から足を洗い終わるまで、患者役に継続して感覚を確認している。	✓	✓
4　継続して患者役の様子を観察している。	✓	準備中ずっと患者に背中を向けていた

看護科
第3編
事例1

（２）「思考・判断・表現」の評価

　本事例においては，学習展開に合わせ，実習の前に足浴体験から考えたことは〔ワークシート①〕，実習の援助に関することは〔チェックシート〕，安楽な援助のための工夫点は〔ワークシート②〕にまとめていくこととしている。これらを活用して評価する方法を示す。

単元の評価規準を学習活動に即して具体化 ※「おおむね満足できる」状況（B）	「十分満足できる」状況（A）と判断した具体例	「努力を要する」状況（C）と判断した生徒への指導の手立て
・足浴を実施する際に気を付けたいことについて，調べたことや自らの経験を基に考察している。（第一次）	・〔ワークシート①〕に，足浴の手順に沿って，体験に基づく工夫点を考え，表現している。	・足の洗い方について感じたことを思い出させる。教科書にある洗い方などを参考に，自分の足を模擬的に洗ったり，汚れやすい部分を再度観察したりなどし，ワークシート①の「心地よい」「不快」と感じる洗い方など再確認させる。 ・次に，患者役が安楽ではないと感じた場面を例に挙げ，その場面を再現するなどし，原因を分析させ，どのように留意・工夫すればよいか考えさせる。

【Yさんのワークシート①評価例】「足背」「足底」「指，指間」の各部位について，体験をもとに援助に役立つ視点を考察している。また，「異常やトラブルがないか観察する」「表情を確認しながら行う」など観察の重要性についても気付いているため（A）と評価した。

『心地良い』『不快』と感じる洗い方（力の強さ、手の使い方）について気づいたこと

足背	親指を使って足首から指先にかけて押し洗いをすると、心地よかった。	小指側から親指側にかけて押し洗いをすると、あまり心地良くなかった。
足底	親指の腹の部分でマッサージのように洗った。足底を2つに分けて外側から真ん中に向かって押し洗いをすると心地よかった。	手掌でこするように洗うととても掻痒感があった。不快な感じがあった。
指指間	指と指の間に人差し指を入れてかき出すようにして圧をかけて洗うと心地良かった。足の指をつまみながらマッサージのように洗うと気持ちよかった。	手掌でなでるようにして洗った。あまり汚れが洗えている感じがしなかった。→とても不快。

～実習で足浴を実施する際に気をつけたいこと～
・足を見せることは人によって羞恥心を感じる場合があることが分かったので、しっかりとプライバシーに配慮していくこと。
・洗ったりマッサージしたりする前・中・後に足の異常やトラブルがないか観察すること。
・相手の表情を確認しながら行うこと。
・清潔を維持できるように工夫すること。
・指の間などの皮膚もしっかりと観察していくこと。

・より良い援助策を見いだすために，動画で確認した手順や，患者役の主観的情報，科学的根拠などに照らし合わせて工夫点や留意点を考えている。（第三次）	・〔チェックシート〕に，工夫点や改善点を赤ペンで加筆している。患者の安楽につながった援助についても，その根拠を考え，手順に加筆している。	・安楽のための工夫点や留意点を確認させ，それを〔チェックシート〕のどの場面に入れるとよいか，手技を確認するなどさせ，考えさせる。
・湯温の好みや時間による疲労感の出現など，反応に個人差があること，患者の感情に配慮する必要があることなどに気付き思考を深めている。（第四次）	・〔ワークシート②〕に，他グループの意見の良いところをまとめ，それらを援助に生かす方策を具体的に考えるとともに，湯温や体位，洗う時の力の入れ方など，具体的に〔チェックシート〕に加筆している。	・足浴時の患者役の感想を振り返り，同じ湯温や洗い方でも感じ方に違いがあることを確認し，教科書にある洗い方などを再度確認させる。

（3）「主体的に学習に取り組む態度」の評価

　本事例においては，グループで演習を行い協議・振り返りを行ったり，発表会で伝え合ったりと，多様な学習活動を取り入れている。ここでは，各活動における目的・役割を理解し，単元全体を見通したテーマである「安楽な援助のための工夫点」について，自ら学び，協働的に取り組む姿を，学習場面における観察やワークシートへの記載内容から評価する方法を示す。

単元の評価規準を学習活動に即して具体化 ※「おおむね満足できる」状況（B）	「十分満足できる」状況（A）と判断した具体例	「努力を要する」状況（C）と判断した生徒への指導の手立て
・本単元での学びや経験を振り返り，自らの援助の実践に生かそうとしている。（第四次）	・〔ワークシート②〕に，発表内容や他の人の考えの良い点を参考にしながら考えをまとめている。自分の実践に活かしていきたいことには下線を引いたり，→で意見を加えたりしている。	・それぞれの視点について記載した内容や〔チェックシート〕を振り返り，改善策につながるものがないか考えさせる。 ・全ての人に同じ方法で実践するのではなく，対象に合わせて工夫することの大切さに気付かせる。

【Yさんのワークシート②評価例】「→大枕と小枕を用意しておく」など取り入れたい工夫点を記入できている。また，「基底面積を広くする」など，次の実践に生かしたいことも明らかにしながらまとめることができているため，（A）と評価した。

A　安楽な体位を保持するための工夫

・患者の体型に合った大きさの枕を使う。**→大枕と小枕を用意しておく。**
・膝窩に枕を入れても隙間ができる場合は、タオルをたたんで入れる。
　→バスタオルも用意しておくとよい。
　隙間を埋めることで基底面積を広くすることができる。
・膝関節を90°より小さい角度に曲げ、ベースンを膝窩の枕に押し当てるように殿部方向に近づける。
　→膝関節の角度を保持しやすく、腹筋や下肢の筋力への負担を減らすことができる。

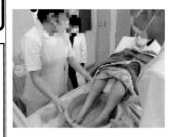

5　観点別学習状況の評価の総括

　評価の総括においては，**4　観点別学習状況の評価の進め方**　にあるように，学習活動に即して具体化した評価の趣旨に従い行った評価を総括して，観点ごとの判定をしていく。生徒Yさんの評価結果は以下の通りであった。

学習活動と評価の場面	知識・技術		思考・判断・表現			主体的に学習に取り組む態度
	第二次※ (定期考査)	第三次	第一次	第三次	第四次	第四次
生徒Yさんの評価	A	A	A	B	B	A
評価の総括	A（3.0）		B（2.3）			A（3.0）

※　(定期考査) においては，大単元「身体の清潔」に関連する内容として学習成果を評価していく。

　総括する具体的な方法としては，A，B，Cの個数や割合に基づく方法やA，B，Cを数値に換算して集計する方法などが考えられる。

（1）　評価結果のA，B，Cの個数を基に総括する場合

　評価結果のA，B，Cの個数を目安として各観点の評価結果の数が多いものを総括した評価とする。

　例えば，

> ア）　Aが5割以上の場合はAとする。
>
> イ）　Aが一つもなく，Cが5割以上の場合はCとする。
>
> ウ）　ア)，イ) 以外の場合はBとする。

とした場合，「知識・技術」ではA，「思考・判断・表現」ではB，「主体的に学習に取り組む態度」ではAの評価に総括できる。

（2）　評価結果のA，B，Cを数値に置き換えて総括する場合

　評価結果を数値によって表し，合計や平均値に換算することで総括していく。

　例えば，

> A＝3，B＝2，C＝1

の数値で各観点の評価を数値化して合計し平均値を換算した場合，「知識・技術」の平均値は 3.0，「思考・判断・表現」の平均値は2.3，「主体的に学習に取り組む態度」の平均値は3.0となる。

　さらに，この総括の結果（数値化し平均値に換算したもの）について，Bとする判断の基準を設定していく。Bと判断する範囲を，［1.5≦平均値≦2.5］と設定すると，［知識・技術］ではA，「思考・判断・表現」ではB，「主体的に学習に取り組む態度」ではAの評価に総括できる。

　そのほかにも，観点別学習状況の評価および評価の総括については様々な考え方や方法があるため，各学校において工夫し，指導と評価の一体化を図られたい。

看護科
第3編
事例1

6 資料

（1） ワークシート①

ワークシート①　　　　　　　　　　　　　　　番号　　　　名前　　　　　　　　　

【足を洗う際の留意点について考えてみる】

＜校内実習目標＞　校内実習に臨む前に、足浴の効果を得るための留意点について考えてみましょう。
1) 温熱効果、マッサージ効果によって血液循環を促し、安全・安楽な足浴を実施できる。
2) 羞恥心とプライバシーに配慮した看護技術、声がけができる。
3) 足・爪の状態を観察できる。

≪事前体験の進め方≫
① 足首まで湯につかる深さの洗面器（または浴槽内）に湯を張る（湯温は40度に設定）。
② 湯の中に足を浸けた状態で、足を洗う。
- 足背、足底、足首、指、指間　を洗い残しが無いように洗う。
- 心地よいと感じる／不快に感じる「力の強さ」、「洗う時の手指の使い方・洗い方」を確認する
③ 洗面器（または浴槽内）から片足ずつ出し、かけ湯で石鹸分を洗い流す。
④ 足・爪を観察し、トラブルが無いか確認する。

実施場所	浴室、洗面所	実施時間	10分
洗うのが難しい部位	足背　足底　足首　指　指間		（当てはまるものに○）

足の冷感	あり ・ なし	ありの場合・・・冷感が強い部位に○　足背　足底　足首　指先

足のトラブル 当てはまるものに☑ 該当する部位を図に示す	□皮膚の色の変化（発赤、暗紫色、黒色） □乾燥、ひび割れ □爪の変形（肥厚、爪白癬、巻き爪等） □傷・潰瘍 □腫脹 □表皮剥離 □水疱 □たこ、うおのめ □足の変形 □感覚異常（疼痛、掻痒感、痺れ等）	左親指巻き爪　左右指先冷感　右：乾燥

心地よいと感じる洗い方（力の強さ、手の使い方）など気づいたこと

足背	・骨と骨の間を指側から足首方向にさすり上げるように、軽い力でマッサージする。 ・小指側側面は、踵の方向に強めの力で洗う（弱い力だとくすぐったい） ・内踝、外踝は骨周囲をマッサージするように洗う。
足底	・指先だけで、弱い力だとくすぐったい。 ・4指(示指・中指・薬指・小指)の指腹を使って、強めの力で縦方向にこする。 ・指の付け根と踵は感覚が鈍いので、親指で強めにこする方が気持ちが良い。 ・土踏まずをじっくり押すようにすると気持ちがいい。
指 指間	・力が強いと痛みを感じやすい。力が弱くてもくすぐったさは無いので、弱めの方が良い。 ・指間は、自分の指を入れ込むように洗うと洗いやすい。 ・巻き爪になっている指や、傷がある指に触れると、弱い力でも痛い。 ・指や指間は普段意識して洗っていない。

～足浴を実施する際に気をつけたいこと～
・洗い残しが無いように、洗う順番を決めて洗う。
・力の強さは、患者役に確かめながら調整する。
・念入りに洗い過ぎて、時間がかかってしまうとお湯が冷めて寒い。素早く丁寧に行う。

（2）チェックシート

【足浴チェックシート】

<チェック基準> ○：手順を見ないで一人でできる　△：手順を見たり、アドバイスをもらってできる　×：できない

実習項目		自己	C（名前：　　　　）	
			チェック	コメント
準備	1　患者に目的、手順、所要時間を説明し、同意を得る。	○	○	しっかり理由を説明できていた。
	2　お湯をベースンに準備し、使用物品をワゴンにそろえる。 <準備するお湯の温度>　　<ベースン内の湯量> 　○○℃　　　　　　　　　○○○○○○○	○	△	ワゴンの位置がベッドから離れている。
体位を整え濡れないように調整する	3　掛け物を布団からタオルケットに掛け変える。	○	○	
	4　膝を立て、膝下に枕などを入れる。 <体位が安楽な状態で保持できるようにする工夫> 　○○○○○○○○	△	△	膝下に入れた枕の高さが低く、足が固定できていない。枕を丸めるように使うと良い。
	5　防水シーツとバスタオルを下腿の下に敷く。 <寝具が濡れないようにする工夫> 　○○○○○○○	○	△	マットレスの足元側が十分に覆えていなかった。
	6　膝上まで寝衣をまくり上げる。 <寝具が濡れないようにする工夫> 　○○○○○○○○	○	○	寝衣を丁寧にまくり上げていたので、しわにならなくて良い配慮だと思います。 バスタオルを効果的に使用している。
足浴実施 ○分─○分	7　湯温を温度計で確認してから、ベッド上にベースンを置く。 <開始時のお湯の温度> 　○○○○○○○○ <ベースンの置き方> 　○○○○○○○	○	○	Ns2が湯温を測っている最中に、患者の足が露出されたままだったので、バスタオルで覆うと良い。
	8　片足ずつ踵から静かに入れる。	○	○	お湯に入れる時から洗っている最中も患者に声がけしながらできていた。
	9　足を洗う。 <力の強さ>　・足背　○○○○　・足底 　　　　　　　・足趾　　　　　・足の指の間 　　　　　　　・爪 <洗い方> 　○○○○○○○	○	○	看護師から見えない部分に泡が残っていたので教えた。Ns2も確認し声をかければ良いと思う。
	10　シャワーボトルでお湯をかけ、石けん分をよく洗い流す。	×	×	ごしごし拭くと痛みがでるので軽減のため、押し拭きするといいのでは。
	11　洗い流し終えた足を速やかにバスタオルでくるみ、水分をよく拭きとる。	△	△	
片付け	12　防水シーツ、バスタオル、枕を取り外して寝衣・寝具を整える（掛け物を布団に変える）。	○	○	退室前に、水のこぼれや物品の置き忘れがないかなど確認し、様子に変わりがないかの観察もできていた。
	13　体調の変化がないか、患者に確認する。	○	○	
	14　ベッド周囲の環境を整え、使用物品をすべてワゴンに乗せる。	○	○	

看護科
第3編
事例1

（3）発表計画

| グループワーク用 | 発表計画（１Ｇ） |

【テーマ：患者さんにとって安楽な足浴を実施するための工夫点は何か？】

1 選んだ場面

　　　　　手順書の　４ 膝を立て、膝下に枕などを入れる　の場面

2 動画の内容

（1）工夫点

　　寝具や寝衣が濡れないようにする工夫／ベースンの置き方

（2）テーマ

　　膝を曲げた時に、安楽を保つための大枕の挿入方法

（3）内容・説明の方法など

　　膝を立てたあと、何も支えないでおくと徐々に疲れ、膝が伸びてしまう。

　　膝を曲げる前に<u>看護師の横に大枕を用意しておき</u>、看護師は両手で膝を立てたらそのまま左手で患者の膝を支えたまま、大枕を素早く右手で挿入するようにする。

　　膝を曲げる前に、大枕を準備して置く位置がポイント！

（4）ワークシート②

【テーマ：患者さんにとって安楽な足浴を実施するための工夫点は何か？】
各グループの発表を聴き，自分のグループで導き出した様々な工夫点（チェクリスト実習項目）と比べたりするなど整理してみましょう。また，自分の実践にも活かしたい内容に赤ペンで下線を引いてみましょう。

A　安楽な体位を保持するための工夫

・患者の体型に合った大きさの枕を使う。
・<u>膝窩に枕を入れても隙間ができる場合は、タオルをたたんで入れる。</u>
・膝関節を90°より小さい角度に曲げる。
・患者の状態を見て（可能であれば）、（セミ）ファウラー位になるようギャッチアップする。
・タオルかタオルケットで膝周囲を包むようにすると、下肢を固定できる。

B　寝具や寝衣が濡れないようにする工夫／ベースンの置き方

・膝下に入れた枕を覆うように防水シーツを敷く。
・シャワーボトルでお湯をかける際は、高い位置でなく、<u>体に近い位置からかけると湯の飛散を最小限にできる。</u>
・寝衣は丁寧にまくり上げるようにすることで、下がってこない。
・膝下に入れた枕に押しつけるように（殿部側に押すように）ベースンを置くと、膝関節の角度を維持しやすく、下腿を湯につけやすい。
・患者の身長（足の長さ）に合わせて、ベースンの置く位置を調整する。

C　適温で行うための工夫

・洗面所でお湯を準備する前に、あらかじめ患者に好みの温度を確認し、ベースン内の湯の温度を調整する。
・季節（室温）によって、お湯を汲んでから実施するまでの時間内で低下する温度は異なる。
・無駄な動きをなくし、準備にかかる時間を最小限にする。
・手袋をつける前の手で湯温を確認する。

D　力の強さや，各部位の洗い方の工夫

・足背など皮膚が薄い部位は、優しく洗い、皮膚が厚い足底は強めの力で洗う。
・<u>足底は少し押すように洗うと、マッサージ効果が得られる。</u>
・<u>足背は骨に沿って手を動かす。</u>
・指間は、一本一本の間を少し力を入れて、ガーゼを指に巻いて丁寧に洗う。
・指先だけの力を使うのではなく、手掌全体を使って洗う。

看護科　　事例2（母性看護）

キーワード　「主体的に学習に取り組む態度」の評価，妊婦体験による対象の理解

単元名

妊娠期の生理と妊婦の看護

〔指導項目〕

（3）周産期の看護

ア（7）妊娠期の生理と妊婦の看護

1　単元の目標

(1)　妊娠に伴う母体の生理的変化と胎児の発育過程及びそれらに伴って生ずる日常生活上の問題について理解するとともに，関連して必要な技術を身に付ける。

(2)　妊婦の看護について，日常生活や家族の機能への影響など多様な課題を発見し，当事者の生活や考え方を尊重した支援策を企画し実践，改善するなど行い，より良い解決策を見いだす。

(3)　妊婦の看護について自ら学び，妊婦の安全・安楽な日常生活のために適切な支援を目指して主体的かつ協働的に取り組む。

2　単元の評価規準

知識・技術	思考・判断・表現	主体的に学習に取り組む態度
・妊娠に伴う母体の生理的変化と胎児の発育過程及びそれらに伴って生ずる日常生活上の問題について理解している。 ・妊婦の安全・安楽な日常生活に関連して必要な技術を身に付けている。	妊婦の看護について，日常生活や家族の機能への影響など多様な課題を発見し，当事者の生活や考え方を尊重した支援策を企画し実践，改善するなど行い，より良い解決策を見いだしている。	妊婦の看護について自ら学び，妊婦の安全・安楽な日常生活のために適切な支援を目指して主体的かつ協働的に取り組もうとしている。

3　指導と評価の計画（6時間）

【1】	妊娠による母体の生理的変化	1時間	座学
【2】	妊婦体験	2時間	演習
【3】	妊婦が受ける母子保健サービスと実際	1時間	座学
【4】	保健相談（検診に訪れた妊婦に実施する場面）	2時間	演習

時間	ねらい・学習活動（※留意点）	評価		評価の観点・方法
		観点	記録	
第一次（1時間）	座学：妊娠による母体の生理的変化 〔ねらい〕妊娠期を安全・安楽に過ごすための援助について，母体の生理的変化と，それらに伴って生じるマイナートラブルから考える。			
	◆妊娠による母体の生理的変化について，教科書・インターネットで調べ，【ワークシート①】にまとめる。 ・生理的変化とその理由，起こりやすい時期 ・生活行動の中で困りそうなことやその原因	知	○	・妊娠に伴う生理的変化とその理由について理解している。〔ワークシート①・定期考査〕
	◆【ワークシート②】に挙がっている演習項目（妊婦体験で行う動き）について，「負担のかかる部位とその理由」，「看護師としてどのような援助が必要か」について予測し考えを記入する。	思	○	・妊婦の安全・安楽を守る援助について，母体の変化やマイナートラブルをもとに科学的に思考を深め，表現している。〔ワークシート①・②〕
第二次（2時間）	演習：妊婦体験 〔ねらい〕妊婦体験を通して妊娠に伴う生理的変化を理解し，妊婦の安全・安楽な日常生活のための援助について考える。			
	◆体験セットを着用し以下の動作を行い，気付いたことや感想を【ワークシート②】に記入する。 ①歩行する・鏡で全身を観察する ②階段の昇り降り ③重たいものを持ち上げる ④ベッドに横になる・靴下をはく ※看護師役は妊婦役の援助を行う	知		・妊娠による生理的変化と日常生活上の問題を関連付けながら理解している。〔観察・ワークシート②〕
	◆四つの動作について，「負担のかかる部位とその理由」「看護師としてどのような援助が必要か」を話し合い，【ワークシート②】に記入する。	思	○	・妊婦の安全・安楽な日常生活のための援助について感想やグループのメンバーの意見などから多様にとらえ，より良い援助策を見いだしている。〔観察・ワークシート②〕 【評価場面1】

看護科
第3編
事例2

		観点		評価規準
	◆妊婦の安全・安楽な日常生活のために適切な援助について学習したことを振り返る。	態	○	・安全・安楽な日常生活に向けて，保健相談などによる援助が必要であることに気付き，さらに次時に向けて見通しをもち取り組もうとしている。〔観察，ワークシート②〕 【評価場面2】
第三次（1時間）	**座学：妊婦が受ける母子保健サービスと実際** 〔ねらい〕妊婦の支援に必要な内容を理解するとともに，効果的に保健相談を行う方策を考える。			
	◆代表的な保健サービスとして妊婦検診を取り上げ，目的と内容について，事前学習や教科書，資料（DVD，インターネットなど）を基に調べ【ワークシート③】にまとめる。	知	○	・妊婦検診による身体の経過観察の内容・方法を理解している。〔ワークシート③・レポート課題・定期考査〕
	◆妊婦が安心して前向きに日常生活を送るための検診や保健相談の在り方について話し合い，両親学級での指導内容を考え【ワークシート③】にまとめる。	思 態		・妊婦検診では保健相談が行われ，不安や日常生活の不便さなど，妊婦の心理面へのサポートも行っていることに気付き，必要な支援策を考えている。〔ワークシート③〕 ・妊婦体験での気付きや他の人の意見の良いところを参考に，保健相談の際に必要な援助について主体的に考えようとしている。〔ワークシート③〕
④第四次（2時間）	**演習：保健相談（検診に訪れた妊婦に実施する場面）** 〔ねらい〕安心して前向きに日常生活を送るための保健相談を実施し，対象に適した援助の在り方について考える。			
	◆保健相談の内容を考え，実施する。 ※相談内容は，妊婦体験などを想起し，各グループで考え設定する。 ※なかなか思いつかない場合は，雑誌の妊婦さんの声などを紹介する。 　例 　「電車での通勤はどうしたら良いか」 　「貧血予防のために食生活はどのようにしたら良いか」 ※グループごとに，相談者（妊婦），回答者（看護師）のロールプレイ形式で発表する。	知 思	○	・実施内容に関連した知識・技術を適切に活用している。〔観察，相互評価表〕 ・安心して前向きに日常生活を送るための保健相談の在り方について考え，表現している。〔ワークシート③・定期考査〕
	◆演習を振り返るとともに，検診や保健相談の意義や目的，援助の在り方について考察する。	態	○	・妊婦を尊重した援助の在り方について学習を振り返り，今後実践していこうとしている。〔相互評価表〕

4 観点別学習状況の評価の進め方

（1）評価の進め方とねらい

　本単元では妊婦の生活と健康について，対象者を尊重しながら援助できるよう，自ら判断し行動できる力を育成することを目指している。座学から援助策を考察し，実施していくことや，妊婦体験の感想や気付きから学習を深め，さらに，保健相談の演習を行うといった，座学と演習を繋いで展開する内容となっている。

　各観点におけるねらいは以下の通りである。

①「知識・技術」について

　妊婦の妊娠・胎児の発育に伴う生理的変化や，母子保健サービスとしての妊婦検診に関する基礎的知識・技術について，ワークシート・課題，定期考査などで評価していく。

②「思考・判断・表現」について

　妊婦の生理的変化や体験から予測される生活上の不便さなどから，保健相談に必要となる援助を予測し考えられているかを，協議での発言など行動の観察，ワークシートなどで評価していく。

③「主体的に学習に取り組む態度」について

　妊婦体験や保健相談において，よりよいものとするために主体的に取り組み，今後自らの実践にどのように生かしていくか考察したことを，協議での発言など行動の観察，ワークシートなどで評価していく。

（2）ワークシートについて

・【ワークシート①】第一次

　妊婦さんのイメージ図から，生活行動の中で困りそうなことを理由とともに考察し，第二次の妊婦体験において考える「負担のかかる部位」「必要な援助」へとつなぐ内容とした。

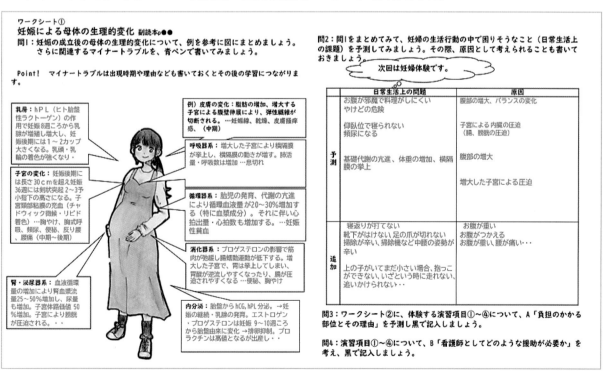

・【ワークシート②】第一・二次

　第一次に予測し考えた「負担のかかる部位」「必要な援助」について，妊婦体験や話合いから検証したり，新たな考えや気付きを書き加えたりし思考を深めていけるよう構成している。また保健指導に向け必要なことを考察させることで，次時の学習に向け見通しがもてるようにした。

ワークシート②
妊婦体験
1.①～④の体験をして、次のA～Cの視点についてまとめましょう。
　※前回予測したことある欄には、その結果を（→青色）で記入して下さい。

演習項目	A負担のかかる部位とその理由	B看護師としてどのような援助が必要か	C実施後の感想
①歩行する姿で全身を観察する・親	背中、腰 →後傾姿勢になってしまう。	後ろに倒れないように注意する。少しでも段差があったりすると、足元がおなかで見えないため、危険がある場合は伝えて安全に配慮する。	立っているだけで腰に負担がかかって辛かった。また、必然的に歩行のスピードが遅くなった。腰でおなかを支えているため、後傾姿勢になってしまう。
②階段の昇り降り	降りるときは下が見えにくいため、首に負担がかかる。おなかが重たいため、腰にも負担がかかる。→昇る時は重みで腰と大腿に負担があった。	おなかでよく段が見えないため、終わるときに声をかける。バランスを崩したらすぐに支えられるようにする。→辛そうだったらゆっくりでよいことを伝え、必要に応じて休息を促す。	降りるときよりも、昇るときの方が大変だと感じた。少し昇り降りしただけで、足への負担が大きく、息切れした。また、足元が見えなくて不安だったため援助が欲しいと思った。
③重たいものを持ち上げる	おなかが邪魔でうまく腰を落とせないため腕に負担がかかる。→股関節が少し痛い。	しゃがんだ時、バランスを崩して転倒しないように注意する。→結構つらくて大変だったので、重たいものなどは持ってあげるのも良いと思った。	荷物を持ち上げるときにしゃがむ際が一番大変だった。持ったものがダンボールだったこともあり、滑って持ちにくかった。重いものを持っただけで大変なのに、机の上まで持ち上げるのは体力的につらかった。
④ベッドに横になる・靴下をはく	胸が苦しい（仰臥位）おなかの圧迫感膝や足が上がらない体育すわりはできない爪を切る際はおなかが邪魔でなかなか届かず首や腕にも負担	寝返りをした際、おなかの重みで転落しないようベッドの柵をつけておく。・起き上がる際、体を支える。靴がおなかで見えないため、履くときは援助する。→立ち上がる際、L字柵があった方が比較的楽だと思う。	靴下の着脱をする際、手を届かせるのだけでも大変なのに、爪を切るとなると危険だと思った。また、仰臥位になった際、首の方まで圧迫感があって苦しかった。

2.全体の感想を記入しましょう。

　今回は短時間だったけれど、本当に母親になったら徐々に重くなっていくおなかに耐えることがとても大変だと思った。予想以上に妊婦さんには大きな負担がかかっていると感じました。中学の時に妊婦体験はしたことがあったけれど、しっかり身体的変化を学んだあとに体験できてよかった。普段から、妊婦さんを意識して観察して、積極的に声をかけたり、荷物を持ったり電車の席を譲るなどできる援助をしていきたい。援助に関しては妊娠週数やその人の好みによって個人差があるので方法は変わったりするけれど、妊婦さんと相談しながら適切な援助をしていくことが大切だと思う。

3.妊婦体験を通して、あなたが妊婦さんだったら何を知りたいか、
　看護師だったら何を援助したらいいか気が付いたことをもとに書き出してみましょう。

項目	妊婦体験をして考えた保健指導が必要なこと
食生活・嗜好品	お腹が重くて動くと息が切れるので非妊時よりエネルギーが必要だと思う。でも体重が増えすぎると妊娠高血圧症候群になるから、何をどのくらい食べたらいいのかが具体的に知りたい。 妊婦さんは貧血になりやすいから、鉄分も必要だと思う。 栄養の授業で使っている栄養成分表に妊婦の栄養量が書いてあったと思うので調べてみたい。 栄養バランスは大切にしたいけど、お腹が大きくて毎回調理をするのが結構大変だろうから、上手にお惣菜とかも活用したらいいかも。そもそも重たいものを持つと危ないので、買い物が辛いと思う。ネットスーパーを活用するとか家族に協力してもらうとかすることも教えてあげたらいいと思う。

・【ワークシート③】第三・四次

　妊婦検診の概要をまとめ，保健相談の場面をイメージしながら援助を考えていけるようにした。

ワークシート③
１．妊婦健康診査の目的と内容
医師または助産師により、妊婦及び胎児の健康状態を把握・診査し、異常の早期発見に努め、健康状態に応じた適切な医療を提供すること。

項目	目的・概要
診察内容	問診、視診、触診、聴診、計測診、内診、臨床検査などが行われる。健康診査結果のアセスメントに基づき、妊婦や家族の状況に合わせてより快適な日常生活の過ごし方やその工夫、母性・父性をはぐくみ出産・育児をしていくための情報提供や、妊婦や家族からの相談にのる。
尿検査	妊娠反応(妊娠4週以降、妊娠の診断時、)、尿たんぱく(妊娠高血圧症候群のスクリーニング)、尿糖(妊娠糖尿病のスクリーニング)、尿中エストリオール(必要時)
内診・超音波検査	超音波:胎児発育・健康状態の評価、初期のNT検査、中期の頸管長測定による切迫早産のスクリーニング、胎盤や臍帯の位置異常などの検査、後期では新羊系のスクリーニング 内診:妊娠初期と後期に子宮、子宮頸部、腟などの妊娠性の変化を観察する。正常な妊娠からの逸脱徴候の早期発見目的。
母体計測	子宮底長・腹囲、体重測定は必須。胎児の発育不良、羊水量が少ない場合は子宮底長の増加が悪くなる。巨大児、羊水過多では子宮底長や腹囲の増大が著明になり、急激な体重増加も。スクリーニングとして有用。
採血・50gGCT	出血に備えるために血液型必須、新生児溶結性疾患の原因となるため不規則交代のスクリーニング、垂直感染予防のために感染症検査、妊娠性貧血、妊娠糖尿病のスクリーニング
レオポルド触診法	胎児の位置や大きさを見ることを目的としている。胎児の状態を正確に確認するためには膝を立て腹壁を弛緩させることが大切。腹部の緊張がないか、子宮底の確認、胎児の位置、胎児先進部の下降度などを観察する。 ※子宮底長の測定は腹壁に沿わせるので膝を伸ばす。

2．妊婦健康診査に来たAさんに、保健相談を行います。

　ワークシート②、を参考に保健相談する内容を考えてみよう！
　妊娠性貧血の予防によい食べ物を知りたい！

・栄養バランスは大切にしたいけど、お腹が大きくて自炊をするのが結構大変だろうから、上手にお惣菜とかの活用をすすめる。

1　教科書○○ページ「妊娠中期の食事の工夫」の図を参考に話す。
2　献立の工夫
　赤身肉やレバー、あさり、カツオなどに多く含まれる。献立に工夫して加えてもらう。玄米にするのもよい。
　一日の目安として、・・・・・・・
　玄米が良い理由は、

3　栄養補助食品の工夫
・栄養補助ができるゼリーが気軽。

（3）評価の実際

　ここでは，【ワークシート②】をもとに，第二次の二つの場面を取り上げ評価の実際を解説していく。評価においては，単元の評価規準を学習活動に即して具体化し，各観点の評価の趣旨に照らして「十分満足できる」状況（A）と判断した具体例，「努力を要する」状況（C）と判断した生徒への指導の手立てを示した。

①評価場面１「思考・判断・表現」の評価

【単元の評価規準を学習活動に即して具体化】※「おおむね満足できる」状況（B）
妊婦の安全・安楽な日常生活のための援助について感想やグループのメンバーの意見などから多様にとらえ，より良い援助策を見いだしている。

「十分満足できる」状況（A）と判断した具体例	「努力を要する」状況（C）と判断した生徒への指導の手立て
・生理的変化と，それらに伴う生活上の問題を，具体的な妊婦の活動場面に即して関連付けて考え，解決策としての援助法を考えている。	・「負担のかかる部位とその理由」について，ワークシートや参考資料をもとに，再度想起しながら動作を行うなどし，生理的変化から生じた危険や苦痛，困難点を考えさせる。

看護科
第3編
事例2

【ワークシート②】１．の記載例と評価

ワークシート②
妊婦体験
１．①～④の体験をして、次のA～Cの視点についてまとめましょう。
　　※前回予測したことがある欄には、その結果を（→青色）で記入して下さい。

演習項目	A負担のかかる部位とその理由	B看護師としてどのような援助が必要か	C実施後の感想
①歩行する・鏡で全身を観察する	背中、腰 →後傾姿勢になってしまう。	後ろに倒れないように注意する。少しでも段差があったりすると、足元がおなかで見えないため、危険がある場合は伝えて安全に配慮する。	立っているだけで腰に負担がかかって辛かった。また、必然的に歩行のスピードが遅くなった。腰でおなかを支えているため、後継姿勢になってしまう。
②階段の昇り降り	降りるときは下が見えにくいため、首に負担がかかる。おなかが重たいため、腰にも負担がかかる。→昇る時は重みで腰と大腿に負担があった。	おなかでよく段が見えないため、終わるときに声をかける。バランスを崩したらすぐに支えられるようにする。→辛そうだったらゆっくりでよいことを伝え、必要に応じて休憩を促す。	降りるときよりも、昇るときの方が大変だと感じた。少し昇り降りしただけで、足への負担が大きく、息切れした。また、足元が見えなくて不安だったため援助が欲しいと思った。
④ベッドに横になる・靴下をはく	胸が苦しい（仰臥位） おなかの圧迫感 膝や足が上がらない 体育すわりはできない 爪を切る際はおなかが邪魔でなかなか届かず首や腕にも負担	寝返りをした際、おなかの重みで転落しないようベッドの柵をつけておく。起き上がる際、体を支える。靴がおなかで見えないため、履くときは援助する。→立ち上がる際、L字柵があった方が比較的楽だと思う。	靴下の着脱をする際、手を届かせるのだけでも大変なのに、爪を切るとなると危険だと思った。また、仰臥位になった際、首の方まで圧迫感があって苦しかった。

「腰でおなかを支えているため，後傾姿勢になってしまう」「降りるときは下が見えにくいため首に負担がかかる」など，生理的変化と，それらに伴う生活上の問題を考えることができている。
また，「立ち上がる際L字柵があったほうが比較的楽だと思う」など，具体的な援助策を見いだすことができているため，（A）と評価した。

②評価場面2 「主体的に学習に取り組む態度」の評価

【単元の評価規準を学習活動に即して具体化】※「おおむね満足できる」状況（B）
安全・安楽な日常生活に向けて，保健相談などによる援助が必要であることに気付き，さらに次時に向けて見通しをもち取り組もうとしている。

「十分満足できる」状況（A）と判断した具体例	「努力を要する」状況（C）と判断した生徒への指導の手立て
・母体の心身の生理的変化から予測される日常生活上の問題について，既習の知識や体験したことなどを踏まえ，グループのメンバーと多様な考えを共有し，自分の考えをまとめている。	・妊婦体験を通して考えたことなど，ワークシートを見直し振り返る。また，妊婦の立場で知りたいことや，そのために必要なことは何かなども振り返り再度考えさせる。

【ワークシート②】2．3．の記載例と評価

看護科
第3編
事例2

2．全体の感想を記入しましょう。

　　今回は短時間だったけれど，本当に母親になったら徐々に重くなっていくおなかに耐えることがとても大変だと思った。予想以上に妊婦さんには大きな負担がかかっていると感じました。中学の時に妊婦体験はしたことがあったけれど，しっかり身体的変化を学んだあとに体験できてよかった。普段から、妊婦さんを意識して観察して、積極的に声をかけたり、荷物を持ったり電車の席を譲るなどできる援助をしていきたい。援助に関しては妊娠週数やその人の好みによって個人差があるので方法は変わったりするけれど、妊婦さんと相談しながら適切な援助をしていくことが大切だと思う。

3. 妊婦体験を通して、あなたが妊婦さんだったら何を知りたいか、
　　看護師だったら何を援助したらいいか気が付いたことをもとに書き出してみましょう。

項目	妊婦体験をして考えた保健指導が必要なこと
食生活・嗜好品	お腹が重くて動くと息が切れるので非妊時よりエネルギーが必要だと思う。でも体重が増えすぎると妊娠高血圧症候群になるから、何をどのくらい食べたらいいのかが具体的に知りたい。 妊婦さんは貧血になるらしいので鉄分も必要だと思う。 栄養成分表に妊婦の栄養量が書いてあったと思うので調べてみたい。 栄養バランスは大切にしたいけど、お腹が大きくて自炊をするのが結構大変だろうから、上手にお惣菜とかも活用したらいいかも。 そもそも重たいものを持つと危ないので、買い物が辛いと思う。 ネットスーパーとか家族に協力してもらうとか工夫できるよう家族で話し合ってもらったらいいと思う。

（吹き出し）単に援助の必要性について述べるのではなく，妊婦体験後のグループメンバー内での意見交換を受けて，より良い解決策を考えている。また，今後適切な援助を見出していくにあたり「普段から妊婦さんを意識して観察」など，気を付けたいことも記述している。

（吹き出し）「保健相談」に向けて，必要となる知識（栄養）を生かした考察や，さらに，妊婦の生活の中で必要となってくる「家族との協力」などについて，自ら多様な視点で考えている。以上，2．3．の記述から，（A）と評価した。

　そのほかにも，定期考査での基礎的知識・技術の評価，グループ協議での発言など，様々な場面・方法で評価ができる。適切に場面を設定し，指導と評価の一体化を図られたい。

看護科　　事例3（看護の統合と実践）

キーワード　事例を用いたシミュレーションによる学習，個人シートを活用した評価

<table>
<tr><td>単元名

災害各期の看護</td><td>〔指導項目〕

（2）災害看護　ウ　災害各期の看護</td></tr>
</table>

1　単元の目標

(1) 災害における人的被害を最小限にするため，災害各期の特徴と，特徴を踏まえた看護について理解し，関連する技術を身に付ける。

(2) 災害各期の看護について課題を発見し，倫理原則，多職種との連携などの視点を踏まえ，合理的かつ創造的に解決策を見いだす。

(3) 災害各期の看護について自ら学び，多様な人々の適切な救援を目指して主体的かつ協働的に取り組む。

2　単元の評価規準

知識・技術	思考・判断・表現	主体的に学習に取り組む態度
災害における人的被害を最小限にするため，災害各期の特徴と，特徴を踏まえた看護について理解し，関連する技術を身に付けている。	災害各期の看護について課題を発見し，倫理原則，多職種との連携などの視点を踏まえ，合理的かつ創造的に解決策を見いだしている。	災害各期の看護について自ら学び，多様な人々の適切な救援を目指して主体的かつ協働的に取り組もうとしている。

3　指導と評価の計画（4時間）

【1】災害各期の看護	2時間	座学
【2】災害看護活動の実際	2時間	座学・演習
【3】災害とこころのケア	2時間	座学
【4】地震災害看護の展開（災害急性期の看護の展開）	4時間	演習

事例

時間	ねらい・学習活動	評価		評価の観点・方法・（※留意点）
		観点	記録	
事前	◆震災直後に被災者にみられる健康課題とその看護について，インターネットや文献で調べる。　【↓配布した事例】	思		※事例・個人シートは事前に配布

災害看護演習①：避難所設営　場面設定

　あなたはA市のB病院に勤務しています。7月1日，晴れ，気温20℃（予想最高気温，30℃，しばらくは同様の天候が続く予報），午前10時30分頃，震度7の激しい揺れを観測する地震が発生しました。発災直後の情報によるとA市では，一般家屋が多数損壊し，地震発災時の二次災害として火災が起きています。B病院は被災から免れましたが，被災地へ救護班を派遣することとなりました。あなたは，救護班の看護師で，今回の避難所における救護班の医療従事者は，医師1人，看護師長1人，看護師2人（うち助産師1人），調整員2人の6人編成です。現場には，被災地域の医療ボランティアチーム6人が来る予定です。医師1人，看護師2人（うち，こころのケアの担当者1人），救急救命士1人，運転ができる人が2人です。被災地では100人以上の傷病者が発生し，住民も避難を始めているようです。救護班は，災害対策本部から，避難所は近くの小学校の校庭に設営するとの指示がきました。6×3（m）のテントを2張りと，3×3（m）のテント2張りを使って設営します。これから①テントの配置，②救護班とボランティアの役割分担と配置を決定し，避難所を設営していきます。この地域は停電となっていますが，水道は使えます。

　傷病者の受け入れ可能な病院はC病院です。C病院は災害医療拠点病院であり，救命救急センターを有しています。C病院は現場から3kmで，渋滞のため20分前後は要します。

	◆事例の「「発災直後の情報」から，今後予測される状態や被災者の傷病，および必要となる援助を考え，【個人シート①】をまとめる。	知	○	・予測される状態に応じて被災者に発生すると考えられる健康問題を見出し，その解決策を考えている。〔個人シート①〕

第二次（2時間）

> 演習：災害発生から避難所の設営までの場面
> 〔ねらい〕迅速な医療対応のための体系的な対応方法の原則（ＣＳＣＡＴＴＴ）を活用しながら避難所設営を行い，避難所における看護師の役割を考える。

※グループ6人で活動することとし，話し合ったことは模造紙やグループシートにまとめていく。

◆模造紙の見取り図に避難所のレイアウトを作成する。 1．校庭見取り図にテント・エリア・人員などのカードを配置する。 2．人員カードには役割を追記する。 3．被災者の動線（➡）を記入する。	思		・見取り図の配置について，災害の状況や物的・人的条件を踏まえ，考察し記載している。〔模造紙の見取り図〕

【↓見取り図作成例】

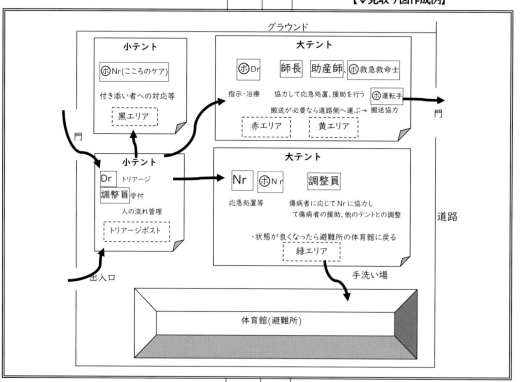

◆医療支援のためのＴＴＴ（トリアージ，応急処置，搬送）の原則に照らし適切であったか，その理由とともに話し合う。 1．テント設営場所 2．各エリアの配置 3．人員の配置と役割 4．救護者の動線	思		・迅速でスムーズに医療支援が行えているのか，各エリアで被災者に必要な支援をイメージしながら考えている。〔観察〕
◆他グループとワールドカフェ方式で意見交換を行い，さらに検証する。	態	○	・他のグループの良い点を取り入れ，見取り図の見直しをしようとしている。〔観察〕

	【ワールドカフェ方式】 ・メンバーの半分が他のグループへ移動する。 ・移動しないメンバーは，移動してきたメンバーに見取り図のレイアウトとその理由を説明する。 ・意見交換，次のグループに移動する。			※グループで作成した見取り図は，個人のタブレット端末に撮影・保存しておく。 ※各グループの見取り図は，教育支援システム内で共有し引き続き閲覧できるようにする。
	◆【個人シート②】を用い，避難所運営について，ＣＳＣＡ（指揮・統制，安全確保，情報共有，アセスメント）の視点から考え，救護班の立場ですべきことを考える。	思	○	・倫理原則，多職種との連携などの視点を踏まえ，看護師の役割を考えている。〔個人シート②〕
	・次時の場面では被災者9名の救護活動を考えることを伝える。			※次時の学習について見通しをもたせる。
第二次（2時間）	演習：被災者を受け入れ，援助を行う場面 〔ねらい〕避難所における医療活動について，被災者の状態に応じた援助策を考え，災害看護における適切な救援のあり方を考える。			
	※引き続き，前時に作成した見取り図をもとにグループ活動を行う。			
	◆【個人シート③】に，被災者9人のトリアージカードを作成する。	知	○	・トリアージの原則と照らし合わせ，適切にトリアージカードを作成している。〔個人シート③・定期考査〕
	◆トリアージカードを用い話し合う。 1．トリアージの内容の確認 2．エリアごとの被災者の確認 3．エリアでの優先順位 （↓エリアごとの優先順位検討案の作成例）	思		・被災者の安全・安楽に配慮しながら，優先順位の判断，人員・資材の配置を検討している。〔観察・協議での発言〕 ※グループで分担しながら四つのエリア全てについて考える

緑エリア

優先順位1位：Cさん，「過換気症候群」
治療内容：不安の軽減を図り，気持ちを落ち着かせる。様子を観察し，母親または，親戚がいれば付き添いを依頼する。
　理由：呼吸回数が多く，呼吸困難を訴えていることから強い不安，興奮により過換気状態となっており安心できるよう精神的支援を行う必要がある。
優先順位2位：Hさん「右足底部の裂傷」
治療内容：傷口の汚れは洗い流し，ガラス破片は取り除く。
　理由：出血は少なく，全身状態の悪化する可能性は低いと考えられるため，緊急性は低い。

人員・資材の配置の検討
　看護師・調整員を配置する。まず調整員には，Cさんの母親に事情を話し普段の対処法・常備している薬などないか聞き，話をしてもらう。次にHさんを手洗い場に連れていってもらい，傷の汚れを洗う。処置が終わった傷病者を体育館に誘導する。
　Hさんの処置の医療セットを配置

黄エリア

優先順位1位：Fさん，「動脈損傷」
治療内容：直接圧迫止血法により止血を行う。直接圧迫止血法時の疼痛と末梢循環状態を観察する。
　理由：圧迫止血解除により拍動性の出血があることから橈骨動脈損傷と考えられる。
優先順位2位：Aさん「右下肢の開放性大腿骨骨折」
治療内容：開放創部の被覆処置と骨折部の副子固定を行う。
　理由：バイタルサインは安定しており，しばらくは応急処置にて経過観察を行っても問題ないと考えられる。

人員・資材の配置の検討
　医師・看護師を配置する。処置が終わっても急変が見られないか頻回に状態観察を行う。
　赤エリアと隣接させ，同一テント内とし，応急処置を行う。
　骨折セットの配置，医薬品の配置

	◆【個人シート④】に，適切な救援の在り方についてまとめ振り返る。	思	○	・迅速な医療活動や，被災者やその家族の状態に応じた配慮に着目し援助策を見いだしている。〔個人シート④〕 **評価場面1**
	◆災害看護の演習を振り返り，看護者としての適切な援助の在り方についてまとめる。	態	○	・多様な人々に適切な援助を行うために工夫し想像し，今後の実践に生かそうとしている。〔個人シート④〕**評価場面2**

4 観点別学習状況の評価の進め方

（1）評価の進め方とねらい

本単元では発災から避難所の設営，トリアージの実施及び援助までの救援活動を，シミュレーションにより想定し探求しながら，学習活動を展開している。多くの情報を適切に判断し援助策を見いだしていく必要があるため，グループによる協働的な学習を主軸とし，個人の思考を深めるために【個人シート】を活用した。

前半（第一次）は，災害時の体系的な対応方法の原則（CSCATTT）の視点からの避難所の設置（レイアウト）の検討，後半（第二次）は，トリアージを行い，多職種との連携・個別性への配慮などに着目し救援策を考えていく展開とした。各観点におけるねらいは以下の通りである。

①「知識・技術」について

災害各期において必要となる知識・技術（災害医療実施のための原則，START式トリアージ，応急処置など）を身に付けているかを，グループワークでの発言，個人シート，定期考査で評価していく。

②「思考・判断・表現」について

災害サイクルに応じた看護と関連付けながら，時間経過とともに発生する問題を予測し避難所の看護師として解決策を見いだすことができているかを，グループワークでの発言，個人シートなどで評価していく。

③「主体的に学習に取り組む態度」について

グループ協議で解決策を見いだす過程において，よりよいものとするために主体的に取り組み，今後自らの実践にどのように生かしていくか考察したことを，グループワークでの発言，個人シートなどで評価していく。

（2）個人シートについて

本事例では，学習に当たって4枚のシートを配布し，授業での記入の時間以外にも，気になる点・深めたい内容は適宜自分で記入するように補足説明した。

・【個人シート①】事前課題

1. 事例の場面設定を読み，発災直後の情報分析から，考えられる被災者の被害・傷病についてまとめよう。	
発災直後の情報分析	予測される被害・傷病

・【個人シート②】第一次

◆避難所医療管理のためのCSCAに着目し，避難所設置条件について考え，まとめよう。
1. C:Command and Control(指揮・統制)
　・災害対策本部との連絡・避難所での指揮は，だれがどのように行うか
2. S:Safety(安全確保)
　・自分自身の安全・現場の安全・被災者の安全はどうか
3. C:Communication(情報共有)
　・災害対策本部との情報共有は，何をどのように行うか
4. A:Assessment(アセスメント)
　・変化する状況の中で何をどのようにアセスメントしなければならないか

◆トリアージポストには, 以下の 9 名の方がいます。F さんの例を参考に, それぞれの方について情報を分析し, トリアージカードを作成しよう。

傷病者名	Fさん 男性、30歳代
トリアージ	□緑 ☑黄 □赤 □黒

診断名・考えられる傷病名
　橈骨動脈損傷（活動性出血）
応急処置
　直接圧迫止血法による止血
　創部の疼痛緩和

Aさん 女性, 40歳代
3階のベランダで洗濯物を干しているときに地震が発生し, 転落して受傷した。
右大腿部の骨が折れており, 開放創から骨が露出していて, 創部は汚染されている。痛みを強く訴えている。
【バイタルサイン】意識:清明　呼吸:24回/分　脈拍:66回/分　CRT:1秒

Bさん 男性, 70歳代
地震発生時, 建物が倒壊し, 救出されるまで, 両大腿部から下腿にかけて 2～3 時間以上下敷き状態だった。両下肢が腫脹し, 擦過傷と水疱が散在している。疼痛を訴え, 歩行不能である。四肢の知覚・運動麻痺がみられる。末梢動脈は触知できる。
【バイタルサイン】意識:清明　呼吸:26回/分　脈拍:80回/分　血圧:120/70mmHg

Cさん 女性, 10歳代(小学6年生)
自宅にいるときに地震が発生し, 避難所まで逃げてきた。泣きながら「怖い, 怖い」と叫んでおり, 興奮状態である。呼吸は粗く, 速い。手足のしびれとめまいを訴えている。
【バイタルサイン】意識:清明　　呼吸:35回/分　　脈拍:90回/分　CRT:1秒

Dさん 男性, 50歳代
在宅で人工呼吸器を装着し, 療養中。地震で自宅の一部が倒壊した。人工呼吸器と医療器具が破損し, ライフラインも途絶えている状態のなか, 倒壊した自宅内から発見された。
【バイタルサイン】意識:ほとんど反応なし　呼吸:確認できず　脈拍:触知できず

Eさん 女性, 30歳代
妊娠 34 週 4 日の経産婦。近所のスーパーで買い物をしている最中に地震が発生したため, 外に逃げようとして滑り, 転倒した。陣痛様の発作がみられる。
【バイタルサイン】意識:清明　　呼吸:35回/分　　脈拍:100回/分　CRT:1秒

Fさん 男性, 30歳代
地震が発生し, 避難時にガラスの破片で手首を切った。切ったところをタオルで押さえて止血していたが, 様子をみようとはずしたところ, 拍動性の鮮紅色の血が勢いよく噴き出した。
【バイタルサイン】意識:清明　　呼吸:20回/分　　脈拍:86回/分

Gさん 男性, 50歳代
地震発生時, 右胸を書棚の角にぶつけ, 強打した。呼吸により胸の痛みが強まり, 息切れ, 呼吸困難, 胸内苦悶を訴える。皮下気腫がみられ, 右胸部に打撲痕がある。聴診にて呼吸音の左右差を認め, 患側では呼吸音が減弱である。呼吸時に空気が漏れている感じがあり, 創部に泡のようなものがみられる。
【バイタルサイン】意識:清明　　呼吸:35回/分　　脈拍:120回/分

Hさん 女性, 20歳代
地震発生時, 避難するときに倒壊した家の窓ガラスの破片を踏んだ。
左足底部からの出血がみられる。ガラスの破片が突き刺さっているかもしれない。
【バイタルサイン】意識:清明　　呼吸:22回/分　　脈拍:90回/分　CRT:1秒

Iさん 女性, 70歳代
地震で火災が発生し, 火を消そうとしてやけどを負い, 煙も大量に吸ってしまった。顔面と左上腕(前面)に発赤と水疱がみられる。痛みが強い部分と痛みを感じない部分がある。息苦しさを訴え, 声を出しにくくなり, 徐々に嗄れてきている。鼻・口周囲に煤(すす)がついており, 鼻毛がこげている。
【バイタルサイン】意識:清明　　呼吸:31回/分　　脈拍:120回/分　CRT:2秒

看護科
第3編
事例3

・【個人シート④】第一・二次

> ◆災害看護における適切な救援の在り方について考えポイントをまとめよう。
>   1. 避難所の設営について
>   2. トリアージについて
>   3. 被災者の応急処置と優先順位の決定について　・・**評価場面1**→「思考・判断・表現」の評価
>   1)赤エリア
>   2)黄エリア
>   3)緑エリア
>   4)黒エリア
> ◆演習を通して学んだことを今後の看護にどのように生かすことが出来るでしょうか。・・**評価場面2**
>   →「主体的に学習に取り組む態度」の評価

（3）評価の実際

　ここでは，【個人シート④】をもとに，第二次の二つの場面を取り上げ評価の実際を解説していく。評価においては，単元の評価規準を学習活動に即して具体化し，各観点の評価の趣旨に照らして「十分満足できる」状況（A）と判断した具体例，「努力を要する」状況（C）と判断した生徒への指導の手立てを示した。

　①**評価場面1**「思考・判断・表現」の評価

【単元の評価規準を学習活動に即して具体化】※「おおむね満足できる」状況（B）
迅速な医療活動や，被災者やその家族の状態に応じた配慮に着目し，援助策を見いだしている。

「十分満足できる」状況（A）と判断した具体例	「努力を要する」状況（C）と判断した生徒への指導の手立て
各エリアにおいて迅速な医療活動を行うために，優先順位に基づき援助策をまとめている。救護者間の連携方法についても言及している。また，年齢や障害の状況を配慮する視点での援助策を考えることができている。	トリアージカードを並べ，応急処置の内容を確認しながら，救護者に必要な援助を再度考えてもらい，エリアごとの援助策を考えさせる。また，被災者の年齢や様子などの情報に注目させ，個別の援助策での配慮点について考えさせる。

【個人シート④】3. 被災者の応急処置と優先順位の決定についての記載例と評価

> 3. 被災者の応急処置と優先順位の決定について
> 1）赤エリア
> 　重症度の高い被災者、また医師や救急救命士などの医療処置を行うことのできる人を配置することで迅速な応急処置ができる。師長を配置し医療機関との連携を行い、救急搬送をすばやく行うことが大切である。
> 　気道熱傷の被災者は気道閉塞を起こす可能性があるため、最優先に治療を行う。
>
> 2）黄エリア
> 　赤エリアの被災者よりも重症ではないが、時間の経過とともに緊急度が高くなる可能性があるため赤エリアと隣接しておくことで、すぐに赤エリアへ移動し処置を行えるよう配置する。
> 　意識はあるが、骨折や熱傷などにより赤エリアの次に病院に搬送する必要がある。骨折セットや熱傷セットを使用し、受傷部位の保護・感染対策を行う。
>
> 3）緑エリア
> 　たくさんの軽症者が来るため、歩行可能であれば、自ら創部を水道で洗ってもらうなどの声がけが必要である。過換気症候群の被災者は小児であるため優先的に対応することが必要である。
>
> 4）黒エリア
> 　亡くなった人や遺族に対するこころのケアが必要であり、こころのケアができる看護師を配置し専門性を生かし対応する必要がある。
>
> 4. 演習を通して学んだことを今後の看護にどのように活かすことができるでしょ

赤エリアの「師長を配置し医療機関との連携を行う」，黄エリアの「時間の経過とともに緊急度が高くなる可能性があるため赤エリアと隣接しておく」など，各エリアの役割も踏まえ，思考することができている。
また，小児への配慮やこころのケアの必要性など，個別の配慮内容も記載されている。
以上より，十分満足できる状況（A）と判断した。

②評価場面2　「主体的に学習に取り組む態度」の評価

【単元の評価規準を学習活動に即して具体化】※「おおむね満足できる」状況（B）
多様な人々に適切な援助を行うためにT夫し想像し，今後の実践に生かそうとしている。

「十分満足できる」状況（A）と判断した具体例	「努力を要する」状況（C）と判断した生徒への指導の手立て
情報から正しい判断をすることや，体系的な対応方法の原則に則り判断するなど，倫理的な視点や，多職種との連携などにも触れながら振り返り，今後の自らの実践に生かそうとしている。	4枚の【個人シート】や，グループの成果物を見直し，看護師の援助内容を確認しながら避難所運営の工夫点を再度考えさせたり，看護臨地実習での経験など想起させたりし，今後に生かせることはないか考えさせる。

【個人シート④】4．演習を通して学んだことを今後の看護にどのように生かすことができるでしょうかの記載例と評価

しくなった人や遺族に対するこころのケアが必要であり，こころのケアができる看護師を配置し専門性を生かし対応する必要がある。

4．演習を通して学んだことを今後の看護にどのように活かすことができるでうか。

　災害看護は，<u>1分1秒が大切で適切な判断力や行動力がないと救える命も救えないため正しい知識をもち，色々な人と協力をしながら看護していくことが必要だと</u>感じた。

　看護師になったら，複数患者を受け持ち看護を展開していかなくてはならない。<u>根拠を考え，患者さんの状態もしっかりと観察し理解しながら，優先順位を考えて看護していきたい。</u>

> 「正しい知識」「根拠をもとに優先順位を考える」など，看護師に必要な姿勢，行動の在り方などに気付くことができている。また，今後の自らの取組に生かしていきたいことも考え，述べることができている。
> 以上より，十分満足できる状況（A）と判断した。

そのほかにも，定期考査での基礎的知識・技術の評価，グループ協議での発言など，様々な場面・方法で評価ができる。適切に場面を設定し，指導と評価の一体化を図られたい。

【情報科】

第２編

「〔指導項目〕ごとの評価規準」
を作成する際の手順

1　高等学校情報科（専門教科「情報」）の〔指導項目〕

高等学校情報科（専門教科「情報」）における〔指導項目〕は，以下のようになっている。

【3編（事例）で取り上げた科目の〔指導項目〕を記載している】

第1　情報産業と社会

(1) 情報社会の進展と情報産業

　　ア　情報社会の進展

　　イ　情報社会における問題解決

　　ウ　情報社会の将来と情報産業

(2) 情報とコミュニケーション

　　ア　情報の表現

　　イ　情報の管理

　　ウ　情報技術を活用したコミュニケーション

(3) コンピュータとプログラミング

　　ア　コンピュータの仕組み

　　イ　アルゴリズムとプログラム

　　ウ　情報通信ネットワークの活用

(4) 情報産業が果たす役割

　　ア　情報セキュリティ

　　イ　情報産業の役割

　　ウ　情報技術者の責務

※　その他の科目についても，内容の(1),(2)・・・における各項目を〔指導項目〕とする。

2　高等学校情報科（専門教科「情報」）における「〔指導項目〕ごとの評価規準」作成の手順

　ここでは，科目「情報産業と社会」の (1)情報社会の進展と情報産業 を取り上げて，「〔指導項目〕ごとの評価規準」作成の手順を説明する。

　まず，学習指導要領に示された教科の目標を踏まえて，「評価の観点及びその趣旨」が作成されていることを理解する。次に，教科の目標と「評価の観点及びその趣旨」との関係性を踏まえ，科目の目標に対する「評価の観点の趣旨」を作成する。その上で，①及び②の手順を踏む。

＜例　情報産業と社会　〔指導項目〕（1）情報社会の進展と情報産業＞

【高等学校学習指導要領　第2章　第7節　情報「第1款 目標」】

　情報に関する科学的な見方・考え方を働かせ，実践的・体験的な学習活動を行うことなどを通して，情報産業を通じ，地域産業をはじめ情報社会の健全で持続的な発展を担う職業人として必要な資質・能力を次のとおり育成することを目指す。

(1)	(2)	(3)
情報の各分野について体系的・系統的に理解するとともに，関連する技術を身に付けるようにする。	情報産業に関する課題を発見し，職業人に求められる倫理観を踏まえ合理的かつ創造的に解決する力を養う。	職業人として必要な豊かな人間性を育み，よりよい社会の構築を目指して自ら学び，情報産業の創造と発展に主体的かつ協働的に取り組む態度を養う。

(高等学校学習指導要領 P. 407)

【改善等通知　別紙5　各教科等の評価の観点及びその趣旨　＜情報＞】

知識・技術	思考・判断・表現	主体的に学習に取り組む態度
情報の各分野について体系的・系統的に<u>理解している</u>とともに，関連する技術を<u>身に付けている</u>。	情報産業に関する課題を発見し，職業人に求められる倫理観を踏まえ合理的かつ創造的に解決する力を<u>身に付けている</u>。	よりよい社会の構築を目指して自ら学び，情報産業の創造と発展に主体的かつ協働的に取り組む態度を<u>身に付けている</u>。

(改善等通知　別紙5　P. 7)

【高等学校学習指導要領　第３章　第７節　情報「第２款　第１　情報産業と社会　１　目標」】

　情報に関する科学的な見方・考え方を働かせ，実践的・体験的な学習活動を行うことなどを通して，情報産業を通じ，地域産業をはじめ情報社会の健全で持続的な発展を担う職業人として必要な基礎的な資質・能力を次のとおり育成することを目指す。

(1)	(2)	(3)
情報産業と社会について体系的・系統的に理解するとともに，関連する技術を身に付けるようにする。	情報産業と社会との関わりに関する課題を発見し，情報産業に携わる者として合理的かつ創造的に解決する力を養う。	情報技術者に必要とされる情報活用能力の習得を目指して自ら学び，情報社会に主体的かつ協働的に参画し寄与する態度を養う。

（高等学校学習指導要領 P. 407）

　以下は，教科の目標と「評価の観点及びその趣旨」との関係性を踏まえた，科目の目標に対する「評価の観点の趣旨」の例である。

【「第２款　第１　情報産業と社会」の評価の観点の趣旨（例）】

知識・技術	思考・判断・表現	主体的に学習に取り組む態度
情報産業と社会について体系的・系統的に**理解している**とともに，関連する技術を**身に付けている**。	情報産業と社会との関わりに関する課題を**発見し**，情報産業に携わる者として合理的かつ創造的に解決する力を**身に付けている**。	情報技術者に必要とされる情報活用能力の習得を目指して自ら学び，情報社会に主体的かつ協働的に参画し寄与する態度を**身に付けている**。

① 各科目における〔指導項目〕と「評価の観点」との関係を確認する。

　職業教育を主とする専門教科は，各教科及び各科目の目標に，(1)「知識及び技術」，(2)「思考力，判断力，表現力等」，(3)「学びに向かう力，人間性等」を示すとともに，各科目の指導項目の大項目毎に「このねらいを実現するため，次の①から③までの事項を身に付けることができるよう，〔指導項目〕を指導する。」としている。

　※①「知識及び技術」，②「思考力，判断力，表現力等」，③「学びに向かう力，人間性等」

第1　情報産業と社会
　(1) 情報社会の進展と情報産業
　　ア　情報社会の進展
　　イ　情報社会における問題解決
　　ウ　情報社会の将来と情報産業

〈高等学校学習指導要領解説　情報編　P.90〉
　(1) 情報社会の進展と情報産業
　　　ここでは，科目の目標を踏まえ，情報社会の進展について学ぶ重要性，最新の情報や情報技術についての知識などを基盤として，情報社会の問題を発見・解決する力と，情報や情報技術などを活用することを通して主体的かつ協働的に情報社会に参画する態度を養うことをねらいとしている。
　　　このねらいを実現するため，次の①から③までの事項を身に付けることができるよう，〔指導項目〕を指導する。
　　①　情報社会の進展と問題解決の方法，最新の情報と情報技術などについて基礎的な知識と技術を身に付けること。
　　②　情報社会の進展によって生じている問題を発見し，最新の情報と情報技術などを適切かつ効果的に活用して創造的に解決すること。
　　③　情報産業及び情報技術者の業務内容について自ら学び，情報社会の進展を支える最新の情報と情報技術などを活用することに主体的かつ協働的に取り組むこと。

② 【観点ごとのポイント】を踏まえ，「〔指導項目〕ごとの評価規準」を作成する。

（1）「〔指導項目〕ごとの評価規準」を作成する際の【観点ごとのポイント】

○「知識・技術」のポイント
・「知識・技術」については，学習指導要領の「1　目標」に示す資質・能力を身に付けることができるよう，「2　内容」の各指導項目に対し，学習指導要領解説の〔指導項目〕の大項目ごとに示された「このねらいを実現するため，次の①から③までの事項を身に付けることができるよう，〔指導項目〕を指導する。」の①を参考に，知識については「…理解する」「…身に付ける」の記述を，技術については「…身に付ける」の記述を当てはめ，それらを生徒が「…理解している」「…身に付けている」かどうかの学習状況として表すこととする。

○「思考・判断・表現」のポイント
・「思考・判断・表現」については，学習指導要領の「1　目標」に示す資質・能力を身に付けることができるよう「2　内容」の各指導項目に対し，学習指導要領解説の〔指導項目〕の大項目ごとに示された「このねらいを実現するため，次の①から③までの事項を身に付けることができるよう，〔指導項目〕を指導する。」の②を参考に，「…発見し，解決する」の記述を当てはめ，それを生徒が「…発見し，解決している」かどうかの学習状況として表すこととする。

○「主体的に学習に取り組む態度」のポイント
・「主体的に学習に取り組む態度」については，学習指導要領の「1　目標」に示す資質・能力を身に付けることができるよう「2　内容」の各指導項目に対し，学習指導要領解説の〔指導項目〕の大項目ごとに示された「このねらいを実現するため，次の①から③までの事項を身に付けることができるよう，〔指導項目〕を指導する。」の③を参考に「…自ら学び，主体的かつ協働的に取り組む」の記述を当てはめ，それを生徒が「…自ら学び，主体的かつ協働的に取り組んでいる」かどうかの学習状況として表すこととする。

〔各科目の留意事項〕

・「知識・技術」「思考・判断・表現」「主体的に学習に取り組む態度」は，問題の発見・解決を伴う実践的・体験的な学習活動の中で，相互に関連しつつ育成されるものである。指導に当たっては，この点に配慮する必要がある。
・これらの観点別評価を行う場合，資質・能力の育成が〔指導項目〕を越えて継続する場合も考えられる。このことに配慮して，長期に渡るポートフォリオに基づく評価も必要に応じて導入することが考えられる。

（2）学習指導要領解説の「2　内容」〔指導項目〕及び「〔指導項目〕ごとの評価規準（例）」

学習指導要領　解説	知識及び技術	思考力，判断力，表現力等	学びに向かう力，人間性等
	情報社会の進展と問題解決の方法，最新の情報と情報技術などについて基礎的な知識と技術を<u>身に付けること</u>。	情報社会の進展によって生じている問題を<u>発見し</u>，最新の情報と情報技術などを適切かつ効果的に活用して創造的に<u>解決すること</u>。	情報産業及び情報技術者の業務内容について自ら学び，情報社会の進展を支える最新の情報と情報技術などを活用することに主体的かつ協働的に<u>取り組むこと</u>。

〔指導項目〕ごとの評価規準（例）	知識・技術	思考・判断・表現	主体的に学習に取り組む態度
	情報社会の進展と問題解決の方法，最新の情報と情報技術などについて基礎的な知識について理解しているとともに，関連する技術を<u>身に付けている</u>。	情報社会の進展によって生じている問題を発見し，最新の情報と情報技術などを適切かつ効果的に活用して創造的に解決している。	情報産業及び情報技術者の業務内容について自ら学び，情報社会の進展を支える最新の情報と情報技術などを活用することに主体的かつ協働的に取り組もうとしている。

※　各学校においては，「〔指導項目〕ごとの評価規準」の考え方を踏まえて，各学校の実態を考慮し，単元の評価規準を作成する。具体的には第3編において事例を示している。

【情報科】

第３編

単元ごとの学習評価について
（事例）

第1章　「〔指導項目〕ごとの評価規準」の考え方を踏まえた評価規準の作成

1　本編事例における学習評価の進め方について

　各教科及び科目の単元における観点別学習状況の評価を実施するに当たり，まずは年間の指導と評価の計画を確認することが重要である。その上で，学習指導要領の目標や内容，「〔指導項目〕ごとの評価規準」の考え方等を踏まえ，以下のように進めることが考えられる。なお，複数の単元にわたって評価を行う場合など，以下の方法によらない事例もあることに留意する必要がある。

評価の進め方	留意点
1　単元の目標を作成する	○　学習指導要領の目標や内容，学習指導要領解説等を踏まえて作成する。 ○　生徒の実態，前単元までの学習状況等を踏まえて作成する。 ※単元の目標及び評価規準の関係性（イメージ）については下図参照
2　単元の評価規準を作成する	
3　「指導と評価の計画」を作成する	○　1，2を踏まえ，評価場面や評価方法等を計画する。 ○　どのような評価資料（生徒の反応やノート，ワークシート，作品等）を基に，「おおむね満足できる」状況（B）と評価するかを考えたり，「努力を要する」状況（C）への手立て等を考えたりする。
授業を行う	○　3に沿って観点別学習状況の評価を行い，生徒の学習改善や教師の指導改善につなげる。
4　観点ごとに総括する	○　集めた評価資料やそれに基づく評価結果などから，観点ごとの総括的評価（A，B，C）を行う。

単元の目標及び評価規準の関係性について（イメージ図）

学習指導要領　及び　学習指導要領解説　　第1編第2章2（2）を参照

「〔指導項目〕ごとの評価規準」

学習指導要領解説等を参考に，各学校において授業で育成を目指す資質・能力を明確化

「〔指導項目〕ごとの評価規準」の考え方等を踏まえて作成

単元の目標　　第3編第1章2を参照

単元の評価規準

※　外国語科においてはこの限りではない。

2　単元の評価規準の作成のポイント

（1）専門教科情報科における〔指導項目〕と単元の関係

　　学習指導要領（平成 30 年告示）においては，「知識及び技術」「思考力，判断力，表現力等」「学びに向かう力，人間性等」の三つの柱に整理された資質・能力を身に付けさせることを明確にするため，「1　目標」を三つの柱で整理するとともに，「2　内容」においては学習指導要領解説において三つの柱で示している。三つの柱については，1回の授業ですべての学びが実現されるものではないため，単元の中で，学習を見通し振り返る場面やグループなどで対話する場面，生徒が考える場面等を設定し，学びの実現を図っていくことが必要である。

　　単元とは，生徒に指導する際の内容や時間のまとまりを各学校の実態に応じて適切に構成したものである。情報科において単元を構成する際には，〔指導項目〕を小項目ごと等，幾つかに分割して単元とする場合や，〔指導項目〕をそのまま単元とする場合，幾つかの〔指導項目〕を組み合わせて単元とする場合等，様々な場合が考えられることに留意する必要がある。

（2）専門教科情報科における単元の評価規準作成の手順

　　単元の評価規準は，以下の手順で作成する。

① 〔指導項目〕をもとに，単元全体を通して，単元の目標を作成する。
② 単元の目標と第2編に示した「〔指導項目〕ごとの評価規準（例）」をもとに，具体的な学習活動から目指すべき学習状況としての生徒の姿を想定し，単元の評価規準を作成する。その際，高等学校学習指導要領の内容における（内容の範囲や程度）の各事項も含めて評価規準を設定する。

（例）「情報産業と社会」の「(1) 情報社会の進展と情報産業」をもとに作成した例

① 〔指導項目〕をもとに，単元全体を通して，単元の目標を作成する。

学習指導要領　解説	知識及び技術	思考力，判断力，表現力等	学びに向かう力，人間性等
	情報社会の進展と問題解決の方法，最新の情報と情報技術などについて基礎的な知識と技術を身に付けること。	情報社会の進展によって生じている問題を発見し，最新の情報と情報技術などを適切かつ効果的に活用して創造的に解決すること。	情報産業及び情報技術者の業務内容について自ら学び，情報社会の進展を支える最新の情報と情報技術などを活用することに主体的かつ協働的に取り組むこと。

〔単元の目標〕

(1)情報社会の進展と問題解決の方法，最新の情報と情報技術などについて基礎的な知識と技術を身に付ける。

(2)情報社会の進展によって生じている問題を発見し，最新の情報と情報技術などを適切かつ効果的に活用して創造的に解決することができる。

(3)情報産業及び情報技術者の業務内容について自ら学び，情報社会の進展を支える最新の情報と情報技術などを活用することに主体的かつ協働的に取り組む態度を身に付ける。

※ 上記の例では，〔指導項目〕をもとに，単元の目標を作成している。

② 単元の目標と第2編に示した「〔指導項目〕ごとの評価規準（例）」をもとに，具体的な学習活動から目指すべき学習状況としての生徒の姿を想定し，単元の評価規準を作成する。その際，高等学校学習指導要領の内容における（内容の範囲や程度）の各事項も含めて評価規準を設定する。

	知識・技術	思考・判断・表現	主体的に学習に取り組む態度
〔指導項目〕ごとの評価規準（例）	・情報社会の進展と問題解決の方法，最新の情報と情報技術などについて基礎的な知識について<u>理解している</u>とともに，関連する技術を<u>身に付けている</u>。	・情報社会の進展によって生じている問題を<u>発見し</u>，最新の情報と情報技術などを適切かつ効果的に活用して創造的に<u>解決すること</u>ができる。	・情報産業及び情報技術者の業務内容について自ら学び，情報社会の進展を支える最新の情報と情報技術などを活用することに主体的かつ協働的に<u>取り組もうとしている</u>。

	知識・技術	思考・判断・表現	主体的に学習に取り組む態度
単元の評価規準（例）	・情報社会の進展について，人々の生活との関わり，望ましい情報社会の形成に果たす役割を理解している。 ・社会の情報化はあらゆる分野の産業が互いに関わり合いながら進展していくことについて，その変遷も含めて<u>理解している</u>。 ・情報社会の進展によって生じる問題を解決するために必要な分析方法や技術を<u>身に付けている</u>。 ・情報社会の進展を支える最新の情報と情報技術について理解している。	・情報社会の進展によって生じている問題について，身近な生活の中から<u>発見する</u>ことができる。 ・最新の情報と情報技術などを適切かつ効果的に活用して創造的に<u>解決すること</u>ができる。	・情報産業及び情報技術者の業務内容について自ら<u>学ぼうとしている</u>。 ・情報社会の進展を支える最新の情報と情報技術などを活用することに主体的かつ協働的に<u>取り組もうとしている</u>。 ・将来の情報技術，これからの情報社会のあるべき姿，情報社会が抱える問題を解決するために情報産業が果たすべき役割，情報技術者として求められる資質・能力について<u>考えようとしている</u>。

単元の評価規準作成のポイントは，以下のとおりである。

> ### （1）知識・技術
>
> ・基本的に，単元の目標と「〔指導項目〕ごとの評価規準（例）」を基に，高等学校学習指導要領の内容における（内容の範囲や程度）の各事項も含めて評価規準を設定する。
>
> 　　単元の目標を基に設定することについては，例えば，「(1)　情報社会の進展と情報産業」の「ア　情報社会の進展」を単元とした場合，学習指導要領解説の「(1)　情報社会の進展と情報産業」に示された「このねらいを実現するため，次の①から③までの事項を身に付けることができるよう，〔指導項目〕を指導する」の①に「情報社会の進展と問題解決の方法，最新の情報と情報技術などについて基礎的な知識と技術を身に付けること」と示されている。このことから，高等学校学習指導要領解説（情報編）の記述も参考にして，「情報社会の進展と問題解決の方法，最新の情報と情報技術について理解するとともに，関連する技術を身に付けている」などの評価規準を設定する。また，（内容の範囲や程度）に「人々の生活が情報を基盤として成り立っていることを踏まえて，これまでの社会の変遷についても扱うこと」が示されていることから，それらの内容に関わる評価規準を設定する。
>
> ### （2）思考・判断・表現
>
> ・基本的に，単元の目標と「〔指導項目〕ごとの評価規準（例）」を基に，高等学校学習指導要領の内容における（内容の範囲や程度）の各事項も含めて評価規準を設定する。
>
> 　　単元の目標を設定することについては，例えば，「(3)　コンピュータとプログラミング」の「イ　アルゴリズムとプログラム」を単元とした場合，学習指導要領解説の「(3)　コンピュータとプログラミング」に示された「このねらいを実現するため，次の①から③までの事項を身に付けることができるよう，〔指導項目〕を指導する」の②に「コンピュータやネットワーク及びプログラミングに関する課題を発見し，情報技術を活用することで創造的に解決すること」と示されている。また，（内容の範囲や程度）に「データの型，データ構造，アルゴリズム，モデル化及びシミュレーションについて扱うこと」が示されていることから，それらの指導項目と内容に関わる評価規準を設定する。
>
> ### （3）主体的に学習に取り組む態度
>
> ・基本的に，単元の目標と「〔指導項目〕ごとの評価規準（例）」を基に，学習指導要領解説の〔指導項目〕の大項目ごとに示された「このねらいを実現するため，次の①から③までの事項を身に付けることができるよう，〔指導項目〕を指導する」の③を踏まえて評価規準を設定する。例えば，「(4)　情報産業が果たす役割」全体を単元とした場合，「〔指導項目〕ごとの評価規準（例）」は「情報産業の役割と情報技術者の責務について自ら学び，法令を遵守して適切に業務を遂行することの意義や重要性を尊重し，情報社会の健全で持続的な発展に主体的かつ協働的に取り組もうとしている」である。これを基に，単元の評価規準を，
>
> 「情報産業の役割と情報技術者の責務について自ら学ぼうとしている」
>
> 「法令を遵守して適切に業務を遂行することの意義や重要性を尊重しようとしている」
>
> 「情報社会の健全で持続的な発展に主体的かつ協働的に取り組もうとしている」
>
> などと分割して設定する。

第2章　学習評価に関する事例について

1　事例の特徴

　第1編第1章2（4）で述べた学習評価の改善の基本的な方向性を踏まえつつ，平成30年に改訂された高等学校学習指導要領の趣旨・内容の徹底に資する評価の事例を示すことができるよう，本参考資料における事例は，原則として以下のような方針を踏まえたものとしている。

○　**単元に応じた評価規準の設定から評価の総括までとともに，生徒の学習改善及び教師の指導改善までの一連の流れを示している**

　　本参考資料で提示する事例は，単元の評価規準の設定から評価の総括までとともに，評価結果を生徒の学習改善や教師の指導改善に生かすまでの一連の学習評価の流れを念頭においたものである。なお，観点別の学習状況の評価については，「おおむね満足できる」状況，「十分満足できる」状況，「努力を要する」状況と判断した生徒の具体的な状況の例などを示している。「十分満足できる」状況という評価になるのは，生徒が実現している学習の状況が質的な高まりや深まりをもっていると判断されるときである。

○　**観点別の学習状況について評価する時期や場面の精選について示している**

　　報告や改善等通知では，学習評価については，日々の授業の中で生徒の学習状況を適宜把握して指導の改善に生かすことに重点を置くことが重要であり，観点別の学習状況についての評価は，毎回の授業ではなく原則として単元や題材など内容や時間のまとまりごとに，それぞれの実現状況を把握できる段階で行うなど，その場面を精選することが重要であることが示された。このため，観点別の学習状況について評価する時期や場面の精選について，「指導と評価の計画」の中で，具体的に示している。

○　**評価方法の工夫を示している**

　　生徒の反応やノート，ワークシート，作品等の評価資料をどのように活用したかなど，評価方法の多様な工夫について示している。

2　各事例概要一覧と事例

事例1　キーワード　指導と評価の計画から評価の総括まで
科目「情報産業と社会」　単元「情報産業が果たす役割」（第1学年）

　「情報産業が果たす役割」の単元を例として，単元の目標や単元の評価規準の設定から，指導と評価の計画の作成，観点別学習状況の評価の進め方，単元における観点別学習状況の評価の総括に至る流れを示した事例である。3観点の評価の進め方については具体的な場面を取り上げて簡潔に示し，単元における評価の総括の進め方については複数の方法を例示している。

事例2　キーワード　「知識・技術」の評価
科目「情報産業と社会」　単元「アルゴリズムとプログラム」（第1学年）

　「アルゴリズムとプログラム」の単元を例として，「知識・技術」の観点について評価する方法を示した事例である。本事例では，小単元における「知識・技術」の観点の評価の進め方や，指導と評価の在り方についての例を示している。「知識・技術」の観点の評価については，授業における生徒の「知識・技術」がどの程度定着しているか，個々の知識を結び付けて概念が形成されているかを見取ることが大切である。そのために定められた条件に従ったアルゴリズムとプログラムについて，「知識・技術」の観点について評価する方法を示している。本事例では，「知識・技術」とともに，「思考・判断・表現」についても評価できることにも言及している。

事例3　キーワード　「思考・判断・表現」の評価
科目「情報産業と社会」　単元「情報とコミュニケーション」（第1学年）

　「情報とコミュニケーション」の単元を例として，「思考・判断・表現」の観点について評価する方法を示した事例である。本事例では，グラフィックソフトで使用した技術，作品のコンセプトと選択した形態，色彩，配置，その他，取り入れたデザイン要素について生徒がまとめたワークシートや成果物等の評価資料を用いて「思考・判断・表現」の観点について評価する方法を示している。

事例4　キーワード　「主体的に学習に取り組む態度」の評価
科目「情報産業と社会」　単元「情報社会の進展と情報産業」（第1学年）

　「情報社会の進展と情報産業」の単元を例として，「主体的に学習に取り組む態度」の観点について評価する方法を示した事例である。本事例では，一連の学習活動を振り返ってワークシートや振り返りシートに記録し，これを通して，今後どう取り組んでいくかの学習活動の調整をしようとする態度を養うことについて取り上げている。「主体的に学習に取り組む態度」の観点の評価の方法については，振り返りシートに学びの振り返りを，ワークシートへ課題解決活動の振り返りを記録させ，学習に粘り強く取り組む態度を育む場面を設定するとともに，その変化を見取ることで，自らの学習を調整しようとする態度を評価する方法を示している。

情報科　　事例1（情報産業と社会）
キーワード　指導と評価の計画から評価の総括まで

単元名

情報産業が果たす役割

〔指導項目〕

（4）情報産業が果たす役割

1　単元の目標

(1) 情報産業のあるべき姿や社会に及ぼす影響について理解するとともに, 情報セキュリティや情報モラルなどに関する基礎的な知識や技術を身に付ける。

(2) 情報産業が抱える課題を発見し, 情報技術者に求められる知識及び技術を活用して創造的な解決に向けて考察することができる。

(3) 情報産業の役割と情報技術者の責務について自ら学び, 法令を遵守して適切に業務を遂行することの意義や重要性を尊重し, 情報社会の健全で持続的な発展に主体的かつ協働的に取り組む態度を身に付ける。

2　単元の評価規準

知識・技術	思考・判断・表現	主体的に学習に取り組む態度
① 情報産業が社会に及ぼす影響について理解している。 ② 基礎的な情報セキュリティについて理解するとともに, 問題を解決するための技術を身に付けている。 ③ 情報モラルの重要性について理解するとともに活用できる技術を身に付けている。 ④ 情報産業にかかわる法規について理解している。 ⑤ 情報技術者の業務内容と責任を理解している。	① 情報産業が抱える課題について発見し, 問題点の解決に向けて考察し表現することができる。 ② 情報セキュリティ対策の必要性やリスクについて思考し, 解決に向けて考察し表現することができる。 ③ 具体的な事例について, 情報産業にかかわる法規に基づき適切に判断, 対応することができる。	① 情報産業が抱える課題について主体的に調査し, 考えようとしている。 ② 情報技術者の責務について, 主体的に考えようとしている。 ③ 情報セキュリティや情報モラルについて学習したことを生活に生かそうとしている。

3　指導と評価の計画（12時間）

本単元「情報産業が果たす役割」を, 内容のまとまりである三つの小単元「情報セキュリティ」「情報産業の役割」「情報技術者の責務」で構成し, それぞれの授業時間を4時間と定めた。

時間	ねらい・学習活動	重点	記録	備考
1	・身近にある具体的な情報セキュリティにかかわる実例の調査と考察を通じて，情報資産を守らなければならない場面とその対策を理解するとともに，情報セキュリティの必要性及び重要性について理解する。	知思	○	知②：ワークシート 思②：ワークシート
2	・情報セキュリティに関する法規について，情報セキュリティ対策と関連付けて理解するとともに，法令順守の意識を高める。	知		知②：ワークシート
3	・実際に発生した情報セキュリティにかかわる事件や事故の事後対応について協働的に学ぶ場面で考察することを通じて，情報セキュリティに関する業務上の責務を理解する。	知態		知②：ワークシート 態②：ワークシート
4	・自分が興味ある企業のセキュリティポリシーを調査し，学校のセキュリティポリシーを考察する活動を通じて，セキュリティポリシーを理解する。	知態	○ ○	知②：ワークシート 態③：振り返りシート
5	・身近な携帯キャリアが社会生活に与えている影響を考察することを通じて，社会生活の基盤を担う情報産業の業務内容の重要性を理解する	知		知①：ワークシート
6	・ネットワークなどの情報システムが停止した際に与える影響を考え，事例の調査を行うことを通じて，情報システムが複雑かつ広範囲に影響を与えるようになったことと，情報社会が抱える問題について理解する。	思態	○	思①：ワークシート 態①：ワークシート
7	・学校で利用する自分のアイコンを設定する作業を通じて，情報産業に関連する法規を情報モラルやプライバシーに関連付けて理解するとともに，法令順守に基づいた正しい情報の取り扱いができる。	知思	○ ○	知③④：ワークシート 思③：作品
8	・情報産業が抱えている課題を調査し，協働的に学ぶ場面で説明することを通じて，社会のインフラを支えている情報産業が目指すべき姿について考えることができる。	知態	○ ○	知①：ワークシート 態①③：振り返りシート
9	・情報技術者がかかわる様々な業務内容についての調査と協働的に学ぶ場面での説明をすることを通じて，様々な業務内容があることを理解する。	知		知⑤：ワークシート
10	・興味があるITエンジニア職種に必要となる資質や能力を調査・考察し，協働的に学ぶ場面で提案することを通じて，情報技術者に必要な資質や能力を理解する。	知		知⑤：ワークシート 態①：ワークシート

11	・具体的な情報システムを取り上げ，社会を豊かにする効果と情報技術者の役割，障害発生時の影響と対応方法の考察を通じて，情報技術者が担う社会的な責任を理解する。	知態	○○	知⑤：ワークシート 態②：ワークシート
12	・具体的な事例を用いて，情報を扱う技術者に期待される役割と技術者の不正行為による事件の影響について考察を行うことを通じて，法令順守の意義や重要性を理解できるようにするとともに，正しい倫理観を持ち行動できる。	態		知④⑤：ワークシート 態②③：振り返りシート

※ 重点…指導（評価）の重点

　「重点」では，重点としていない観点についても，教師の指導の改善や生徒の学習改善に生かすために，生徒の学習状況を確認することは重要である。また，「記録」は，備考に記入されている単元の評価規準に照らして，（A）「十分に満足できる」状況，（B）「おおむね満足できる」状況，（C）「努力を要する」状況，のいずれかを判断し，全員の学習状況を記録に残す授業に○をしている。「備考」には，生徒の学習状態を把握するために想定される評価方法を次のように示す。なお，ワークシートや小単元テストは紙による実施だけでなく，オンラインドキュメントを利用し生徒と教員がデータを共有するなど，生徒が自らの学びに活用できるよう工夫する。

　　・振り返りシート：授業後に学習支援システムに記入させ，その記述内容によって評価する。
　　・ワークシート：授業後にワークシートやレポートを記入させ，記述内容によって評価する。
　　・作品：一定の期間を定めて作成させ，その結果に基づいて評価する。

4　観点別学習状況の評価の進め方
（1）知識・技術

　「知識・技術」の評価は，学習の過程を通した知識及び技術の習得状況について評価を行うとともに，それらを既有の知識及び技術と関連付けたり活用したりする中で，他の学習や生活の場面でも活用できる程度に概念等を理解したり，技術を習得したりしているかについて評価するものである。専門教科情報科では，情報の各分野について体系的・系統的に理解しているとともに，関連する技術を身に付けているかどうかについて評価する。

　評価方法として，テスト等において，事実的な知識の習得を問う問題と，知識の概念的な理解を問う問題とのバランスに配慮することが大切である。また，実際に知識や技術を活用できる学習場面を設けるなど，多様な学び方を適切に取り入れていくことが考えられる。例えば，ワークシートやレポート等の記述内容，作品を制作した背景や意図，情報を分析した資料の説明内容などから理解度を測ることが挙げられる。

　本単元の小単元1「情報セキュリティ」においては，単元の評価規準(知②)の「基礎的な情報セキュリティについて理解するとともに，問題を解決するための技術を身に付けている。」について，例えば，次のような評価方法が考えられる。

(ア) 第4時に，自分が興味ある企業のセキュリティポリシー調査を行い，企業によってセキュリティポリシーの考え方が違うことと，情報セキュリティは利便性とセキュリティがトレードオフ

の関係になっていることに気づき確かめる場面を設ける。

(イ) 小単元1「情報セキュリティ」でこれまで学習した情報セキュリティに関わる学習をもとに学校のセキュリティポリシーの設計に取り組む。使用ワークシート例の一部を，以下に示す。

学校のセキュリティポリシーを設計しよう。

★学校の現状に合わせて、各項目にごとにセキュリティポリシーを考えてみよう。

項目	ポリシー	設計の目的
ネットワークのセキュリティ		
パスワードのポリシー		
ハードウェアのセキュリティ		

(ウ) 回収したワークシートより，設計したセキュリティポリシーが適切かどうか，さらに目的のセキュリティリスクに対して適切な対応となっているかどうかで評価する。「おおむね満足できる」状況（B）のワークシートは，項目に対してセキュリティが向上できるポリシーが記載されていることとする。また，「十分満足できる」状況（A）は，設計の目的や利便性が考慮され，的確なセキュリティポリシーとなっていることとする。

（2）思考・判断・表現

「思考・判断・表現」の評価は，知識及び技術を活用して，課題を解決する等のために必要となる思考力，判断力，表現力等を身に付けているかどうかを評価することが大切である。専門教科情報科では，情報産業に関する課題を発見し，職業人に求められる倫理観を踏まえ合理的かつ創造的に解決する力を身に付けているかどうかについて評価する。

具体的な評価方法としては，テストのみならず，論述の場面やレポートの作成，発表，話合い，作品の制作や表現等，多様な活動を取り入れ，それらを集めたポートフォリオを活用するなどにより，評価方法を工夫することが考えられる。

本単元の小単元2「情報産業の役割」においては，単元の評価規準（思③)の「具体的な事例について，情報産業にかかわる法規に基づき適切に選択，対応することができる。」について，例えば，次のような評価方法が考えられる。

(ア) 第7時に著作権と産業財産権について，法規の分類と内容，なぜその法規がなぜ必要なのかを理解できるように指導する。

(イ) 自分が学校で利用している各種アカウントのアイコンを設定する実習を行う。アイコンの画像，その画像にした理由，画像の出典，他人の権利を侵害していない根拠をドキュメントファイルに入力する。ドキュメントファイルを共有しアイコンの相互評価を行う。他人の権利を侵害していないか，モラルを逸脱していないかを確認し，指摘事項を相手のドキュメントファイルに入力する。指摘事項を受けてアイコンを再考察し，法規やモラルの面で問題がなければ実際にアイコンの変更を行う。

(ウ) ワークシートを回収し，設定したアイコンが，情報産業にかかわる法規に基づき適切に選択，

対応することができるかどうかについて評価する。具体的には，「おおむね満足できる」状況（B）のワークシートは，法規に基づいた適切なアイコンを設定し，相互評価においては他のアイコンが法令順守しているか判断できることとする。また，「十分満足できる」状況（A）は，自分や他人のアイコンに対する判断根拠の記述が，出典元や利用規約，対応する法規に基づいて適切に説明されていることとする。不適切なアイコンや適切に記述できていない生徒については，法規の内容について改めて指導し，なぜその法規が必要なのかを考察したり，相互評価の結果を参照したりすることを促すなど，適切な対応ができるようにする。

（3） 主体的に学習に取り組む態度

　「主体的に学習に取り組む態度」の評価は，能動的な行動や積極的な発言等を行うなど，性格や行動面の傾向を評価することではなく，「主体的に学習に取り組む態度」に係る評価の観点の趣旨に照らして，知識及び技術を獲得したり，思考力，判断力，表現力等を身に付けたりするために，自らの学習状況を把握し，学習の進め方について試行錯誤するなど自らの学習を調整しながら，自らにかかわる課題を設定して学ぼうとしているかどうかという意思的な側面を評価することが重要である。専門教科情報科においては，よりよい社会の構築を目指して自ら学び，情報産業の創造と発展に主体的かつ協働的に取り組む態度を身に付けているかどうかで評価する。また，評価は，知識及び技術を習得させたり，思考力，判断力，表現力等を育成したりする場面に関わって行うものであり，その評価の結果を，知識及び技術の習得や思考力，判断力，表現力等の育成に関わる教師の指導や生徒の学習の改善にも生かすことによりバランスのとれた資質・能力の育成を図るという視点が重要である。すなわち，この観点のみを取り出して，例えば挙手の回数など，その形式的態度を評価することは適当ではなく，他の観点に関わる生徒の学習状況と照らし合わせながら学習や指導の改善を図ることが重要である。また，「主体的に学習に取り組む態度」は，1回の観点の見取りで評価するだけではなく，同じ観点で複数回実施することで生徒の変容を把握し，教員の指導や支援によって，生徒の主体的に取り組む態度の進歩の状況で評価を行う。

　本単元の小単元3「情報技術者の責務」においては，単元の評価規準（態②）の「情報技術者の責務について，考えようとしている。」について，例えば，次のような評価方法が考えられる。

（ア）第3時に，実際に発生した情報セキュリティに事件や事故の事後対応を協働的に学ぶ場面で考察をする活動を通じて，情報技術者の責務について考える指導を行う。ここでは，学習状況の記録は行わないが，第3時以降も振り返りシートやワークシートへの記述などを通じて，改善に向けた指導を継続的に行う。

（イ）第11時では，具体的な情報システムについて，社会を豊かにするポジティブな影響とそれを支える情報技術者の役割，障害が発生した場合の影響の大きさと情報技術者が実施すべきことの調査と考察を行う。それを受け，情報技術者が社会に与える影響と責務についてグループワークを行い議論する機会を設ける。その中で，これまでの学習内容を踏まえて積極的に意見を述べたり，他者の意見を尊重しつつ他人の考えに積極的に質問したり，改善しようとしているかどうかについて，ワークシートへの振り返りの記述から評価する。

（ウ）ワークシートを回収し，情報技術者の責務について，考えようとしているかについて評価する。具体的には，「おおむね満足できる」状況（B）のワークシートは，産業社会において情報

技術者が重要な役割と社会的な責任があることが記述されていることとする。また，「十分満足できる」状況(A)は，情報技術者の役割や責任を理解し，自分の行動について振り返りと改善につながる記述がされていることとする。記述できない生徒に対しては，実生活で利用している情報システムについて具体的に考えさせることで意欲を高め，他の説明者と自分の意見を比較し違いを見出すことを助言するなどが考えられる。

また，小単元ごとにアンケートフォームなどを利用して，学習の振り返りや，学習した内容を実生活で意識して活用したことについて生徒が記入した内容を評価するなど，多面的に評価することも考えられる。クラウドシステムを利用した振り返りシートへの記載内容は，日々の学習の記録として生徒自身が積み重ねる，いわゆるポートフォリオとして活用する。生徒自身が学習を振り返りながら学ぶことで，自身の変容を把握することができ，生徒が学習に主体的に取り組む態度や学習への自己調整を促すことができる。振り返りシートへの記載内容は小単元ごとの評価に利用するだけではなく，記載内容を一年通じて積み重ね，生徒が主体的に学習に取り組む態度の変容を評価し，各生徒への指導に生かすなど必要に応じて総括するための資料とする。

5 観点別学習状況の評価の総括

観点別学習状況の評価は，教科の目標に準拠した学習状況を分析的に捉え評価するものであり，生徒の学習改善につなげる資料となる。また，教師が指導の状況を把握し，指導の改善につなげていくための資料として活用することが目指されている。

本単元においては，表1のような表を作り各観点の評価の結果を整理することが考えられる。単元の総括については，次のような方法が考えられる。

(ア) 評価結果のA，B，Cの数をもとに総括する

何回か行った評価結果のA，B，Cの数が多いものが，その観点の学習の実施状況を最もよく表現しているとする考え方に立つ総括の方法である。

(イ) 評価結果のA，B，Cを数字に置き換えて総括する

何回か行った評価結果A，B，Cを，例えばA＝3，B＝2，C＝1のように数値によって表し，合計したり平均したりする総括の方法である。例えば，総括の結果をBとする範囲を[1.5≦平均値≦2.5]として評価を行う。

観点別学習状況の評価の総括については，様々な考え方や方法がある。科目の特性や学習活動など踏まえて，各学校において工夫することが大切となる。

表1　本単元における各観点別学習状況の評価整理例

名前	知識・技術					思考・判断・表現			主体的に学習に取り組む態度			単元の総括		
	①	②	③	④	⑤	①	②	③	①	②	③	知	思	態
○○　○○	A	B	B	A	A	B	A	B	B	A	A	A	B	A

情報科　　事例2（情報産業と社会）

キーワード　「知識・技術」の評価

単元名	〔指導項目〕
アルゴリズムとプログラム	（3）コンピュータとプログラミング 　イ　アルゴリズムとプログラム

1　単元の目標

（1）情報社会を支えているアルゴリズムやプログラミングに関する基礎的な知識と技術を身に付ける。

（2）アルゴリズムやプログラミングに関する課題を発見し，情報技術を活用することで創造的に解決することができる。

（3）アルゴリズムやプログラミングについて，自ら学び，情報社会の持続的な発展のため主体的かつ協働的に取り組む態度を身に付ける。

2　単元の評価規準

知識・技術	思考・判断・表現	主体的に学習に取り組む態度
① 基本制御構造を理解し，文法に従ってプログラムを記述することができる。 ② 基礎的なデータ構造について理解している。 ③ モデル化とシミュレーションの基礎を理解している。 ④ 複数のモジュールを組み合わせたプログラムを記述することができる。	① 課題解決に向けたアルゴリズムを考察し，表現することができる。 ② 作成したプログラムのテストを行い，適切に動作しているか判断し，問題点を改善することができる。	① アルゴリズムやプログラムを生活や学習に生そうとしている。 ② プログラムの有効性や重要性について主体的に考えようとしている。 ③ 作成したアルゴリズムやプログラムを改善するために考えようとしている。

3　指導と評価の計画（12時間）

本単元「コンピュータとプログラミング　アルゴリズムとプログラム」を，内容のまとまりである四つの小単元「アルゴリズムとプログラミング基礎」「データ構造」「モデル化とシミュレーション」「プログラミングの活用」で構成し，それぞれの授業時間数を次のように定めた。

小単元	授業時間数	
1．アルゴリズムとプログラミング基礎	4時間	
2．データ構造	2時間	12時間
3．モデル化とシミュレーション	3時間	
4．プログラミングの活用	3時間	

各授業時間の指導のねらい，生徒の学習活動及び重点，評価方法等は次の表の通りである。

時間	ねらい・学習活動	重点	記録	備考
1	・物品購入時の支払い手順をフローチャートやアクティビティ図で表現することで，アルゴリズムと構造化定義について理解する。	思		思①：ワークシート 態①：ワークシート
2	・プログラムの作成から実行までの実習を通じて，基本的なプログラムの構成を理解する。 ・入出力のあるプログラムの作成を通じて，変数や入出力関数を理解する。	知		知①：プログラム
3	・条件分岐のあるプログラムの作成を通じて，制御構文を理解するとともに，アルゴリズムと関連付けてプログラム作成に活用する。	知 思		知①：プログラム 思②：プログラム・プログラムログ
4	・繰り返しのあるプログラムの作成を通じて，制御構文を理解するとともに，アルゴリズムと関連付けてプログラム作成に活用する。	知 態	○	知①：確認テスト 態③：プログラム・プログラムログ
5	・配列とリストのプログラムの作成を通じて，変数と配列，配列やリストなどの活用が有利なデータ構造を理解する。	知		知②：ワークシート・プログラム
6	・1次元と2次元配列へのデータ格納方法を理解し，それを活用したプログラムを作成する。	知		知①②：プログラム
7	・身近な事象をモデル化する作業を通じて，モデル化の手法を理解し，さまざまな手法で表現する。	知		知③：ワークシート
8	・モデル化した内容を数式などで表現しデータをプロットすることで，さまざまなグラフをプログラムで表現する。	知 態		知①：プログラム 態①：ワークシート
9	・プログラムによる確率モデルのシミュレーションを行うことにより，初歩的なシミュレーションの手法を理解し，問題解決に活用する。	知 思 態	○ ○ ○	知①③：プログラム 思①：レポート 態②③：レポート
10	・外部機器を利用したプログラムの作成を通じて，センサーやアクチュエータなどの入出力装置と連携したプログラムを理解する。	知 態		知④：プログラム 態②：ワークシート
11	・関数を利用したプログラムを作成することを通じて，プログラムの構造化を理解し，プログラム作成時に活用できるようにする。	知 思	○ ○	知④：プログラム 思②：プログラム・プログラムログ
12	・さまざまなソートアルゴリズムをプログラミングすることを通じて，アルゴリズムの違いによる特性を考察し，理解することができる。	知 態	○	知①：プログラム 態①③：レポート

情報科
第3編
事例2

4 観点別学習状況の評価の進め方

（1） 小単元3第9時における「知識・技術」の指導と評価

本時においては，すべての観点について，全員の記録をとりながら評価を行う。

① 目標
- 確率モデルの問題をプログラミングによるシミュレーションを行うことで，初歩的なシミュレーションの手法を理解し解決に活用することができる。

② 評価規準
- シミュレーションの基礎を習得し，問題解決のためのシミュレーションプログラムを作成することができる。

③ 第9時の展開

指導と学習活動	評価と配慮事項
１．本時で取り扱う「解決すべき内容」を把握する	・本時で扱う問題について提示する。具体的な例を通して，問題に対する理解を深めていく。

問題	ダムの貯水量を管理する上での問題を考える。ダムの容量は，500万㎥であり，ダムから水をあふれさせてもいけないし，空になってもいけない。ダムの流入量は天気により大きく変化し，放流量は一日あたり2万㎥から6万㎥にしなければならない。流入量が次の確率分布に従うとき貯水量が容量の10%以上90%以下であるようにするためには，放流量をどのように設定したらよいか，シミュレーションし解決せよ。

流入量(万㎥)	0.5	1	5	10	20	50
確率	0.1	0.6	0.13	0.1	0.05	0.02

指導と学習活動	評価と配慮事項
２．図的モデルを作成する。 ・図的モデルの作成を通じて，問題の構造を考える。	・第7時の学習をもとにモデルを作成する。問題を単純化することを意識させる。
３．モデルから，問題を解決するためのシミュレーションのプログラムを作成する。 ・流入量を求める確率分布のアルゴリズムを関数化し，あらかじめ生徒に示す。 ・シミュレーションの結果をグラフで表す。	・プログラムの作成が滞っている生徒に対しては，フローチャートなど図式化を促し，処理の手順を整理して取り組めるよう助言する。 ・繰り返し回数や流出量などのパラメータを変更することで，シミュレーションの結果が変わることを確認する。 知①③：プログラム　態③：レポート
４．シミュレーションのプログラムを共有し，お互いにコードレビューを行う。	・コードレビューでは，「プログラムの読みやすさ」「不要な命令や変数がないか」を重点的に確認させる。また，自分のシミュレーションとの違いにも注目させる。

5．本時の学びを振り返る。	
・シミュレーション結果と考察などの下記項目をオンラインドキュメントにまとめる。 　(1)図的モデル 　(2)ダムシミュレーションの結果と考察 　(3)シミュレーションの特徴を考察	・問題解決するための過程をグラフとともに記録しレポートにまとめる 思①：レポート 態②：レポート

○第9時における「知識・技術」の指導と評価

　第9時の評価規準は，「シミュレーションの基礎を習得し，問題解決のためのシミュレーションプログラムを記述することができる。」であり，本事例においては，次のような授業を計画した。

　第7時では，問題解決を行うためのモデル化の目的，モデルの分類について学ぶ。モデル化には，図的モデルや数式モデルで日常の具体的な場面のさまざま問題を表現することで，理解を深める。

　第8時では，プログラムにより，数式をグラフで表現する方法について学ぶ。データ解析を意識しながら，散布図，棒グラフ，ヒストグラムなど様々なグラフについて取り上げる。

　第9時では，解決すべき問題のシミュレーションプログラムを作成し，シミュレーション結果から解決のための考察を行う。本時の「知識・技術」の評価は，プログラムの記述内容により評価を行う。プログラムは，基本制御構造の理解やプログラム言語を操るなど「知識・技術」の観点と，プログラミング的思考などを働かせた「思考・判断・表現」の観点が相互に行き来することで作成される。ここで評価したい「知識・技術」は，生徒が思考した後に，基本制御構造や簡単なアルゴリズム，プログラミング言語などを使い，思考したものをコンピュータで実現させるための知識や技術である。

　「おおむね満足できる」状況（B）は，シミュレーションプログラムを正しく実行することができることとする。また，「十分に満足できる」状況（A）は，冗長性のないプログラムを記述することができることとする。プログラムの評価は，プログラムの実行に必要な処理を分解し，各処理をどのようにできたかによって総合的に評価を行う。本時における「知識・技術」の評価規準は次のようになる。

評価の観点	「十分に満足できる」状況（A）	「おおむね満足できる」状況（B）	「努力を要する」状況（C）
命令の順番と冗長性	（B）に加え，不要な命令がない	必要な命令が，適切な順序で記述できている	記述されている命令の順序に誤りがある
最適化	数式や繰返し処理を工夫し無駄な処理がない	繰り返し文が適切に記述できている	繰り返し文の文法が適切に記述できていない
コードの可読性	適切なインデントとコメントがある	インデントかコメントのどちらかのみある	インデントが揃わず，コードが読みにくい
変数とリスト	（B）に加え分かりやすい変数名が宣言されている	適切なデータ型の変数が使用されている	必要な変数やリストが使用されていない
関数とライブラリの利用	自作関数やライブラリを適切に利用できている	関数やライブラリを呼び出すことができる	関数やライブラリの呼び出しに誤りがある

プログラムを正しく実行することができれば総合的に「おおむね満足できる」状況（B）と評価するので，一部処理で（C）の状況があっても，総合的に（B）と評価できる場合があることに注意する。

（2）　小単元1における「知識・技術」の多彩な評価の方法

　「知識・技術」の観点評価において，多彩な評価の方法を取り入れていくことが大切である。例えば，教師が評価を行う際に，生徒の学習への取り組みの様子，発言や質問の内容，ワークシートやレポート，チャットのログ，ノートへの記述内容などの学習記録や生徒が作成したプログラム，確認テスト等学びの経緯をもとに評価を行う材料として用いることなどが考えられる。

①　プログラムを基にした指導と評価

　授業中の課題や小テストなどで実施されるプログラムによる処理を分解し，分解した処理のうち何ができるのかで評価を行う。あわせて，実行結果が正しいだけでなく，分かりやすく，処理効率の良い，冗長性のないプログラムであるかを確認することで評価を行う。また，課題に対して正しい結果を導くアルゴリズムやプログラム手法は一つではない。出題時に想定していないアルゴリズムやプログラムであっても，冗長性がなく効率が良いプログラムであれば，積極的に評価する事が大切である。

　本事項は「知識・技術」を評価する方法として取り上げているが，プログラミングを行う過程では，思考・判断・表現で評価されるアルゴリズムの組み立てやデバッグ作業等と知識・技術で評価されるコーディングが繰り返される。その為，思考・判断・表現についてもあわせて評価することができる。

　小単元1では，評価規準「基本制御構造を理解し，文法に従ってプログラムを記述することができる。」（知①）について，文法をそのまま覚えることにとどまらず，コンピュータ内での処理の流れを意識し，活用できるようにしたい。次のような評価方法が考えられる。

情報科
第3編
事例2

(i) 第2時から第4時の前半にかけて，変数や入出力，条件分岐，繰り返しを含むプログラムを作成することが学べるような授業展開とする。

(ii) 第4時の授業時に，次のような問題を使って確認テストを行う。確認テストの実施には，プログラムが実行できる環境で実施し，クラウドを利用して回収する。また，プログラム文法の暗記ではなく，必要な命令を適切に記述する力を見るために，テキストやノートの参照を認める。

【問題例】100点満点中60点以上で合格とする試験がある。5人分の点数を入力すると合格者の数を表示するプログラムを作成しなさい。

(iii) 評価規準「基本制御構造を理解し，文法に従ってプログラムを記述することができる。」（知①）に対し，「十分に満足できる」状況（A）は，わかりやすく効率も良く冗長性のないプログラムを記述することができるとする。具体的なポイントとしては，後述する「おおむね満足できる」状況（B）の状況を満たした上で，(1)コメントや変数名のつけ方，インデントや改行などのプログラムが読みやすくなる工夫や実行時にわかりやすい表示がされている(2)繰り返し処理の活用やアルゴリズムによって命令の実行回数の最適化が行われている(3)実行されない分岐や不要な変数があるなどの冗長性がない，の三つの項目が満たされているかで評価を行う。「おおむね満足できる」状況（B）は，プログラムを正しく実行することができるとする。具体的なポイントとしては，(1)アルゴリズムを作ることができる(2)データの入出力ができる(3)データ型宣言を含め変数を適切に利用し数値計算が正しくできる(4)条件分岐による処理を行うことができる(5)繰り返しによる処理を行うことができる(6)基本制御構造を組み合わせることができる，の六つの事項に分けて評価する。「努力を要する」状況（C）の生徒については，前述の六つの事項のうち，どのくらい出来たか，つまずいている点はどこか

把握し，その後の学習活動で個別に支援をしたり全体で振り返ったりするなど工夫する。なお，確認問題の設定は，生徒の理解や学習状況を考慮し適切に設定する。

・「十分に満足できる」状況（A）のプログラム例

| ```
#初期値の設定
goukaku = 0    #合格者の変数は、goukaku

#点数の入力と判定
for i in range(5):

    data = int(input('点数の入力'))

    if data >=60:
        goukaku = goukaku + 1

#合格者の出力
print('合格者は、' + str(goukaku) + '人です。')
``` | ```
#初期値の設定
goukaku = 0    #合格者の変数は、goukaku
i = 0          #繰り返しの値

#点数の入力と判定
while i < 5:

    data = int(input('点数の入力'))

    if data >=60:
        goukaku = goukaku + 1

    i=i+1

#合格者の出力
print('合格者は、' + str(goukaku) + '人です。')
``` |
| わかりやすく効率も良く冗長性のないプログラム（評価の基準となる） | 出題時に想定していないが，効率も良く冗長性のない記述 |

・「おおむね満足できる」状況（B）のプログラム例

| ```
a = 0
for i in range(5):
    b = int(input())
    if b >= 60:
        a = a + 1
print( str(a))
``` | ```
#初期値の設定
goukaku = 0    #合格者の変数は、goukaku

#点数の入力と判定
data = int(input('点数の入力'))
if data >=60:
    goukaku = goukaku + 1

data = int(input('点数の入力'))
if data >=60:
    goukaku = goukaku + 1

data = int(input('点数の入力'))
if data >=60:
    goukaku = goukaku + 1

data = int(input('点数の入力'))
if data >=60:
    goukaku = goukaku + 1

data = int(input('点数の入力'))
if data >=60:
    goukaku = goukaku + 1

#合格者の出力
print('合格者は、' + str(goukaku) + '人です。')
``` | ```
#初期値の設定
goukaku = 0    #合格者の変数は、goukaku

#点数の入力と判定
for i in range(5):

    data = int(input('点数の入力'))

    if data >=60:
        goukaku = goukaku + 1
    else:
        j = j + 1

#合格者の出力
print('合格者は、' + str(goukaku) + '人です。')
``` |
| コメントや変数名，インデント等の付け方においてプログラムが読みやすくなる工夫がなく，実行時にわかりやすい画面出力表示がない | 繰り返し処理が適切に活用されておらず，アルゴリズムの最適化が行われていない記述 | 実行されない分岐があり，また，不要な変数が定義されており，冗長性が認められる記述 |

② 学習記録などを基にした指導と評価

　学習記録については，ノートへの記述やワークシートだけでなくチャットログやドキュメントファイルなどデジタルデータの活用も考えられる。生徒が自分の考えを表現し，それをもとに評価ができるように，教材の提示や発問のあり方について検討する必要がある。これらの学習記録によって生徒の学習状況をとらえ，指導の狙いに照らし合わせて評価し，全体への指導や各生徒への指導の方針を修正する。生徒一人一人の学習の成立を促すための評価という視点を一層重視することによって，教師が自ら指導の改善に活かしていくというサイクルが大切である。
```

情報科　　事例3（情報産業と社会）

キーワード　「思考・判断・表現」の評価

単元名	〔指導項目〕
情報とコミュニケーション	(2) 情報とコミュニケーション 　ア　情報の表現 　イ　情報の管理 　ウ　情報技術を活用したコミュニケーション

1　単元の目標

(1) コミュニケーションに活用される多様な情報技術や技法及び情報を管理するために必要となる基礎的な知識と技術を身に付ける。

(2) 情報の表現や管理に関する課題を発見し，コンテンツ，メディア，ドキュメント及びこれを管理する方法などを活用して創造的に解決することができる。

(3) 望ましいコミュニケーションを行うために自ら学び，情報社会の健全で持続的な発展のために主体的かつ協働的に取り組む態度を身に付ける。

2　単元の評価規準

知識・技術	思考・判断・表現	主体的に学習に取り組む態度
①情報のデジタル表現のしくみについて，知識や技術を身に付けている。 ②コミュニケーションに活用される多様な技術や技法などの基礎的な知識を身に付けている。 ③情報を管理するために必要となる基礎的な知識と技術を身に付けている。 ④情報を適切に活用することの必要性や重要性を理解している。	①情報コンテンツを，対象や目的に応じて表現することができる。 ②ドキュメント作成や管理において，発生する課題を想像し，適切に情報共有や情報管理方法を提案することができる。 ③様々な場面において，適切なコミュニケーションを行うことができる。	①望ましいコミュニケーションを行うために粘り強く取り組もうとしている。 ②コンピュータや情報通信ネットワークなどを活用し，主体的かつ協働的に学習に取り組もうとしている。

3　指導と評価の計画（14時間）

本単元「情報とコミュニケーション」を，三つの小単元「情報の表現」「情報の管理」「情報技術を活用したコミュニケーション」で構成し，それぞれの授業時間数を次のように定めた。

小単元等	授業時間数	
ア　情報の表現	8時間	14時間

イ	情報の管理		3時間	
ウ	情報技術を活用したコミュニケーション		3時間	

本事例に関わりのある小単元1について示す。各授業時間の指導のねらい，生徒の学習活動及び重点，評価方法等は次の表のとおりである。

時間	ねらい・学習活動	重点	記録	備考
1	○デジタル表現 ・デジタル情報の特徴と数値のデジタル表現について理解し，10進法，2進法，16進法の各表記による数を相互に変換できるようにできるようにする。	知		知①：ワークシート
2	○文字や音のデジタル表現 ・文字コードや音の標本化→量子化→符号化のしくみについて理解する。	知		知①：ワークシート
3	○画像や動画のデジタル表現 ・ベクタ形式やラスタ形式といった画像の特徴，解像度とデータ量について理解する。	知	○	知①：ワークシート
4	○さまざまな表現方法 ・ユニバーサルデザイン，ユーザビリティ，アクセシビリティと，デザインの基本的な考え方を理解する。	知		知②：ワークシート
5	○コンテンツの制作① ・学校名のロゴタイプ，写真，その他の情報を盛り込んだ，学校案内のポスターを制作する。ポスターのコンセプトを何種類か設定し，それぞれのコンセプトに合わせた，形態，色彩，配置を考え，ラフスケッチを描く。	思	○	思①：ワークシート，成果物 態①：振り返りシート
6	○コンテンツの制作② ・グラフィックソフトを使って，学校ポスターの試作を行う。 ・試作ポスターを共有ドライブに保存し，アンケートフォームを利用して相互評価を行う。 ・試作過程で表現できたこと，足りないと感じた知識や技術，他者の作品を見て感じたことを自己評価し，ワークシートに記入する。	知 態 態		知②：成果物 態②：アンケートフォーム 態①：振り返りシート
7	○コンテンツの制作③ ・相互評価，教員によるフィードバックを参考に，試作から1つ選んで改善し，ポスターを完成する。グラフィックソフトで使用した技術をワークシートに記入する。 ・完成品について，作品のコンセプトと選択した形態，色彩，	知 思	○ ○	知②：成果物，ワークシート 思①：成果物，ワ

	配置の意図，その他，取り入れたデザイン要素について，ワークシートにまとめる。	態		ークシート 態①：振り返りシート
8	○コンテンツの評価と振り返り ・完成したポスターを共有サーバーにアップロードする。 ・他者のポスターを見て，どのような印象を受けたかアンケートフォームへ記入する。	態	○	態②：アンケートフォーム
	・他者からの評価を受け，自己評価を行う。 完成品で表現できたこと，足りないと感じた知識や技術を記入する。情報コンテンツを制作する一連の活動を振り返り，身に付いた知識・技術，足りないと感じた力，さらに学びたいと感じたこと等をまとめる。	態	○	態①：振り返りシート

4　観点別学習状況の評価の進め方

（1）小単元1第7時における「思考・判断・表現」の指導と評価

　本時においては，「知識・技術」「思考・判断・表現」「主体的に学習に取り組む態度」について，生徒全員の記録をとりながら評価を行う。

①目標

・情報コンテンツを，対象や目的に応じて効果的に表現することができる。

②評価規準

・グラフィックソフトの基礎的な機能や操作技術を身に付けている。

・**デザインの基本的な考え方に基づいて，情報を意図的に表現できている。**

③第7時の展開

指導と学習活動	評価と配慮事項
1．本時の内容を把握する。	・本時の活動について説明する。
・第6時に制作したポスターを相互評価のコメントを参考に改善しポスターを完成する。 ・グラフィックソフトで使用した技術，作品のコンセプトと選択した形態，色彩，配置，その他，取り入れたデザイン要素について，ワークシートにまとめる。 ・ポスター制作の学びの振り返りを行う。	
2．共有サーバーにある自分の試作ポスターに対する相互評価によるコメントを確認する。	・書かれたコメントは前向きに受け止めるように指導する。（相互評価では，他者の参考となる建設的かつ具体的な意見を書くように指導する。他者へ貢献する姿勢が学習する上で大切であることを伝える。）

3．試作ポスターの中から作品を一つ選び，相互評価や教員からのフィードバックを参考に，改善し作品に仕上げていく。	
4．完成したポスターをＡ４サイズで印刷し，表現に使用したグラフィックソフトで活用した機能や工夫を記入する。	知②：成果物，ワークシート ・グラフィックソフトで使用した機能は，実際に自分が表現する内容を実現するために使い，身に付けた技術を生徒が自己評価する。
5．作品のコンセプトと選択した形態と色彩，配置，その他，取り入れたデザイン要素について，ワークシートにまとめる。	思①：成果物，ワークシート ・形態と色彩，配置について，コンセプトに対してどのように考えたのか，具体的に説明できるように記入する。
6．本時のまとめをする。情報の受け手をイメージし，形態や色彩，配置など細部に意図的なデザインを行うことで，より効果的に情報を伝えることができるよう表現をおこなう。	・次回，完成したポスターが意図した通りに他者に伝わるか，相互評価をした上で，情報コンテンツ制作全体を通しての振り返りを行うことを予告する。

（2）第7時における「思考・判断・表現」の指導と評価の方法

　本時の評価規準は，「デザインの基本的な考え方に基づいて，情報を意図的に表現できている。」であり，生徒が考えたコンセプトに従って適切な形態や色彩，配置が選択され，表現できているかを評価する。そのため，生徒が作成した成果物とワークシートを評価のための資料として活用し評価を行う。

①評価規準

　デザイン表現において正解は一つに定まらない。しかし，情報の受け手として「制作者以外の他者」が必ず存在し，伝えるためのデザインの一般的な考えと表現が常に求められる。デザインについて考える要素は多いが，ここでは，形態と色彩，配置に焦点を当て評価する。

　形態や色彩，配置について，生徒が自ら考えたコンセプトに対して適切に考えられている場合でも，形態を効果的に表現しきれなかったり，試行錯誤して表現するなかで，デザインが崩れてしまったりすることがある。ここでは，生徒が自ら考えたコンセプトに対して，適切な形態や色彩，配置が考えられている場合は，「おおむね満足できる」状況（Ｂ）として評価する。

　また，作品制作する上で，コンセプトをはっきりさせないまま制作に入り，何となく見栄え良くできてしまうことがある。授業における生徒の学習活動をみとる際には，生徒が設定したコンセプトや意図を確認し，意図した通りに表現できるための具体的な助言や支援を行う必要がある。

思①「デザインの基本的な考え方に基づいて，情報を意図的に表現できている。」の評価

評価	評価の視点
「おおむね満足できる」状況（B）	コンセプトに合った形態，色彩，配置を考えられている。表現については，一部改善する余地がある。
「十分に満足できる」状況（A）	コンセプトに合った形態，色彩，配置を考えられており，学習したデザイン理論や適切なグラフィックツールの機能を活用し，表現できている。

②評価規準を判断するための生徒のワークシートの記述と成果物について

例1

ワークシートへ生徒が記述した内容
・コンセプト「爽やかな学校のイメージを伝えるデザイン」
・形態「潔い単純な形態で表現する」
・色彩「色相差の小さい配色」，配色（RGB）「66CCCC，006666，0099CC」
・配置「ホワイトスペースが多く，ジャンプ率の低いすっきりしたレイアウト」

成果物

「おおむね満足できる」状況（B）	「十分に満足できる」状況（A）

コンセプトに従って，形態と色彩，配置については正しく考えられている。成果物では，コンセプトに合った形態と配色を表現できているが，配置について，要素間の領域が少なくジャンプ率が高くなっている。	コンセプトに従って，形態と色彩，配置について正しく考えられているとともに，成果物でも，コンセプトに合った形態と配色，配置について十分に表現できている。

例2

ワークシートへ生徒が記述した内容
・コンセプト「楽しい学校の雰囲気を伝えるデザイン」
・形態「共通性の高い要素で統一感を持たせる」
・色彩「色相差の大きい配色」，配色（ＲＧＢ）「FF6699, 66CCCC」
・配置「非対称なレイアウトにすることで動きのある雰囲気にする」
成果物

「おおむね満足できる」状況（Ｂ）	「十分に満足できる」状況（Ａ）

コンセプトに従って，形態と色彩と配置については正しく考えられている。成果物では，コンセプトに合った配色と配置を行っているが，形態について，共通性の高い要素で統一感を持たせるために改善する余地がある。	コンセプトに従って，形態と色彩，配置については正しく考えられている。成果物では，コンセプトに合った形態と色彩，配置について十分に表現できている。

例3　その他，「おおむね満足できる」状況（Ｂ）と考えられる評価

　　コンセプトに合った形態，色彩，配置について考えられているが，試行錯誤するなかで，最終的な成果物では，コンセプトに合った形態と配置を行っているが，コンセプトに合わない色彩を使って表現している箇所がある。

（3）第5時における「思考・判断・表現」の指導と評価

　　第5時は，前時に学習したデザインの知識を活用して，実際にポスター制作をする1回目の授業である。一つのデザインに固執し，頭の中だけで思考するのではなく，設定したコンセプトに合った形態や色彩，配置について調べたり，手を動かしたりして，色々なデザインをスケッチするよう指導をする。生徒の活動のなかから，形態や色彩，学校名のロゴタイプ，写真，その他の情報といった要素の配置について，ラフスケッチとワークシートの記述をもとに評価する。ここでは，一つの完成された成果物を評価するのではなく，より多くのコンセプトを想定し，それぞれについて，効果的なデザインを考えることができたかを評価する。

情報科　　事例4（情報産業と社会）

キーワード　「主体的に学習に取り組む態度」の評価

単元名	〔指導項目〕
情報社会の進展と情報産業	（1）情報社会の進展と情報産業 　ア　情報社会の進展 　イ　情報社会における問題解決 　ウ　情報社会の将来と情報産業

1　単元の目標

(1) 情報社会の進展と問題解決の方法，最新の情報と情報技術などについて基礎的な知識と技術を身に付ける。

(2) 情報社会の進展によって生じている問題を発見し，最新の情報と情報技術などを適切かつ効果的に活用して創造的に解決することができる。

(3) 情報産業及び情報技術者の業務内容について自ら学び，情報社会の進展を支える最新の情報と情報技術などを活用することに主体的かつ協働的に取り組む態度を身に付ける。

2　単元の評価規準

知識・技術	思考・判断・表現	主体的に学習に取り組む態度
①情報産業と人々の生活との関わり，望ましい情報社会の形成に果たす役割について理解している。 ②社会の情報化はあらゆる分野の産業が互いに関わり合いながら進展していくことについて理解している。 ③情報社会の進展によって生じる問題を理解している。 ④情報社会の進展によって生じる問題を解決するために必要な分析方法や技術を身に付けている。 ⑤将来の情報技術，これからの情報社会のあるべき姿，情報産業が果たすべき役割について理解している。	①情報社会の進展によって生じている問題について，身近な生活の中から発見することができる。 ②情報を可視化，整理するとともに，情報を比較し組み合わせたり，新たな情報を作り出したり，科学的な根拠を持ち合理的に判断できる ③最新の情報と情報技術などを適切かつ効果的に活用して，問題の解決方法を創造的に考えることができる。	①情報技術者として求められる資質・能力について自ら学び考えようとしている。 ②情報技術を使って主体的かつ協働的に取り組もうとしている。 ③問題解決に粘り強く取り組もうとしている。

情報科
第3編
事例4

3 指導と評価の計画（15時間）

　本単元「情報社会の進展と情報産業」を，内容のまとまりである三つの小単元「情報社会の進展」「情報社会における問題解決」「情報社会の将来と情報産業」で構成し，それぞれの授業時間数を次のように定めた。

小単元	授業時間数	
ア　情報社会の進展	4時間	
イ　情報社会における問題解決	7時間	15時間
ウ　情報社会の将来と情報産業	4時間	

本事例に関わりのある小単元2について示す。各授業時間の指導のねらい，生徒の学習活動及び重点，評価方法等は次の表のとおりである。

時間	ねらい・学習活動	重点	記録	備考
1	○現代社会の問題 ・現代社会で起こっている問題を，Web等で調査する。調査した問題を他者と共有しアンケートフォームへ書き込まれた他者の意見を通して視野を広げる。情報技術によって社会が発展する一方で，以前より続く問題，新しく発生した問題があることを知る。 ・本時の学びを終え，「社会問題に対してあなたは何をしたいと思いますか。また，そのためにこれから，どんな学びが必要ですか。」という問いについて考え，ワークシートに記入する。	知 態	○	知③：ワークシート 態②：ワークシート，アンケートフォーム 態①：ワークシート
2	○問題の明確化 ・問題解決の手法と手順について理解する。 ・「情報技術が活かされていないこと」「情報社会の進展によって起きていること」をヒントに，身近な生活の中から問題を発見し，問題の明確化を行う。 ・本時の学びについて，振り返りを行う。	知 思 態		知④：ワークシート 思①：ワークシート 態③：振り返りシート
3	○情報の収集 ・問題についての現状を把握するため，公開された統計データを集める，自分たち（生徒）や家庭の状況をアンケート調査するなど，情報収集を行う。 ・本時の学びについて，振り返りを行う。	知 態	○	知④：ワークシート 態③：振り返りシート
4	○情報の整理・分析			

	・収集したデータについて，情報の整理や統計的な分析を行う。	思		思②：ワークシート
	・本時の学びについて，振り返りを行う。	態		態③：振り返りシート
5	○解決策の検討・評価 ・情報の整理や統計的な分析を行った結果から複数の解決策を検討し，その比較表を作成し評価を行う。	思		思③：ワークシート
	・本時の学びについて，振り返りを行う。	態		態③：振り返りシート，成果物
6	○発表資料の作成 ・問題とその分析，課題の設定とその解決方法について発表資料にまとめる。	思	○	思③：発表資料
	・共有サーバー上に発表資料をアップし，アンケートフォームを使い相互評価を実施する。授業終了後も書き込めるようにする。	態		態②：ワークシート，アンケートフォーム
	・本時の学びについて，振り返りを行う。	態		態③：振り返りシート
7	○問題解決内容の共有と振り返り ・問題とその分析，課題の設定とその解決方法ついてグループに分かれて発表する。発表後に質疑応答する。	思		思③：発表資料
	・小単元2全体を通しての振り返りを行う。	態	○	態③：ワークシート，発表資料
	・問題解決の一連の学びを終え，「社会問題に対して情報を学んでいるあなたは何をしたいと思いますか。また，そのためにこれから，どんな学びが必要ですか。」という問いについて，ワークシートに記入する。	態	○	態①：ワークシート

4　観点別学習状況の評価の進め方

（1）小単元2第7時における「主体的に学習に取り組む態度」の指導と評価

　本時においては，「思考・判断・表現」「主体的に学習に取り組む態度」の観点について，生徒全員の記録をとりながら評価を行う。将来，情報技術者として，社会の問題を解決するための第一歩となるのが，小単元2の学習である。ここでは，身の回りで実際に起こっている問題を取り上げ，その解決に向けた学習を行う。本時はその最終時である。

①目標
　・情報社会の問題解決を通して，情報技術者としての使命を考えることができる。

②評価規準
　・根拠をもとに問題を解決する方法を考え，解決方法を示すことができる。
　・情報技術者として求められる資質・能力について自ら考えようとしている。
　・問題解決に粘り強く取り組もうとしている。

③第7時の展開

指導と学習活動	評価と配慮事項
1．本時の活動を把握する。	・本時の活動について説明する。

問題解決に関する学びの最終時である。
- 身近な生活のなかで起こっている問題について，解決方法の提案をグループに分かれて発表する。
- 解決方法に至るまでの過程を，根拠となるデータをどう分析したか、思考ツールなどを活用しどう考えたのかをまとめたデータを示し簡潔に説明する。時間は1人3分である。
- 発表後，質疑応答を実施する。聞き手は，説明が不明瞭だと思った点など，発表者に確認しながらコメントをするなど発表内容がより良くなるような質問やコメントを心がける。
- 発表者は実際に発表すること，質問に回答することで，取り組んできた問題解決をする内容について，より理解を深めていく。
- 聞き手は様々な問題と解決方法を考えながら聞くことで視野を広げる。また，建設的な意見を伝えることで他者へ貢献しその態度が社会の問題解決にもつながることを確認する。

指導と学習活動	評価と配慮事項
2．4人程度のグループに分かれ，進行役を1名決める。	・取り扱っているテーマを事前に確認し，グループ分けしておく。
3．進行役の指示に従い順に発表する。聞き手はノートにメモを取りながら聞く。 　発表後，質疑応答の時間を2分程度とる。質疑応答でもメモを取るようにする。 　問題の解決方法は，突然思いつくものではなく，問題解決の手法と手順に基づいて導き出していくことが大切である。取り組んできた調査内容や思考の記録をもとに論理的に説明することを確認する。 　質疑は，発表のなかでもっと知りたいと思った点や発表者と違った視点の意見など，グループで学びが深まるよう建設的な意見を心掛けさせる。	思③：発表資料 ・発表を撮影する方法も考えられるが，今回は複数グループに分かれ同時進行で発表を行っているため，発表資料をもとに，論理的に説明できているかを評価する。
5．小単元2全体を通しての振り返りを行う。 ・ワークシートに記入する。 ・「社会問題に対してあなたは何をしたいと思いますか。そのためにこれから，どんな学びが必要ですか。」について，記入する。	態③：ワークシートを評価する。 態①：第1時で記入したワークシートと比較することで，意識の変容を把握する。

情報科
第3編
事例4

○第7時における「主体的に学習に取り組む態度」の指導と評価の方法

　本時の評価規準は，「情報技術者として求められる資質・能力について自ら考えようとしている。」「問題解決に粘り強く取り組もうとしている。」の二つである。

　「情報技術者として求められる資質・能力について自ら考えようとしている。」の評価は，第1時にも行い，その変容を第7時で再度評価し，これからの専門学科での学習に対する，自らの学習を調整しようとする側面を確認する。

　態①「情報技術者として求められる資質・能力について自ら考えようとしている。」の評価

　「社会問題に対して情報を学んでいるあなたは何をしたいと思いますか。そのためにこれから，どんな学びが必要ですか。」という問いと学習活動の振り返りを通して，新たに身に付けたい力（知識及び技能，思考力，判断力，表現力等）を挙げ，学習活動の調整をしようとしているかをワークシートの記述から見取る。

評価	評価の視点
「おおむね満足できる」状況（B）	・何らかの情報技術を使って社会に貢献したいと考え，主体的に取り組もうとしている。
「十分に満足できる」状況（A）	・社会問題を自分自身の問題として捉え，データ等の根拠に基づいた現状把握と具体的な解決策を提示し学習を調整しようとしている。

　第1時では，社会の問題を一般的に捉えている段階であり，抽象的な解決案作成に留まることが予想される。生徒にとって身近で具体的な問題解決に取り組ませ，社会の問題を自分事として捉えられるように指導する。「思考・判断・表現」に関する観点別評価には，第7時の評価を使用する。

○「おおむね満足できる」状況（B）
・高齢化社会が問題となっているので，高齢者向けのアプリを開発したいと思う。プログラミングを頑張りたい。
○「十分に満足できる」状況（A）
・高齢化社会が問題となっている。そのなかで色の見分けが難しいという課題に着目し，高齢者にとって見やすいアプリの画面を考えたい。そのために，アプリ開発するためのプログラミングはもちろん，情報デザインの知識を身に付けたいと思う。

態③「問題解決に粘り強く取り組もうとしている。」の評価

　問題解決に取り組む，第2時から第7時までを通して，毎時間の終わりに，振り返りシートを記入する。何を学んだのか，どのように学んだのかが分かるように，授業中に気付いたことや考えたことをクラウド上に記録し，振り返りながら学んでいく。（小さな振り返り，気付きから多角的な視点を持つ段階）教員は，生徒の記述内容から，生徒への声かけをしつつ，授業展開を調整していく。

振り返りシート

本時では，小単元２を通して学んだことをまとめて振り返る"大きな振り返り"を行い，一連の自身の学びを総括する。活動の記録とそこでの気づきを振り返りシートに書きためていくことで，それらの記録を見返したときに，自分はどのように取り組んできたのか，学びを通してどのように変容してきたのかなど，活動中には気付くことができなかった新たな気付きを得ることができる。「問題解決に粘り強く取り組もうとしている。」の評価は，この大きな振り返りを行ったワークシートを見て行う。

（2）小単元２その他の時間における「主体的に学習に取り組む態度」の指導と評価

①第１時，第６時における「主体的に学習に取り組む態度」の指導と評価

　本単元では，個人で問題解決を行う学習を計画したが，共有サーバー上で成果物を生徒がお互いに共有することでコメントを書き合い，主体的かつ協働的に取り組む態度を育てる。自身の取り組みを共有サーバー上で発信することで，他者の理解を得ることを意識することで，さらに多くのデータを集めたり，事例を調査するなど主体的に学びをすすめると同時に，他者の取組を知ることで視野を広げたり，お互いに意見を記入したりすることで，協働的に学びを進める態度を育てる。授業中に継続して「主体的に学習に取り組む態度」を見取るため，単元の中で複数回評価を行う。

　第１時では「現代社会で起こっている問題を調査した結果」について，第６時では「身近な生活のなかで起こっている問題とその解決方法」についての意見を，サーバー上で共有する。他者の取組を参考にしたり，他者の意見を受け止めたりすることで，学習内容を振り返り主体的に学びを進めようとしようとしているか，他者へ対しても具体的で建設的な意見を書き込み，貢献しようとしているか等をワークシートと他者に対しての記述について評価し，その記述内容の深まり具合で評価する。

②第５時における「主体的に学習に取り組む態度」の指導と評価

　第５時では，振り返りシートの他，成果物で「問題解決に粘り強く取り組もうとしている。」の評価を行っている。安易に一つの解決策で完了しようとせず，粘り強く複数の解決策を検討しているか，作成された比較表と振り返りシートを見て評価を行う。

【福祉科】

第2編

「〔指導項目〕ごとの評価規準」
を作成する際の手順

1　高等学校福祉科の〔指導項目〕

高等学校福祉科における〔指導項目〕は，以下のようになっている。

【第3編（事例）で取り上げた科目の〔指導項目〕を記載している】

第1　社会福祉基礎

(1) 社会福祉の理念と意義

ア　生活と福祉

イ　社会福祉の理念

ウ　人間の尊厳と自立

(2) 人間関係とコミュニケーション

ア　人間関係の形成

イ　コミュニケーションの基礎

ウ　社会福祉援助活動の概要

(3) 社会福祉思想の流れと福祉社会への展望

ア　外国における社会福祉

イ　日本における社会福祉

ウ　地域福祉の進展

(4) 生活を支える社会保障制度

ア　社会保障制度の意義と役割

イ　生活支援のための公的扶助

ウ　児童家庭福祉と社会福祉サービス

エ　高齢者福祉と介護保険制度

オ　障害者福祉と障害者総合支援制度

カ　介護実践に関連する諸制度

※　その他の科目についても，内容の(1)，(2)・・・における各項目を〔指導項目〕とする。

2　高等学校福祉科における「〔指導項目〕ごとの評価規準」作成の手順

　ここでは，科目「社会福祉基礎」の (1)社会福祉の理念と意義 を取り上げて，「〔指導項目〕ごとの評価規準」作成の手順を説明する。

　まず，学習指導要領に示された教科の目標を踏まえて，「評価の観点及びその趣旨」が作成されていることを理解する。次に，教科の目標と「評価の観点及びその趣旨」との関係性を踏まえ，科目の目標に対する「評価の観点の趣旨」を作成する。その上で，①及び②の手順を踏む。

＜例　社会福祉基礎〔指導項目〕(1) 社会福祉の理念と意義＞

【高等学校学習指導要領　第3章　第8節　福祉「第1款 目標」】

　福祉の見方・考え方を働かせ，実践的・体験的な学習活動を行うことなどを通して，福祉を通じ，人間の尊厳に基づく地域福祉の推進と持続可能な福祉社会の発展を担う職業人として必要な資質・能力を次のとおり育成することを目指す。

(1)	(2)	(3)
福祉の各分野について体系的・系統的に理解するとともに，関連する技術を身に付けるようにする。	福祉に関する課題を発見し，職業人に求められる倫理観を踏まえ合理的かつ創造的に解決する力を養う。	職業人として必要な豊かな人間性を育み，よりよい社会の構築を目指して自ら学び，福祉社会の創造と発展に主体的かつ協働的に取り組む態度を養う。

（高等学校学習指導要領 P. 422）

【改善等通知　別紙5　各教科等の評価の観点及びその趣旨　＜福祉＞】

知識・技術	思考・判断・表現	主体的に学習に取り組む態度
福祉の各分野について体系的・系統的に**理解している**とともに，関連する技術を**身に付けている**。	福祉に関する課題を発見し，職業人に求められる倫理観を踏まえ合理的かつ創造的に解決する力を**身に付けている**。	よりよい社会の構築を目指して自ら学び，福祉社会の創造と発展に主体的かつ協働的に取り組む態度を**身に付けている**。

（改善等通知　別紙5　P. 7）

【高等学校学習指導要領　第3章　第8節　福祉「第2款　第1　社会福祉基礎　目標」】

　福祉の見方・考え方を働かせ，実践的・体験的な学習活動を行うことなどを通して，社会福祉の向上に必要な基礎的な資質・能力を次のとおり育成することを目指す。

(1)	(2)	(3)
社会福祉について体系的・系統的に理解するとともに，関連する技術を身に付けるようにする。	社会福祉の展開に関する課題を発見し，職業人に求められる倫理観を踏まえ科学的な根拠に基づいて創造的に解決する力を養う。	健全で持続的な社会の構築を目指して自ら学び，福祉社会の創造と発展に主体的かつ協働的に取り組む態度を養う。

（高等学校学習指導要領 P.422）

　以下は，教科の目標と「評価の観点及びその趣旨」との関係性を踏まえた，科目の目標に対する「評価の観点の趣旨」の例である。

【「第2款　第1　社会福祉基礎」の評価の観点の趣旨（例）】

知識・技術	思考・判断・表現	主体的に学習に取り組む態度
社会福祉について体系的・系統的に理解しているとともに，関連する技術を身に付けている。	社会福祉の展開に関する課題を発見し，職業人に求められる倫理観を踏まえ科学的な根拠に基づいて創造的に解決する力を身に付けている。	健全で持続的な社会の構築を目指して自ら学び，福祉社会の創造と発展に主体的かつ協働的に取り組む態度を身に付けている。

①　各科目における〔指導項目〕と「評価の観点」との関係を確認する。

　職業教育を主とする専門教科は，各教科及び各科目の目標に，(1)「知識及び技術」，(2)「思考力，判断力，表現力等」，(3)「学びに向かう力，人間性等」を示すとともに，各科目の指導項目の大項目毎に「このねらいを実現するため，次の①から③までの事項を身に付けることができるよう，〔指導項目〕を指導する。」としている。

　※①「知識及び技術」，②「思考力，判断力，表現力等」，③「学びに向かう力，人間性等」

第1　社会福祉基礎
　(1)　社会福祉の理念と意義
　　ア　生活と福祉
　　イ　社会福祉の理念
　　ウ　人間の尊厳と自立

〈高等学校学習指導要領解説　福祉編　P.19〉
　(1)　社会福祉の理念と意義
　　　ここでは，科目の目標を踏まえ，生活や自立の概念，日常生活と福祉の関わり，社会福祉理念の変遷など社会福祉に関する基礎的な学習活動を通して，社会福祉の理念や意義，尊厳の保持や自立支援などを理解できるようにするとともに，働くことの意義や役割，職業人に求められる倫理観を育成することをねらいとしている。
　　　このねらいを実現するため，次の①から③までの事項を身に付けることができるよう，〔指導項目〕を指導する。
　①　生活や自立の概念，日常生活と福祉，社会福祉理念の変遷などについて理解するとともに，関連する技術を身に付けること。
　②　社会福祉の理念や意義，尊厳の保持や自立支援などに関する課題を発見し，職業人に求められる倫理観を踏まえ科学的な根拠に基づいて創造的に解決すること。
　③　社会福祉の理念や意義，尊厳の保持や自立支援などについて自ら学び，主体的かつ協働的に取り組むこと。

② 【観点ごとのポイント】を踏まえ，「〔指導項目〕ごとの評価規準」を作成する。

（1）「〔指導項目〕ごとの評価規準」を作成する際の【観点ごとのポイント】

○「知識・技術」のポイント

「知識・技術」については，学習指導要領の「1　目標」に示す資質・能力を身に付けることができるよう，「2　内容」の各指導項目に対し，学習指導要領解説の〔指導項目〕の大項目ごとに示された「このねらいを実現するため，次の①から③までの事項を身に付けることができるよう，〔指導項目〕を指導する。」の①を参考に，知識については「…理解する」の記述を，技術については「…身に付ける」の記述を当てはめ，それらを生徒が「…理解している」「…身に付けている」かどうかの学習状況として表すこととする。

○「思考・判断・表現」のポイント

「思考・判断・表現」については，学習指導要領の「1　目標」に示す資質・能力を身に付けることができるよう，「2　内容」の各指導項目に対し，学習指導要領解説の〔指導項目〕の大項目ごとに示された「このねらいを実現するため，次の①から③までの事項を身に付けることができるよう，〔指導項目〕を指導する。」の②を参考に，「…発見し，解決する」の記述を当てはめ，それらを生徒が「…発見し，解決している」かどうかの学習状況として表すこととする。

○「主体的に学習に取り組む態度」のポイント

「主体的に学習に取り組む態度」については，学習指導要領の「1　目標」に示す資質・能力を身に付けることができるよう，「2　内容」の各指導項目に対し，学習指導要領解説の〔指導項目〕の大項目ごとに示された「このねらいを実現するため，次の①から③までの事項を身に付けることができるよう，〔指導項目〕を指導する。」の③を参考に，「…自ら学び，主体的かつ協働的に取り組む」の記述を当てはめ，それらを生徒が「…自ら学び，主体的かつ協働的に取り組んでいる」かどうかの学習状況として表すこととする。

（2）学習指導要領解説の「2　内容」〔指導項目〕及び「〔指導項目〕ごとの評価規準（例）」

学習指導要領　解説	知識及び技術	思考力，判断力，表現力等	学びに向かう力，人間性等
	生活や自立の概念，日常生活と福祉，社会福祉理念の変遷などについて<u>理解する</u>とともに，関連する技術を<u>身に付けること</u>。	社会福祉の理念や意義，尊厳の保持や自立支援などに関する課題を<u>発見し</u>，職業人に求められる倫理観を踏まえ科学的な根拠に基づいて創造的に<u>解決すること</u>。	社会福祉の理念や意義，尊厳の保持や自立支援などについて自ら学び，主体的かつ協働的に<u>取り組むこと</u>。

〔指導項目〕ごとの評価規準（例）	知識・技術	思考・判断・表現	主体的に学習に取り組む態度
	生活や自立の概念，日常生活と福祉，社会福祉理念の変遷などについて<u>理解しているとともに，関連する技術を<u>身に付けている</u>。	社会福祉の理念や意義，尊厳の保持や自立支援などに関する課題を<u>発見し</u>，職業人に求められる倫理観を踏まえ科学的な根拠に基づいて創造的に<u>解決している</u>。	社会福祉の理念や意義，尊厳の保持や自立支援などについて自ら学び，主体的かつ協働的に<u>取り組もうとしている</u>。

※　各学校においては，「〔指導項目〕ごとの評価規準」の考え方を踏まえて，各学校の実態を考慮し，単元の評価規準を作成する。具体的には第3編において事例を示している。

【福祉科】

第3編

単元ごとの学習評価について

（事例）

第1章　「〔指導項目〕ごとの評価規準」の考え方を踏まえた評価規準の作成

1　本編事例における学習評価の進め方について

　各教科及び科目の単元における観点別学習状況の評価を実施するに当たり，まずは年間の指導と評価の計画を確認することが重要である。その上で，学習指導要領の目標や内容，「〔指導項目〕ごとの評価規準」の考え方等を踏まえ，以下のように進めることが考えられる。なお，複数の単元にわたって評価を行う場合など，以下の方法によらない事例もあることに留意する必要がある。

福祉科 第3編

評価の進め方	留意点
1　単元の目標を作成する	○　学習指導要領の目標や内容，学習指導要領解説等を踏まえて作成する。 ○　生徒の実態，前単元までの学習状況等を踏まえて作成する。 ※　単元の目標及び評価規準の関係性（イメージ）については下図参照
2　単元の評価規準を作成する	
3　「指導と評価の計画」を作成する	○　1，2を踏まえ，評価場面や評価方法等を計画する。 ○　どのような評価資料（生徒の反応やノート，ワークシート，作品等）を基に，「おおむね満足できる」状況（B）と評価するかを考えたり，「努力を要する」状況（C）への手立て等を考えたりする。
授業を行う	○　3に沿って観点別学習状況の評価を行い，生徒の学習改善や教師の指導改善につなげる。
4　観点ごとに総括する	○　集めた評価資料やそれに基づく評価結果などから，観点ごとの総括的評価（A，B，C）を行う。

単元の目標及び評価規準の関係性について（イメージ図）

学習指導要領 及び 学習指導要領解説　　第1編第2章2（2）を参照

「〔指導項目〕ごとの評価規準」

学習指導要領解説等を参考に，各学校において授業で育成を目指す資質・能力を明確化

「〔指導項目〕ごとの評価規準」の考え方等を踏まえて作成

単元の目標　　第3編第1章2を参照

単元の評価規準

※ 外国語科においてはこの限りではない。

2 単元の評価規準の作成のポイント

（1）福祉科における〔指導項目〕と単元の関係

　共通教科では，各教科・科目の「内容」について，育成すべき資質・能力である「知識及び技能」「思考力，判断力，表現力等」「学びに向かう力，人間性等」の三つの柱に沿って整理されている。一方，専門教科では，三つの柱で整理される資質・能力を育むために〔指導項目〕が設定され，〔指導項目〕として示す学習内容の指導を通じて，資質・能力を網羅的に身に付けさせることを明確にしている。三つの柱については，１回の授業ですべての学びが実現されるものではないため，単元の中で，学習を見通し振り返る場面やグループなどで対話する場面，生徒が考える場面等を設定し，学びの実現を図っていくことが必要である。

　単元とは，生徒に指導する際の内容や時間のまとまりを各学校の実態に応じて適切に構成したものである。単元を構成する際には，〔指導項目〕を小項目ごと等，幾つかに分割して単元とする場合や，〔指導項目〕をそのまま単元とする場合，幾つかの〔指導項目〕を組み合わせて単元とする場合等，様々な場合が考えられるため，各校において福祉の科目を設置した目的を踏まえ，生徒や地域の実態，学科の特色に応じて適切に単元を設定することに留意したい。

（2）福祉科における単元の評価規準作成の手順

　　　　単元の評価規準は，以下の手順で作成する。

> ① 〔指導項目〕を基に，単元全体を通して，単元の目標を作成する。
> ② 「〔指導項目〕ごとの評価規準」を基に，具体的な学習活動から目指すべき学習状況としての生徒の姿を想定し，単元の評価規準を作成する。

（例）「社会福祉基礎」　指導項目（1）社会福祉の理念と意義　を基に作成した例

> ① 〔指導項目〕を基に，単元全体を通して，単元の目標を作成する。

学習指導要領　解説	知識及び技術	思考力，判断力，表現力等	学びに向かう力，人間性等
	生活や自立の概念，日常生活と福祉，社会福祉理念の変遷などについて<u>理解する</u>とともに，関連する技術を<u>身に付けること</u>。	社会福祉の理念や意義，尊厳の保持や自立支援などに関する課題を<u>発見し</u>，職業人に求められる倫理観を踏まえ科学的な根拠に基づいて創造的に<u>解決すること</u>。	社会福祉の理念や意義，尊厳の保持や自立支援などについて自ら学び，主体的かつ協働的に<u>取り組むこと</u>。

〔単元の目標〕
(1) 日本国憲法で規定される基本的人権やノーマライゼーション等，福祉の基礎的な理念について<u>理解する</u>とともに，関連する技術を<u>身に付ける</u>。ア
(2) 時代の変化に伴い，家族や働き方が変化したことで生じる諸課題を<u>発見し</u>，科学的根拠に基づいて創造的に<u>解決する</u>。イ
(3) 地域社会と社会福祉の関わりなどについて自ら学び，主体的かつ協働的に取り組む。ウ

※ 上記の例では，〔指導項目〕をもとに単元全体を見通した総括的な目標を示すとともに， 以下の
　　3つの要素を構造的に配列し，単元の目標を作成している。
ア　育成を目指す具体的な資質・能力のうち，単元において重視する「知識及び技術」
イ　育成を目指す具体的な資質・能力のうち，単元において重視する「思考力，判断力，表現力等」
ウ　育成を目指す具体的な資質・能力のうち，単元において重視する「学びに向かう力，人間性等」

---

②　「〔指導項目〕ごとの評価規準」を基に，具体的な学習活動から目指すべき学習状況としての
　　生徒の姿を想定し，単元の評価規準を作成する。

指導項目ごとの評価規準	知識・技術	思考・判断・表現	主体的に学習に取り組む態度
	生活や自立の概念，日常生活と福祉，社会福祉理念の変遷などについて<u>理解している</u>とともに，関連する技術を<u>身に付けている</u>。	社会福祉の理念や意義，尊厳の保持や自立支援などに関する課題を<u>発見し</u>，職業人に求められる倫理観を踏まえ科学的な根拠に基づいて創造的に<u>解決している</u>。	社会福祉の理念や意義，尊厳の保持や自立支援などについて自ら学び，主体的かつ協働的に<u>取り組もうとしている</u>。

単元の評価規準	知識・技術	思考・判断・表現	主体的に学習に取り組む態度
	日本国憲法で規定される基本的人権やノーマライゼーション等，福祉の基礎的な理念について<u>理解している</u>とともに，関連する技術を<u>身に付けている</u>。	時代の変化に伴い，家族や働き方が変化したことで生じる諸課題を<u>発見し</u>，科学的根拠に基づいて創造的に<u>解決している</u>。	地域社会と社会福祉の関わりなどについて自ら学び，主体的かつ協働的に<u>取り組もうとしている</u>。

単元の評価規準作成のポイントは，以下のとおりである。

（1）知識・技術
　　学習の過程を通した知識及び技術の習得状況について評価を行うとともに，それらを既有の知識及び技術と関連付けたり活用したりする中で，他の学習や生活の場面でも活用できる程度に概念等を理解したり，技術を習得したりしているかについて評価する。
（2）思考・判断・表現
　　知識及び技術を活用して課題を解決する等のために必要な思考力，判断力，表現力等を身に付けているかを評価する。
（3）主体的に学習に取り組む態度
　　単に継続的な行動や積極的な発言を行う等，性格や行動面の傾向を評価するのではなく，知識・技術を獲得したり，思考力，判断力，表現力等を身に付けたりするために，自らの学習状況を把握し，学習の進め方について試行錯誤するなど自らの学習を調整しながら，学ぼうとしているかどうかという意志的な側面を評価する。

第2章　学習評価に関する事例について

1　事例の特徴

　第1編第1章2（4）で述べた学習評価の改善の基本的な方向性を踏まえつつ，平成30年に改訂された高等学校学習指導要領の趣旨・内容の徹底に資する評価の事例を示すことができるよう，本参考資料における事例は，原則として以下のような方針を踏まえたものとしている。

○　単元に応じた評価規準の設定から評価の総括までとともに，生徒の学習改善及び教師の指導改善までの一連の流れを示している

　　本参考資料で提示する事例は，単元の評価規準の設定から評価の総括までとともに，評価結果を生徒の学習改善や教師の指導改善に生かすまでの一連の学習評価の流れを念頭においたものである。なお，観点別の学習状況の評価については，「おおむね満足できる」状況，「十分満足できる」状況，「努力を要する」状況と判断した生徒の具体的な状況の例などを示している。「十分満足できる」状況という評価になるのは，生徒が実現している学習の状況が質的な高まりや深まりをもっていると判断されるときである。

○　観点別の学習状況について評価する時期や場面の精選について示している

　　報告や改善等通知では，学習評価については，日々の授業の中で生徒の学習状況を適宜把握して指導の改善に生かすことに重点を置くことが重要であり，観点別の学習状況についての評価は，毎回の授業ではなく原則として単元や題材など内容や時間のまとまりごとに，それぞれの実現状況を把握できる段階で行うなど，その場面を精選することが重要であることが示された。このため，観点別の学習状況について評価する時期や場面の精選について，「指導と評価の計画」の中で，具体的に示している。

○　評価方法の工夫を示している

　　生徒の反応やノート，ワークシート，作品等の評価資料をどのように活用したかなど，評価方法の多様な工夫について示している。

2 各事例概要一覧と事例

事例1 キーワード　指導と評価の計画から評価の総括まで，「主体的に学習に取り組む態度」の
評価

科目「社会福祉基礎」　単元「社会福祉の理念と意義」（第1学年）

　本事例は，指導項目「(1) 社会福祉の理念と意義」を1つの単元「社会福祉の理念と意義」（全13時間）
として，指導と評価の計画から評価の総括までについて示している。

　教科書の記述や資料から基礎的な知識を理解し（「知識・技術」），それを基に言語活動に取り組
み（「思考・判断・表現」），授業のまとめや話し合いを行う（「主体的に学習に取り組む態度」）
という展開に沿って観点別学習状況の評価を進めている。また，「主体的に学習に取り組む態度」の
観点では，単元の学習の振り返り、福祉の「見方・考え方」を踏まえて検討した内容について、分か
りやすい発表に向けて粘り強く取り組もうとしている態度を評価の対象としている。

事例2 キーワード　指導と評価の計画から評価の総括まで，「主体的に学習に取り組む態度」の評
価

科目「社会福祉基礎」　単元「障害者福祉と障害者総合支援制度」（第1学年）

　本事例は，指導項目「(4) 生活を支える社会保障制度」の小項目「オ 障害者福祉と障害者総合支援制度」
を1つの単元「障害者福祉と障害者総合支援制度」（全7時間）として，指導における観点別学習状況
の評価について示している。「主体的に学習に取り組む態度」の観点では，よりよく学ぼうとする
意欲を持って学習に取り組む態度を評価することが重要である。本事例では，学習の動機づけを高
めるために生徒が自由に考え，自ら気づくことができる教材を提示することで，生徒が「主体的に
学習に取り組む」場面を設定し，その学習活動を基に評価している。評価方法では，生徒が自らの考
えをまとめ，他者に伝える様子などを「観察」したり，自己の学習を振り返るための「ワークシート」
を活用したりするなど評価の方法について多面的に示している。

事例3 キーワード　指導と評価の計画から評価の総括まで，「主体的に学習に取り組む態度」の評
価

科目「社会福祉基礎」　単元「高齢者福祉と介護保険制度」（第1学年）

　本事例は，指導項目「(4) 生活を支える社会保障制度」の小項目「エ 高齢者福祉と介護保険制度」を1つ
の単元「高齢者福祉と介護保険制度」（全16時間）として，指導における観点別学習状況の評価につい
て示している。「主体的に学習に取り組む態度」の評価方法について，「振り返りシート」を活用し
ている点に工夫がみられる。小単元ごとに学習活動の成否や自身の行動について記入させ，「自己評
価」を行うことで自らの学習状況を把握させている。また，記述内容から自己調整を図っている部分
を読み取り評価している。こまめに自己省察を促すことにより，「努力を要する」状況と判断した生
徒に対して早期に適切な手立てを講じることができることも本事例の特徴である。

福祉科　　事例1（社会福祉基礎）
キーワード　指導と評価の計画から評価の総括まで，「主体的に学習に取り組む態度」の評価

単元名	〔指導項目〕
社会福祉の理念と意義	(1) 社会福祉の理念と意義 ア　生活と福祉 イ　福祉社会の理念 ウ　人間の尊厳と自立

　本単元では，社会福祉の理念と意義に関する知識及び技術を身に付けるとともに，私たちの生活と社会福祉の関わり，基本的人権，生活の質，ノーマライゼーション等の考え方，尊厳の保持や自立生活支援に関する課題解決を図る力や，社会福祉の在り方を創造しようとする実践的な態度を育成することをねらいとしている。

1　単元の目標

(1) 生活や自立の概念，日常生活と福祉，社会福祉理念の変遷などについて理解するとともに関連する技術を身に付ける。

(2) 社会福祉の理念や意義，尊厳の保持や自立支援などに関する課題を発見し，職業人に求められる倫理観を踏まえ科学的な根拠に基づいて創造的に解決する。

(3) 社会福祉の理念や意義，尊厳の保持や自立支援などについて自ら学び，主体的かつ協働的に取り組む。

2　単元の評価規準

知識・技術	思考・判断・表現	主体的に学習に取り組む態度
生活や自立の概念，日常生活と福祉，社会福祉理念の変遷などについて理解しているとともに，関連する技術を身に付けている。	社会福祉の理念や意義，尊厳の保持や自立支援などに関する課題を発見し，職業人に求められる倫理観を踏まえ科学的な根拠に基づいて創造的に解決している。	社会福祉の理念や意義，尊厳の保持や自立支援などについて自ら学び，主体的かつ協働的に取り組もうとしている。

3　指導と評価の計画（13時間）

ア　生活と福祉 ・・・ 7時間
　(1) 少子高齢化と人口減少社会の到来 ・・・・・・・・・・・・・・・・・・・・・・・（2時間）
　(2) 地域社会の変化 ・・・（1時間）
　(3) 生活の変化 ・・（2時間）
　(4) 疾病構造の変化と国民の健康づくり ・・・・・・・・・・・・・・・・・・・・・（1時間）
　(5) 人の一生と社会福祉 ・・・・・・・・・・・・・・・・・・・・・・・・・・・・・・・・・・・・（1時間）
イ　社会福祉の理念 ・・・ 4時間
　(1) 日本国憲法と社会福祉 ・・・・・・・・・・・・・・・・・・・・・・・・・・・・・・・・・・（2時間）
　(2) 現代の福祉理念 ・・（2時間）

ウ　人間の尊厳と自立・・ 2時間

(1) 人間としての尊厳・・（1時間）

(2) 自立生活支援・・・（1時間）

<table>
<tr><th rowspan="2">時間</th><th rowspan="2">【ねらい】・学習活動</th><th colspan="2">評価</th><th rowspan="2">備考（評価規準・評価方法）</th></tr>
<tr><th>観点</th><th>記録</th></tr>
<tr><td colspan="4">ア（1）少子高齢化と人口減少社会の到来
【ねらい】少子高齢社会と人口減少社会について理解を深め，その課題について考察する。</td></tr>
<tr><td rowspan="3">1・2</td><td>・ ワーク1 「日本の人口変動とその背景」について，教科書の記述及び総務省の統計資料（「出生数と合計特殊出生率」，「平均初婚年齢」，「生涯未婚率」）から理解した内容を記入する。また，定期考査の評価問題に解答する。</td><td>知</td><td>○</td><td>・少子高齢社会の進行とその背景について理解し，適切に記述している。 ワークシート 定期考査</td></tr>
<tr><td>・ 課題1 「少子高齢化の進行に関連した課題」について考察した内容を記入する。</td><td>思</td><td>○</td><td>・少子高齢化の進行に関連した課題と必要なサービスを考察し，分かりやすく表現している。 ワークシート 定期考査</td></tr>
<tr><td>・ まとめ1 「少子高齢社会において必要なサービスとその理由」についてグループで話し合った内容をまとめ，発表する。</td><td>態</td><td>○</td><td>・少子高齢社会において必要なサービスとその理由について協働的に学び合おうとしている。 ワークシート</td></tr>
<tr><td colspan="4">ア（2）地域社会の変化
【ねらい】都市問題や過疎化，市町村合併について理解し，地域の課題について考察する。</td></tr>
<tr><td rowspan="2">3</td><td>・ ワーク2 「都市化，過疎化及び市町村合併の課題」について教科書の記述から理解した内容を記入する。また，定期考査の評価問題に解答する。</td><td>知</td><td>○</td><td>・都市化，過疎化及び市町村合併の課題について理解し，適切に記述している。 ワークシート 定期考査</td></tr>
<tr><td>・ まとめ2 「商店街の課題とその解決方法」についてグループで話し合った内容をまとめ，発表する。</td><td>態</td><td></td><td>・商店街の現状に着目し，課題とその解決方法について協働的に学び合おうとしている。 ワークシート</td></tr>
<tr><td colspan="4">ア（3）生活の変化
【ねらい】家族の多様化及び女性の職場進出について理解を深め，関連するサービスについて考察する。</td></tr>
<tr><td rowspan="2">4・5</td><td>・ ワーク3 「わが国の世帯人員の変化及び家族の多様化」について，教科書の記述及び総務省の統計資料（「平均世帯人員と世帯数推移」「世帯人員別世帯数推移」「世帯構造別にみた65歳以上の者のいる世帯数の構成割合の年次推移」）から理解した内容を記入する。また，定期考査の評価問題に解答する。</td><td>知</td><td>○</td><td>・わが国の世帯人員の変化と家族の多様化について理解し，適切に記述している。 ワークシート 定期考査</td></tr>
</table>

福祉科
第3編
事例1

	・課題2「単身の高齢者が必要とするサービスとその理由」について考察した内容を記入する。	思	○	・単身の高齢者の地域での自立生活の課題を踏まえ，必要なサービスについて考察し，分かりやすく表現している。ワークシート 定期考査
	・ワーク4「一人親世帯に必要なサービス及び女性の社会進出の意義と課題」について，教科書の記述及び総務省の統計資料（母子世帯と父子世帯の状況）から理解した内容を記入する。また，定期考査の評価問題に解答する。	知	○	・一人親世帯に必要なサービス及び女性の社会進出の意義と課題について理解し，適切に記述している。ワークシート 定期考査
	・まとめ3「私たちの生活の変化と関連する課題」についてまとめ，発表する。	態	○	・私たちの生活の変化とそれに伴って生じた課題に着目し，粘り強く課題を見つけようとしている。ワークシート
ア	（4）疾病構造の変化と国民の健康づくり 【ねらい】疾病構造の変化と生活習慣病予防について理解を深める。			
6	・ワーク5「わが国の疾病構造の変化」について，教科書の記述及び厚生労働省の統計資料（「結核罹患率・罹患数の年次推移」，「主要死因別にみた死亡率の年次推移」）から理解した内容を記入する。また，定期考査の評価問題に解答する。	知	○	・わが国の疾病構造の変化について理解し，適切に記述している。ワークシート 定期考査
	・まとめ4「チェックシートを使って自分の食生活を振り返り，健康に暮らすために気をつけること」についてまとめ，発表する。	態	○	・健康と食生活の関係に着目し，健康の保持・増進のために自分にできることを粘り強く見つけようとしている。ワークシート
ア	（5）人の一生と社会福祉 【ねらい】ライフサイクルの変化及び人の一生と社会福祉の関係について考察する。			
7	・課題3「私たちの生活を支えている福祉に関するサービス」について考察した内容を記入する。	思	○	・私たちの生活を支えている福祉に関係するサービスについて考察し，分かりやすく表現している。ワークシート
	・まとめ5「私たちの生活と社会福祉の関係」について内容をまとめ，発表する。	態	○	・生涯にわたり私たちの生活と社会福祉に関係があることを粘り強く捉えようとしている。ワークシート
イ	（1）日本国憲法と社会福祉 【ねらい】日本国憲法の条文から，社会福祉の基本である「基本的人権」，「幸福追求権」，「生存権」の考え方について理解を深める。			
8・	・ワーク6「日本国憲法第11条，第13条，第25条の条文」について，教科書の記述から理解した内容を記入する。また，定期考査の評価問題に解	知	○	・基本的人権，幸福追求権及び生存権について適切に記述している。ワークシート 定期考査

9	答する。 ・まとめ6「事例から，国民の健康で文化的な最低限度の生活に必要なサービス」についてグループで話し合った内容をまとめ，発表する。	態		・生存権に着目して課題を見出し，課題の解決に関連したサービスについて，協働的に学び合おうとしている。 ワークシート

イ （2）現代の福祉理念
【ねらい】福祉の理念である，「生活の質」や「ノーマライゼーション」の考え方について理解を深め，考察する。

	・「生活の質（QOL）の意味」について，教科書の記述から理解し，定期考査の評価問題に解答する。	知		・QOLの意味について適切に記述している。 定期考査：評価問題1［問1］
10 ・ 11	・課題4「自分の生活の質（QOL）の具体例」について考察した内容を記入する。	思	○	・QOLの意味や意義について考察し，分かりやすく表現している。 ワークシート
	・「日常的に介護の必要な高齢者の生活における生活の質（QOL）」について考察し，定期考査の評価問題に解答する。			定期考査：評価問題1［問2］
	・ワーク7 考査「合理的配慮の考え方」について，「障害者差別解消法」の資料（厚生労働省及び港区ホームページ）から理解した内容を記入する。また，定期考査の評価問題に解答する。	知	○	・合理的配慮の概念を理解し，適切に記述している。 ワークシート 定期考査：評価問題2［問1］［問2］
	・課題5「宿泊施設の対応の問題」について考察した内容を記入する。	思	○	・「障害者差別解消法」に関する新聞記事から宿泊施設の対応の課題を分析し，分かりやすく表現している。 ワークシート
	・まとめ7「聴覚に障害のある人に対して，宿泊施設はどのような安全への配慮ができるか」についてグループで話し合った内容をまとめ，発表する。	態	○	・聴覚に障害のある利用客への支援について多面的・多角的な視点で協働的に学び合おうとしている。 ワークシート

ウ （1）人間としての尊厳
【ねらい】尊厳保持の考え方と意義について考察する。

	・「人間の尊厳に関する知識」を教科書の記述から理解し，定期考査の評価問題に解答する。	知	○	・人間の尊厳に関する知識について記述している。 定期考査
12	・課題6「介護の場面で介護者が行う尊厳保持の具体例」について考察した内容を記入する。	思	○	・資料から，介護の場面における尊厳保持の具体例を考察し，分かりやすく表現している。 ワークシート
	・まとめ8「介護における尊厳保持のあり方」についてグループで話し合った内容をまとめ，発表する。	態	○	・介護者にとっての尊厳保持の在り方について粘り強く考察し，協働的に学び合おうとしている。

					ワークシート

<table>
<tr><td colspan="6">ウ（2）自立生活支援
【ねらい】自立について理解を深め，自立生活支援の意義を考察する。</td></tr>
<tr><td rowspan="2">13</td><td colspan="2">・ワーク8「身辺的自立，社会的・経済的自立，精神的自立の具体例」について，教科書の記述から理解した内容を記入する。また，定期考査の評価問題に解答する。</td><td>知</td><td>○</td><td>・身辺的自立，社会的・経済的自立，精神的自立の意味を理解し，適切に記述している。
ワークシート　定期考査</td></tr>
<tr><td colspan="2">・課題7「私たちの生活において，自立が大切である具体的な理由」について考察した内容を記入する。</td><td>思</td><td>○</td><td>・自立生活の意義を考察し，分かりやすく表現している。ワークシート</td></tr>
</table>

4　観点別学習状況の評価の進め方

　本事例は，教科書の記述や資料から基礎的な知識を理解し（「知識・技術」），それをもとに課題に取り組み（「思考・判断・表現」），授業のまとめや話し合いを行う（「主体的に学習に取り組む態度」）授業形態となっている。

　本事例の評価の「記録」にある○印は，観点別学習状況の評価を記録し，総括の後，評定のための資料として用いることを想定している【評定に用いる評価】。「記録」が空白のところについては，机間指導や話し合いの様子，ワークシートの活用等，学習の過程で生徒の状況を把握したり，確認したりすることを通して，学習改善につなげる場面を示している【学習改善につなげる評価】。そして，各観点別評価において，生徒の学習状況を確認し，目標が達成できていない場合は，指導の改善や修正を図ることが必要となる。評価を行う際には，生徒の取組のよいところを積極的に評価することで，社会福祉基礎を学ぶ意義や価値を実感できるよう努めている。

（1）　知識・技術

	「おおむね満足できる」状況（B） ※学習活動に即した評価規準	「十分満足できる」状況（A）と判断した具体例	「努力を要する」状況（C）と判断した生徒への指導の手立て
ア（1） ワーク1	・少子高齢社会の進行とその背景に関する知識をおおむね身に付けている。	・少子高齢社会の進行とその背景に関する知識を十分身に付けている。	・統計資料の内容を確認させ，少子高齢化の背景を理解するよう支援する。
ア（2） ワーク2	・都市，過疎地域及び市町村合併の課題について，おおむね理解している。	・都市，過疎地域及び市町村合併の課題について，十分理解している。	・教科書の内容を確認させ，都市，過疎地域及び市町村合併の課題を理解するよう支援する。
ア（3） ワーク3	・わが国の世帯の変化と家族の多様化について，おおむね理解している。	・わが国の世帯の変化と家族の多様化について，十分理解している。	・統計資料の内容を確認させ，わが国の世帯の変化について理解するよう支援する。
ア（3） ワーク4	・一人親世帯への支援や，働き方の見直しについて，おおむね理解している。	・一人親世帯への支援や，働き方の見直しについて，十分理解している。	・教科書の内容を確認させ，一人親世帯や共働き世帯の課題について理解するよう支援する。
ア（4） ワーク5	・わが国の疾病構造の変化について，おおむね理解している。	・わが国の疾病構造の変化について，十分理解している。	・統計資料の見方を解説し，わが国の疾病構造の変化を理解するよう支援する。
イ（1） ワーク6	・基本的人権，幸福追求権及び生存権の概念に関する知識をおおむね身に付けている。	・基本的人権，幸福追求権及び生存権の概念に関する知識を十分身に付けている。	・教科書の記述から，日本国憲法の条文の概念を確認するよう支援する。
イ（2） ワーク7	・合理的配慮に関する知識をおおむね身に付けている。	・合理的配慮の概念に関する知識を十分身に付けている。	・合理的配慮について，資料と関連付けて具体的に理解するよう支援する。
ウ（2） ワーク8	・身辺的自立，社会的・経済的自立，精神的自立について，おおむね理解している。	・身辺的自立，社会的・経済的自立，精神的自立について，十分理解している。	・教科書の内容を確認させ，自分や周囲の人の身近な出来事から理解するよう支援する。

「知識・技術」の観点については，生活と福祉，社会福祉の理念，人間の尊厳と自立について，教科書の記述及び厚生労働省等の統計資料から概念的な知識が理解できているかを評価する。観点の評価規準は，「～について理解している」，「～について理解しているとともに関連する技術を身に付けている」と示されているため，「知識・技術」の評価の対象となるものは，個別の知識に留まらず，社会福祉に関連する分野，例えば，生活環境や医療，教育，経済等について関連付けて理解した結果であることを確認する必要がある。評価の場面は，授業での机間指導によってワークシートへの記述を確認する場面と定期考査の解答の状況を確認する場面を想定している。

定期考査の観点別評価については，点数の合計だけでなく評価規準を設定する必要がある。各時の「知識・技術」の評価の場面及び，評価において学習活動に即した評価規準「おおむね満足できる」状況（B）及び「十分満足できる」状況（A）と判断した具体例，「努力を要する」状況（C）と判断した生徒への指導の手立てを前頁に記載する。「努力を要する」状況（C）と判断した生徒への指導の手立てにおいて，十分でない部分を確認した上で，定期考査の振り返りの機会に補助発問を加える等により，学習のねらいに至る過程に段階を設けて支援することが考えられる。

（2）思考・判断・表現

「思考・判断・表現」の観点においては，言語活動を通して，思考力，判断力，表現力の育成を図り，その評価を行う場面を示しており，生活と福祉，社会福祉の理念，人間の尊厳と自立について，各時の学習課題に対して「福祉的な見方・考え方」を働かせて，課題の設定，構想，考察，表現ができているかを確認する。健康で文化的な生活を営む権利や人間の尊厳の尊重，自立支援等の視点で物事を捉えて思考し，原則や概念を基に整理したり，生活と関連付けたり，課題を発見するとともに解決を図ることができるよう留意し，ワークシートの 課題 を設定している。課題1 から 課題7 はワークシートの記述から「思考・判断・表現」について評価する内容となっている。

	「おおむね満足できる」状況（B） ※学習活動に即した評価規準	「十分満足できる」状況（A）と判断した具体例	「努力を要する」状況（C）と判断した生徒への指導の手立て
ア(1) 課題1	・少子高齢社会の進行に関連したサービスについて，おおむね合理的に考察し，記述している。	・少子高齢社会の進行に関連したサービスについて，合理的かつ創造的に考察し，分かりやすく表現している。	・少子高齢社会の進行に伴い必要となるサービスの例を挙げることで，他のサービスを考えることができるよう支援する。
ア(3) 課題2	・単身の高齢者の地域における自立生活に向けた支援について，おおむね合理的に考察し，記述している。	・単身の高齢者の地域における自立生活に向けた支援について，合理的かつ創造的に考察し，分かりやすく表現している。	・単身の高齢者の日常生活の状況をイメージさせながら，必要なサービスを考えるよう支援する。
ア(5) 課題3	・私たちの生活を支えている福祉に関係するサービスについて，おおむね合理的に考察し，記述している。	・私たちの生活を支えている福祉に関係するサービスについて，合理的かつ創造的に考察し，分かりやすく表現している。	・私たちの生活の課題と福祉サービスを関連付けて考えるよう支援する。
イ(2) 課題4 課題5	・自分の生活の質（QOL）について，おおむね具体的に考察し，記述している。 ・宿泊施設の対応について，合理的配慮の考え方を踏まえて課題を分析し，おおむね合理的に考察し，記述している。	・自分の生活の質（QOL）について，具体的に考察し，分かりやすく表現している。 ・宿泊施設の対応について，合理的配慮の考え方を踏まえて課題を分析し，合理的かつ創造的に考察し，分かりやすく表現している。	・生活の質（QOL）の具体例を確認し，自分の生活について考えるよう支援する。 ・合理的配慮の意味を確認した上で，新聞記事を読み返し，宿泊施設の対応の課題について考えるよう支援する。
ウ(1) 課題6	・介護の場面における尊厳保持の具体例についておおむね合理的に考察し，記述している。	・介護の場面における尊厳保持の具体例について合理的かつ創造的に考察し，分かりやすく表現している。	・尊厳保持の意味を確認し，介護の場面において尊厳保持がどのように行われているか考えるよう支援する。
ウ(2) 課題7	・自立生活の意義についておおむね合理的に考察し，記述している。	・自立生活の意義について合理的かつ創造的に考察し，分かりやすく表現している。	・身近な事柄から自立生活が大切である理由を考えるよう支援する。

評価の場面は，提出されたワークシートを添削する場面を想定している。観点の評価規準は，「〜について課題を設定し，解決策を構想し，考察したことを表現する力を身に付けている。」と示される。各時の「思考・判断・表現」の評価の場面及び，評価において学習活動に即した評価規準「おおむね満足できる」状況（B）及び「十分満足できる」状況（A）と判断した具体例，「努力を要する」状況（C）と判断した生徒への指導の手立てを前頁に記載する。「努力を要する」状況（C）と判断した生徒への指導の手立てにおいて，課題を把握できているか確認した上で，学習のねらいに至る過程に段階を設けて支援すること等が考えられる。また，「十分満足できる」状況（A）にあると判断した生徒の学習内容を共有することが望ましい。

（3）主体的に学習に取り組む態度

「主体的に学習に取り組む態度」とは，学習した内容や関連する事柄について，関心を持つだけでなく，自らの学習や生活に生かそうと意欲を持って取り組む態度である。評価の場面として，生徒が自らの学びを振り返る場面やグループで話し合う場面を設定し，取組状況を客観的に評価できる方法を選択した。生活と福祉の関係，社会福祉の理念と意義，尊厳の保持や自立支援等に関する学習に対して，自らの学習を調整しようとする側面と粘り強く取り組もうとする側面の評価を行う。自らの学習を調整しようとする側面としては，単元の学習で身についた知識や考え方を活用し，社会福祉に関する「必要なサービス」や「支援方法」を検討しているか確認する。また，粘り強く取り組もうとする側面として，個人またはグループで，分かりやすい発表にむけて意見をまとめる活動に粘り強く取り組んでいるかどうかを確認する。評価の場面は，ワークシートへの記述やグループワークを行っている時に，机間指導によって記述内容や取組状況を確認する場面を想定している。

	「おおむね満足できる」状況（B）※学習活動に即した評価規準	「十分満足できる」状況（A）と判断した具体例	「努力を要する」状況（C）と判断した生徒への指導の手立て
ア(1) まとめ1	・少子高齢社会に関連したサービスについて，おおむね協働的に学び，分かりやすい発表に向けて粘り強く取り組もうとしている。	・少子高齢社会に関連したサービスについて，主体的かつ協働的に学び，分かりやすい発表に向けて粘り強く取り組んでいる。	・少子高齢社会の課題を確認しながら，必要なサービスに気付くよう支援する。
ア(2) まとめ2	・商店街の課題と解決方法についておおむね協働的に学び，分かりやすい発表に向けて粘り強く取り組もうとしている。	・商店街の課題と解決方法について，主体的かつ協働的に学び，分かりやすい発表に向けて粘り強く取り組んでいる。	・商店街の現状について質問しながら，課題に気付くよう支援する。
ア(3) まとめ3	・私たちの生活の変化とそれに伴って生じた課題について学んだことをおおむね活用し，粘り強く取り組もうとしている。	・私たちの生活の変化とそれに伴って生じた課題について学んだことを活用し，粘り強く取り組んでいる。	・地域や世帯の変化，女性の社会進出等の授業内容を振り返ることで課題に気付くよう支援する。
ア(4) まとめ4	・健康の保持・増進に関して学んだことをおおむね活用し，粘り強く取り組もうとしている。	・健康の保持・増進に関して学んだことを活用し，粘り強く取り組んでいる。	・学習内容から健康の保持・増進の具体的な内容に気付くよう支援する。
ア(5) まとめ5	・私たちの生活と社会福祉の関係について，学んだことをおおむね活用し，粘り強く取り組もうとしている。	・私たちの生活と社会福祉の関係について，学んだことを活用し，粘り強く取り組んでいる。	・資料の内容を確認させ，人の一生と社会福祉の関係に気付くよう支援する。
イ(1) まとめ6	・生存権に着目して課題を見いだし，課題の解決に向けておおむね協働的に学び，分かりやすい発表に向けて粘り強く取り組もうとしている。	・生存権に着目して課題を見いだし，課題の解決に向けて主体的かつ協働的に学び，分かりやすい発表に向けて粘り強く取り組んでいる。	・生存権に関するリスクについて確認させ，その解決方法に気付くよう支援する。
イ(2) まとめ7	・聴覚障害のある利用客への支援についておおむね多面的・多角的に話し合い，分かりやすい発表に向けて粘り強く取り組もうとしている。	・聴覚障害のある利用客への支援について多面的・多角的な視点で話し合い，分かりやすい発表に向けて粘り強く取り組んでいる。	・聴覚障害者の生活上の困難について確認させ，聴覚障害のある利用客への現実的な対応に気付くよう支援する。
ウ(1) まとめ8	・尊厳保持の在り方についておおむね協働的に学び，分かりやすい発表に向けて粘り強く取り組もうとしている。	・尊厳保持の在り方について主体的かつ協働的に学び，分かりやすい発表に向けて粘り強く取り組んでいる。	・介護の場面を思い起こしながら，尊厳保持の在り方に気付くよう支援する。

まとめ1 から まとめ8 はワークシートの記述から「主体的に学習に取り組む態度」について評価する内容となっている。観点の評価規準は、「多面的・多角的な視点で話し合い、分かりやすい発表に向けて粘り強く取り組んでいる。」「粘り強く考察し、協働して学び合おうとしている。」等と示される。

各時の「主体的に学習に取り組む態度」の評価の場面及び、評価において学習活動に即した評価規準「おおむね満足できる」状況（B）及び「十分満足できる」状況（A）と判断した具体例、「努力を要する」状況（C）と判断した生徒への指導の手立てを前頁に記載する。「努力を要する」状況（C）と判断した生徒への指導の手立てにおいて、生徒の気付きと主体的な取組に至る過程に段階を設けて支援することが考えられる。また、「十分満足できる」状況（A）にあると判断した生徒の学習を共有することが望ましい。

5 観点別学習状況の評価の総括

【例：生徒Dのワークシートの評価】

指導項目			知	思	態
	ア	(1)	A	A	A
		(2)	B		
		(3)	A・B	B	B
		(4)	A		B
		(5)		B	B
	イ	(1)	A		
		(2)	B	B・B	B
	ウ	(1)	A	A	A
		(2)	B	A	
評価結果			A5：B4	A3：B4	A2：B4
合計			23	17	14
平均値			2.56	2.43	2.33

「知識・技術」、「思考・判断・表現」、「主体的に学習に取り組む態度」の観点ごとに示される観点別学習状況は、単元の目標に照らした学習の実現状況を分析的に評価するものであり、学習の改善を促す資料となる。また、教師が指導の状況を把握し、授業の計画や実施を改善する資料とする。

評価結果のA、B、Cを数値に置き換えて総括することとし、評価結果の数値を合計や平均することで総括する。この場合、A＝3、B＝2、C＝1の数値で各観点の評価を数値化すると、「知識・技術」の平均値は2.56、「思考・判断・表現」の平均値は2.43、「主体的に学習に取り組む態度」の平均値は2.33となる。この場合に総括の結果をBとする判断基準を[1.5≦平均値≦2.5]とすると、「知識・技術」ではA、「思考・判断・表現」ではB、「主体的に学習に取り組む態度」ではBの評価に総括できる。

ワークシートの具体例

イ（2）現代の福祉理念のワークシート
右の出来事を読んで答えよう。
（2018年の出来事「聴覚障害者100人の宿泊断る」）

1 宿泊施設のスタッフは、なぜ宿泊を断ったのでしょう。

> 聴覚に障害のある人だけで宿泊すると何か緊急な出来事があった時にコミュニケーションが図れず、対応できないと考えたから。

2018年の出来事「聴覚障害者100人の宿泊断る」

全日本ろうあ連盟青年部が一泊二日で企画した100人規模の研修を予約するため熱海の宿泊施設に問い合わせたところ、「付添がなく聴覚障害者のみで宿泊すること、火災の発生を視覚的に知らせる設備がないなどを理由に、他の専用の施設を利用してください」と断られたという。

県は「障害を理由に断ったと受け止められた」として対応を指導した。施設長は「聴覚障害のある人は火災報知器の音が聞こえない。施設のスタッフは手話ができず、災害時などに十分な避難誘導ができないと考えた。しかし、説明不足で配慮が行き届かず申し訳ない」と話している。

同協会事務局長は「耳が不自由だからといって門前払いするのではなく、少しの工夫で受け入れが可能になることを施設の運営に携わる人たちは知ってほしい」と話している。

市は、協会に謝罪したうえで障害者への不当な差別を禁じる障害者差別解消法の趣旨を改めて徹底したいとしている。
※2016年4月施行の障害者差別解消法では、障害者への不当な差別を禁じ、合理的配慮を求めている。

2 **課題5** 宿泊施設の対応はどのような点が問題だったか、挙げよう。

[評価Bの例]	[評価Aの例]	[評価Cの例]
合理的配慮について知らなかったので、十分検討せずに宿泊を断ってしまった。	合理的配慮を行わないことが差別にあたることを知らなかった。そのため、十分検討せずに無理だと判断してしまい、必要な支援を確認し、対応できるかどうか話し合うことができなかった。	安全を確保できないと思ったこと。宿泊を断ったこと。
宿泊施設の対応について、合理的配慮の考え方を踏まえて、おおむね合理的考察ができているため「おおむね満足できる」状況（B）とする。	Bの評価に加え、合理的配慮について理解したことを生かし、合理的かつ創造的に考察し分かりやすく表現しているため「十分満足できる」状況（A）とする。	合理的配慮の理解及び考察が必要であると判断し、「努力を要する」状況（C）とする。

3　まとめ7 聴覚に障害のある人に対して，宿泊施設はどのような安全への配慮ができるでしょうか。グループで話し合いましょう。

［評価Bの例］	［評価Aの例］	［評価Cの例］
はじめに，避難先や経路を確認してもらい，懐中電灯などを使って光で危険を知らせるようにする。	はじめに，可能な緊急対応について話し合っておく。「火事です」「津波が来ます」「避難して下さい」などを紙に書いて用意しておき，そのことを知らせておく。避難先や経路を事前に確認してもらう。懐中電灯を使うなど視覚的に危険を知らせる方法を検討し，その方法を伝えておく。	手を引っ張って誘導する。車いすを用意しておく。部屋の床にクッション材を敷く。
聴覚障害のある利用客への緊急時の支援を想定し，2〜3の具体例を分かりやすくまとめようとしているため「おおむね満足できる」状況（B）とする。	Bの評価に加え，利用客の安心を含め多面的・多角的な視点で具体的に検討を重ねた結果を分かりやすくまとめているため「十分満足できる」状況（A）とする。	聴覚障害のある利用客にとって適切な対応をまとめる必要があると判断し，「努力を要する」状況（C）とする。

定期考査（評価問題）の具体例

評価問題1　生活の質（QOL）に関する次の［問1］・［問2］に答えなさい。

［問1］ 知識・技術 生活の質（QOL）について説明しなさい。

> ［おおむね満足できる状況（B）の例］
> 　日常生活における主観的な満足感のことであるという意味の記述ができていれば，おおむね理解できていると判断する。
> ［十分満足できる状況（A）の例］
> 　Bの評価に加え，生活の量（物質的な豊かさに満たされた生活）だけでは満足感につながらないことや，周囲の人からの尊重や趣味活動など生活の満足感につながる具体的な要因についても記述できていれば，十分に理解できていると判断する。
> ［努力を要する状況（C）の例］
> 　よい生活のこと，本人が決めること，レクリエーションをすることなど，関係する語句が使われていても本質的な理解ができていなかったり，具体例のみの場合は，理解を深める必要があると判断する。

［問2］ 思考・判断・表現 日常的に介護の必要な高齢者の生活において，生活の質（QOL）とは何であると考えますか。

> ［おおむね満足できる状況（B）の例］
> 　介護が必要であっても，日常生活において自己選択・自己決定ができ，生活にレクリエーション的な楽しみを取り入れることができるなど，生きがいのある生活について考察し，記述できていれば，おおむね考察し表現できていると判断する。
> ［十分満足できる状況（A）の例］
> 　Bの評価に加え，尊厳が守られることや，周囲の人との良好な人間関係など多面的・多角的な視点で考察し，具体的に記述できていれば，十分に考察し表現できていると判断する。
> ［努力を要する状況（C）の例］
> 　「介護を受けなくてもよいようになること。」など，生活の質（QOL）についての考察とはいえない場合は，考察を深める必要があると判断する。

評価問題2　合理的配慮に関する次の［問1］・［問2］に答えなさい。

［問1］ 知識・技術 「合理的配慮」について，次の語句をすべて使って説明しなさい。

> 障害者　意思　障壁　負担

> ［おおむね満足できる状況（B）の例］
> 　「障害者からの助けを求める意思の表明があった場合，障壁を取り除く。」のように，「過度な負担になりすぎない」ことが書けておらず1つの語句が使えていないが，障害者が助けを必要としているときは助けることが当然であるという理解ができていれば，おおむね理解できていると判断する。
> ［十分満足できる状況（A）の例］
> 　「障害者から何らかの助けを求める意思の表明があった場合，過度な負担になりすぎない範囲で，社会的障壁を取り除くために必要な便宜のこと。」のすべての意味が含まれていれば，十分理解できていると判断する。
> ［努力を要する状況（C）の例］
> 　「障害者の意思が尊重されて，障壁や負担がなくなること。」のように，すべての語句を使って文章が作成されていても，合理的配慮の説明となっていない場合は，理解を深める必要があると判断する。

［問2］ 知識・技術 下表の空欄に当てはまる語句を選択肢から選び，記号で答えなさい。

	不当な差別的取り扱い	障害者への合理的配慮
国の行政機関・地方公共団体	A	B
民間事業者，NPO法人	C	D

> 選択肢　ア 禁止　イ 合法　ウ 努力義務　エ 法的義務

> 　四つの正解で十分満足できる状況（A），三つの正解でおおむね満足できる状況（B）とする。
> 　正解が二つ以下の場合は努力を要する状況（C）となる。

福祉科　　事例2（社会福祉基礎）

キーワード　指導と評価の計画から評価の総括まで,「主体的に学習に取り組む態度」の評価

単元名	〔指導項目〕
障害者福祉と障害者総合支援制度	(4) 生活を支える社会保障制度 オ 障害者福祉と障害者総合支援制度

　本単元では,社会保障のしくみや社会福祉の各分野が生まれてきた社会背景や概要についての学習を通して,各制度の意義や役割を理解するとともに,現状に関する課題を自ら発見し,創造的に解決する態度を育成することをねらいとしている。

1　単元の目標

(1) 障害者福祉と障害者総合支援制度の概要と現状を理解するとともに,関連する技術を身に付ける。

(2) 障害者福祉と障害者総合支援制度の現状に関する課題を発見し,職業人に求められる倫理観を踏まえ科学的根拠に基づいて創造的に解決する。

(3) 障害者福祉と障害者総合支援制度を地域や生活と関連させて自ら学び,主体的かつ協働的に取り組む。

2　単元の評価規準

知識・技術	思考・判断・表現	主体的に学習に取り組む態度
障害者福祉と障害者総合支援制度の概要と現状を理解しているとともに,関連する技術を身に付けている。	障害者福祉と障害者総合支援制度の現状に関する課題を発見し,職業人に求められる倫理観を踏まえ科学的な根拠に基づいて創造的に解決している。	障害者福祉と障害者総合支援制度を地域や生活と関連させて自ら学び,主体的かつ協働的に取り組もうとしている。

3　指導と評価の計画（7時間）

　ア　社会保障制度の意義と役割 ・・・・・・・・・・・・・・・・・・・・・・・・・・・・・・・・・・ 5時間

　イ　生活支援のための公的扶助 ・・・・・・・・・・・・・・・・・・・・・・・・・・・・・・・・・ 7時間

　ウ　児童家庭福祉と社会福祉サービス ・・・・・・・・・・・・・・・・・・・・・・・・・・ 4時間

　エ　高齢者福祉と介護保険制度 ・・・・・・・・・・・・・・・・・・・・・・・・・・・・・・・・・ 8時間

　オ　障害者福祉と障害者総合支援制度 ・・・・・・・・・・・・・・・・・・・・・・・・ 7時間　事例

　　(1)　障害者福祉の理念 ・・・・・・・・・・・・・・・・・・・・・・・・・・・・・・・・・・・・・・・（2時間）

　　(2)　障害者福祉の現状と共生社会 ・・・・・・・・・・・・・・・・・・・・・・・・・・・（1時間）

　　(3)　障害者福祉に関する制度 ・・・・・・・・・・・・・・・・・・・・・・・・・・・・・・・・（1時間）

　　(4)　障害者総合支援制度の創設と目的 ・・・・・・・・・・・・・・・・・・・・・・（1時間）

　　(5)　障害者総合支援制度の内容と活用 ・・・・・・・・・・・・・・・・・・・・・・（2時間）

　カ　介護実践に関連する諸制度 ・・・・・・・・・・・・・・・・・・・・・・・・・・・・・・・・・ 4時間

| 時間 | 【ねらい】・学習活動 | 評価 | | 備考（評価規準・評価方法） |
		観点	記録	
1・2	【ねらい】障害者福祉に関する出来事から偏見や差別，認識の違い等に自ら気づき，その課題や解消について主体的に考える。			
	①小単元のねらいを確認し，優生思想，ノーマライゼーション，自立生活運動について，関係する資料（新聞記事やコラム，関連書籍の一部）を読み，気付いたことを記入する。	態	○	①教師が提示した資料を読み，気付いたことを記入している。　（観察・ワークシート）
	②興味を持った資料について個人で考える。（タブレット端末等を活用して調べることも可） 課題：なぜ資料のようなことが起きたのだろうか（起こっているのだろうか）。	思	○	②優生思想，ノーマライゼーション，自立生活運動について興味を持ち，その根底にある障害者福祉の理念に気付いている。　（観察・ワークシート）
	③同じ資料に関心を持った者でグループを形成し，個人の考えを共有してまとめる。	思		③自らの考えをまとめて他者に伝え，お互いの考えを吟味し意見を交換している。　（観察）
	④全体で発表・共有・意見を交換する。	態	○	④他者の考えを聞くことでさまざまな考え方にふれ，自らの考え方との相違点など多様性を認めている。　（観察・発表）
	⑤障害者福祉の歴史，特に障害者が置かれていた過去の状況などについて整理する。	思	○	⑤障害者福祉の現状や制度が整備されてきた状況について整理している。　（観察・ワークシート）
3	【ねらい】障害者福祉の現状を知り，共生社会の必要性を理解する。			
	①〔障害者福祉の現状と動向〕法的定義とともに障害の「社会モデル」について考える。生徒自身が学校に車いすで登校することをイメージして考えることで社会によって作られた障壁について考え，解決策についてまとめる。	思	○	①自らが車いすで登校する際のバリアに気付き，障害の「社会モデル」について考えている。　（観察・ワークシート）

	課題：自分が車いすでの生活をすることになった時に，今まで通りの生活をするために必要なことは何だろうか。			
	・解決策等について全体又はグループ等で共有する。	態	○	共生社会の実現に向けて，自らが実践できる行動について提案している。　（観察・発表）
	・障害者権利条約，障害者差別解消法についての説明を聞き「合理的配慮」の必要性について考える。	思	○	障害者権利条約，障害者差別解消法に関心を持ち，「合理的配慮」の必要性について考えている。（ワークシート・テスト）
	②合理的配慮を欠く場面についてタブレット端末等を活用して考え，グループで話合いを行い，その解消方法と具体策をまとめ発表する。	思		②「合理的配慮」が必要な場面を考え，その解消方法と具体策をまとめている。　（観察・発表）
	③「合理的配慮」の対象，義務，実施のプロセスについて整理する。整理する際の資料として，公的機関や当事者団体のパンフレットやインターネット等を活用する。	知	○	③「合理的配慮」の対象，義務，実施のプロセスについて整理している。　（ワークシート）
	【ねらい】障害者に関する社会福祉サービスの全体像を理解する。			
4	①障害者が利用する制度として権利擁護，生活，就労，住居，介護，医療，教育等のカテゴリーに分けて理解する。	知	○	①障害者に関する社会福祉サービスの全体像を理解し，さまざまな制度が利用者の生活を支えていることを理解している。（ワークシート・テスト）
4	②事例を提示し，その利用者の生活やニーズに合わせた制度の活用について考える。	思	○	②事例に対して創造力を働かせ，その人らしい生活の実現のための制度活用について考えている。（観察・ワークシート・テスト）
	【ねらい】障害者総合支援制度創設の背景と目的を知る。			
5	①障害者総合支援制度創設の背景を理解する。	知	○	①障害者総合支援制度創設までの障害者福祉の流れを理解している。（ワークシート・テスト）
5	②障害者総合支援制度の主な内容と障害者自立支援制度からの改正点についてまとめる。	知	○	②障害者総合支援制度の主な内容と障害者自立支援制度からの改正点をまとめている。（ワークシート・テスト）

	【ねらい】障害者総合支援制度のサービス内容や利用手続きについて理解し，具体的な活用について整理する。			
6・7	①自立支援給付と地域生活支援事業の種類と内容について理解する。	知	○	①自立支援給付と地域生活支援事業の内容について理解している。　（ワークシート・テスト）
	②障害支援区分の認定とサービス利用手続きについて整理する。	知	○	②サービス利用に必要な認定や手続きを順序立てて整理している。　（ワークシート・テスト）
	③提示された事例について，利用者の生活やニーズに合ったサービスの活用を考え他者に説明する。	思	○	③事例の利用者のサービス活用について考え，他者に説明している。 （観察・ワークシート・発表）
	課題：Aさんが望む生活を理解した上で必要とするサービスは何だろうか。			

※　観点…指導（評価）の重点
　　記録…備考に記入されている単元の評価規準に照らして，全員の学習状況を記録に残す授業に○を付す。
注：重点としていない観点についても，教師の指導の改善や生徒の学習改善に生かすために，生徒の学習状況を確認することは重要である。

4　観点別学習状況の評価の進め方

　本事例は，障害者福祉の分野を扱っている。この分野は，これまで障害者福祉が置かれてきた歴史や現状，制度・法的な整備の遅れ，そして何より障害者に対して持っている個人の認識の違いなどについて生徒自身がどのように考えるのかが重要となる。教師が生徒に対して「差別はいけないことだ。」というような考えを押し付けるのではなく，生徒が自ら新たな気づきを持てるような教材や発問，学習支援をしていくことが必要である。よってここでの評価は非常に難しいものとなる。答え（正解）がないものについての評価となることから，その生徒個人（もしくはグループ）が自分達なりの答えを見出す過程を評価していくような工夫が必要となる。そのため，指導と評価について事前に十分計画を練り，生徒とともに評価を行い，評価を可視化することで，生徒が自らの学習を調整し「主体的に学習に取り組む態度」が育成できるようにしたい。授業のねらい（学習到達目標）を生徒と共有するために様々な評価方法等を活用し「努力を要する」状況の生徒へは，個別最適な指導の手立てを講じ「おおむね満足できる」状況にする必要がある。

（1）観察・発表

　授業内では，生徒同士が意見交換，共有する場面を必ず設定する。全体に発表することを目的とせず，少人数（ペア等）で実施し，他者に話すことで自分の考えを整理し学習の振り返りができるようにする。発見した課題に対して「なぜ，どうして」などの根拠や「こうしたら上手くいく」などの解決に向けた考察が意見交換を通して繰り返し行われ，考えを吟味し深い学びになっていることを見取る。個人の取組として，観察だけでなくワークシート等への取組も含めて，一人で考える

こと，他者と意見交換し議論を深めていること等，考えるべき時に主体的に取り組んでいるかを評価する。

　生徒の学習の定着には，生徒自身が他者に教えること（教えられるようになること）も効果がある。他者と学びあう場面を設定し，共に学習を深められているかを観察するが，観察自体は評価として，ＡＢＣで図れるものではないことから，その学習の中で，生徒自身がどのように自分の考えを表現したのか，学習を継続していく中で，どのように変容していったのか等を記録に残し，評価を補完するような材料として活用することが望ましい。

（2）ワークシート

　ワークシートは，三つの評価の観点を意識して作成する。「知識・技術」として，教師の話を聞いたり，教科書等の内容をまとめたりする部分，「思考・判断・表現」として，自分の考えや他者の意見などグループやペアでの話し合いの過程で得た学びを記入する部分，「主体的に学習に取り組む態度」として，繰り返し考え他者と話し合うことで最適解にたどり着こうとしている思考過程や，授業内容を通して得た新たな気付きなどに主体的に取り組もうとしている内容を記入する部分を取り入れたワークシートを提出させ，評価を行う。

（3）テスト

　単元ごとのテストや定期考査は，「知識・技術」，「思考・判断・表現」を問う内容とする。単元テストでは，点数を評価するだけでなく，学習内容の定着を知り，生徒の理解を教師が知る手立てとなる。単元テスト後は，なるべく早い段階で振り返り等を行うことが効果であるが，教師による答え合わせの他，生徒同士で答え合わせを行うことも効果的である。生徒自身が解説を加え，お互いに教え合うことで学習の定着につながる。

観点	「おおむね満足できる」状況（B）※学習活動に即した評価規準	「十分満足できる」状況（A）と判断した具体例	「努力を要する」状況（C）と判断した生徒への指導の手立て
知識・技術	・「合理的配慮」の対象，義務，実施のプロセスの項目のうち，二つの項目について，おおむね整理している。	・「合理的配慮」の対象，義務，実施のプロセスすべての項目について具体的に整理している。	・整理するための資料の見方について一緒に確認し，それぞれの項目をさらに細分化し分かりやすい項目を立てる。
	・障害者に関する社会福祉サービスの全体像をおおむね理解し，様々な制度が利用者の生活を支えていることを理解している。	・障害者に関する社会福祉サービスの全体像を十分理解し，利用者の生活を支えている制度を具体的に理解している。	・障害者が利用する制度についてカテゴリーを絞って提示し，利用者の生活を支えている制度の具体例を示す。
	・障害者総合支援制度創設の背景について，おおむね理解している。	・障害者総合支援制度創設の背景を障害者自立支援制度や障害者の権利に関する条約と合わせて理解している。	・障害者総合支援制度創設の背景について教科書の図表を用いて再度説明し，理解を促す。
	・障害者総合支援制度のおもな内容と障害者自立支援制度からの改正点について，おおむねまとめている。	・障害者総合支援制度のおもな内容と障害者自立支援制度からの改正点について，二つの制度の特徴を対比させながら具体的にまとめている。	・まとめる内容について分かりやすく項目を立てる。改正点についてはポイントを伝えまとめさせる。
	・障害者総合支援制度における自立支援給付と地域生活支援事業の内容について，おおむね理解している。	・障害者総合支援制度における自立支援給付と地域生活支援事業について，サービスの具体的な内容まで十分理解している。	・障害者総合支援制度における自立支援給付と地域生活支援事業の内容について，教科書の図表を用いて再度説明し，理解を促す。
思考・判断・表現	・優生思想・ノーマライゼーション・自立生活運動について関心を持ち，その根底にある障害者福祉の理念について考え，記述している。	・優生思想・ノーマライゼーション・自立生活運動について関心を持ち，その根底にある障害者福祉の理念について考え，職業人としての倫理観や科学的根拠に基づいて記述している。	・資料の数を絞って提示し，教科書の該当ページを参考に考えるよう促す。
	・優生思想・ノーマライゼーション・自立生活運動について自らの考えをまとめて他者に伝えている。	・優生思想・ノーマライゼーション・自立生活運動について自らの考えを職業人としての倫理観や科学的根拠と照らしてまとめ，他者に伝え	・教科書の該当ページを参考に考えるよう促す。また，他者に伝える内容を明確にする。

			ている。
	・自らが車いすで登校する際のバリアに三つ以上気付き，障害を「社会モデル」で捉えている。	・自らが車いすで登校する際のバリアに五つ以上気付き，バリアを解消する具体的な解決策を考えている。	・自宅が近隣の生徒同士でグループを形成し他者の気付きからヒントを得られるようにする。
	・障害者権利条約，障害者差別解消法に関心を持ち，「合理的配慮」の必要性について自分の考えを記述している。	・障害者権利条約，障害者差別解消法に関心を持ち，「合理的配慮」の必要性について職業人としての倫理観や科学的根拠に基づいて記述している。	・「合理的配慮」が必要な場面の具体例を提示し，思考を促す。
	・「合理的配慮」が必要な場面を一つ以上考え，その解消方法と具体策をまとめている。	・「合理的配慮」が必要な場面を3つ以上考え，その解消方法と具体策を職業人としての倫理観や科学的根拠と照らしてまとめている。	・生徒の生活圏内にある場所（スーパーマーケットや飲食店等）から「合理的配慮」が必要な場面を想像させる。
	・障害者の生活やニーズに合わせた制度の活用について考え，一つ以上提案している。	・障害者の生活やニーズに合わせた制度の活用について考え，職業人としての倫理観や制度の範囲に基づいて三つ以上提案している。	・事例の見方・読み取り方について再度指導し，社会福祉サービスを絞って考えるよう促す。
	・利用者の生活やニーズに合ったサービスの活用について考え，一つ以上提案している。	・利用者の生活やニーズに合ったサービスの活用について考え，職業人としての倫理観やサービスの範囲に基づいて三つ以上提案している。	・事例の見方・読み取り方について再度指導し，障害者総合支援制度のサービスを絞って考えるよう促す。
主体的に学習に取り組む態度	・優生思想・ノーマライゼーション・自立生活運動の資料から，偏見や差別，認識の違い等に自ら気付いている。	・優生思想・ノーマライゼーション・自立生活運動の資料から，偏見や差別，認識の違い等に自ら気付き，その課題の解消について主体的かつ協働的に取り組もうとしている。	・自分の考えを文章化できない場合，資料から読みとったことを言葉で伝えるよう促す。その内容について教師が要約し，少しずつ文章で表現できるよう指導する。
	・優生思想・ノーマライゼーション・自立生活運動についての他者の考え方にふれ，自らの考え方との相違点など多様性に気付いている。	・優生思想・ノーマライゼーション・自立生活運動についての他者の考え方にふれ，自らの考え方との相違点など多様性に気付き，社会福祉課題等の解決に向けて主体的かつ協働的に取り組もうとしている。	・自分の考えと他者の意見をワークシートに記入させ，意見の共通点を認識させる。その後，意見の相違点を気付かせる等，段階を踏む。
	・共生社会の実現のために自らが実践できる行動について一つ以上提案している。	・共生社会の実現のために自らが実践できる行動について具体的に三つ以上提案している。	・生徒の身近な問題や課題を例に挙げながら実践できる行動について考えさせる。

5 観点別学習状況の評価の総括

　評価の総括の場面として単元ごと，学期末，学年末等があげられる。（A）「十分満足できる」（B）「おおむね満足できる」（C）「努力を要する」とし，その評価結果の組合せに基づいて総括する。

　評価は単元ごと等で行い，評価の対象とする内容についても統一してA，B，C等の数値に置き換える。A＝3点，B＝2点，C＝1点として点数化し，各観点別の合計点を各基準の数で除した数値の平均値で示す。平均値2.5以上がA，2.0以上2.5未満がB，2.0未満がCとして評価する。

（評価例）

	知識・技術		思考・判断・表現				主体的に学習に取り組む態度		
	ワークシート	テスト	観察	発表	ワークシート	テスト	観察	発表	ワークシート
1・2時間目			B（2）		B（2）		A（3）	A（3）	B（2）
3時間目	B（2）		A（3）		A（3）	B（2）	B（2）	B（2）	
4時間目	A（3）	B（2）	A（3）		A（3）	B（2）			
5時間目	B（2）	B（2）							
6・7時間目	B（2）	A（3）	A（3）	B（2）	A（3）				
総括	B（2.28）		A（2.54）				B（2.4）		

ワークシートの具体例

＜第1・2時間目のワークシート＞【評価の観点：思考・判断・表現】

興味を持った資料 「障害者施設の建設をめぐる地域住民との対立（施設コンフリクト）」

①この資料を読み，

・建設責任者 ・施設職員 ・地域住民 ・入所希望者（家族）

の立場を踏まえてあなた自身の考えを<u>自由</u>に記入してください。

②グループのメンバーで意見を共有し，考えたことについて記入してください。

	［評価Bの例］	［評価Aの例］	［評価Cの例］
解答	みんなの言うことは，確かにわかった。私は，施設の職員の立場から意見を言ったけど，自分が地域住民だったら，少し不安だし，正直どこか違う場所に建てられないかなと思ってしまう。	それぞれの立場で言い分があった。どの立場の人も納得して建設を続けることや建設を中止することは難しいと思った。私も自分の家の近くに施設ができることになったら，どうして？と思うかもしれない。まずは，地域の中に障害者施設があることを当たり前にするためにできることはないか考える必要があると感じた。	みんなが言っているのと自分も同じだった。難しい問題だ。
評価	他者の意見を受け入れ，自分事として考えることができている。しかし課題に対しての解決策が個人的な意見のみになっているため，「おおむね満足できる」状況（B）とする。	他者の意見を受け入れた上で課題に対して解決策（この時点ではまだ具体例を求めていない）を見つけようとしているため，「十分満足できる」状況（A）とする。	他者の意見を受け入れることができているが，課題を十分に捉えきれていないため，「努力を要する」状況（C）とする。

福祉科　　事例3（社会福祉基礎）

キーワード　指導と評価の計画から評価の総括まで，「主体的に学習に取り組む態度」の評価

単元名	〔指導項目〕
高齢者福祉と介護保険制度	(4) 生活を支える社会保障制度 エ　高齢者福祉と介護保険制度

　本単元では，高齢者福祉と介護保険制度に関わる知識及び技術を身に付けるとともに，自らが居住する地域や生活と関連付けながら現状に関する課題を発見し，解決の方向性を考え行動することから，社会福祉に必要な資源の創造に主体的に取り組む態度を育成することをねらいとしている。

1　単元の目標
(1) 高齢者福祉と介護保険制度の概要と現状について理解するとともに，関連する技術を身に付ける。
(2) 高齢者福祉と介護保険制度の現状に関する課題を発見し，職業人に求められる倫理観を踏まえ科学的根拠に基づいて創造的に解決する。
(3) 高齢者福祉と介護保険制度を地域や生活と関連させて自ら学び，主体的かつ協働的に取り組む。

2　単元の評価規準

知識・技術	思考・判断・表現	主体的に学習に取り組む態度
高齢者福祉と介護保険制度の概要と現状について理解しているとともに，関連する技術を身に付けている。	高齢者福祉と介護保険制度の現状に関する課題を発見し，職業人に求められる倫理観を踏まえ科学的根拠に基づいて創造的に解決している。	高齢者福祉と介護保険制度を地域や生活と関連させて自ら学び，主体的かつ協働的に取り組もうとしている。

3　指導と評価の計画（16時間）
ア　社会保障制度の意義と役割 ･････････････････････････････ 5時間
イ　生活支援のための公的扶助 ･････････････････････････････ 7時間
ウ　児童家庭福祉と社会福祉サービス ･･･････････････････････ 4時間
エ　高齢者福祉と介護保険制度 ･････････････････････････････16時間　事例
　(1) 人口の高齢化と高齢者福祉，高齢者の健康保持と社会参加 ･･･････････（2時間）
　(2) 介護保険制度，高齢者の在宅サービス ･････････････････････（7時間）
　(3) 認知症ケア ･･･（3時間）
　(4) 介護保険施設，老人福祉施設その他 ･･･････････････････（1時間）
　(5) 高齢者の地域生活を支える各種サービス，高齢者福祉の将来 ･･････（3時間）
オ　障害者福祉と障害者総合支援制度 ･･･････････････････････ 7時間
カ　介護実践に関連する諸制度 ･････････････････････････････ 4時間

時間	【ねらい】・学習活動	評価 観点	評価 記録	備考（評価規準・評価方法）

（1）人口の高齢化と高齢者福祉，高齢者の健康保持と社会参加

〔ねらい〕わが国の人口動態を理解するとともに，高齢化の特徴と要因，自らの住む地域の課題について考える。

時間	【ねらい】・学習活動	観点	記録	備考（評価規準・評価方法）
1・2	①我が国の高齢化の特徴について「戦後の復員」「高度経済成長」の語を用いて説明する。	知	○	①高齢化の特徴について，「戦後の復員」「高度経済成長」の語を用いて説明している。【ワークシート】【定期考査（小テスト）】
	②人口の年齢別構成に関心をもち，自らの住む地域の社会福祉課題について考える。	思	○	②将来の人口構成から，自らの住む地域の社会福祉課題について考えている。【ワークシート】
	③介護予防及び高齢者の社会参加の意義について考えたことを他者に説明する。	思		③介護予防及び高齢者の社会参加の意義について説明している。【観察】
	④介護予防及び高齢者の社会参加について，自らの考えをまとめた後，グループで意見交換し，特徴と課題をまとめる。	思	○	④自らの考えをまとめ，適切な方法で相手に伝えながら，グループで共有した意見を含めて自分の考えをまとめている。【観察】【発表】【ワークシート】
	⑤学んだことや自己評価を，振り返りシートに記入する。	態	○	⑤自らの住む地域の課題に進んで関心を持ち，その解決に向けて粘り強く取り組もうとしている。【振り返りシート】

（2）介護保険制度，高齢者の在宅サービス

〔ねらい〕介護保険制度の概要を理解し，地域包括ケアの体制づくりと福祉専門職の関わりについて考える。

時間	【ねらい】・学習活動	観点	記録	備考（評価規準・評価方法）
3〜9	①保険者が発行している手引書などを参考に，介護保険サービスの申請から利用までの流れを知り，他者に説明する。	知	○	①介護保険サービスの申請から利用までの流れを整理し，他者に説明している。【観察】【定期考査（小テスト）】
	②介護保険被保険者証の見本や認定調査票を確認しながら，介護支援専門員によるケアプランが作成されていく過程を理解する。	知	○	②介護保険サービスにおける介護支援専門員の役割を知り，ケアプラン作成の過程を理解している。【ワークシート】【定期考査（小テスト）】
	③【ゲストスピーカー：介護支援専門員】介護支援専門員が利用者及び家族とどのように関わり，サービス	思	○	③介護支援専門員の話から，介護・福祉職に求められるコミュニケーション技術について具体的に考えられている。【観察】【ワークシート】

	学習活動	観点		評価規準・評価方法
	を提案しているのかを実際に聴き取り，介護・福祉職に求められるコミュニケーション技術について考える。			
	④高齢者虐待に関する報道に触れ，高齢者虐待が抱える問題点を考え，他者に説明する。	思		④高齢者虐待が増加している状況とその養護者に関する支援の必要性を考え，他者に説明している。　　　　　　　　　　【観察】
	⑤【フィールドワーク：地域包括支援センター】地域包括支援センターに施設見学に伺い，地域包括支援センターの役割や特徴を理解する。	知	○	⑤地域包括支援センターの役割や特徴について，職員の話を聴き取り理解している。　　　　　　　　　　　【ワークシート】
	・地域包括支援センターの役割である権利擁護に着目し，高齢者虐待を取り巻く課題とその解決策について考える。	思	○	高齢者虐待などから高齢者の権利を守るための方策について考えている。　　　【ワークシート】【定期考査（小テスト）】
	⑥学んだことや自己評価を，振り返りシートに記入する。	態	○	⑥高齢者を取り巻く課題について進んで関心を持ち，その解決に向けて粘り強く取り組もうとしている。　　　【振り返りシート】

（3）認知症ケア

〔ねらい〕認知症の原因疾患と症状を理解する。認知症との共生について考える。

	学習活動	観点		評価規準・評価方法
10〜12	①認知症の原因疾患と症状を理解する。	知	○	①認知症の原因疾患と症状について理解している。　　【ワークシート】【定期考査（小テスト）】
	②認知症の利用者に対する具体的な対応を考えロールプレイングで発表する。	思		②利用者の安全安楽を妨げる要因と適切な対応について考え，それぞれの役割を理解しながら演じている。　　　　　　　【観察】【発表】
	③ロールプレイングの発表についてグループで意見交換し，対応の特徴と課題をまとめる。	思		③自らの考えをまとめ，適切な方法で相手に伝えながら，グループで共有した意見を含めて自分の考えをまとめている。　　　　　　　　　　【観察】【発表】【ワークシート】
	④インターネット等を活用し，認知症の「予防」と「共生」について調べ，今後の社会の在り方を考える。	思	○	④認知症施策について調べ，認知症の「予防」と「共生」をキーワードに今後の社会の在り方について考えている。　　　　　【ワークシート】
	⑤学んだことや自己評価を，振り返りシートに記入する。	態	○	⑤認知症との共生について進んで関心を持ち，自身の学習がより良いものとなるよう調整しようとしている。　　　　　　　【振り返りシート】

	（4）介護保険施設，老人福祉施設その他 〔ねらい〕介護保険施設と老人福祉施設について理解し，それぞれの施設の特徴を比較する。			
13	①介護保険施設や老人福祉施設等における高齢者の暮らしについて理解する。	知	○	①各施設の事業内容と利用に関する諸条件から，高齢者の暮らしについて理解している。 【ワークシート】【定期考査（小テスト）】
	②利用者の状況やニーズに応じた施設を考え選択する。	思	○	②利用者のニーズや本人の置かれている状況（経済的理由，身体機能等）と介護保険施設，老人福祉施設の役割とを理解し，利用者のニーズに応じた施設を適切に選択している。　【ワークシート】
	③それぞれの施設の特徴を比較しながら，分かりやすいようにまとめて発表する。	思		③他者に分かりやすいように工夫しまとめ，発表している。　　　　　　　　　　　【発表】
	④学んだことや自己評価を，振り返りシートに記入する。	態	○	④高齢者の住まいについて進んで関心を持ち，自身の学習がより良いものとなるよう調整しようとしている。　　　　　【振り返りシート】
	（5）高齢者の地域生活を支える各種サービス，高齢者福祉の将来 〔ねらい〕高齢者が住み慣れた地域で生活するための諸制度を理解する。今後の高齢者福祉の在り方について考える。			
14 〜 16	①地域包括ケアシステムの概要について理解する。	知	○	①地域包括ケアシステムの概要について理解している。【ワークシート】【定期考査（小テスト）】
	②【ゲストスピーカー：生活支援コーディネーター】 　生活支援コーディネーターから地域の現況と課題を聴き取り，今後の高齢者福祉の在り方について考える。	思	○	②地域の具体的な支援事例に触れながら，現在の課題と今後の高齢者福祉の在り方について考えている。　　　　　　　【ワークシート】
	③グループで意見交換し，課題と解決策に優先順位をつけ，模造紙等にまとめ，発表する。	思	○	③生徒同士で意見交換し，優先すべき事項や解決策について考え，他者にわかりやすいよう工夫しまとめ，発表している。　【観察】【発表】
	④他グループの発表との共通点や相違点を見つけ，今後の高齢者福祉のより良い方向性について考える。	思	○	④発表内容の共通点と相違点を見つけ，高齢者福祉のより良い方向性を考えている。 【ワークシート】
	⑤学んだことや自己評価を，振り返りシートに記入する。	態	○	⑤高齢者福祉に関する現在の課題について進んで関心を持ち，その解決に向けて粘り強く取り組もうとしている。　　【振り返りシート】

※　観点…指導（評価）の重点
　　記録…備考に記入されている単元の評価規準に照らして，全員の学習状況を記録に残す授業に○を付す。
注：重点としていない観点についても，教師の指導の改善や生徒の学習改善に生かすために，生徒の学習状況を確認することは重要である。

福祉科
第3編
事例3

4 観点別学習状況の評価の進め方

　本事例では，高齢化の特徴から認知症ケア，介護保険施設及び老人福祉施設の特徴に至るまで幅広い内容を取り扱い，学習内容の各場面を通じて，「知識及び技術」「思考力・判断力・表現力等」「学びに向かう力や人間性等」の育成すべき資質・能力を身に付けさせていく構成となっている。また，「社会福祉に必要な資源の創造に主体的に取り組む態度を育成すること」を単元のねらいとしていることから，小単元ごとに，学んだことや自己評価を振り返りシートに記入させている。このことにより，教師が「主体的に学習に取り組む態度」の評価を行うだけでなく，生徒自身が自らの学習を振り返り，主体的・能動的に学習を進めることができる。

（1）知識・技術

　教科書の内容を理解し，ワークシートに記入する場面，福祉専門職の話から学習内容を理解しワークシートにまとめる場面において「知識・技術」の評価を行う。また，定期考査を用いて評価を行う際には，事実的な知識の習得を問う問題と，知識の概念的理解を問う問題とのバランスに配慮して出題する。例えば，介護保険分野では，給付の種類と内容について穴埋め問題で適切な語を解答させたり，語句を組み合わせて解答させたりする問題，介護保険サービスの申請から利用までの流れを文章で説明させる問題等を出題し多角的に評価を行う。また，小テストは小単元ごとに実施し事実的な知識の習得を問う問題を中心に出題することで，生徒の学習定着度を高めるとともに，評価の際に生徒の解答の傾向等を把握し授業改善につなげていく。

（2）思考・判断・表現

　本事例では，教師が座学による授業を行った後，グループ活動やペアワークで話し合い発表する機会を設定している。座学で身に付けた知識を活用して，社会福祉課題の解決策等に向けて自分で考えたり，他者と意見を交換したりすることでより良い解決の方向性を見出すことができる。具体的な評価の方法としては，ワークシートへの記述や発表等の内容について評価する方法，グループ活動やペアワークの場面において，評価規準が求めている発言や行動等が行われているかを観察する方法が考えられる。また，10〜12時間目の「（3）認知症ケア」では認知症利用者に対する具体的な対応方法を考えロールプレイングで発表する場面を設定しており，それぞれの役割を理解しながら演じることができたかについても評価を行う。留意しておきたいのは，事前に教師間で具体的な評価の場面や想定される生徒の姿などについて共有しておく必要があるということである。例えばグループ活動やペアワークの場面においてどのような発言や行動を見取るのか，「努力を要する」状況の生徒に対してどのような手立てを講じるのか等について共通認識を図る必要がある。また，積極的に発言していることや，話し合いのまとめ役をしていることなど生徒の性格や行動面の傾向が一時的に表出された場面を切り取って評価することは，この観点の評価にはなじまないということも留意したい。

（3）主体的に学習に取り組む態度

　この観点では，生徒が知識及び技術を獲得したり，思考力，判断力，表現力等を身に付けたりすることに向けて粘り強く学習に取り組もうとしている側面や，その粘り強い取組を行う中で，自らの学習を調整しようとする側面について評価を進める。そのため，他の観点に関わる生徒の学習状況と照らし合わせながら学習や指導の改善を図る必要がある。粘り強さや学習の調整については1時間の授業の様子のみで評価できるものではないことから，本事例では，小単元ごとに生徒が記入する「振り返りシート」の記述を中心に評価を行う。具体的には，第2時間目の授業の最後に，自

らの住む地域の社会福祉課題について考える上で感じたことや考えたことについて「より理解を深めるために…」「○○についてさらに調べ…」など，粘り強く学習に取り組もうとしている部分を読み取り，評価している。第12時間目の授業の最後には，認知症の方への対応方法について考えるにあたり，思い通りに進んだ場面，思い通りにならなかった場面とその際の自身の行動について記入させ，「○○の場面についてもう一度考え…」「他のグループの発表を聞いて○○について改善を…」といった内容から，自己調整を図っている部分を読み取り評価している。留意すべきは，振り返りシートの内容のみを捉えて評価するのではなく，教師が授業中の生徒の様子について行動観察することも合わせて行い評価することである。

振り返りシートには，生徒自身が学習目標に対して自己評価を行う部分を設ける。自己評価することにより，自らの学習を振り返る機会を与えると同時に，教師がコメントを書き込んだり直接指導したりすることにより，次の学習への見通しを立てさせる。自己評価をそのまま学習評価に取り入れることは適切ではないが，生徒の学習の改善につなげることができる。

観点	「おおむね満足できる」状況（B） ※学習活動に即した評価規準	「十分満足できる」状況（A）と判断した具体例	「努力を要する」状況（C）と判断した生徒への指導の手立て
知識・技術	・高齢化の特徴について，「戦後の復員」「高度経済成長」の語を用いておおむね説明している。	・高齢化の特徴について，「戦後の復員」「高度経済成長」の語を用いて，時代背景を含めて具体的に説明している。	・高齢化の特徴について，箇条書きで挙げさせる。戦後から高度経済成長期までの日本の様子について年代を区切って再度説明する。
	・介護保険サービスの申請から利用までの流れをおおむね整理し，他者に説明している。	・介護保険サービスの申請から利用までの流れを適切に整理し，他者に分かりやすく説明している。	・介護保険サービスの申請から利用までの流れについて，教科書の図表を用いて再度説明し，理解を促す。
	・ケアプラン作成の流れについて理解している。	・ケアプラン作成の過程について，各過程の内容と留意点を含めて十分理解している。	・教科書の図表を用いて各過程に分けて再度説明する。
	・地域包括支援センターの役割をおおむね理解し，特徴について一つ以上挙げている。	・地域包括支援センターの役割を十分理解し，特徴について三つ以上挙げている。	・教科書の該当ページを参考に地域包括支援センターの役割を一つずつ確認させる。
	・認知症の原因疾患とその症状について，おおむね理解している。	・認知症の原因疾患とその症状について十分理解し，原因疾患の特徴や症状を比較している。	・教科書の該当ページを参考に認知症の原因疾患を一つずつ確認させる。
	・介護保険施設と老人福祉施設の各施設の事業内容と利用に関する諸条件を踏まえ，高齢者の暮らしについておおむね理解している。	・介護保険施設と老人福祉施設の各施設の事業内容と利用に関する諸条件を比較した上で，高齢者の暮らしについて十分理解している。	・「介護保険施設」「老人福祉施設」の違いについて確認させてから，それぞれの事業内容等の理解を促す。
	・地域包括ケアシステムの概要について，おおむね理解している。	・地域包括ケアシステムの概要について，「介護」「住まい」「医療」など各分野についても十分理解している。	・地域包括支援システムについて視聴覚教材を活用して理解を促す。
思考・判断・表現	・将来の人口構成から，自らの住む地域の社会福祉課題を一つ以上考えている。	・将来の人口構成から，自らの住む地域の社会福祉課題を三つ以上考えている。	・自宅が近隣の生徒同士でグループを形成し他者の気付きからヒントを得られるようにする。
	・介護予防及び高齢者の社会参加の意義について説明している。	・介護予防及び高齢者の社会参加の意義について職業人としての倫理観や科学的根拠に基づいて具体的に説明している。	・教科書の該当ページを参考に介護予防及び高齢者の社会参加の意義について一つずつ確認させる。
	・介護予防及び高齢者の社会参加の意義について，他者の考えを交えて，さらに自分の考えをまとめている。	・介護予防及び高齢者の社会参加の意義について，他者の考えとの共通点や相違点に着目し，さらに自分の考えをまとめている。	・介護予防及び高齢者の社会参加の意義について，他者の考えとの共通点や相違点を挙げさせる。
	・介護・福祉職に求められるコミュニケーション技術について考えている。	・介護・福祉職に求められるコミュニケーション技術について職業人としての倫理観や科学的根拠に基づいて具体的に考えている。	・友人同士などで活用する一般的なコミュニケーションを例に挙げ，思考を促す。
	・高齢者虐待が増加している状況とその養護者に関する支援の必要性を考え，他者に説明している。	・高齢者虐待が増加している状況とその養護者に関する支援の必要性について，職業人としての倫理観や科学的根拠に基づいて具体的に考え，他者に分かりやすく説明している。	・高齢者虐待について視聴覚教材を活用して理解を促す。

・消費者被害や高齢者虐待などから高齢者の権利を守るための方策について、一つ以上考えている。	・消費者被害や高齢者虐待などから高齢者の権利を守るための方策について、三つ以上考えている。	・消費者被害や高齢者虐待について視聴覚教材を活用して理解を促す。
・認知症利用者の安全・安楽を妨げる要因と適切な対応方法について考え、自分の役割を理解しながら演じている。	・認知症利用者の安全・安楽を妨げる要因と適切な対応方法について考え、それぞれの役割を理解しながら演じている。	・教科書の該当ページを参考に認知症利用者の安全・安楽を妨げる要因と適切な対応方法について一つずつ確認させる。
・認知症の方への対応について、自らの考えをまとめ、グループで共有した意見を含めて自分の考えをまとめている。	・認知症の方への対応について、自らの考えをまとめ、適切な方法で相手に伝えながら、グループで共有した意見を含めて自分の考えをまとめている。	・認知症の方への対応について、他者の考えとの共通点や相違点を挙げさせる。
・認知症施策について「予防」と「共生」をキーワードに今後の社会の在り方について考えている。	・認知症施策について「予防」と「共生」をキーワードに今後の社会の在り方について、職業人としての倫理観や科学的根拠に基づいて具体的に考えている。	・教科書の該当ページを参考に認知症施策の「予防」と「共生」それぞれの観点について一つずつ確認させる。
・利用者のニーズに応じた施設を適切に選択している。	・利用者のニーズや本人の置かれている状況と介護保険施設、老人福祉施設の役割とを理解し、利用者のニーズに応じた施設を適切に選択している。	・「介護保険施設」「老人福祉施設」の違いについて確認させてから、それぞれの事業内容等の理解を促す。
・介護保険施設、老人福祉施設それぞれの特徴についてまとめ、発表している。	・介護保険施設、老人福祉施設それぞれの特徴について比較しまとめ、分かりやすく発表している。	・他者のまとめ、発表の様子から参考になる部分を提示し、再度まとめを促す。
・地域の課題と今後の高齢者福祉の在り方について考えている。	・地域の課題と今後の高齢者福祉の在り方について職業人としての倫理観や科学的根拠に基づいて具体的に考えている。	・地域の課題について分かりやすいものに絞って提示する。その課題についてインターネット等を活用して調べさせ思考を促す。
・地域課題について、優先すべき事項や解決策について考えてまとめ、発表している。	・地域課題について、科学的根拠に基づいて優先事項を挙げ、その解決策について具体的に考えてまとめ、分かりやすく発表している。	・優先事項を決める際のポイントを伝える。まとめ・発表については、他者の様子から参考になる部分を提示し、再度まとめを促す。
・高齢者福祉のより良い方向性について考えている。	・高齢者福祉のより良い方向性について、職業人としての倫理観や科学的根拠に基づいて具体的に考えている。	・自分の考えを文章化できない場合、まずは言葉で伝えるよう促し、少しずつ文章で表現できるよう支援する。
主体的に学習に取り組む態度 ・自らの住む地域の課題に進んで関心を持ち、その解決に向けておおむね粘り強く取り組もうとしている。	・自らの住む地域の課題に進んで関心を持ち、その解決に向けて粘り強く取り組もうとしている。	・授業の目標を確認する。学習の内容について理解が不足していた部分や思い通りにならなかった場面、関心を持った事柄について言葉でやりとりしながら振り返りを促す。
・高齢者を取り巻く課題について進んで関心を持ち、その解決に向けておおむね粘り強く取り組もうとしている。	・高齢者を取り巻く課題について進んで関心を持ち、その解決に向けて粘り強く取り組もうとしている。	・授業の目標を確認する。学習の内容について理解が不足していた部分や思い通りにならなかった場面、関心を持った事柄について言葉でやりとりしながら振り返りを促す。
・認知症との共生について進んで関心を持ち、自身の学習がより良いものとなるようおおむね調整しようとしている。	・認知症との共生について進んで関心を持ち、自身の学習がより良いものとなるよう調整しようとしている。	・授業の目標を確認する。学習の内容について理解が不足していた部分や思い通りにならなかった場面、関心を持った事柄について言葉でやりとりしながら振り返りを促す。
・高齢者の住まいについて進んで関心を持ち、自身の学習がより良いものとなるようおおむね調整しようとしている。	・高齢者の住まいについて進んで関心を持ち、自身の学習がより良いものとなるよう調整しようとしている。	・授業の目標を確認する。学習の内容について理解が不足していた部分や思い通りにならなかった場面、関心を持った事柄について言葉でやりとりしながら振り返りを促す。
・高齢者福祉に関する現在の課題について進んで関心を持ち、その解決に向けておおむね粘り強く取り組もうとしている。	・高齢者福祉に関する現在の課題について進んで関心を持ち、その解決に向けて粘り強く取り組もうとしている。	・授業の目標を確認する。学習の内容について理解が不足していた部分や思い通りにならなかった場面、関心を持った事柄について言葉でやりとりしながら振り返りを促す。

5 観点別学習状況の評価の総括

　本事例では単元ごとに学習活動に即した評価規準により評価を行い、その評価結果のA～Cの総数と割合で総括する。

ア）Cがなく，Aが5割以上の場合はAとする。

イ）Aがなく，Cが5割以上の場合はCとする。

ウ）ア），イ）以外の場合はBとする。

ワークシートの具体例

＜第13時間目のワークシート＞【評価の観点：思考・判断・表現】

3　以下の事例では，どの介護保険施設，老人福祉施設の施設利用の可能性があるでしょうか。
　理由を挙げて説明してみましょう。

（1）Aさん（67歳）　経済的理由から自宅で生活するのが困難との相談があった。

	［評価Bの例］	［評価Aの例］	［評価Cの例］
解答	【養護老人ホーム】 養護老人ホームの入所基準に「環境上の理由及び経済的理由により自宅での生活が困難な者」とあるので，Aさんが施設を利用できる可能性がある。	【養護老人ホーム】 養護老人ホームの入所基準に「環境上の理由及び経済的理由により自宅での生活が困難な者」とある。経済的理由とは，生活保護を受けている場合や災害などのため生活が困窮している場合は指すので，この条件にAさんが当てはまり，かつ環境上の理由もあればこの施設を利用できる可能性が高い。	【有料老人ホーム】 有料老人ホームは，，自宅で生活できない方が入る施設だから。
評価	利用者のニーズに応じた施設を適切に選択しているため，「おおむね満足できる」状況（B）とする。	施設の入所基準について具体的に説明しながら，利用者のニーズに応じた施設を適切に選択しているため，「十分満足できる」状況（A）とする。	施設の役割を十分に捉えきれておらず，利用者のニーズや本人の置かれている状況と，施設選択が結び付いていないため，「努力を要する」状況（C）とする。

振り返りシートの具体例

＜第12時間目の振り返りシート＞【評価の観点：主体的に学習に取り組む態度】

3　自己評価と学習の状況などを記入しましょう

項　目	自己評価	学習の状況・自己評価の理由・今後に活かしたいこと
① 授業の目標を達成することができた	B	
② 主体的に授業に取り組むことができた	A	
③ 他者と協力することができた	B	
④ 計画通りすすめることができた	B	

	［評価Bの例］	［評価Aの例］	［評価Cの例］
解答	認知症の原因疾患と症状についてよく理解できた。ロールプレイングではそれぞれの役割を理解ししっかり取り組むことができた。他のグループの発表を見て認知症の方への声掛けの方法について新たな発見があったので今後に生かしたい。	常同行動の対応について自分でも調べてみた。常同行動の対応には「無理に止めない」という選択肢もあると分かったので，ロールプレイングに取り入れた。私たちのグループは声掛けの「言葉」に着目して演じていたが，声を掛ける際の位置（利用者の方の正面に位置し視界に入る）に意識しているグループがあったので，今後に生かしたい。	ロールプレイングでは利用者役を演じた。 授業で学んだことを今後に生かしたい。
評価	学習に対して主体的に取り組み，自身の学習がより良いものとなるよう努めている部分を見取ることができるため，「おおむね満足できる」状況（B）とする。	学習に対して粘り強く取り組んでいる態度や，自身の学習をより良くするための手立てを具体的に見取ることができるため，「十分満足できる」状況（A）とする。	学習に対して主体的に取り組んでいる様子を見取ることができない。「今後に生かしたい」という記述はあるものの，具体的な内容を見取ることができないため，「努力を要する」状況（C）とする。

※振り返りシートを活用した評価：振り返りシートの内容のみを捉えて評価するのではなく，授業中の行動観察などと合わせて評価する。

巻末資料

評価規準，評価方法等の工夫改善に関する調査研究について

令和 2 年 4 月 13 日　国立教育政策研究所長裁定

令和 2 年 6 月 25 日　一　　部　　改　　正

1　趣　旨

　学習評価については，中央教育審議会初等中等教育分科会教育課程部会において「児童生徒の学習評価の在り方について」（平成 31 年 1 月 21 日）の報告がまとめられ，新しい学習指導要領に対応した，各教科等の評価の観点及び評価の観点に関する考え方が示されたところである。

　これを踏まえ，各小学校，中学校及び高等学校における児童生徒の学習の効果的，効率的な評価に資するため，教科等ごとに，評価規準，評価方法等の工夫改善に関する調査研究を行う。

2　調査研究事項

（1）評価規準及び当該規準を用いた評価方法に関する参考資料の作成

（2）学校における学習評価に関する取組についての情報収集

（3）上記（1）及び（2）に関連する事項

3　実施方法

　調査研究に当たっては，教科等ごとに教育委員会関係者，教師及び学識経験者等を協力者として委嘱し，2 の事項について調査研究を行う。

4　庶　務

　この調査研究にかかる庶務は，教育課程研究センターにおいて処理する。

5　実施期間

　令和 2 年 5 月 1 日〜令和 3 年 3 月 31 日

　令和 3 年 4 月 16 日〜令和 4 年 3 月 31 日

巻末
資料

評価規準，評価方法等の工夫改善に関する調査研究協力者（五十音順）

（職名は令和3年4月現在）

［農業］
石塚　洋平　神奈川県立吉田島高等学校教諭
遠藤　智子　福島県教育庁高校教育課指導主事
片山南美子　都立農産高等学校主任教諭
田村　智美　埼玉県立熊谷農業高等学校教諭
德田　安伸　明治大学客員教授
丸橋　千尋　群馬県立利根実業高等学校教諭
渡邊　朋幸　千葉県立銚子商業高等学校定時制教頭

［工業］
池田なな子　埼玉県立川越工業高等学校教諭
栗田　泉　神奈川県立磯子工業高等学校総括教諭
佐々木　理　千葉県立京葉工業高等学校教諭
清水　雅己　埼玉県立大宮工業高等学校長
菅波　良征　栃木県立足利工業高等学校教諭
鈴木　湧万　茨城県立波崎高等学校教諭
關口　真　群馬県立前橋工業高等学校教諭
福山　延昭　神奈川県立横須賀工業高等学校総括教諭

［商業］
会津　拓也　東京都立第五商業高等学校主任教諭
青山　将典　愛知県立豊橋商業高等学校教諭
石関　英樹　太田市立太田高等学校教頭
髙栁　昌史　群馬県教育委員会事務局高校教育課指導主事
山科　博子　富山県立高岡商業高等学校教諭

［水産］
木村　文昭　青森県教育庁学校教育課指導主事
杳澤　幸徳　愛知県立三谷水産高等学校教諭
小池　真純　神奈川県教育委員会教育局指導部高校教育課グループリーダー兼指導主事
鈴木　康夫　愛媛県立宇和島水産高等学校教諭
藤原　啓太　静岡県立焼津水産高等学校教諭

［家庭］
市毛　祐子　実践女子大学教授　　　　　　　　　　　　　　　　　　　（令和3年4月1日から）
大森　陽子　栃木県立宇都宮白楊高等学校教頭
金内　佳子　千葉県立佐倉東高等学校教諭
倉本　貴恵　青森県総合学校教育センター産業教育課指導主事
澤田　尚子　岐阜県教育委員会学校支援課課長補佐
畑　和美　東京都立忍岡高等学校主任教諭

［看護］
大塚　真弓　埼玉県立常盤高等学校教諭
河合　絵里　千葉県立幕張総合高等学校教諭
鈴木富美子　茨城県立協和特別支援学校教頭
松本和歌子　宮城県白石高等学校教諭（前青森県立黒石高等学校教諭）
米澤真理子　富山県立富山いずみ高等学校教諭

［情報］
小﨑　誠二　奈良教育大学教職大学院准教授
鹿野　利春　京都精華大学教授　　　　　　　　　　　　　　　　　　　（令和3年4月1日から）
竹中　章勝　奈良女子大学非常勤講師
森本　康彦　東京学芸大学教授
湯澤　一　山形県立酒田光陵高等学校教諭
和田　祐二　東京都立新宿山吹高等学校主幹教諭

学習指導要領等関係資料について

　学習指導要領等の関係資料は以下のとおりです。いずれも，文部科学省や国立教育政策研究所のウェブサイトから閲覧が可能です。スマートフォンなどで閲覧する際は，以下の二次元コードを読み取って，資料に直接アクセスすることが可能です。本書と併せて是非御覧ください。

① 学習指導要領，学習指導要領解説　等
② 中央教育審議会答申「幼稚園，小学校，中学校，高等学校及び特別支援学校の学習指導要領等の改善及び必要な方策等について」(平成28年12月21日)
③ 中央教育審議会初等中等教育分科会教育課程部会報告「児童生徒の学習評価の在り方について」(平成31年1月21日)
④ 小学校，中学校，高等学校及び特別支援学校等における児童生徒の学習評価及び指導要録の改善等について(平成31年3月29日30文科初第1845号初等中等教育局長通知)
　　　　　　　　　　　　　　　　　※各教科等の評価の観点等及びその趣旨や指導要録(参考様式)は，同通知に掲載。
⑤ 学習評価の在り方ハンドブック(小・中学校編)(令和元年6月)
⑥ 学習評価の在り方ハンドブック(高等学校編)(令和元年6月)
⑦ 平成29年改訂の小・中学校学習指導要領に関するQ&A
⑧ 平成30年改訂の高等学校学習指導要領に関するQ&A
⑨ 平成29・30年改訂の学習指導要領下における学習評価に関するQ&A

巻末
資料

① ② ③
④ ⑤ ⑥
⑦ ⑧ ⑨

学習評価の
在り方
ハンドブック

高等学校編

学習指導要領　学習指導要領解説

学習評価の基本的な考え方

学習評価の基本構造

総合的な探究の時間及び特別活動の評価について

観点別学習状況の評価について

学習評価の充実

Q&A　－先生方の質問にお答えします－

文部科学省　国立教育政策研究所教育課程研究センター

学習指導要領

学習指導要領とは, 国が定めた「教育課程の基準」です。

（学校教育法施行規則第52条, 74条, 84条及び129条等より）

■学習指導要領の構成
〈高等学校の例〉

前文　第1章　総則
　　　第2章　各学科に共通する各教科
　　　　第1節　国語
　　　　第2節　地理歴史
　　　　第3節　公民
　　　　第4節　数学
　　　　第5節　理科
　　　　第6節　保健体育
　　　　第7節　芸術
　　　　第8節　外国語
　　　　第9節　家庭
　　　　第10節　情報
　　　　第11節　理数
　　　第3章　主として専門学科において
　　　　　　　開設される各教科
　　　　第1節　農業
　　　　第2節　工業
　　　　第3節　商業
　　　　第4節　水産
　　　　第5節　家庭
　　　　第6節　看護
　　　　第7節　情報
　　　　第8節　福祉
　　　　第9節　理数
　　　　第10節　体育
　　　　第11節　音楽
　　　　第12節　美術
　　　　第13節　英語
　　　第4章　総合的な探究の時間
　　　第5章　特別活動

総則は, 以下の項目で整理され, 全ての教科等に共通する事項が記載されています。

- ● 第1款　高等学校教育の基本と教育課程の役割
- ● 第2款　教育課程の編成
- ● 第3款　教育課程の実施と学習評価 ← 学習評価の実施に当たっての配慮事項
- ● 第4款　単位の修得及び卒業の認定
- ● 第5款　生徒の発達の支援
- ● 第6款　学校運営上の留意事項
- ● 第7款　道徳教育に関する配慮事項

各教科等の目標, 内容等が記載されています。

（例）第1節　国語
- ● 第1款　目標
- ● 第2款　各科目
- ● 第3款　各科目にわたる指導計画の作成と内容の取扱い

　平成30年改訂学習指導要領の各教科等の目標や内容は, 教育課程全体を通して育成を目指す資質・能力の三つの柱に基づいて再整理されています。

ア　何を理解しているか, 何ができるか
　　（生きて働く「知識・技能」の習得）
　　※職業に関する教科については, 「知識・技術」

イ　理解していること・できることをどう使うか（未知の状況にも対応できる「思考力・判断力・表現力等」の育成）

ウ　どのように社会・世界と関わり, よりよい人生を送るか
　　（学びを人生や社会に生かそうとする「学びに向かう力・人間性等」の涵養）

平成30年改訂「高等学校学習指導要領」より

詳しくは, 文部科学省Webページ「学習指導要領のくわしい内容」をご覧ください。
（http://www.mext.go.jp/a_menu/shotou/new-cs/1383986.htm）

学習指導要領解説

学習指導要領解説とは,大綱的な基準である学習指導要領の記述の意味や解釈などの詳細について説明するために,文部科学省が作成したものです。

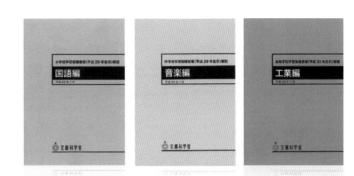

■学習指導要領解説の構成
〈高等学校 国語編の例〉

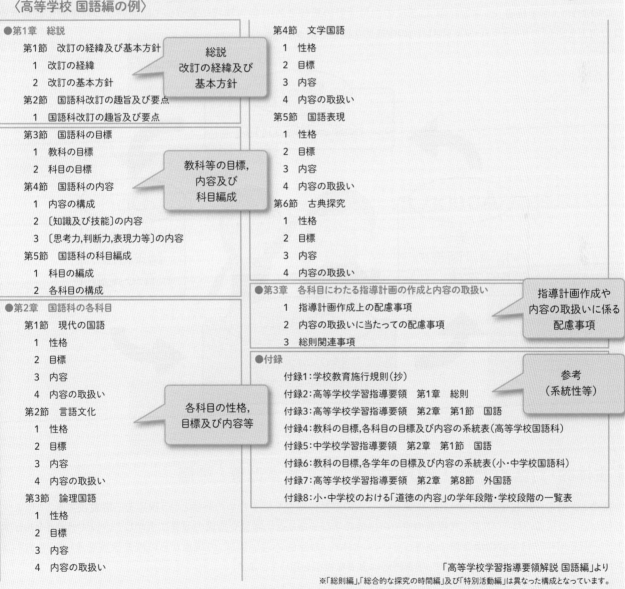

●第1章　総説
第1節　改訂の経緯及び基本方針
　　1　改訂の経緯
　　2　改訂の基本方針
第2節　国語科改訂の趣旨及び要点
　　1　国語科改訂の趣旨及び要点
第3節　国語科の目標
　　1　教科の目標
　　2　科目の目標
第4節　国語科の内容
　　1　内容の構成
　　2　〔知識及び技能〕の内容
　　3　〔思考力,判断力,表現力等〕の内容
第5節　国語科の科目編成
　　1　科目の編成
　　2　各科目の構成
●第2章　国語科の各科目
第1節　現代の国語
　　1　性格
　　2　目標
　　3　内容
　　4　内容の取扱い
第2節　言語文化
　　1　性格
　　2　目標
　　3　内容
　　4　内容の取扱い
第3節　論理国語
　　1　性格
　　2　目標
　　3　内容
　　4　内容の取扱い

第4節　文学国語
　　1　性格
　　2　目標
　　3　内容
　　4　内容の取扱い
第5節　国語表現
　　1　性格
　　2　目標
　　3　内容
　　4　内容の取扱い
第6節　古典探究
　　1　性格
　　2　目標
　　3　内容
　　4　内容の取扱い
●第3章　各科目にわたる指導計画の作成と内容の取扱い
　　1　指導計画作成上の配慮事項
　　2　内容の取扱いに当たっての配慮事項
　　3　総則関連事項
●付録
付録1:学校教育施行規則(抄)
付録2:高等学校学習指導要領　第1章　総則
付録3:高等学校学習指導要領　第2章　第1節　国語
付録4:教科の目標,各科目の目標及び内容の系統表(高等学校国語科)
付録5:中学校学習指導要領　第2章　第1節　国語
付録6:教科の目標,各学年の目標及び内容の系統表(小・中学校国語科)
付録7:高等学校学習指導要領　第2章　第8節　外国語
付録8:小・中学校のおける「道徳の内容」の学年段階・学校段階の一覧表

総説
改訂の経緯及び基本方針

教科等の目標,内容及び科目編成

各科目の性格,目標及び内容等

指導計画作成や内容の取扱いに係る配慮事項

参考(系統性等)

「高等学校学習指導要領解説 国語編」より
※「総則編」,「総合的な探究の時間編」及び「特別活動編」は異なった構成となっています。

教師は,学習指導要領で定めた資質・能力が,生徒に確実に育成されているかを評価します

学習評価の基本的な考え方

　学習評価は,学校における教育活動に関し,生徒の学習状況を評価するものです。「生徒にどういった力が身に付いたか」という学習の成果を的確に捉え,**教師が指導の改善を図る**とともに,**生徒自身が自らの学習を振り返って次の学習に向かうことができるようにする**ためにも,学習評価の在り方は重要であり,教育課程や学習・指導方法の改善と一貫性のある取組を進めることが求められます。

カリキュラム・マネジメントの一環としての指導と評価

　各学校は,日々の授業の下で生徒の学習状況を評価し,その結果を生徒の学習や教師による指導の改善や学校全体としての教育課程の改善,校務分掌を含めた組織運営等の改善に生かす中で,学校全体として組織的かつ計画的に教育活動の質の向上を図っています。

　このように,「学習指導」と「学習評価」は学校の教育活動の根幹であり,教育課程に基づいて組織的かつ計画的に教育活動の質の向上を図る「カリキュラム・マネジメント」の中核的な役割を担っています。

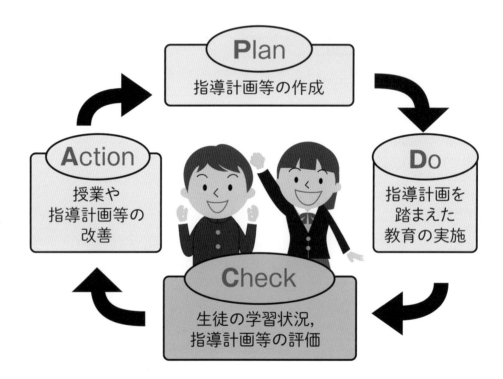

主体的・対話的で深い学びの視点からの授業改善と評価

　指導と評価の一体化を図るためには,生徒一人一人の学習の成立を促すための評価という視点を一層重視することによって,教師が自らの指導のねらいに応じて授業の中での生徒の学びを振り返り,学習や指導の改善に生かしていくというサイクルが大切です。平成30年改訂学習指導要領で重視している「主体的・対話的で深い学び」の視点からの授業改善を通して,各教科等における資質・能力を確実に育成する上で,学習評価は重要な役割を担っています。

☑ 教師の指導改善に
つながるものにしていくこと

☑ 生徒の学習改善に
つながるものにしていくこと

☑ これまで慣行として行われてきたことでも,
必要性・妥当性が認められないものは
見直していくこと

次の授業では
○○を重点的に
指導しよう。

○○のところは
もっと〜した方が
よいですね。

詳しくは,平成31年3月29日文部科学省初等中等教育局長通知「小学校,中学校,高等学校及び特別支援学校等における児童生徒の学習評価及び指導要録の改善等について(通知)」をご覧ください。
(http://www.mext.go.jp/b_menu/hakusho/nc/1415169.htm)

コラム　　評価に戸惑う生徒の声

「先生によって観点の重みが違うんです。授業態度をとても重視する先生もいるし,テストだけで判断するという先生もいます。そうすると,どう努力していけばよいのか本当に分かりにくいんです。」(中央教育審議会初等中等教育分科会教育課程部会 児童生徒の学習評価に関するワーキンググループ第7回における高等学校3年生の意見より)

あくまでこれは一部の意見ですが,学習評価に対する生徒のこうした意見には,適切な評価を求める切実な思いが込められています。そのような生徒の声に応えるためにも,教師は,生徒への学習状況のフィードバックや,授業改善に生かすという評価の機能を一層充実させる必要があります。教師と生徒が共に納得する学習評価を行うためには,評価規準を適切に設定し,評価の規準や方法について,教師と生徒及び保護者で共通理解を図るガイダンス的な機能と,生徒の自己評価と教師の評価を結び付けていくカウンセリング的な機能を充実させていくことが重要です。

Column

学習評価の基本構造

平成30年改訂で, 学習指導要領の目標及び内容が資質・能力の三つの柱で再整理されたことを踏まえ, 各教科における観点別学習状況の評価の観点については,「知識・技能」,「思考・判断・表現」,「主体的に学習に取り組む態度」の3観点に整理されています。

「学びに向かう力, 人間性等」には
① 「主体的に学習に取り組む態度」として観点別評価（学習状況を分析的に捉える）を通じて見取ることができる部分と,
② 観点別評価や評定にはなじまず, こうした評価では示しきれないことから個人内評価を通じて見取る部分があります。

各教科における評価の基本構造

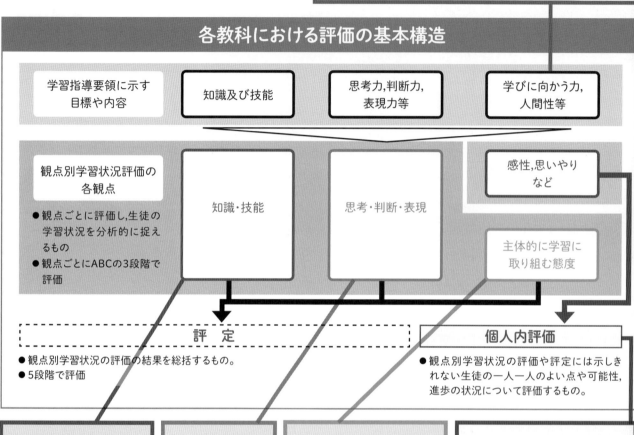

| 学習指導要領に示す目標や内容 | 知識及び技能 | 思考力, 判断力, 表現力等 | 学びに向かう力, 人間性等 |

観点別学習状況評価の各観点
- 観点ごとに評価し, 生徒の学習状況を分析的に捉えるもの
- 観点ごとにABCの3段階で評価

知識・技能　　　思考・判断・表現

感性, 思いやり　など

主体的に学習に取り組む態度

評定
- 観点別学習状況の評価の結果を総括するもの。
- 5段階で評価

個人内評価
- 観点別学習状況の評価や評定には示しきれない生徒の一人一人のよい点や可能性, 進歩の状況について評価するもの。

各教科等における学習の過程を通した知識及び技能の習得状況について評価を行うとともに, それらを既有の知識及び技能と関連付けたり活用したりする中で, 他の学習や生活の場面でも活用できる程度に概念等を理解したり, 技能を習得したりしているかを評価します。

各教科等の知識及び技能を活用して課題を解決する等のために必要な思考力, 判断力, 表現力等を身に付けているかどうかを評価します。

知識及び技能を獲得したり, 思考力, 判断力, 表現力等を身に付けたりするために, 自らの学習状況を把握し, 学習の進め方について試行錯誤するなど自らの学習を調整しながら, 学ぼうとしているかどうかという意思的な側面を評価します。

個人内評価の対象となるものについては, 生徒が学習したことの意義や価値を実感できるよう, 日々の教育活動等の中で生徒に伝えることが重要です。特に,「学びに向かう力, 人間性等」のうち「感性や思いやり」など生徒一人一人のよい点や可能性, 進歩の状況などを積極的に評価し生徒に伝えることが重要です。

詳しくは, 平成31年1月21日文部科学省中央教育審議会初等中等教育分科会教育課程部会「児童生徒の学習評価の在り方について（報告）」をご覧ください。
(http://www.mext.go.jp/b_menu/shingi/chukyo/chukyo3/004/gaiyou/1412933.htm)

総合的な探究の時間及び特別活動の評価について

総合的な探究の時間, 特別活動についても, 学習指導要領等で示したそれぞれの目標や特質に応じ, 適切に評価します。

総合的な探究の時間

総合的な探究の時間の評価の観点については, 学習指導要領に示す「第1目標」を踏まえ, 各学校において具体的に定めた目標, 内容に基づいて, 以下を参考に定めることとしています。

知識・技能	思考・判断・表現	主体的に学習に取り組む態度
探究の過程において, 課題の発見と解決に必要な知識及び技能を身に付け, 課題に関わる概念を形成し, 探究の意義や価値を理解している。	実社会や実生活と自己との関わりから問いを見いだし, 自分で課題を立て, 情報を集め, 整理・分析して, まとめ・表現している。	探究に主体的・協働的に取り組もうとしているとともに, 互いのよさを生かしながら, 新たな価値を創造し, よりよい社会を実現しようとしている。

この3つの観点に則して生徒の学習状況を見取ります。

特別活動

従前, 高等学校等における特別活動において行った生徒の活動の状況については, 主な事実及び所見を文章で記述することとされていたところ, 文章記述を改め, 各学校が設定した観点を記入した上で, 活動・学校行事ごとに, 評価の観点に照らして十分満足できる活動の状況にあると判断される場合に, ○印を記入することとしています。

評価の観点については, 特別活動の特質と学校の創意工夫を生かすということから, 設置者ではなく, 各学校が評価の観点を定めることとしています。その際, 学習指導要領等に示す特別活動の目標や学校として重点化した内容を踏まえ, 例えば以下のように, 具体的に観点を示すことが考えられます。

特別活動の記録						
内容	観点 \ 学年		1	2	3	4
ホームルーム活動	よりよい生活や社会を構築するための知識・技能		○		○	
生徒会活動	集団や社会の形成者としての思考・判断・表現			○		
	主体的に生活や社会, 人間関係をよりよく構築しようとする態度					
学校行事				○	○	

高等学校生徒指導要録(参考様式)様式2の記入例 (3年生の例)

各学校で定めた観点を記入した上で, 内容ごとに, 十分満足できる状況にあると判断される場合に, ○印を記入します。

○印をつけた具体的な活動の状況等については, 「総合所見及び指導上参考となる諸事項」の欄に簡潔に記述することで, 評価の根拠を記録に残すことができます。

なお, 特別活動は, ホームルーム担任以外の教師が指導することも多いことから, 評価体制を確立し, 共通理解を図って, 生徒のよさや可能性を多面的・総合的に評価するとともに, 指導の改善に生かすことが求められます。

観点別学習状況の評価について

　観点別学習状況の評価とは, 学習指導要領に示す目標に照らして, その実現状況がどのようなものであるかを, 観点ごとに評価し, 生徒の学習状況を分析的に捉えるものです。

▌「知識・技能」の評価の方法

　「知識・技能」の評価の考え方は, 従前の評価の観点である「知識・理解」,「技能」においても重視してきたところです。具体的な評価方法としては, 例えばペーパーテストにおいて, 事実的な知識の習得を問う問題と, 知識の概念的な理解を問う問題とのバランスに配慮するなどの工夫改善を図る等が考えられます。また, 生徒が文章による説明をしたり, 各教科等の内容の特質に応じて, 観察・実験をしたり, 式やグラフで表現したりするなど実際に知識や技能を用いる場面を設けるなど, 多様な方法を適切に取り入れていくこと等も考えられます。

▌「思考・判断・表現」の評価の方法

　「思考・判断・表現」の評価の考え方は, 従前の評価の観点である「思考・判断・表現」においても重視してきたところです。具体的な評価方法としては, ペーパーテストのみならず, 論述やレポートの作成, 発表, グループでの話合い, 作品の制作や表現等の多様な活動を取り入れたり, それらを集めたポートフォリオを活用したりするなど評価方法を工夫することが考えられます。

▌「主体的に学習に取り組む態度」の評価の方法

　具体的な評価方法としては, ノートやレポート等における記述, 授業中の発言, 教師による行動観察や, 生徒による自己評価や相互評価等の状況を教師が評価を行う際に考慮する材料の一つとして用いることなどが考えられます。その際, 各教科等の特質に応じて, 生徒の発達の段階や一人一人の個性を十分に考慮しながら,「知識・技能」や「思考・判断・表現」の観点の状況を踏まえた上で, 評価を行う必要があります。

「主体的に学習に取り組む態度」の評価のイメージ

○「主体的に学習に取り組む態度」の評価については、①知識及び技能を獲得したり、思考力、判断力、表現力等を身に付けたりすることに向けた粘り強い取組を行おうとする側面と、②①の粘り強い取組を行う中で、自らの学習を調整しようとする側面、という二つの側面から評価することが求められる。

○これら①②の姿は実際の教科等の学びの中では別々ではなく相互に関わり合いながら立ち現れるものと考えられる。例えば、自らの学習を全く調整しようとせず粘り強く取り組み続ける姿や、粘り強さが全くない中で自らの学習を調整する姿は一般的ではない。

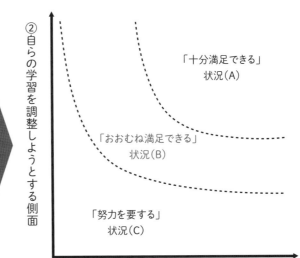

ここでの評価は、その学習の調整が「適切に行われるか」を必ずしも判断するものではなく、学習の調整が知識及び技能の習得などに結びついていない場合には、教師が学習の進め方を適切に指導することが求められます。

「自らの学習を調整しようとする側面」とは…

自らの学習状況を把握し、学習の進め方について試行錯誤するなどの意思的な側面のことです。評価に当たっては、生徒が自らの理解の状況を振り返ることができるような発問の工夫をしたり、自らの考えを記述したり話し合ったりする場面、他者との協働を通じて自らの考えを相対化する場面を、単元や題材などの内容のまとまりの中で設けたりするなど、「主体的・対話的で深い学び」の視点からの授業改善を図る中で、適切に評価できるようにしていくことが重要です。

コラム

「主体的に学習に取り組む態度」は、「関心・意欲・態度」と同じ趣旨ですが…
〜こんなことで評価をしていませんでしたか？〜

平成31年1月21日文部科学省中央教育審議会初等中等教育分科会教育課程部会「児童生徒の学習評価の在り方について（報告）」では、学習評価について指摘されている課題として、「関心・意欲・態度」の観点について「学校や教師の状況によっては、挙手の回数や毎時間ノートを取っているかなど、性格や行動面の傾向が一時的に表出された場面を捉える評価であるような誤解が払拭し切れていない」ということが指摘されました。これを受け、従来から重視されてきた各教科等の学習内容に関心をもつことのみならず、よりよく学ぼうとする意欲をもって学習に取り組む態度を評価するという趣旨が改めて強調されました。

Column

学習評価の充実

学習評価の妥当性, 信頼性を高める工夫の例

- 評価規準や評価方法について,事前に教師同士で検討するなどして明確にすること,評価に関する実践事例を蓄積し共有していくこと,評価結果についての検討を通じて評価に係る教師の力量の向上を図ることなど,学校として組織的かつ計画的に取り組む。
- 学校が生徒や保護者に対し,評価に関する仕組みについて事前に説明したり,評価結果についてより丁寧に説明したりするなど,評価に関する情報をより積極的に提供し生徒や保護者の理解を図る。

評価時期の工夫の例

- 日々の授業の中では生徒の学習状況を把握して指導に生かすことに重点を置きつつ,各教科における「知識・技能」及び「思考・判断・表現」の評価の記録については,原則として単元や題材などのまとまりごとに,それぞれの実現状況が把握できる段階で評価を行う。
- 学習指導要領に定められた各教科等の目標や内容の特質に照らして,複数の単元や題材などにわたって長期的な視点で評価することを可能とする。

学年や学校間の円滑な接続を図る工夫の例

- 「キャリア・パスポート」を活用し,生徒の学びをつなげることができるようにする。
- 入学者選抜の方針や選抜方法の組合せ,調査書の利用方法,学力検査の内容等について見直しを図る。
- 大学入学者選抜において用いられる調査書を見直す際には,観点別学習状況の評価について記載する。
- 大学入学者選抜については,高等学校における指導の在り方の本質的な改善を促し,また,大学教育の質的転換を大きく加速し,高等学校教育・大学教育を通じた改革の好循環をもたらすものとなるような改革を進めることが考えられる。

評価方法の工夫の例

高校生のための学びの基礎診断の認定ツールを活用した例

　高校生のための学びの基礎診断とは，高校段階における生徒の基礎学力の定着度合いを測定する民間の試験等を文部科学省が一定の要件に適合するものとして認定する仕組みで，平成30年度から制度がスタートしています。学習指導要領を踏まえた出題の基本方針に基づく問題設計や，主として思考力・判断力・表現力等を問う問題の出題等が認定基準となっています。受検結果等から，生徒の課題等を把握し，自らの指導や評価の改善につなげることも考えられます。

　詳しくは，文部科学省Webページ「高校生のための学びの基礎診断」をご覧ください。
(http://www.mext.go.jp/a_menu/shotou/kaikaku/1393878.htm)

コラム　　　評価の方法の共有で働き方改革

　ペーパーテスト等のみにとらわれず，一人一人の学びに着目して評価をすることは，教師の負担が増えることのように感じられるかもしれません。しかし，生徒の学習評価は教育活動の根幹であり，「カリキュラム・マネジメント」の中核的な役割を担っています。その際，助けとなるのは，教師間の協働と共有です。

　評価の方法やそのためのツールについての悩みを一人で抱えることなく，学校全体や他校との連携の中で，計画や評価ツールの作成を分担するなど，これまで以上に協働と共有を進めれば，教師一人当たりの量的・時間的・精神的な負担の軽減につながります。風通しのよい評価体制を教師間で作っていくことで，評価方法の工夫改善と働き方改革にもつながります。

「指導と評価の一体化の取組状況」

A:学習評価を通じて，学習評価のあり方を見直すことや個に応じた指導の充実を図るなど，指導と評価の一体化に学校全体で取り組んでいる。

B:指導と評価の一体化の取組は，教師個人に任されている。

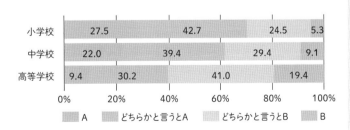

（平成29年度文部科学省委託調査「学習指導と学習評価に対する意識調査」より）

Column

Q&A －先生方の質問にお答えします－

Q1 1回の授業で，3つの観点全てを評価しなければならないのですか。

A. 学習評価については，日々の授業の中で生徒の学習状況を適宜把握して指導の改善に生かすことに重点を置くことが重要です。したがって観点別学習状況の評価の記録に用いる評価については，毎回の授業ではなく原則として単元や題材などの内容や時間のまとまりごとに，それぞれの実現状況を把握できる段階で行うなど，その場面を精選することが重要です。

Q2 「十分満足できる」状況（A）はどのように判断したらよいのですか。

A. 各教科において「十分満足できる」状況（A）と判断するのは，評価規準に照らし，生徒が実現している学習の状況が質的な高まりや深まりをもっていると判断される場合です。「十分満足できる」状況（A）と判断できる生徒の姿は多様に想定されるので，学年会や教科部会等で情報を共有することが重要です。

Q3 高等学校における観点別評価の在り方で，留意すべきことは何ですか？

A. これまでも，高等学校における学習評価では，生徒一人一人に対して観点別評価と生徒へのフィードバックが行われてきましたが，指導要録の参考様式に観点別学習状況の記載欄がなかったこともあり，指導要録に観点別学習状況を記録している高等学校は13.3%にとどまっていました（平成29年度文部科学省委託調査「学習指導と学習評価に対する意識調査」より）。平成31年3月29日文部科学省初等中等教育局長通知「小学校，中学校，高等学校及び特別支援学校等における児童生徒の学習評価及び指導要録の改善等について（通知）」における観点別学習状況の評価に係る説明が充実したことと指導要録の参考様式に記載欄が設けられたことを踏まえ，高等学校では観点別学習状況の評価を更に充実し，その質を高めることが求められます。

Q4 評定以外の学習評価についても保護者の理解を得るにはどのようにすればよいのでしょうか。

A. 保護者説明会等において，学習評価に関する説明を行うことが効果的です。各教科等における成果や課題を明らかにする「観点別学習状況の評価」と，教育課程全体を見渡した学習状況を把握することが可能な「評定」について，それぞれの利点や，上級学校への入学者選抜に係る調査書のねらいや活用状況を明らかにすることは，保護者との共通理解の下で生徒への指導を行っていくことにつながります。

Q5 障害のある生徒の学習評価について，どのようなことに配慮すべきですか。

A. 学習評価に関する基本的な考え方は，障害のある生徒の学習評価についても変わるものではありません。このため，障害のある生徒については，特別支援学校等の助言または援助を活用しつつ，個々の生徒の障害の状態等に応じた指導内容や指導方法の工夫を行い，その評価を適切に行うことが必要です。また，指導要録の通級による指導に関して記載すべき事項が個別の指導計画に記載されている場合には，その写しをもって指導要録への記入に替えることも可能としました。

文部科学省
国立教育政策研究所
National Institute for Educational Policy Research

令和元年6月
文部科学省　国立教育政策研究所教育課程研究センター
〒100-8951 東京都千代田区霞が関3丁目2番2号　TEL 03-6733-6833（代表）

「指導と評価の一体化」のための
学習評価に関する参考資料
【高等学校　専門教科】

令和 3 年 12 月 17 日	初版発行
令和 4 年 3 月 14 日	2 版発行

著作権所有	国立教育政策研究所 教育課程研究センター
発 行 者	東京都文京区本駒込 5 丁目 16 番 7 号 株式会社　東洋館出版社 代表者　錦織　圭之介
印 刷 者	大阪市住之江区中加賀屋 4 丁目 2 番 10 号 岩岡印刷株式会社

発 行 所	東京都文京区本駒込 5 丁目 16 番 7 号 株式会社　東洋館出版社 電話　03-3823-9206

ISBN978-4-491-04715-7　　　　定価：本体 2,900 円
　　　　　　　　　　　　　　　　（税込 3,190 円）税 10%